神々の沈黙

意識の誕生と
文明の興亡

The Origin of Consciousness
in the Breakdown of
the Bicameral Mind

Julian Jaynes

THE ORIGIN OF CONSCIOUSNESS
IN THE BREAKDOWN OF BICAMERAL MIND

本書に寄せられた書評から

「前二〇〇〇年紀末まで人類は意識を持たず、神々の声に黙従していたというジュリアン・ジェインズの仮説を目にした者は……愕然となるが、その正当性を裏づける証拠の数々を確認しながら、この驚くべき主張を最後までたどらずにはいられない」

――ジョン・アップダイク（『ニューヨーカー』誌）

「本書とその著者の発想は、二〇世紀後半において、最も激しい物議を醸すとは言わぬまでも、最も影響力が大きいものかもしれない。この作品のせいで、書架にして丸々いくつ分の書物が時代遅れになることか」

――ウィリアム・ハリントン（『コロンバス・ディスパッチ』紙）

「本書を読み終えたばかりの私は、キーツの描くコルテスになって太平洋の大海原《おおうなばら》を眺めているような気がする。いや、少なくとも、ダーウィンかフロイトの著作を最初に読んだ書評家のような気分だ。この新たな領域をどう捉えたものか、見当もつかない。だが、それは紛れもなく眼前に広がり、そこに秘められた力に私は息を呑むばかりだ」

——エドワード・プロフィット（『コモンウィール』紙）

「ジュリアン・ジェインズは、『夢判断』におけるフロイトに劣らず衝撃的だ。そして、既知の人間の行動を否応なく見直させる彼の手腕もまた目覚ましい」

——レイモンド・ヘドリー（『アメリカン・ジャーナル・オブ・サイコロジー』誌）

「[本書]に収められた独創的発想の重みがあまりにも大きいので、私は著者の健康を懸念するほどだ。人間の心はこれほどの重荷を担えるようにはできていない」

——D・C・ストーヴ（『エンカウンター』誌）

序文

この研究書の中心を成す考えの数々を初めて公に概説したのは、一九六九年九月にワシントンで行なった米国心理学会の招聘講演でのことだった。それ以来、私は巡回講演者さながら、各地の会議や講演会で本書の様々な部分を紹介してきた。その結果、注目を集め、議論を巻き起こし、それがおおいに役立った。

第一部では、私がたどり着いた考えの数々をそのまま提示する。
第二部では、歴史的な証拠を検証する。
第三部では、推論を行なって現代における現象の説明を試みる。

当初は私の仮説の中心的立場を網羅するために、第四部と第五部も企画していた。だが、それは別の本にまとめることになった。『意識の帰結』という仮題を考えているが、刊行時期は未定だ。

プリンストン大学にて、一九八二年

神々の沈黙

意識の誕生と文明の興亡

The Origin of Consciousness in the Breakdown of the Bicameral Mind

目次

序章　意識の問題

ああ、この心という、実体なき国。目に見えぬ光景と耳を打つ静寂の、なんたる世界であることか。このおぼろげな記憶、漠とした夢想の数々。えも言われぬエッセンスの、なんたる集まりであることよ。そして、すべての秘めやかさはどうだ。声にならぬ独白と、未来を予見する助言の秘密の劇場。あらゆる気分や思い、神秘が棲む、見えざる館。失望と発見が集う、果てしない場所。私たち一人ひとりが意のままに問い、可能なかぎりを命じ、孤独のうちに君臨する一大王国。自らの過去と未来の行状を収めた問題の書を、つぶさに調べ上げることのできる隠れ家。鏡に映るもののどれよりも自分らしい内なる宇宙。自己の中の自己、すべてでありながら何物でもない、この意識——いったいその正体は？

そして、それはどこから生まれてきたのか？

そして、なぜ？

意識と自然界におけるその位置づけの問題ほど、長く複雑な歴史をたどってきた問題は、ほかにはまず見当たらない。何世紀にもわたって人々は考察と実験を重ね、時代によって「精神」と「物質」、「主体」と「客体」、「魂」と「体」などと呼ばれた二つの想像上の存在を結びつけようと試み、意識の流れや状態、内容にかかわる果てしない論考を行ない、様々な用語を区別してきた。そうした用語には「直観」（訳注　論証を用いないで対象を一挙に捉えること）、「センス・データ」（訳注　感覚を通じて意識に上るもの。イギリスの哲学者ジョージ・ムーアや同じくイギリスの哲学者バートランド・ラッセルの用語）、「所与」（訳注　外界から直接与えられるもの）、「生《なま》の感覚」（訳注　経験そのものから受ける主観的な感覚）、「センサ」（訳注　感覚のこと。イギリスの哲学者C・D・ブロードの造語）、「表象」（訳注　頭の中に現れる外的対象の像）、「構成主義者」（訳注　ドイツの心理学者ヴィルヘルム・ヴントなど）の内観における「感覚」や「心像」や「情緒」、科学的実証主義者（訳注　フランスの哲学者オーギュスト・コントなど）の「実証データ」、「現象的場」（訳注　アメリカの心理学者カール・ロジャースが唱えた経験の主観的現実）、トマス・ホッブズ（訳注　一五八八～一六七九。イギリスの政治思想学者）の「幻影」（訳注　ホッブズは著書『リヴァイアサン』の中で、人が眠っていると気づかずに見る幻や幻影の話をしている）、イマヌエル・カント（訳注　一七二四～一八〇四。ドイツの哲学者）の「現象」（訳注　カントは、私たちが経験するのは物ではなくその現象であるとし、現象に客観的現実を認めようとした）、観念論者の「仮象」（訳注　ドイツ観念論の頂点に立つ哲学者G・W・F・ヘーゲルは、カントの主観的な仮象と客観的な現象の二分法を退け、仮象も本質の現れであるとした）、エルンスト・マッハ（訳注　一八三八～一九一六。オーストリアの物理学者、哲学者）の「感性的諸要素」（訳注　マッハは、世界は色や音などの感性的諸要素から成り立っていると考えた）、チャールズ・サンダース・パース（訳注　一八三九～一九一四。アメリカの論理学者）の「ファネロン」（訳注　パースの造語で、現象を意味する）、ギルバート・ライル（訳注　一九〇〇～七六。イギリスの哲学者）の「カテゴリー・ミステイク」（訳注　ライルは、別のカテゴリーに属するものを同等に論ずることはできないとした）などがある。しかし、これらすべてをもってしても、意識の問題はいまだに解決されていない。この問題にまつわる何かが解決されることを拒み、しつこくつきまとってくる。

どうしても消え去らぬのは差異だ。それは他者が見ている私たちと、私たち自身の内的自己観やそれを支える深い感覚との差異、あるいは、共有された行動の世界にいる「あなたや私」と、思考の対象となる事物の定めようのない在りかの差異だ。熟考や夢、想像の世界で他者と交わす会話の中で、私たちは人知れず言い訳をし、弁護し、自らの願望や悔恨、未来や過去を述懐する。こうした濃密な空想のいっさいは、手渡したり、その上に立ったり、蹴飛ばしたりできる現実からは、あまりにもかけ離れている。草木や、テーブル、大洋、手、星、そして脳からさえも。なぜ、このようなことがありうるのだろうか。私たちの経験は孤独なものであり、はかない存在だ。しかし、秩序だった自然が、どうしたものか、この、知るということの核心を取り囲み、包み込んでおり、そこに私たちの経験がぴたりと収まっている。これはいったいどうしたわけだろう。

私たち人間は、意識が生まれたほぼその瞬間から意識の問題を意識してきた。どの時代においても、人はそれぞれの主題と関心に沿って意識を記述してきた。奴隷たちに仕事を任せておいて、市民が自由気ままに旅をしたギリシアの黄金時代には、意識もそれと劣らず自由だった。とりわけ、ヘラクレイトス（訳注　紀元前五四〇？～四七〇？　古代ギリシアの哲学者）は意識を巨大な空間と呼び、どの道を行こうともその境界が見つかることはないとした。[1] それからおよそ一〇〇〇年後、聖アウグスティヌス（訳注　三五四～四三〇。初期キリスト教会の教父）はカルタゴの洞窟だらけの丘にあって、「私の高き想像力の山や丘の連なり」や、「数え切れぬ収容場所を見事に備えた多数の広い部屋」を秘めた「私の記憶の平野や大小の洞窟」に驚嘆したとされる。[2] ここで、心の比喩として、心が知覚する世界が用いられていることに注意していただきたい。

一九世紀前半は偉大な地質学的発見の時代であり、過去の記録は言わば地層に書き記されていた。このため、意識とは個人の過去が記録された層状のものであり、層はだんだんと深くなっていき、最後には記録が読みとれなくなるという考え方が広まった。こうして無意識に対する関心は高まり続け、最後の四半世紀に入る頃にはほとんどの心理学者が、意識は精神活動のごくわずかな部分にすぎず、無意識の感覚や観念や判断がその大半を占める、と主張するようになっていた。(3)

一九世紀なかばになると、地質学に代わって化学が最先端の科学の座に就き、ジェイムズ・ミル（訳注 一七七三～一八三六。イギリスの哲学者、歴史家、経済学者）からヴィルヘルム・ヴント（訳注 一八三二～一九二〇。ドイツの生理学者、心理学者。実験心理学の祖）やその弟子の心理学者たち、たとえば、E・B・ティチェナー（訳注 一八六七～一九二七。イギリス生まれのアメリカの心理学者。構成心理学の祖）などは、意識とは実験室で感覚や感情などの要素に厳密に分解できる複合的な構造であるとした。

一九世紀も終わりを迎えると、蒸気機関車が日常生活に溶け込み、意識について考える意識にも入り込んできた。潜在意識はエネルギーのみなぎるボイラーとなった。このエネルギーは明確なはけ口を求め、抑えようとするとピストンを押し上げて神経症的な行動を起こしたり、どこに行き着くわけでもない夢の、めまぐるしい偽りの充足感を覚えさせたりした。

こうした比喩については、ただそれらがまさに比喩以外の何物でもないと言うほかにない。

もともと、こうした意識の性質の探求は「心身問題」として知られ、重苦しい哲学的解釈に傾きがちだった。しかし、進化論の出現以降は、より科学的な問題へと形を変えた。つまり、心の起源、さらに詳しく言えば、進化の過程における意識の起源の問題になったのだ。私たちが内観する主観的な経験、私たちにたえずついて回る無数の連想、希望、恐怖、愛情、知識、色、匂い、歯痛、興奮、むずがゆさ、歓喜、苦悩、欲望――これらのすばらしい内的経験のタペストリーは、いったい進化のどの時点で、どのようにして生まれたのだろう。私たちはただの物質からどうやってこうした内的世界を引き出しうるのか。もしそれが可能なら、それはいつ可能になったのか。

この問題は二〇世紀の思潮の中心にあった。したがって、この問いに対する答えをいくつか手短に見直すのも有益だろう。ここでは、私がとくに重要だと思う八つの説について説明することにしよう。

一　物質の属性としての意識

この最も包括的な考え方は、おもに物理学者の目に魅力的に映る。この説によれば、私たちが内観において感じる一連の主観的な状態は、系統発生的な進化の過程をずっとさかのぼり、相互に作用する物質の基本的な属性にまでたどることができるという。私たちの意識と意識されているものとの関係は、木とそれが生えている地面との関係と根本的には異ならず、二天体間の重力の関係とすら変わらないと言える。これは二〇世紀の最初の四半世紀に目立った考え方だった。サミュエル・アレクサンダー（訳注　一八五九～一九三八。イギリスの哲学者）が「共現在」（訳注　経験するものと経験されるものとの間の関係）、アルフレッド・ノース・ホワイトヘッド（訳注　一八六一～一九四七。イギリスの哲学者）が〈抱握〉（訳注　宇宙を構成するあらゆる物質や精神の相互の関係）と呼んだものを基本原理とする一元論が生まれ、やがてそれは新実在論（訳注　二〇世紀の初め、観念論に対抗して復興した実在論）という学派に発展し、隆盛を極めた。チョークを演壇に落としたときのチョークと演壇の相互作用は、私たちの心を満たす知覚や知識とその複雑性においてのみ異なっている。チョークは演壇を知っており、同様に演壇もチョークを知っている。だから、チョークは演壇のところで止まるのだ。

これは非常に巧妙に考え出された立場のカリカチュアのようだが、この難解な理論がひどく見当違いの問いに答えていることは明らかだろう。私たちが説明しようとしているのは、人間と環境の相互作用ではなく、内観における特異な経験だ。こうした新実在論がこの時代にもてはやされたのには、じつは素粒子物理学の驚嘆すべき成功があらゆる場所で話題になっていたという経緯がある。物質の揺るぎない固体性は空間におけるただの数学的な関係に変換され、これが、互いを意識する個人間の関係の非物質的な性質と同じであるように思えたのだった。

二　原形質の属性としての意識

二番目に包括的な考え方は、意識とは物質自体に帰せられるものではないが、あらゆる生命体の基本的な属性だとする。この説によれば、ほかならぬ、最も小さい単細胞動物の感応性が、腔腸動物、原索動物、魚類、両生類、爬虫類、哺乳類、人類へと、途切れることなく見事に進化を遂げた、ということになる。

チャールズ・ダーウィン（訳注　一八〇九～八二。イギリスの博物学者。進化論の提唱者）やティチェナーなど一九世紀と二〇世紀の科学者の多くが、この説には疑問の余地がないと考え、二〇世紀前半に、下等動物の優れた観察を盛んに行なった。原始的な意識の究明が始まったのだ。『動物の心（*The Animal Mind*）』や『微生物の精神生活（*The Psychic Life of Micro-Organisms*）』のような題の書物が熱心に書かれ、熱心に読まれた。[4] 食べ物を探したり、様々な刺激に反応したりするアメーバや、障害物を避けたり、接合したりするゾウリムシを観察する者は誰もが、これらの行動に人間のカテゴリーをあてはめようとする強い誘惑を感じずにはいられないことを思い知らされる。

ここで私たちは、意識の問題に潜むきわめて重要な事実、つまり、私たち人間が他の生命体に対して共感を持ち、自らを重ね合わせるという事実に遭遇する。この問題に関してどのような結論を下そうとも、他者の意識の中を「のぞき込ん」だり、友人や家族に感情移入して彼らの考えや気持ちを想像したりすることは、間違いなく私たちの意識の一部だと言える。私たち人間は、そうした共感を持つようしっかり訓練されているので、特定の条件下で人間がとりそうな行動を同一条件下で動物がとった場合、よほど強固な精神力がなければ、共感を覚える正当な根拠がないときにも感情移入を抑えられない。原生動物にも意識があるかのように私たちが思うのは、この一般的で誤った感情移入のせいにほかならない。現実には、これらの動物の行動はもっぱら物理化学に起因するものであり、内観的な心理学によって説明することはできない。

神経シナプスを持つ動物においてさえも、その行動に意識を読み取る傾向は、観察というより私たち自身の性向からくる。たいていの人は「苦しみもがく」ミミズに感情移入してしまう。しかし、釣り針に餌を刺したことがある男の子ならみな知っているように、ミミズは二つに切られると、後半身は「苦悶」に身もだえするが、原始的な脳のある前半身はそれほど苦しんでいないように見える。(5)だが、もしミミズが私たちと同じように痛みを感じるのであれば、苦しむのは脳がある前半身のはずだ。しっぽの苦しみは私たちの苦しみであり、ミミズのものではない。ミミズの身もだえは自動的な解放現象であって、ふだんは頭部の神経節によって活動を抑制されている後半身の運動神経が、体を切断されたために一斉に作動したにすぎない。

三　学習としての意識

意識を原形質に認めようとすれば、当然、何を基準に意識の有無を推論するのかという議論につながる。こうして行き着いた第三の考え方によれば、意識が生まれたのは、物質とともにではなく、動物の誕生とともにでもなく、生命がある程度進化した特定の時点だったという。この問題の熱心な研究者のほぼ全員にとって、進化のいつどの段階で意識が生まれたかを判断する基準は、連合記憶（訳注　経験によってあるものが他のものへと結びつくこと）、あるいは学習の出現にあることは明らかであるように思えた。もしある動物が経験に基づいて行動を修正できるのであれば、その動物はたしかに経験をしており、意識があるに相違ない。したがって、もし意識の進化を研究したいのであれば、学習の進化を研究すれば事足りるはずだった。

実際、私もこう考えて意識の起源を探り始めたのだった。私の初めての実験は若気の至りとでも言うべきもので、オジギソウに長い間、実験の犠牲になってもらって、信号学習（すなわち条件反射）をさせようと試みた。信号には強力な光を使い、葉が茎から分かれるところに注意深く調整した触覚刺激を与え、そのときの葉の垂れ具合を反応として測った（＊訳注）。光と触覚刺激とを一〇〇〇回以上組み合わせた後も、辛抱強いオジギソウには少しの変化も見られなかった。オジギソウに意識はなかったのだ。

失敗して当然だったこの実験の後、私は原生動物の研究に進んだ。黒い合成樹脂の上にロウを敷き詰め、それに掘ったT字迷路にゾウリムシを入れて、慎重に移動させ、ゾウリムシが誤った側に行った場合には、直流通電ショックを与えて罰し、ぐるっと向きを変えさせた。学習できるのであれば、ゾウリムシは意識があるに違いないと私は考えていた。さらに、ゾウリムシが分離増殖したときに学習効果（と意識）がどうなるかに私は並々ならぬ関心を寄せていた。最初、有望な結果が出たが、その後の反復実験で実証することはできなかった。他の下等動物における学習の発見に失敗した後も、私は扁形動物、ミミズ、魚類、爬虫類など、神経シナプスを持ち、実際に学習可能な動物種へとさらに研究を広げた。それもこれも、自分は意識の偉大な進化をたどっているのだなどと、愚にもつかぬことを思っていたからだ。(6)

まったくもって笑止千万だ。残念ながら、この思い込みが馬鹿げたものだと気づくのに数年という月日がかかった。私たちが内観するとき、それは一連の学習過程によってなされるのではないし、まして条件づけやT字迷路を使った学習によって行なわれるわけではない。それなのになぜ、科学の偉人とされる人のあれほど多くが意識と学習を同一視したのだろうか。そしてなぜ私自身、彼らと同じ轍を踏むほど愚かだったのだろうか。

その理由は、言わばある大きな歴史上の強迫観念の存在にある。心理学にはこうした強迫観念が多い。心理学を考える上で科学史が欠かせぬ理由の一つは、それがこうした知性の混乱から逃れ、それを乗り越える唯一の方法だということだ。一八世紀から一九世紀にかけて心理学の一学派を成した連合主義（訳注　あらゆる心的現象を刺激と反応の関係で説明しようとする考え方）は、あまりにも魅力的に提示された上に、高名な学者多数に擁護

＊（訳注）オジギソウに光を条件刺激（パヴロフの犬の場合の音）として与え、触覚刺激を無条件刺激（パヴロフの犬の場合の肉粉）として対呈示し、学習効果によって光の刺激のみで葉が垂れるようになるかどうかを実験したものと思われる。

されていたため、この学派の基本的な誤りが一般の人々の考え方や言葉にまで浸透してしまった。当時ばかりか今なお残るその誤りとは、意識は感覚や観念などの要素が占める実際の空間であるという考え方、そして、これらの要素は互いに似通っていたり、同時に起きるように外界によって設定されていたりするから、これらの要素間の連合こそ学習であり、心であるという考え方だ。こうして、学習と意識は混同され、曖昧極まりない「経験」という用語と同一視されることになった。

意識の問題に対する私の初期の取り組みの裏に潜んでいたのは、このような学習と意識の混同と、二〇世紀前半における動物学習の偏重だった。しかし今日では、進化の過程において学習の起源と意識の起源とがまったく別の問題であることは明白そのものだ。これについては、次章でさらに証拠を挙げて証明することにする。

四　形而上の付与物としての意識

これまで挙げた学説はどれも、意識が単純な自然淘汰によって生物学的に進化してきたことを前提としている。しかし、この前提の妥当性すら否定する説がある。

その説はこう問いかける。意識、言い換えれば、観念や原理、信条が私たちの生活や行為に与える大きな影響が、ほんとうに動物の行動から起こりうるだろうか。あまたある種の中で、唯一、私たち人間だけが自分と世界を理解しようとする。私たちは考え方一つで、叛逆者にも、愛国者にも、殉教者にもなる。シャルトル（訳注　フランスの中北部のシャルトル市にあるゴシック様式の大聖堂）を建て、コンピュータを発明し、詩歌を作り、テンソル方程式（訳注　ベクトル間の関係を表す量を使って表現された方程式）を編み出し、チェスに興じ、四重奏曲を奏で、ほかの惑星へ宇宙船を送り込み、よその銀河の営みに耳を傾ける。いったい、これらのことが迷路のネズミやヒヒの誇示行動とどのようなかかわりがあるというのか。心の進化に関するダーウィンの連続性仮説は、きわめて怪しげな進化神話の象徴《トーテム》だ(7)。科学者を悩ませる確実性への渇望、芸術家の心をうずかせるやるせない美、安穏な生活から過激な叛逆者を駆り出す正義の甘美な棘《とげ》、あるいは、あの今はもう見ることも少ない勇気という徳や、絶望的苦難にも明るく耐えるような高潔な行為について聞き及んだときの身を震わすほどの歓喜。これらが、ほんとうに物質から得られるものだろうか。いや、言葉を持たぬ類人猿の低脳なヒエラルキーとさえ連続しているとでも言うのだろうか。

隔たりははなはだしい。人間と他の哺乳動物の感情的営みはじつに驚くほど似通ってはいる。しかし、いたずらに類似性にこだわると、そもそも隔たりがあった事実そのものを忘れてしまう。人間の知的生活、人間の文化や歴史、宗教、科学は、宇宙の中で私たちが知るいかなるものとも異なっている。これは事実だ。あたかも、いっさいの生命がある点まで進化し、私たちのところで九〇度向きを変え、まったく別の方向に爆発的に発達したかのようだ。

言葉を話し、文明や倫理観や知性を持つ人類と類人猿との間のこの不連続性を認めることによって、科学者の多くは形而上学的な見地に戻った。自然淘汰によって、たんなる分子や細胞の組み合わせの中から、意識の内面性が進化しうるとはとうてい思えなかった。人類の進化には物質や偶然や生き残りを超えたものが必ずあるはずだ。意識ほど他と異なったものが生まれるには、この閉じた系に外部から何かが加わったとしか思えない。

こうした考え方は、近代の進化論とともに盛んになり、自然淘汰の共同発見者アルフレッド・ラッセル・ウォーレス（訳注 一八二三～一九一三。イギリスの博物学者）の研究にとりわけ顕著に見られる。一八五八年、ダーウィンとウォーレスは同時に自然淘汰説を発表したが、いずれも人類の進化の問題とそれにヘビのように絡みつく意識の難題を相手に、ラオコーン（＊訳注）のようにもがき苦しんだ。しかし、ダーウィンが見識のなさゆえに問題をうやむやにし、進化に連続性のみ認めたのに対して、ウォーレスはそうできなかった。不連続性は恐ろしいまでに厳然としていた。とりわけ、人間の意識の働きが、「生物界一般の漸進的発達、さらに、人類の肉体の進歩を決定したのと同じ法則によって進化したはずはなかった」(8)。三つの異なる時点、つまり、生命の始まり、意識の始まり、洗練された文化の始まりにおいて、何らかの形而上的な力が進化を導いた証拠があるとウォーレスは感じた。自然淘汰による進化の発見者として彼がダーウィンほど知られていない理由の一つとして、彼が後年このような形而上の付与の証拠を探して神秘主義者らの交霊会で無為の時を過ごした経緯が挙げられる。科学界がそのような努力を認めるはずもなかった。意識を形而上の付与物として説明しようとするのは、自然科学の法則の枠を踏み外すことのように思えた。しかし、じつのところ、意識を自然科学の枠組みでのみ捉えようとすること自体が問題だったのだ。

五　無力な傍観者論

こうした形而上学的な考察に対し、進化論が論じられるようになったこの初期の頃から、しだいに唯物論に傾く考え方が広まり始めた。それは厳密な自然淘汰にもっと寄り添った立場だった。この立場は、奇妙なことにときとして純粋な自然科学と関連づけられる、辛辣な悲観主義すら内包していた。

この説によれば、意識は何ら活動しておらず、実際、何もすることはできないという。ハーバート・スペンサー（訳注　一八二〇～一九〇三。イギリスの哲学者）は、厳密な進化論と矛盾しないためにはこのように意識を一段低く見るしかないとした。現実的な実験主義者の多くは今なお彼と意見を同じくしている。動物は進化し、その過程で神経系やその機械的反射作用の複雑性が増す。神経がある一定の複雑性に達すると、意識が生まれ、この世界の出来事をただ傍観者として眺めるだけの、救いのない行動を始めるというのだ。

私たちの行動は、脳の配線図と、外界の刺激に対する反射作用とに完全に制御されている。意識は配線が出す熱であり、随伴的な現象にすぎない。シャドワース・ホジソン（訳注　一八三二～一九一二。イギリスの哲学者）が言うように、意識が持つ感情は、色そのものによってではなく、色のついた無数の石によってまとまりを保っている、モザイクの表面の色にすぎない。[9] あるいは、トマス・ヘンリー・ハクスリー（訳注　一八二五～九五。イギリスの生物学者）がある有名な論文で主張したように、「我々は意識を持つ自動人形である」。[10] 汽笛が列車の機械装置や行く先を変えられないのと同じように、意識も体の働きの仕組みや行動を変えられない。どうわめいたところで、列車の行き先はとうの昔に線路によって決められているのだ。意識とは、ハープから流れてくるが弦をつまびくことのできぬメロディ、川面から勢いよく飛び散るものの、流れを変えられぬ泡、歩行者の歩みに忠実についてはいくけれども、道筋に何ら影響は与えられぬ影だ。

意識する自動人形説について最も優れた議論を展開したのはウィリアム・ジェイムズ（訳注　一八四二～一九一〇。アメリカの哲学者）だ。[11] 彼の論法は、サミュエル・ジョンソン（訳注　一七〇九～八四。イギリスの文人）が哲学的観念論を非難するのに、

＊（訳注）トロイア戦争の頃のトロイアのアポロン神殿の神官。人々が木馬を城内に運び込もうとしたときに反対したが、海の中から現れた二匹の大蛇に二人の息子もろとも絞め殺されたという。

石を蹴り、「私はこうして反駁する！」と叫んだやり方に少し似ている（＊訳注）。意識は、それ自身がじつに忠実に行なっている事柄と何のかかわりもないわけがないのだ。もし意識が行動のただの無力な影であるならば、なぜ行動に非常なとまどいが見られるときに意識は強烈になるのか。なぜ最も習慣的なことをするときはいちばん意識しないのか。意識と行動の間にある、このシーソーのような関係は、どのような意識論であっても説明できてしかるべきだ。

六　創発的進化

創発的進化論は、意識を無力な傍観者という不名誉な立場から救い出すものとしてことさら歓迎された。この考え方は、形而上の付与説の核心にあって実際に観察されている進化の不連続性を、科学的に説明するものでもあった。そして私自身、以前、創発的進化論を学び始めたとき、この説によれば、意識をはじめ、いっさいの問題がどれほど見事に解決されるか、光明を見た思いがしたものだった。

創発的進化論の主要な概念は比喩だ。「濡れている」という性質が水素と酸素の性質のみからは導けないように、意識も進化のある時点で個々の構成要素からは導かれえない形で「創発」したのだ。

この単純な考え方はジョン・スチュアート・ミル（訳注　一八〇六～七三。イギリスの経済学者、哲学者。ジェームズ・ミルの子）やG・H・ルイス（訳注　一八一七～七八。イギリスの作家、批評家）までさかのぼれるが、ほんとうに喝采を浴びたのは一九二三年にロイド・モーガン（訳注　一八五二～一九三六。イギリスの動物学者、心理学者、進化論的哲学者）が著書『創発的進化（*Emergent Evolution*）』で唱えた見解だった。この著書で彼は、物質の世界にまでさかのぼって創発的進化の完璧な体系を示した。物質のあらゆる属性は、その物質が誕生する以前の不特定の要素から創発した。複雑な化合物の属性は、より簡単な化学成分の結びつきから創発した。生命体に特有の属性は、これらの複雑な分子から創発した。そして意識は生命体から創発したのだ。新しい結びつきが新しい種類の関連を生じさせ、それが新たな創発を生む。したがって、新たな創発的属性はいずれも、それら自身が創発した系と事実上関連している。実際、高次のレベルに移るたびに創発する新たな関連は、そのレベルに特有の出来事の推移を支配し維持する。このように、意識は進化の非常に重要な段階において純粋に新奇なものとして創発する。創発した意識は、脳内の出来事の推移を支配し、体の動きを決定する。

著名な生物学者や比較心理学者の大半、そしてそれまで不満をかこっていた二元論者全員がこの反還元主義の理論を歓迎したが、彼らの熱意は明らかに度を超えたものだった。生物学者は、これを物理学と化学からの新しい独立宣言と呼んだ。「もはや、非生命体から発見されていない、あるいは得られそうもないなどの理由で、生物学者が自らの観察結果を公表できないという事態に追い込まれることはない。生物学は独立した科学になった」。意識を、一生懸命ではあっても無為に脳の作用に参加しているだけの存在として捉える必要がなくなった、ということで著名な神経学者の意見が一致した。[12] 意識の起源は、一度は奪い去られた行動の支配者としての王座に、意識を再び座らせ、将来における予期せぬ新たなものの創発まで約束するかに思えた。

しかし、ほんとうにそうだろうか。もし意識が進化の過程で創発したのだとしたら、それはいつ

＊（訳注）ジョンソンは、ジョージ・バークリー司教の「物質は存在しない」という見解に対して、石を思いきり蹴ってその存在を示すことで論駁したと伝えられる。

だったのか。どの種においてだったのか。どのような種類の神経系が必要なのか。理論的な大躍進にともなう当初の熱が冷めると、意識の問題の本質が何ら変わっていないことがわかった。前述のような具体的な問いに対する答えが必要なのだ。創発的進化の問題は学説そのものではなく、それが意識と行動に関する古い居心地の良い考え方を呼び戻し、広範で空疎でおおざっぱな話を許容することにある。

歴史的に見ると興味深いのだが、これらの創発的進化に生物学が大騒ぎした時期は、精密な実験作戦を伴う、より強力だが学識には欠ける説が心理学を席捲し始めた時期と重なる。意識と自然界におけるその位置づけの問題を解決する一つの方法は、もちろん、意識の存在そのものを否定することにある。

七　行動主義

腰を据えて、意識が存在しないということの意味を意識しようとするのは興味深い試みだ。初期の行動主義者がこの離れ業を試みたかどうかについては記録が残っていない。しかし、意識が存在しないとする学説が二〇世紀の心理学に与えた多大な影響については、歴史のあらゆる場面に多くの記録が残っている。

その学説とは行動主義だ。行動主義の起源は、古くは一八世紀あるいはそれ以前のいわゆるエピクロス派などのカビ臭い思想、また、屈性（訳注　植物の特定器官が外部からの刺激に反応して一定の方向に曲がる現象）を植物から動物、さらに人間へと普遍化しようとする試み、さらには客観主義、ことにアクショニズム（＊訳注）と呼ばれる運動にもたどることができる。実際、ナイト・ダンラップ（訳注　一八七五〜一九四九。アメリカの心理学者、ジョンズ・ホプキンズ大学講師。後述のワトソンは同大学の心理学教授だった）が、優秀だが畏れを知らぬ動物心理学者ジョン・B・ワトソン（訳注　一八七八〜一九五八。アメリカの心理学者。行動主義の提唱者）にアクショニズムを教えようとしたことから、新しい造語「行動主義」が生まれた[13]。当初、この考え方は先に述べた傍観者説にきわめて似通っていた。それは動物において意識は重要でないというだけのものだった。しかし行動主義は、一度の世界大戦とわずかの厳しい批判をかいくぐると、意識に実体などないと鼻息荒く主張しながら、知識の世界の表舞台に躍り出た。

なんとも驚くべき学説だ。しかし、もっと驚嘆すべきは、初めはほんの思いつきにすぎなかったこの説が、一九二〇年頃から六〇年頃にかけて心理学の中心的存在になったことだ。このように奇妙な説が長い間他を制した外的な要因は興味深いと同時に複雑だ。当時の心理学は独立した学問として哲学から分かれようともがいており、行動主義をその手段に使ったのだ。行動主義の当面の敵「ティチェナーの内観論」は、意識と化学との誤った類似性に基づいていたため恐れるに足りなかった。第一次世界大戦後、観念論は覆され、新たな哲学を求める革命的な時代が生まれた。物理と一般技術が目覚ましい成功を遂げ、行動主義によりふさわしいと思われる手本と手段の両方を示してくれた。世界は主観的な思考には倦《う》み疲れて慎重になり、客観的な事実を欲していた。アメリカでは客観的な事実とは実用主義的な事実だった。そして、心理学においてそうした事実を与えたのが行動主義だった。行動主義のおかげで、新しい世代の心理学者たちは、こんなものはもどかしいとばかりに、意識とそ

＊（訳注）　他人とのかかわりの中から主観的な意味が生まれるとする考え。一九五〇年代後半にジョージ・ハーバート・ミードらが提唱した。

の起源にかかわる古臭い問題を一掃することができた。私たちは歴史の新しいページをめくるのだ、新たなスタートを切るのだ、と。

そして、新たなスタートは各地の研究所に成功をもたらした。しかし、行動主義の成功の本来の理由は、主義自体の正しさではなく、そのプログラムにあった。それにしても、彼らの研究プログラムは、なんと活気にあふれる刺激的なものだったことか。まるでまばゆいステンレス鋼のように期待を抱かせてくれる。いっさいの行動をいくつかの反射とそれから派生した条件反射に還元できるという期待、刺激と反射、強化といった脊髄反射用語を人間の行動の謎にまで普遍化し、これらの謎を解き明かせるのではないかという期待、ネズミに長い迷路を走らせ、さらにすばらしい客観的法則の迷路へと突き進ませられるという期待。そして、思考を筋肉の痙攣《けいれん》に、個性をリトル・アルバート(14)の苦痛に還元しようという誓約、この厳粛な誓約。これらすべてに対して、今振り返ると理解に苦しむほど激しい興奮が湧き起こった。複雑なものは簡単になり、暗闇は明るく照らされ、哲学は過去のものになろうとしていた。

外側から見ると、この意識への叛逆は太古からある人間の思想の砦を襲い、各地の大学で傲岸《ごうがん》な旗印を次々に掲げていったかに見えた。しかし、かつてこの学説の主要な学派に属していた一人として告白するが、実態は外見とは別物だった。表向きはともかく、行動主義はただ意識について話すことを拒む試みにすぎなかった。自分に意識があることを疑う者などほんとうは一人もいなかったのだ。当時はまさに本物の偽善がまかり通っており、意識にまつわる諸問題に興味を持つ者は強引に心理学界から締め出され、文献はどれも意識という望ましくない問題を研究者らの目に触れさせないようにしていた。実際、行動主義は手法であり、それが目指した理論たりえなかった。そして、手法として、古い亡霊たちを退散させてくれた。心理学の館の大掃除をしてくれたのだ。クローゼットは掃き清められ、食器棚は洗って乾かされ、意識の問題を再び検討する準備が整った。

八　網様体賦活系としての意識

だがその前に、まったく異なる最後のアプローチ、最近になって私が興味を抱いている神経系について考えよう。心の不思議を明らかにしようとしてそれが果たせぬ不満から、私たちはいったい何度、実在するか仮想のものかはともかく、人体構造にその答えを見出そうとし、思考を特定のニューロンとして、気分を特定の神経伝達物質として考えようとしてきたことだろう。前述の諸説がいずれも実証できない上に曖昧であることに対する憤慨から、どうしてもそうしたくなるものだ。机上の空論にはもう用はない。こうした哲学の難解さ、また行動主義者の非現実的理論すらも、真の問題からの逃避にすぎない。ここに、ある動物がいるとしよう。お望みならば、人間でもよい。彼は台の上に載せられ、分析されようとしている。もし彼に意識があるなら、それはそこに、彼の中に、私たちの目の前の脳の中にあるはずであり、何もわかっていなかった過去のもったいぶった哲学のわずかな知識の中にはない。今日、私たちはやっと神経系を直接調べる技術、つまり、一つひとつの脳を調べる技術を手に入れた。このたった千数百グラムのピンクがかった灰色の物質の塊のどこかに答えがあるはずだ。

意識を宿す脳の部位を見つけ、その構造上の進化をたどりさえすれば、意識の起源の問題は解決できるだろう。さらに、これらの神経構造の進化の様々な段階に対応する現在の動物種の行動を研究すれば、私たちはついにそもそも意識とは何かという問いに、実験的裏づけのある正確さをもって答えることができるのではないか。

これはすばらしい科学プログラムであるように思える。デカルト（訳注　一五九六～一六五〇。フランスの哲学者、数学者、物理学者）が脳の松果体を意識の座として選び、当時の生理学者に容赦なく反論されて以来、脳のどこに意識があるかを探る、皮相的なことが多いものの熱心な研究が行なわれてきた。(15) そして、そうした研究は今も進行中だ。

現在、意識の神経基質の有力候補に挙がっているのは、現代の神経学上の発見の中でもきわめて重要なものの一つだ。それは小さな介在ニューロンが網状に絡まってできており、脳幹にありながら長く見出されることのなかった「網様体」と呼ばれる部位だ。網様体は脊髄の上端から脳幹を経由して視床と視床下部へとつながり、そこへ感覚神経と運動神経の側枝が集まってきている。その様子は、近くを延びる通信線に付随したタブと接続しているかのようだ。だが、それで終わりではない。網様体は大脳皮質の主要な部位数か所や、脳幹のおそらくすべての神経核につながる直接の命令伝達経路を持つ一方、脊髄へ線維束を延ばして末梢感覚系や運動系に影響を与える。網様体の機能は、特定の神経回路を選んで感作（すなわち「覚醒」）させたり、同時に別の神経回路を脱感作させたりすることだ。それで網様体研究の先駆者たちはこの部位を「覚醒脳」と名づけた。(16)

網様体は、機能に由来する網様体賦活系という名称で呼ばれることも多い。網様体は全身麻酔のときにニューロンの活動を止め、体を眠りに入らせる部位だ。ここを切断すると持続した眠りと昏睡状態が始まる。網様体のほぼどの部位に電極を埋め込んで刺激を与えても、眠っている動物が目覚めるという現象が見られる。さらに、網様体は脳のほかのほとんどの部分における活動水準を調整する働きを持っており、この働きは網様体内の興奮と神経伝達物質濃度を反映している。例外もあるが、詳細はあまりに複雑なので、ここでは省くことにする。しかしそれらの例外は、胸躍るような考えを否定するものではない。つまり、脳全体とつながった短いニューロンの無秩序な回路網、すなわち、古典的な神経学における感覚系と運動系間の統合中枢として働く網様体が、あらゆる意識の問題に対する、長い間求められてきた答えである可能性は残っている。

もし、今、私たちが網様体の進化を眺め、これが意識の進化とかかわっているかと問いかけても何ら良い結果は得られないだろう。それは網様体が神経系の中でもとりわけ古い部位の一つだからだ。実際、この部位が神経系のいちばん古い部分であり、この周りに、もっと系統だった、特定の目的のための、高度に発達した運動神経索路と神経核が進化によって発達したという考え方が有力だ。現在、私たちが網様体の進化に関して知っていることはわずかであり、それを研究することによって意識とその起源の問題が解決するとは思えない。

また、そのような手順で解決すると考えることには誤りがある。私たちには、心的現象を神経構造や化学で説明しようとする、あまりにもありがちだが指摘されることのない性癖があり、それが誤っているのだ。神経系について知りうるのは、まず行動を観察して確認したことだけだ。神経系の完全な配線図がわかっていたにしても、私たちは基本的な問題の答えを得ることはできないだろう。たとえ、これまでに出現したあらゆる種の生命体におけるあらゆる軸索と樹状突起の、あらゆる神経線維のつながりを知り、あらゆる神経伝達物質を知り、かつて存在したあらゆる脳の何十億というシナプスでそうした物質がどう違っているかを知っていたとしても、私たちは脳に関する知識だけからその脳が私たちのような意識を持っていたかどうかを知ることは絶対にできない。私たちはまず最も重要な問題、つまり、意識が何であるかという何らかの概念、私たちの内観がいったい何なのかというところから始めなければならない。神経系に注目して神経学について論じる前に、これに関してはっきりとした考えを持たねばならないのだ。

したがって、私たちは意識とは何かを規定することから新たに始める必要がある。これが難業であり、この問題の歴史が比喩とそれが指し示すものの著しい混同であることはすでに見てきたとおりだ。このようなとき、つまり、あるものの正体を明かす手がかりすら得られないとき、それが何でないかを問うことから始めるのは賢明なやり方だ。それが次章の仕事になる。

第 一 部

人間の心

第1章　意識についての意識

意識とは何か。こう尋ねられたとき、私たちは意識について意識するようになる。そしてたいていは、この意識を意識することこそ、意識の本質だと考える。しかし、これは真実ではない。

意識について意識を働かせているとき、私たちは、意識は思いつくかぎりでもっとも自明なもののように感じる。それは気分や情感、記憶、思考、注意、意思といった、覚醒している間のあらゆる状態を決定づける属性だと思う。意識は概念、学習や推理、思考や判断の基盤を成すものであると何の違和感もなく信じ込んでいる。それというのも意識が経験を、それが起きたとおりに記録し保存してくれるので、私たちは思いのままにそれらを内観したり、そこから学習したりできるからだ。さらに、意識と呼ばれるこのすばらしい活動と内容はすべて、どこか頭の中にあると、はっきり意識してもいる。

批判的に検証すれば、今ここに述べた事柄はどれも間違っているのがわかる。これらは何世紀にもわたって意識がまとってきた偽りの衣にすぎない。すべては誤解であり、そのせいで、意識の起源という問題は今なお未解決のままになっているのだ。これまでの誤りを立証し、意識が何でないかを示すことがこの章の課題となる。道のりは長いが、冒険心あふれる試みにしてみたい。

意識の範囲

まず、意識という語には、不正確であるとしてただちに退けるべき用法がいくつかある。たとえば、頭部を殴打されて「意識を失う」という表現がある。だが、これが正しいとすると、臨床で言う「夢遊状態」を指し示す語がなくなってしまう。夢遊状態にある人は明らかに意識がないが、ある程度の反応は見せる。こうした反応は、たたきのめされた人間には見られない。したがって、今挙げた例で頭部を強打された人は、意識とともに私が「反応性」と呼ぶものも失う、と言うべきだ。すなわち、この二つは別物なのだ。

この区別は、ふだんの日常生活においても重要だ。私たちは対象を意識しないままに様々なものに間断なく反応している。木にもたれて座っているとき、私はつねに木にも、地面にも、自分の姿勢にも反応している。それは、歩きだそうとすれば、そのためにまったく意識せずに地面から立ち上がることでわかる。

この第一章の構想に没頭しているとき、私は自分がどこにいるのかさえほとんど念頭にない。執筆中も、手に鉛筆を握っているのだからそれに反応しているし、レポート用紙を膝に載せているのだからそれに反応しているし、罫線に沿って書いているのだからその罫線にも反応していると言える。ところが私が意識しているのは、伝えようとする内容と、それが明確に伝わるかどうかの二点だけだ。

近くの雑木林から一羽の鳥が飛び立ち、鳴きながら彼方へ去っていくようなことがあれば、私は顔を上げてそちらに目をやり、耳を傾けるかもしれない。そして、自分のそうした行為を意識することなく、またこのページに向かうだろう。

すなわち、反応性は私の行動にかかわる刺激のすべてを対象とするが、意識はそれとはまったく別の、反応性に比べてはるかに狭い範囲の現象なのだ。自分の反応しているものを意識することはたまにしかない。そして、反応性が行動や神経学によって説明できるのに対して、意識は現在わかっている程度の知識ではつまびらかにできない。

だが、この区別にはさらに大きな意味がある。私たちはたえず事物に反応しているが、それがどのように行なわれているかについては、いっさい意識に上らない。いかなる場合にも、だ。何を見ていても、私たち人間の目、つまり網膜像は、毎秒二〇回切り替わりながら対象物に反応している。それにもかかわらず、私たちが見ているのは途切れることのない安定した対象物であり、相次いで投入されてくる個々の情報や、それを対象物に統合している事実は少しも意識されない。しかるべき状況下で、あるものが並外れて小さな網膜像として捉えられれば、それは遠くにあると自動的に見なされる。だが、この判断が行なわれたことは意識されない。色や明るさの対比効果をはじめとする知覚の恒常性は、私たちが覚醒している間の経験ばかりか夢を見ている間の経験の中でも休むことなく作用しているが、私たちはそれをまるで意識していない。これらの事例は、従前の意識の定義に従えば私たちが意識していてよさそうなものの、じつはまったく意識していない多様なプロセスのごく一部にすぎない。ここで私が考えているのは、意識とは「現在進行中の精神作用の総和」であるというティチェナーの定義だ。私たちは今、そのような立場とはかけ離れた所にいる。

　しかし、話を先に進めよう。意識が心の営みに占める割合は、私たちが意識しているよりはるかに小さい。というのも、私たちは意識していないものを意識することはできないからだ。これは言うのは非常にたやすいが、十分理解するのはなんと難しいことか。暗い部屋で、まったく光の当たっていない物を探してほしいと、懐中電灯に頼むようなものだ。懐中電灯はどの方向であろうと自分が向く方向には光があるので、どこにでも光があると結論づけるに違いない。これと同じように、意識は心のどこにでも行き渡っているように思えてしまう。実際はそうではないのに、だ。

　いつ意識を働かせているのかという問題もまた興味深い。私たちは起きている間、ずっと意識があるのだろうか。私たちはみなそう考えている。確信すらある。私が目を閉じて、何も考えないように努めたところで、意識は流れ続ける。それは、様々な状態の内容が次々に立ち現れる大河だ。その状態とは、私が習ったところによると思考、心象、記憶、内的対話、悔恨、願望、決意などと呼ばれるもので、これらは私が選択的にしか意識していない外部感覚、絶え間なく変化する外部感覚のページェントと混じり合う。それはつねに連続している。これこそが意識の感覚だ。そして何をしていても私たちは、眠っている間、その記憶に残る夢の合間にのみ澱《よど》むこの絶えざる流れが自分自身の核、すなわち奥深いアイデンティティの最深部であるように感じる。これが私たちの経験だ。そこで多くの思想家は、この連続する精神こそ、哲学の出発点であり、疑う余地のない確実な礎であると考えた。「我思う、故に我あり」、だ。

　しかし、この連続性にはどれほどの意味があるだろう。一分を六万ミリ秒だと考えたならば、はたしてそのすべて、つまり一ミリ秒ごとに意識があるなどと言えるだろうか。言えるという人がまだいるのなら、ニューロンの発火には時間的限界があることを念頭に置いて、単位時間をさらに細分化してみればよい（ただし、この限界が意識は連続しているという私たちの感覚とどのように関連しているのかは定かでないが）。神経には必ず不応期（訳注　生物がある刺激に反応した後、次の刺激に反応できない短い時間）があるが、意識はそんなものとはいっさい無関係で、どうしたことか神経系の周囲にかすみのように漂っていると主張しようとする者などほとんどいないはずだ。

それよりは、意識の連続性と思われるものもまた、意識にまつわる他の比喩の大半と同じく錯覚にすぎないと考えるほうがはるかに真実味がある。懐中電灯のたとえで言えば、懐中電灯は、自身が点灯しているときにしか、点灯していると意識することはない。たとえ点灯していない時間がかなり長かったとしても、周囲の状況にほとんど変化がなければ、懐中電灯には光がずっと点灯していたように思われるだろう。このように、私たちが意識を働かせている時間は、自分で思っているほど長くない。意識を働かせていないときのことは意識しようがないからだ。そして、夢見心地の水面を緩やかに滑っていたかと思えば、今度はだしぬけに訪れる洞察の谷で荒れ狂う激流にもまれ、あるいは規則正しく波に揺られながら好調な日々を乗り切る、といった豊かな内的経験の途切れることのない巨大な流れの感覚こそ、ここで言う主観的な意識が主観的な意識にどう映るかを示す比喩にほかならない。

だが、これをさらに端的に指摘する方法がある。左目を閉じて、このページの左の余白を眺めても、そこから右に約一〇センチメートルのところに、視野の大きな欠損があることには気づかない。しかし、右目だけで余白を見詰めたまま、そこへ左手の指を置き、ページの右側へ向かって動かしてみてほしい。すると、この欠損部分にかかると指先が消え、そこを過ぎるとまた現れるのがわかるだろう。

これは網膜の鼻側に、二ミリメートルほどの隙間があるためだ。ここには視神経線維が集まり、眼球を出て脳につながっている。(1) 興味深いのは、この隙間が通常言われているような「盲点」ではなく、「無点」であることだ。目の見えない人は自分が盲目であることがわかっている。(2) しかし、正常な視覚を持つ人間は視野の中のこの欠損部分に気づかず、ましてやそれを意識することなどとうてい不可能だ。盲点の周囲の空間が少しも欠落せずに埋められるのとまったく同じように、意識は自らの時間的な欠落を継ぎ合わせて、連続していたという錯覚を与えるのだ。

日常的な行動を私たちがいかに意識していないかを示す例は、いたるところにあふれている。中でもピアノの演奏は、その最たるものだ。(3) ピアノを弾くときには、複雑に組み合わされた様々な作業が、ほとんど意識されることなく同時に遂行されている。象形文字のように判読の難しい二段の五線譜が同時に読み取られ、右手は上段に、左手は下段に導かれる。一〇本の指には多様な仕事が割り振られ、運指法によって何の自覚もなく多岐にわたる運動上の問題が解決される。そして頭は、シャープやフラット、ナチュラルを黒鍵と白鍵に読み解き、全音符、四分音符、一六分音符、さらには休符、トリルの長さに従う。ひょっとすると片手は三拍子、もう一方は四拍子ということもあるかもしれない。それと同時に足は音を和らげたり、つなげたり、長く響かせたりと多彩な音色を演出する。そうしている間中、演奏者――意識ある演奏者――は、この気の遠くなるような作業の成果に、芸術的至福の境地にある。ことによると、譜めくりの人に我知らずじっと見入っているかもしれない。いみじくも、自分の魂を彼女にさらけ出しているのだという確信に満ちて。当然のことながら、意識は通常、こうした複雑な活動を学習する上で一役買っているが、その遂行には必ずしもかかわっていない。私がここでとくに強調したいのがこの点だ。

意識はしばしば不要であるばかりか、非常に望ましくないことさえある。先ほどのピアニストが、嵐のようなアルペッジオが続く最中に突然自分の指を意識しようものなら、演奏をやめずにはいられないだろう。ニジンスキーがかつてどこかで語っていたのだが、彼は踊っているときにはオーケストラ・ピットにいて、自分を振り返っているような気がしたそうだ。彼は動きの一つひとつではなく、他人の目に自分がどう映っているかを意識していた。短距離走者は、競技中に自分と他選手との位置関係は意識しているかもしれないが、片方の脚をもう一方の脚の前に持ってくることに意識を働かせていないのは確かだ。そんなことを意識すれば、転んでしまうかもしれない。さらに、私と同じく平凡な腕前のテニス愛好者の方には、突然サーブが「崩れ」たときのいら立ち、何度もダブルフォルトを繰り返してしまうときのいら立ちをご理解いただけるだろう。ダブルフォルトが重なるにつれ、自分の動作（と気分！）に対する意識は強まり、事態はさらに悪化する。[4]

以上のような激しい動きにまつわる現象は、肉体的な興奮だけで説明し切れるものではない。というのも、意識に関する同様の現象は、これほど活発でない活動においても生じるからだ。今このときにも、みなさんは自分がどのように座っているか、手がどこに置かれているか、どれぐらいの速さで読んでいるか、意識してはいない。もちろん、私がこう指摘したその瞬間には、意識するに違いないが。また、物を読んでいるときには、文字は意識していないし、単語や構文、文や句読点さえも意識しておらず、その意味にのみ意識を集中させている。そして話に耳を傾けているときには、その音素（訳注　意味を区別する抽象的な音の最小単位）は単語の中へ、単語は文の中へ、文は言わんとするところ、すなわち意味の中へと姿を消す。話の構成要素を意識しようとすれば、話者の意図は台無しになってしまう。話をする場合にも同じことが言える。話しながら、すべての音節を一つひとつ完全に意識してみればよい。きっと話せなくなってしまうだろう。

これは書く行為にも当てはまる。鉛筆やペン、あるいはタイプライターがひとりでに単語を綴り、スペースを空け、適切に句読点を打ち、次行に進み、連続した文を同じ表現で始めぬようにし、ここに疑問符を、あそこに感嘆符を打つと決めてくれているかのようで、その間私たち自身は、伝えようとしている内容と伝える相手のことしか考えていない。

これは、話したり書いたりしているとき、私たちがほんとうは、実際に行なっている行為を意識していないためだ。意識は、いつ何をどのように言うべきかという判断においては機能するが、その後はどうしたことか、音素や文字が勝手に秩序正しく生み出されてくる。

意識は経験の複写ではない

「白紙の心」という比喩は、アリストテレス（訳注　紀元前三八四～三二二。古代ギリシアの哲学者）の手になるとされる書物の中でも用いられていたが、意識の記録的側面が強調され、意識には内観により繰り返し読み出せる記憶が詰まっていると見なされるようになったのは、実質的には、ジョン・ロック（訳注　一六三二～一七〇四。イングランドの哲学者・政治思想家。その著書『人間知性論』は近代認識論の基礎となった）が心を「タブラ・ラサ（拭われた石版）」であると考えた一七世紀以降のことだ。

もしロックが現代に生きていたとしたら、石版ではなくカメラを比喩に使ったことだろう。しかし言わんとするところは変わらない。私たちの多くは、意識のおもな機能は経験を蓄積し、カメラのようにそれを複写することにあり、そのおかげで後々私たちは過去の経験を思い返すことができるのだと断言するだろう。

一見そのように思われる。しかし、以下の質問について考えてみてほしい。みなさんの部屋のドアは右開きか、それとも左開きか。二番目に長い指はどれか。縦型信号機の一番上にあるのは、赤か青か。歯を磨いているときに見える歯は何本か。電話機のダイヤルでは、どの数字にどのアルファベットが対応しているか（訳注　アメリカの電話機の数字にはアルファベットも割り振られている）。もしよく知った部屋にいるのならば、振り返らずに、すぐ後ろの壁にあるものを書き出した上で、実際に確認してみてほしい。

何度も注意深く見た経験により蓄積したと考えていたイメージに関して、意識的に思い出せる部分があまりに少ないことに驚かれるのではないかと思う。だがもし、いつものドアが急に反対側から開いたり、別の指が突然長くなったり、赤信号の位置が異なったり、歯が一本多くなったり、電話の様式が変わったり、背後の窓に新しい掛け金が取りつけられたりすれば、みなさんはたちまちそれに気づくだろう。つまり、初めから知ってい、、、たが、意識はしていなかったのだ。これが心理学者の間ではよく知られている、「再認」と「再生」の相違だ。意識的に「再生」できるのは、実際の知識の果てしない大洋に比べれば、ごくわずかでしかない。

こうした類の実験によって立証されるのは、意識的な記憶が、ときとして考えられているような、感覚器官が得た心象の蓄積ではないということだ。数え切れぬほど何度も観察しているものであっても、あるとき意識的に指の長さやドアに目を留めたり、歯の数を数えたりしたことがある場合に限って、思い出せるのだ。壁に何があるのかとくに注意して見たことがある、あるいは、つい最近壁を掃除したり塗り替えたりしたというのでなければ、見落としたものの多さに驚かされるだろう。次にこれらの事例について内観してほしい。いずれの場合も、そこに何があるはずかと自問していなかっただろうか。心象ではなく、思いつきや推理から始めはしなかっただろうか。意識的な追観とは、心象の想起ではなく、以前に意識を向けたものの想起であり(5)、そうした要素を理性的なパターン、あるいはもっともらしいパターンに再構成することにほかならない。

これを別の方法で証明してみよう。みなさんが今いる部屋に入ってきて、この本を手に取ったときのことを思い起こしてほしい。次にそれについて内観し、以下の質問に答えてみてほしい。みなさんが複写した心象は、部屋に入ってきて腰を下ろし、読み始めたときに実際に知覚したものだろうか。ドアを入る自分の姿、あるいは入口の俯瞰景までもが見え、それから腰を下ろし、本を取り上げる自分自身がぼんやりと目に浮かんだのではないだろうか。そんなことは、こうして内観しないかぎり、けっして経験しえなかったはずだ。では、そのとき聞こえたものを思い出せるだろうか。あるいは、腰を下ろし、体の重みから足を解放し、この本を開いたときの皮膚感覚はどうだろう。もちろん考え続ければ、想像した追観を再構成して、実際に想定されるのと一分も違わずに部屋に入るのを「見て」、椅子の軋《きし》みや本の開く音を「聞き」、皮膚感覚を「感じる」ことも可能だろう。しかし、私が言いたいのは、これはその大部分が創造された心象——次章で〈物語化〉と呼ぶことになるもの——だという点だ。つまり、実際の経験そのものの様子ではなく、こうであったはずだと想定した経験の様子が大部分を占めているのだ。

また、前回泳ぎに出かけたときのことを内観してほしい。おそらく、海岸や湖、プールの心象が浮かぶと思う。それはおおよそ追想なのだが、ひとたび泳いでいる自分に話が及べば、これはどうしたことか。踊っているときのニジンスキーと同じで、泳いでいる自分の姿が目に浮かぶだろう。自分ではけっして観察しえないはずだというのに。顔を横切る水面、肌に触れる水の感触、息継ぎをしたときに目は水面下のどのあたりにあったかなど、実際に泳いでいたときの感覚はほとんどない。(6) 同じように、前回屋外で眠ったときのこと、スケートに行ったときのことを考えてみてほしい。どれもうまくいかないのならば、公衆の面前でしてしまい後悔していることでもよい。すると、実際に経験したとおりに見たり、聞いたり、感じたりはせず、むしろ客観的視点で再創造して、誰か他人であるかのように自分をその場面に置いて見てしまいがちなはずだ。つまり、記憶を振り返るという行為は大部分が創作であり、他人の目で自分を眺めることを意味する。記憶とは、そうであったはずの姿を伝える媒体だ。もちろん、ここに挙げたどの例においても、推論によって経験の主観的印象を創作することはできるし、それを実際の記憶だと確信することすらあるに違いないが。

意識は概念に必要ではない

意識にまつわる別の大きな誤解は、意識こそ概念が形成される唯一の特別な場所であるという通念だ。これは非常に古くからある考え方で、それによれば、私たち人間は様々な具体的事柄を意識しなながら経験し、その中で似通ったものをある一つの概念としてまとめていることになる。この考え方は心理学者による数々の実験のパラダイムでさえあった。彼らはそうした実験を通して、概念の形成を研究しているのだと考えていた。

フリードリヒ・マックス・ミューラー（訳注　一八二三～一九〇〇。ドイツ生まれのイギリスの宗教・神話学者、言語学者、東洋学者）は、一九世紀に興味深い論考をいくつも行なった。そのうちの一つでこの問題の核心を突き、いったい誰が「木」を見たことがあるのか、と問うた。「誰も『木』というものは見たことがないのだ。見ているのはただ、そここのモミの木、カシの木、リンゴの木……。それゆえ『木』は概念だ。それ自体を目にしたり、感覚器官で知覚したりすることはけっしてできない」[7]。私たちの周囲にあるのは個々の木だけであって、「木」という一般概念は意識の中にのみ存在するというのだ。

概念と意識の関係については、さらに議論を広げることもできる。だがここでは、両者が関連している必要がないことを示すにとどめよう。誰も「木」というものは見たことがないと言ったとき、ミューラーはある対象物についての知見と、その対象物自体とを取り違えていたのだ。暑い日差しの下を長い間歩いて疲れ切った旅行者はみな、「木」というものを目にしてきている。それはイヌに追われるネコやリスなども同じだ。ミツバチには花という概念があり、タカには切り立った山の岩棚という概念があり、巣作り期のツグミには緑の葉に覆われた上方の木の股という概念がある。概念とは、行動的に見て同価値の事物の分類にほかならない。根本概念は先験的なもので、行動を生じさせる〈性向決定構造〉の根幹を成している[8]。ミューラーは、ほんとうは誰も「木」というものを意識したことがないと言うべきだったのだ。というのも、実際のところ、意識は概念の貯蔵所でないばかりか、通常は概念とともに活動してさえいないからだ。私たちが意識的に「木」というものについて考えたとき、実際に意識しているのはある特定の木、家のそばに植わっているモミやカシやニレなどであって、それに「木」という概念を象徴させているのであり、これはある概念語に具体的な木を象徴させられるのと同様だ。実際、単語に概念を象徴させるというのは、言語の持つ重要な役割の一つで、それはまさに、私たちが概念的な事柄を書いたり、話したりするときに行なっていることにほかならない。通常、概念は意識の中にはいっさい存在しないため、このような必要が生じてくるのだ。

意識は学習に必要ではない

意識に関する第三の重大な誤解は、意識が学習の基礎であるというものだ。とくに、一八世紀から一九世紀にかけて輩出した高名な連合主義心理学の学者たちにとっては、学習とは意識上で類似や接近、ときにはその他の関係によって観念が分類されることだった。人間であろうと動物であろうと関係ない。あらゆる学習は経験の恩恵を受けること、あるいは意識の中で観念が結びつくことだった。この点については序章で述べたとおりだ。こうして、現代の常識の中にも、意識は学習に不可欠だとの認識が理由も明確にされぬままに、文化的にしっかり受け継がれてきた。

この問題はそう単純ではない。それに加え、心理学の分野では、遺憾ながらときとして取りつきにくい専門用語で形を歪められている。じつはそれらは、一九世紀の脊髄反射に関する用語を過度に一般化したものにすぎない。だが、ここでの目的のためには、「信号学習」「技能学習」「解決学習」と大きく三つに分類されてきた学習に関する実験例を考察してみるのも悪くないだろう。以下、これらを順に取り上げて、意識が必要かどうか検討していこう。

「信号学習」（あるいは「古典的条件づけ」「パヴロフ型条件づけ」）は、最も単純な例だ。被験者の目に光信号を当て、その直後にゴム管から空気を吹きかけるということを一〇回ほど繰り返すと、それまで空気を吹きかけられたときにしか瞬きをしなかったまぶたは、光信号だけのときにも瞬きをするようになる。そしてこの行動は、回数を重ねるにつれ、さらに頻度を増す[9]。信号学習についてのこの有名な実験の被験者は、何も意識していなかったと報告する。それどころか、意識――この実験例においては信号学習を助けるべく行なわれる随意性の瞬き――は、信号学習の発生を妨げるのだ。

もっと身近な状況でも、同様の単純な連合学習が、それが起こっているといっさい意識されぬまま行なわれることが実証されている。とびきり美味しい昼食をとっているときに、特徴的な音楽がかかっていたとしたら、次にそれを聴いたとき、みなさんは以前よりもわずかながらその曲が好きになっているだろう。口の中に唾液が少し湧いてきさえするかもしれない。その音楽が快楽の信号となって、みなさんの判断を混乱させるのだ。音楽が絵画であっても同じだ[10]。この種のテストを研究室で受けた被験者は、昼食の後にその音楽や絵画をとくに好むようになった理由を聞かれても、答えられなかった。彼らに何かを学習したという意識はなかった。だが、この実験でほんとうに興味深いのは、もしこの現象について前もって知っていて、食事と音楽、あるいは絵画の随伴性を意識していたならば、学習は起こらないという点だ。じつのところ、意識はまたしてもこうした類の学習能力を減少させているのだ。意識が不要であることは言うまでもない。

先に見た技能の遂行の場合と同じく、技能の学習においても意識は無力な傍観者のようなもので、ほとんど影響を与えない。この事実は単純な実験で証明できる。両手にコインを持ち、双方のコインを反対の手でつかめるように、交差させて放ってみてほしい。一〇回も試せば、できるようになるだろう。ではそうしている間、みなさんは自分の行為一つひとつに意識を働かせているだろうか。そもそも意識は必要だろうか。学習は意識的というよりはむしろ、肉体的な事柄と言うべきものであることがおわかりになるだろう。意識は人間を課題に導き、到達すべき目標を与える。しかしその後は、その課題を行なう自分の能力に対する束の間の神経症的な不安を別にすれば、学習はひとりでになされるようなものだ。だが、意識をあらゆる行動の企画者と見なしていた一九世紀の学者なら、こうした課題を良い動きと悪い動きを意識的に判別する行為として説明しようとしただろう。自由選択によって、良い動作を繰り返し、悪い動作をやめているというわけだ。

学習の対象が複雑な技能であっても、前記の点はまったく変わらない。タイピングはこれまで盛んに研究されており、ある実験者の次のような言葉がおおむね受け入れられている。「技法の改変や簡素化は、ことごとく無意識になされた。つまり、学習者がまったく意図しないうちに身についていたのだ。学習者はあるとき突然、課題の一部を新しい優れたやり方で行なっている自分に気づくのだった[11]」

コイン投げの実験のとき、もしみなさんが意識を働かせていたら、それが学習を妨げることに気づいたかもしれない。この現象は前述の技能の遂行時と同じく、技能を学習する際にも、非常によく見受けられる。あまり意識しすぎずに学習すれば、すべてがより円滑に効率良く進む。だが、それもあまり度を過ごすと、タイピングのような複雑な技能の場合には、「the」をいつも「hte」と打ち間違えるようになりかねない。この癖を直すには、プロセスを逆転させ、意識的に「hte」と間違って打つ練習をすればよい。すると、「習うより慣れろ」という常識に反して、間違いは消え去る。これが、「負の練習」と呼ばれる現象だ。

複雑な回転円盤追跡や鏡映描写のような、研究室で実施されるごく平凡な運動技能の試験でも、自分の動きをしっかり意識するように指示された被験者は成績が落ちる。[12] さらに、私が面談をしたトレーナーたちも、研究室で証明済みのこの原理にはからずも従う形で、自分のしていることをあまり考えないよう選手に促していた。禅の精神に基づく弓道の修行では、この点がじつに明確だ。射手は自分が弓を引き、矢を放っているとは考えずに、弓がたわみ、矢がしかるべきときに自然に指を離れるに任せて、今行なっている行為を意識することから自らを解放せよと教えられる。

これよりは複雑なものに、「解決学習」（あるいは「道具的条件づけ」「オペラント条件づけ」）がある。問題の解決法や目標に達する手段を得ようとする場合、通常、意識はその問題を一定の方法で捉える上では非常に重要な役割を担う。しかし、問題解決そのものには必要でない。その証拠に、自分の追い求めている目標や、その目標を達成するために模索している解決法をまったく意識していない事例がいくつも見受けられる。

これもまた簡単な実験で証明できる。誰かに自分の前に座って、思いつくかぎりの単語を、一語一語書き取れるように二、三秒ずつ間を置いて言うように指示を出す。そしてその単語が複数形の名詞

（あるいは形容詞や抽象語など、どんなカテゴリーでもよい）のときに、それを書き取りながら、「いいね」とか「なるほど」とか言ってみてほしい。あるいはたんに「ふむふむ」と相槌を打ったり、にっこり笑ったり、感じ良くその複数形の単語を繰り返したりするのでもかまわない。すると複数形の名詞（あるいはその他、特定のカテゴリーの語）が発せられる頻度は、単語の数が増えるにつれ、著しく高まるだろう。ここで重要なのは、被験者に何かを学習している自覚がまったくない点だ。[13] 被験者は、自分が相手からより多くの励ましの言葉を引き出す方法を見つけようとしていることなど意識していないし、当然その問題に対する解決法についても意識を働かせていない。私たちは毎日、あらゆる会話の中で、たえずこのような方法で互いに訓練し合っているが、それでいて、それをまったく意識していないのだ。

このような無意識の学習は、なにも言語行動に限ったことではない。ある心理学のクラスの学生が、学内で赤い服を着ている女子学生なら誰でもほめるよう言われたことがあった。一週間のうちに、カフェテリアは赤（と和やかな雰囲気）にあふれ返ったが、女子学生は一人として自分が影響されていることに気づかなかった。また別のクラスの学生は、無意識の学習と訓練について学んだ一週間後、それを担当教授に試した。教授が講義室の右手に移動するたびに、感心し切ったような視線を送り、彼の冗談におおいに笑った。報告によると学生たちは、教授に少しも変だと思わせぬまま、ドアの外に出ていくまで彼を訓練できそうなほどだったという。[14]

こうした研究の大半に共通する重大な問題は、もし被験者が前もってこのような随伴性を見つけ出そうと考えていたならば、当然どんな行為を学習しているのか意識してしまうところにある。この問題を回避するには、被験者が知覚できない行動反応を利用するのも一つの方法だ。実際にこの方法を用いた実験が行なわれた。その実験では、人間には知覚できず、電気的な記録装置でのみ検出可能な親指のごく小さな筋肉の運動を利用した。被験者には、実験は音楽に組み込まれた不快な断続的ノイズが筋肉の緊張に与える影響に関するものだと伝えてあった。四つの電極を体に取りつけたが、本物は親指の小さな筋肉の上につけたものだけで、残りの三つはダミーだった。知覚できない親指の筋肉の痙攣《けいれん》が電気的に検出されるたびに、不快なノイズが鳴っていた場合は一五秒間やみ、鳴っていなかった場合は鳴るのを一五秒遅らせるように、装置が設定されていた。すべての被験者で、嫌なノイズを避ける知覚不可能な親指の痙攣が起きる割合が増加したが、被験者は自分が不快なノイズを避ける方法を学んでいるとは少しも意識していなかった[15]。

以上のように、意識は学習プロセスの必須要素ではなく、それは学習の対象が信号であれ、技能であれ、解決であれ変わらない。もちろん、この魅力的な問題について述べることは、まだまだたくさんある。というのも、行動療法の分野における現在の研究の主眼は、こうした学習にあるからだ。だがここでは、意識的な経験があらゆる学習の土台を成すという従来の学説が明らかに、そして完全に間違いであると立証しただけでよしとしておこう。それだけで、少なくとも次のように結論できる。すなわち、意識を働かせていなくても学習したり問題を解決したりできる人間を（あくまで可能性の話だが）想定しうるのだ。

意識は思考に必要ではない

心の単純な面からより複雑な面に進むにつれて、私たちはしだいに曖昧な領域へと足を踏み入れ、使用される用語もますますつき合いづらくなる。「思考」も間違いなくその一例だろう。そして、意識は思考に必要でないと言われれば、私たちはすぐに声を荒らげて反論する。思考こそまさしく意識の心臓部であり、骨格だ、と。だがここはひとつ、じっくり考えてみよう。これから取り上げようとしているのは、あるものにまつわる、あるいはあるものについての思考とでも呼びうるような類の自由連想だ。こうした思考はふだん、心象がぎっしり詰まった意識の領域に完全に取り囲まれ、どっぷりと浸っていると考えられている。だが実際は、事はそれほど明快ではない。

まずは、その思考の結果を正誤で判定しうる種類のものから検討を始めよう。こうした思考は一般に「判断」と称され、先ほど検討したばかりの解決学習の極端なケースと非常に似通っている。

実験とは呼ぶのもおこがましいほど簡単な実験によって、この問題の核心にじかに迫ることができる。はじめにペンと鉛筆、あるいは、異なる分量の水を入れた二つのグラスなど、重さの異なるものを二つ用意し、目の前の机に置く。そして目をいくぶん細めて課題への集中力を高め、親指と人差し指で挟んでそれぞれを持ち上げて、どちらが重いか判断する。そして自分のしていることをすべて内観してほしい。すると、指先の皮膚が対象物から受ける感触や、重さを比べているときに感じる下向きのわずかな圧力、対象物の側面のでこぼこなどを意識していることに気づかれると思う。では、どちらか重いかという実際の判断はどうだろう。それはどこにあるのだろう。なんと、一方が他方よりも重いという判断そのものは、意識されていないではないか。その判断は、神経系によって知らぬ間に与えられる。この判断過程を思考と呼ぶならば、こうした思考にはまったく意識が働いていないことがわかるだろう。これは簡単な実験だが、きわめて重要な意味を持つ。というのも、意識ある心はこうした思考過程からできているという従来の見解を、即座に根底から覆すものだからだ。

この種の実験が広範に行なわれだしたのは、二〇世紀初頭、後にヴュルツブルグ学派として知られるようになるグループ内でのことだった。すべては、一九〇一年に行なわれたカール・マルベ（訳注　一八六九～一九五三。ドイツの心理学者）[16]の研究に始まる。その方法は、上記の実験とほぼ同じだが、使われたのは小さな分銅だった。被験者は目の前に置かれた二つの分銅を取り上げ、重いほうを正面に座った実験者の前に置くように指示された。すると、実験者自身と高度に訓練された被験者たち（全員が内観心理学者）の両方にとって、驚くような結果が得られた。判断過程そのものはけっして意識されなかったのだ。物理学と心理学は、いつも興味深い対照を成す。愚かしく思われるほどに単純なこのマルベの実験が心理学に与えた影響が、実施の非常に難しいマイケルソン゠モーリーの実験（＊訳注）が物理学に与えた影響に匹敵するというのは、科学の皮肉の一つと言えるだろう。後者が空間全体にあまねく存在すると考えられていたエーテルが実在しないことを証明したように、この分銅の重さの判断は、意識の証と考えられていた判断が、意識の中にまったく存在しないことを明らかにしたのだ。

＊（訳注）アメリカの物理学者アルバート・エイブラハム・マイケルソンとエドワード・モーリーが、光波の性質を利用した干渉計により地球の運動が光速に影響を与えぬことを実証し、光の媒質エーテルが存在しないことを示した実験。

しかし、これには異論を差し挟む余地がある。対象物を持ち上げたときの判断があまりにも速くなされたために、私たちは忘れてしまったのかもしれない。なんと言っても内観にあたっては、ほんの数秒のうちに起きたことを描写するのに、つねに何百もの言葉を費やすのだ（まったく、なんと驚くべき事実だろう）。そして、今起きたばかりのことに関する私たちの記憶は、それを表現しようとする間にも薄れていく。ことによると、この現象がマルベの実験でも起きていて、もし覚えてさえいられれば、判断と呼ばれる種類の思考は意識の中に見つけうるというわけだ。

マルベの数年後にヘンリー・ジャクソン・ワット（訳注　一八七九～一九二五。スコットランド生まれの心理学者）が直面したのが、この問題だった[17]。これを解決するために、彼は「語連想」という別の手法を用いた。被験者はカードに印刷された名詞を提示され、そこから連想した語をできるだけ早く言うように指示された。ただしその方法は自由連想ではなく、心理学において「部分的制限連想」と呼ばれるものだった。すなわち、様々な語群について、被験者は視覚的単語から連想する上位語（たとえば「カシ」から「木」）、等位語（「カシ」から「ニレ」）、従属語（「カシ」から「角材」）を回答するように求められた。またあるときは、全体を表す語（「カシ」から「森」）、部分を表す語（「カシ」から「どんぐり」）、同じ全体の一部を表す語（「カシ」から「小道」）の回答を求められることもあった。この「制限連想」という課題の性質により、実験時の意識を四段階に分割できるようになった。つまり、なされるべき制限の教示（たとえば「上位語」）、刺激となる名詞の提示（「カシ」）、適切な連想語の検索、そして回答の表明（「木」）だ。被験者は、一段階ごとに集中して内観するよう指示されるので、各段階での意識について、より厳密に説明できるようになる。

この分割法の持つ精密さをもってすれば、マルベの結論の誤謬が証明されることが予想された。そして、思考しているという意識はワットの第三段階、すなわち特定の「制限連想」に合致する語を検索する段階に現れるはずだった。ところが、結果はまったく違った。内観したとき空白になるのは、まさにその第三段階だった。どうやら、要求されている特定の連想方法を意識の観察者が十分に理解した上で、ひとたび刺激語が与えられれば、思考は実際に意識されることなく自動的に行なわれるようなのだ。これは驚くべき結果だった。言い換えれば、人は何について考えるべきなのかを知る前に、思考していることになるからだ。このような思考において重要なのは教示だ。この教示がきっかけで、すべてが自動的に進みだしうる。これを教示（インストラクション）と構築（コンストラクション）の両方の意味を込めて、〈ストラクション〉と短縮して呼ぶことにしよう。[18]

以上から、思考は意識されていないと言える。むしろ、〈ストラクション〉とそれが作用する材料に従って自動的に行なわれる過程なのだ。

しかしこれは言語の連想に限った話ではなく、どのような種類の思考にも当てはまる。もっと有意行動に近い場合であってもそうだ。たとえば、私が夏のカシの木について考えてみようと決めたとする。これが〈ストラクション〉となる。そして、私の「考え」なるものは、ほんとうはワットの実験における「制限連想」の場合とまったく同様に、連想により結びつけられ、未知の大洋から私の意識の浜辺に打ち寄せられた一群の心象にほかならない。

縦線で分けられた6と2という二つの数字 6|2 を与えられた場合、このような刺激から思いつくの

○△○△○？

は8かもしれないし、4かもしれないし、3かもしれない。これは与えられた〈ストラクション〉が足し算なのか、引き算なのか、割り算なのかによって変わってくる。重要なのは、〈ストラクション〉自体、つまり足し算、引き算、割り算という過程は、ひとたび与えられた後は神経系の中に姿を消してしまう点だ。しかし、ある一つの刺激から三つの異なる回答を出しうるのだから、〈ストラクション〉は間違いなく心の中にある。それでいて、ひとたびその過程が始まってしまえば、私たちはその事実にまったく気づかない。

上のような図形列が与えられたとする。

右端にくる図形は何だろう。みなさんはどのようにその答えにたどり着いたのだろうか。私が〈ストラクション〉を与えるが早いか、次にくるのが三角形だとみなさんには自動的に見て取れる。ところが、みなさんがこの答えにたどり着いた過程を内観しようとすると、行なわれた過程を実際に想起するのではなく、自分自身に新たな〈ストラクション〉を与えて、こうだったはずだと自分が想定する過程を創作してしまう。この課題自体の中でみなさんが実際に意識していたのは、当初の〈ストラクション〉と、目の前のページに描かれた図形列、そして回答だけだ。

これは、先に述べた発話の場合にも当てはまる。話をするとき、私たちは単語を探し、その単語で句を作り、その句で文を作るといったことに実際は意識を働かせていない。私たちが意識しているのは、自分自身に次々に課す一連の〈ストラクション〉だけであって、その結果、意識の介在はいっさいないまま、自動的に話が生み出されてくる。話の内容そのものは、生み出されている間にも、その気になれば意識に上らせることができ、こうしたフィードバックがさらに〈ストラクション〉を生む。以上より、実際の思考過程は、通常意識の本質だと考えられているにもかかわらず、じつはまったく意識されておらず、意識の上で知覚されるのは思考の準備と材料、そして最終結果だけと言える。

意識は理性に必要ではない

人間を理性的動物と考える長い伝統、すなわち人間を知恵ある者《ホモ・サピエンス》として戴く伝統は、非常に幅広く尊大なものでありながら、じつは意識を理性の座とするなんとも頼りない仮定に、そのすべてがかかっている。このような仮定について少しでも論じようとすれば、「理性」という単語自体の曖昧さに戸惑わされる。この曖昧さは、理性の「能力」について論じた古色蒼然たる能力心理学に由来する遺産だ。この立場では当然、理性は意識の中にあると考えられていた。こうして無理やり位置づけられた理性と意識は、さらに、真理という観念や、理性的な推理法とされる論理などの観念とも混同されてきた。しかし、これらはみなまったくの別物だ。こうして論理は意識的な理性の仕組みと見なされ、このようないかにももっともらしい推論が自分たちの内観にそぐわないと痛いほど承知している哀れな学者たちを何世代にもわたって悩ませてきた。

理性的な推理と論理は互いにとって、健康と薬、あるいは――より適切に言えば――行動と倫理のような関係にある。推理とは、日常生活の中で行なわれる自然な思考過程全般を指す。一方、論理は客観的真実を求める場合に用いるべき思考方法なのだが、日常生活と客観的真実の間の関係は非常に希薄だ。論理とは、自然な推理によって導いた結論を正当化するための知識にほかならない。ここで強調したいのは、このような自然な推理が起こるには、意識は必要ないということだ。私たちが論理を必要とするのは、推理の大半はまったく意識されていない、まさにそのためなのだ。

まずは、意識の介在なく生じることを立証済みの現象、初歩的な推理と呼べそうな数々の現象について思い返してみよう。道や単語、ピアノの鍵や動作の選択、大きさや色の恒常性を保つ知覚修正——これらはみな、意識から何の催促もほのめかしも、目配せさえもなしに起こる、原始的な推理だ。より標準的な種類の推理であっても、意識の介在なく行なわれうる。過去に一度あるいは数度、池に木片が浮かんでいるのを見たことのある男の子は、そこからただちに、別の池に別の木片を投げ込んでも水に浮かぶはずだと結論づけるだろう。別の池に漂う別の木片がすぐさま目に浮かぶ際、意識の中で過去の事例が寄せ集められることはなく、意識的な過程はまったく必要とされない。これはときに「帰納推論」と呼ばれるもので、一般化に基づく期待にすぎず、特別どうということはない。高等脊椎動物に共通して見られる能力だ。このような推理は、神経系の仕組みであって、意識のそれではない。

ところが、意識の介在しないより複雑な推理も、たえず行なわれている。心の活動は速すぎて、意識にはついていけないのだ。私たちは通例、過去の経験に基づいて自動的に一般論を導き出す。その一般論の基礎となった経験をいくつか想起できることもあるが、それはあくまで後から振り返った場合に限られる。正しい結論にたどり着きながら、その根拠を示せないことがどんなにか多いだろう。

それというのも、推理に意識は働いていないからだ。さらに、他人の感情や性格について行なっている推理や、他人の行動からその動機を推察するときのことを考えてみてほしい。これらは明らかに神経系による「自動推論」の賜物で、意識はそこに不要であるばかりでなく、運動技能の遂行ですでに見たように、その過程を阻害する可能性も高いのだ。[19]

これに対し、私たちはきっとこう声高に反論するだろう。最高次の知的思考の過程では、そのようなことは絶対にありえない、その過程において、私たちはついに真の意識の帝国に遭遇するに違いない、何もかもが輝かしいまでの明快さで展開し、秩序正しい理性の作用が、完全なる自覚のもとに進行するのだ、と。だが実態はそんな壮麗さとは無縁だ。腰を据えて問題と向かい合い、意識を働かせて帰納と演繹を繰り返す学者像など、ユニコーンと同じく絵空事にすぎない。人類の偉大な洞察の訪れは、もっと謎めいたものだ。ヘルマン・フォン・ヘルムホルツ（訳注　一八二一～一八九四。ドイツの生理学者、物理学者、経験論的認識論者）が得た数々のすばらしい発想は、「しばしば、その重要性を考えてもみぬときにそっと思考の中に忍び込んできた……またあるときには、こちらが何の努力もしないのに突然訪れた……とりわけ、天気の良い日に木々の繁った丘をぶらぶらと散歩しているときに、姿を現したがるのだった」[20]

カルル・フリードリヒ・ガウス（訳注　一七七七～一八五五。ドイツの数学者、天文学者）は、かつてある数学の定理の証明に取り組み、何年も苦悶した経験があった。その定理に関して、彼は次のように書いている。「不意の稲光のように、謎が解けてしまった。私自身にも、どんなようすがによって、それまでの私の知識とこの成功を可能にしたものとが結びつけられたのかわからない」[21]

卓抜した数学者ジュール・アンリ・ポアンカレ（訳注　一八五四〜一九一二。フランスの数学者、物理学者）は、自分がどのように発見に行き当たるかにとりわけ興味を引かれた。パリの心理学会で行なわれた有名な講演の中で、彼は地質学の研究旅行に出かけたときのことを話している。「旅の出来事に気を取られて、数学の仕事を忘れていた。クータンスに着くと、あちこち見て回ろうと乗合馬車に乗ることにした。ステップに足をかけた瞬間、その考えがひらめいたのだ。それまでの思考がそこへ至る道を切り開いたとは思えない。フックス関数の定義に私が用いた変換は、非ユークリッド幾何学の変換と同一のものだったのだ！」[22]

このように突然洞察を得るという現象が最も顕著に見られるのは、研究題材に日常の経験が干渉する余地のごく少ない、より観念的な学問においてではないだろうか。アルベルト・アインシュタイン（訳注　一八七九〜一九五五。ドイツ生まれの理論物理学者）の親しい友人から聞いた話では、かの物理学者の偉大な思いつきの多くは、髭を剃っている最中に不意にひらめいたそうだ。そのため、彼は毎朝それは慎重にかみそりの刃を動かしていた。でなければ、驚いたはずみに顔を切ってしまいかねないからだ。イギリスのある高名な物理学者はかつて、ウォルフガング・ケーラー（訳注　一八八七〜一九六七。ドイツ生まれのゲシュタルト心理学の中心人物）に次のように語った。「我々の間では、よく三つのBと言います。バス（Bus）、風呂（Bath）、ベッド（Bed）です。我々の科学における偉大な発見は、これらの場所でなされるのです」

ここでカギとなるのは、創造的思考にはいくつかの段階があるという点だ。第一は準備の段階で、問題が意識的に検討される。続く孵卵《ふらん》期には、問題に意識を集中させることはない。そしていよいよ解明が訪れ、後に論理によって正当性が証明される。このような重大で複雑な問題と、分銅の重さの比較や丸と三角の図形列といった単純な問題との相似は明らかだ。準備期間の本質は、ヘストラクション〉が作用する材料に意識的な注意を向けて、複雑な〈ストラクション〉を組み立てることにある。しかしそれ以後、実際の推理のプロセスや大発見への不可思議な飛躍は、分銅の重量比較のような単純で取るに足らぬ判断とまったく同様に、意識に何ら表象を与えない。それどころか、ときとして、問題は忘れてしまわなければ解決できないかのように思われるほどだ。

意識の在りか

ここで検討したい誤信のうち最後のものは、重要であると同時に興味深くもある。最後まで残しておいたのは、この問題がありきたりの意識観に対するとどめの一撃になると考えたためだ。いったい意識はどこで生じているのだろうか。

誰もが、いやたいていの方は、頭の中だと即答するだろう。というのも、私たちが内観するときには、目の奥のどこかにある内部空間を見詰めているように感じるからだ。しかし、この「見詰める」とはいったい何を意味しているのだろう。私たちはより鮮明に内観しようとして、目を閉じることすらある。だが、どこを見ているのだろう。意識が空間的な性質を持つ点については、疑問の余地がないように思われる。その上、私たちは体の向きを変えたり、少なくとも違う方向を「見詰め」たりしているようだ。だが、(その想定された内容はさておき) この空間の性質を突き詰めていこうとすると、私たちはなんとなくいら立ちを覚える。まるで、何か知られたくないものがあるかのようであり、それを問題にすること自体、和やかな場での無作法な振る舞いのごとく、なぜか不快感を引き起こす性質があるかのように思われるのだ。

　私たちはこの意識の空間が自分の頭の中にあると考えるだけでなく、他人の頭の中にもあると信じている。たとえば友人と会話をしながら、私たちはたびたび視線を交わす（これは視線交錯が、部族内のヒエラルキーを築く上で用いられていた霊長類としての過去の名残りだ）。そのときつねに、私たちは相手の目の奥に空間があることを前提にして、そこに向かって話している。その空間は、自分の頭の中にあって、そこから自分が話していると想像している空間と同じものだ。

　そしてここに、この問題の核心がある。というのも、私たちは誰の頭の中にも、そんな空間はないと重々承知しているからだ。私の頭の中にも、みなさんの頭の中にも、何らかの生理組織があるだけだ。そして、その大部分が神経組織だという事実など、完全に度外視されている。

　この見解に慣れるには、少し考えてみる必要があるだろう。それによれば、私たちは解剖学的には存在しないとはっきり承知しながら、こうした空間を自分自身や他人の頭の中にたえず勝手に創り出していることになる。さらに、このような「空間」の在りかは、じつに恣意的なものなのだ。たとえば、アリストテレス派の書物[23]では、意識あるいは思考の所在は心臓の中とそのすぐ上だとされ、脳は触れられても傷つけられても反応しないため、たんなる冷却器官だと考えられている。読者の中には、思考主体はどこか胸の上部にあると考え、こうした議論は成り立たないと思われる向きもあるだろう。だが、おおかたの人は、意識を頭の中に見出す習慣が骨の髄まで染みついているので、別の見解を取るのは難しい。だが、じつのところ、今いる場所に留まったままで、意識だけが角を曲がった隣の部屋の、床から近い壁際にあると考え、頭の中でのように、そこで思考をすることも十分可能だろう。

いや、まったく同じというわけにはいかない。というのも、〈心の空間〉が体内にあると考えたほうが都合のよい正当な理由があるからだ。意志や内部感覚、さらにはこの後だんだんと明らかになってくる〈私〉と体の関係にまつわる理由があるのだ。

意識の在りかを脳の中に認める現象的な必要性がないという見解は、意識が体外にあると感じられる様々な異常体験により、いっそう説得力を増す。戦時中に左前頭部に傷を負った友人は、病室の天井の片隅で意識を回復し、包帯を巻かれてベッドに横たわる自分自身を、陶酔感に浸りながら見下ろしていたという。LSDの服用者も頻繁に、これと似たような、体から抜け出す、いわゆる「体外離脱」の経験を報告する。こうした事例に形而上学的な意味はまったくない。それらはたんに、意識の在りかが恣意的な問題となりうることを示しているにすぎない。

ここで見誤らないようにしたい。私が意識を働かせているとき、頭の中にある脳の一部をつねに使用しているのは間違いない。しかし、自転車に乗っているときでもそれは変わらず、しかもその行為自体は頭の中で起こっているのではない。自転車に乗るという行為については地理的に場所を特定でき、意識についてはできないのだから、次元が違うと言えば違う。だが、ほんとうは意識に在りかなどない。ただ私たちが、勝手にあると想像しているだけなのだ。

意識は必要か

ここでこれまでの道のりを振り返ってみよう。枝葉に至るまであまりに多くの事柄を扱ってきたため、問題が明白になるどころか、よけいに複雑になったように思われるかもしれないからだ。私たちは、意識は通常考えられているようなものではないという結論にたどり着いた。意識は反応性と混同されてはならない。意識は多くの知覚現象にかかわっていない。意識は技能の遂行に関与せず、その実行を妨げることも多い。意識は話すこと、書くこと、聞くこと、読むことに必ずしも関与する必要はない。たいていの人が考えているように、経験を複写してもいない。意識は信号学習に無関係であり、技能や解決法の学習にも必ずしも関与する必要はない。これらはまったく意識されずに起こりうる。また、意識は判断を下したり単純な思考をしたりするのにも必要ない。意識は理性の座ではなく、非常に困難な創造的推理の事例のうちには、意識の介在なく行なわれるものさえある。そして、意識の在りかは、想像上のものでしかないのだ。となると、すぐに湧いてくる疑問は、そもそも意識は存在するのだろうか、というものだ。だが、この問題は次章に譲るとしよう。ここでは、私たちの活動の多くに意識はたいした影響を持たないと結論しておけば事足りる。そして、もしこの推測が正しければ、会話や判断、推理、問題解決にとどまらず、私たちのとる行動のほとんどを、まったく意識を持たぬ状態でこなす人々がかつて存在しえた可能性は十分ある。この見解は重大であると同時にいささか衝撃的だ。だが、現時点ではそう結論せざるをえない。実際、私はあえてこんな形で議論を始めたのであり、この第一章には非常に大きな重みを置いている。というのも、ここでみなさんに意識のない文明がありうると信じていただけなければ、今後の論考は説得力のない、道理に反したものになってしまうからだ。

第2章　意識

こうして意識にまつわるおもな誤解を取り除いてみると、いったい何が残るのだろうか。意識が第一章で検討したいずれのものでもなく、私たちが考えるほど広範囲にわたってもいないとしたらどうだろう。経験の複写ではなく、学習や判断、あるいは思考にすら必要な場所ではないのだとしたら、いったい何なのか。第一章が残した瓦礫の山はまだ埃を舞い上げている。そのさまを眺めていると、ピュグマリオーン（＊訳注）ならずとも、この残骸の中から純粋無垢な意識が新たに姿を現してくれと念じたくなる。埃《ほこり》が収まるのを待つ間、しばし道を外れて散策し、異なる事柄について検討してみよう。

比喩と言語

まず、比喩《メタファー》について。言語の最も興味深い属性は、比喩を生み出す能力だ。だがこれはまたなん

＊（訳注）ギリシア神話に出てくるキプロス島の王。その祈りが神に通じて自作の乙女像に命が与えられた。

と控え目な表現であることか。なるほど、昔の作文の教科書では、比喩は言語活動上のたんなる余技とされがちだったが、じつは、まさに言語の土台にほかならない。ここで私は比喩という言葉を最も一般的な意味で使っており、ある事物を指すのに、別の事物を指す語を使うことを言っている。この用法は、二つの事物の間、あるいは、他の事物に対する両者の関連の間に類似性があるために可能になる。したがって、比喩にはつねに二つの語が関与している。一方は、説明しようとする事物を指し、それをここでは〈被比喩語〉《メタフランド》と呼ぶことにする。他方は、それを説明するのに使われる事物または関係を指し、これを〈比喩語〉《メタファイアー》と呼ぶ。比喩とはつねに、よく知られた〈比喩語〉によってあまり知られていない〈被比喩語〉を処理する関係だ。(1) ちなみに、これら二つの造語は、乗法で乗数《マルチプライアー》が被乗数《マルチプリカンド》を処理する関係にならったものにすぎない。

言語は比喩によって発達する。「それは何ですか」と問われたとき、答えるのが難しかったり、それが特殊な経験に関するものだったりすると、よくある答えは、「そうですね、それは〜のようなものです」だ。実験室での研究によると、記述しにくい対象物（つまり〈被比喩語〉）をそれが見えていない人に説明する場合、大人も子供も〈比喩語〉を重ねて使う。これが繰り返されるにつれてつづめられ、〈比喩語〉は呼称として定着する。(2) 言語の語彙はおおむねこうして形成されていく。比喩の偉大で強力な機能は、人類の文化が複雑になるのに合わせて、新しい言葉を必要に応じて生み出すことにある。

辞書に載っているありふれた言葉の語源を任意に選んでみれば、それが裏づけられる。あるいは、動植物のラテン語の学名を見ればよい。いや、それら動植物の、見事としか言いようのない英語の一般名称を考えるだけでもよい。たとえばクワガタムシは「stag beetle」（訳注　「stag（牡鹿）」のような角を持った「beetle（甲虫）」の意）、アツモリソウは「lady's slipper」（訳注　花の一部の形が、西洋でかつて「lady（婦人）」が履いた「slipper（上靴）」に似ているところから）、トンボは「darning needle」（訳注　姿が「darning needle（かがり針）」のように細長いことから）、ノラニンジンは「Queen Anne's lace」（訳注　白い花が「lace（レース）」のように広がって咲く。イギリスの「Queen Anne（アン女王）（一六六五～一七一四）」はレース編みに長けていたとされる）、キンポウゲは「buttercup」（訳注　花の色が「butter（バター）」に、形が「cup（茶碗）」に似ているところから）など、例を挙げればきりがない。人体はとりわけ〈比喩語〉として用途が広く、様々な分野で過去にはできなかった区別を可能にする。たとえば、「head（頭）」なら、軍隊の「司令官」、テーブルの「上座」、ページの「天」、ベッドの「頭の位置」、船の「舳先」、一家の「長」、釘の「頭」、蒸気や水の「圧力」といった使われ方をする。「face（顔）」なら、時計の「文字盤」、崖の「斜面」、トランプのカードの「表」、結晶の「面」などを指す。「eye（目）」は、針の「めど」、風の吹いてくる「方向」、台風の「目」、標的の「中心」、花の「中心」、ジャガイモの「芽」などを意味する。「brow（眉）」は丘の「頂上」を、「cheek（頬）」は万力の「あご」を指す。「tooth（歯）」は、歯車や櫛の「歯」、「lip（唇）」は水差しの「注ぎ口」、クレーターの「縁」、らせん錐の「刃」となる。「tongue（舌）」は、靴の「舌革」、さねはぎ板の「さね」、転轍機の「先端レール」を、「arm（腕）」は椅子の「肘掛け」や海の「入り江」を指して使われる。「leg（脚）」は、テーブルの「脚」、コンパスの「脚」、水夫の「一航海」、クリケット場の「レッグサイド（訳注　打者の内角側。右打者の場合はボーラー（ピッチャー）から見て右手）」を意味する。「foot（足）」は、このページの「地」であり、「leaf（葉）」はみなさんがまもなくめくる「ページ」だ。これらの具体的な比喩は、私たちを取り巻く世界を知覚し、理解する力を著しく増強し、文字どおり新たな事物を生み出す。実際、言語は知覚器官であり、たんなる伝達手段にはとどまらない。

以上は、言語の共時的な（つまり時間的変化とは無縁の）側面だ。言語は枠を超えて現実の世界空間に入っていき、ますます明確に世界を記述し、知覚しようとする。しかし言語には、もう一つより大切な通時的な（つまり時間的変化に即した）側面がある。私たちの神経系の〈性向決定構造〉に基づいて、経験の裏側で時間とともに動き、比喩的にしか捉えられない指示物の抽象的概念を生む側面だ。これらの概念も比喩によって生まれる。この事実が、私の論点の「nub（こぶ）」「heart（心臓）」「pith（樹心）」「kernel（核）」「core（芯）」あるいは「marrow（骨髄）」だ。この表現そのものも比喩であり、心の「eye（目）」にしか「see（見る）」ことができない。

人間関係を抽象化するとき、「skin（皮膚）」はとりわけ重要な〈比喩語〉となる。私たちは「thick-skinned（皮膚が厚い＝鈍感な）」人や、「thin-skinned（皮膚が薄い＝敏感な）」人、あるいはことによると、「touchy（接触刺激に敏感な＝神経質な）」人と「get or stay in touch with（接触したり接触を保ったり＝連絡をとったり保ったり）」する。神経質な相手の場合は、慎重に「handle（手で触れる＝扱う）」必要がある。さもないと、その人の神経を「rub the wrong way（誤ったやり方でこする＝逆撫でする）」ことになる。ある人に「feeling（皮膚感覚＝思いやり）」を抱き、その人と「touching（接触している＝心の琴線に触れる）」経験をするかもしれない[3]。

科学の概念はすべてこうした種類のもの、すなわち具体的な比喩から生まれた抽象的な概念だ。たとえば、物理学における「force（力）」、「acceleration（加速度）」（「歩を速める」の意）、「inertia（慣性）」（もとは「怠け者」の意）、「impedance（インピーダンス）」（「妨げる」という言葉に由来）、「resistance（抵抗）」、「field（場）」、そして、最近では「charm（チャーム）」（訳注　クォーク理論における第四のクォーク。一九七四年にその存在が証明された）などの概念も、もとはみな比喩だった。生理学では、機械の〈比喩語〉が各種の発見の中心を占めてきた。私たちは、電池や電信術からコンピュータやホログラムまで、あらゆるものの比喩によって脳を理解する。医術は、さながら比喩の牙城のように思えることがある。一八世紀には、高熱の患者の心臓は「お湯の沸いたやかん」と見なされ、「燃料」を少なくするために放血が行なわれた。現代でも医学の分野では、各種の攻撃に対して体を守るという軍事的比喩が盛んに使われる。ギリシア語で「法律」という概念は、「建物の礎石」を意味する「nomos」に由来する。「法的な責任を有する」あるいは「法に縛られる」という言葉のもとはラテン語の「ligare」で、これは「糸や帯などでしっかり結ぶ」という意味だ。

その昔、言葉とその指示物は、比喩の階段を具象から抽象の世界へと上っていった。比喩の基礎の上に抽象的な世界を創り上げてきたと言っても差し支えないほどだ。

比喩がこれほど重要な機能を果たしてきた事実は、いつも明らかなわけではない。だがそれは、具体的な〈比喩語〉が音素の変化に隠れてしまい、言葉が独り歩きするようになるからだ。「to be（存在する）」など、まるで比喩とは思えぬような語ですら、もとは比喩から生まれている。この語はサンスクリットの「bhu（成長する、成長させる）」を語源としており、また英語の「am」や「is」もサンスクリットの「asmi（呼吸する）」と同じ語源を持つ。なんとも楽しい驚きではないか。今日私たちが使う動詞の中で最も目立たないものも、その不規則な活用は、「存在」を指す独立した語がなかったため、何かが「成長する」あるいは「呼吸する」といった言い方しかできなかった時代の名残りをとどめているのだから。[4] もちろん私たちは、「存在」の概念が「成長」や「呼吸」の比喩から生まれたことは意識していない。抽象的な言葉は古代の貨幣のようなものであり、会話の中で頻繁にやりとりされるうちに刻銘は摩滅してしまっている。

人生はあまりに短く、私たちは悠久の歴史のごくわずかしか捉えられないから、言語は辞書のように確立されたものであり、御影石《みかげいし》のように永久不変だと考えてしまう。じつは言語とは、休みなく変化し続ける比喩の海なのだ。実際、ここ数千年の間に起きた語彙の変化に基づいて、これから数千年先の変化を予測してみると、興味深い逆説に突き当たる。いつの日か、森羅万象を表現できる言語を万一手に入れたとすると、もはや比喩を使えなくなるのだ。そのとき私は、私の愛は深紅の薔薇のようだ、とは言わない。無数の愛のニュアンスを指す語がすでに生まれているのだから、適切な語を使えばよい。薔薇の比喩は無用の長物となってしまう。

したがって、こうは考えられないだろうか。言語の語彙は有限個の語の集まりであり、これらの語の比喩によって無限の状況に対処できる、そして、そうすることで新たな状況すら生み出せるのだ、と。

（意識がそのような新たな創造物だという可能性はあるだろうか）

理解を比喩として捉える

私たちは意識を理解しようと試みている。しかし、何であろうとそれを理解しようとするとき、私たちはほんとうは何をしているのだろうか。私たちは何かを理解しようとするとき、わけのわからぬものを説明しようとする子供のように、その「何か」の比喩を探しているのだ。比喩なら何でもよいというわけではない。自分にとって馴染み深く、注意を向けやすいものでなければならない。何かを理解するというのは、より馴染みのあるものに言い換え、ある比喩にたどり着くことだ。つまり、馴染み深さが、理解したという気持ちに通ずる。

昔の人々は、雷雨は人知を超えた神々が戦場で上げる雄叫びや罵《ののし》りの声だとでも考えたことだろう。稲妻が走った後の轟音を、たとえば、聞き慣れた戦場の音に還元するわけだ。今日でも同様に、雷雨を摩擦や火花、真空を伴う種々の架空の経験や、膨張する巨大な空気層どうしがぶつかり合って出す音に還元しようとする。これらの物理的現象のどれ一つとして、私たちが考えているような形で存在するわけではなく、その心象は、戦う神々に劣らぬほど現実離れしている。それでも、これらの心象が比喩として機能し、親しみやすく感じられるので、私たちは雷雨を理解したと言う。

ほかの科学分野でも同様に、自然のある一面が身近な理論モデルに似通っているとき、私たちはそれを理解したと言う。ところで、理論とモデルという用語は同義とされることもある。しかし、本来はそうあってはならない。理論とは、モデルとそれが表すとされるものとの関係だ。ニールス・ボーア（訳注　一八八五～一九六二。デンマークの理論物理学者）の原子モデルは、一個の陽子とその周りを周回する電子から成る。それは太陽系の形態に似通っており、実際、それがこのモデルの比喩的な原点の一つになっている。ボーアの理論は、すべての原子が彼のモデルに似通っているというものだ。その後、新しい粒子が発見され、原子間の複雑な関係も明らかになった結果、ボーアの理論は正しくないことが判明した。しかし、モデル自体は残っている。モデルには正誤の区別はない。この区別があるのは、モデルとそれが表すものとの間の類似性にかかわる理論のみだ。

したがって、理論はモデルとデータをつなぐ比喩と言える。そして科学における理解とは、複雑なデータとわかりやすいモデルとの間に類似性を感じることなのだ。

あるものの理解がわかりやすい比喩にたどり着くことであるとすれば、意識の理解にはつねに困難がつきまとうだろうと想像がつく。ただちにわかるように、私たちの現下の経験の中に現下の経験自体に似通ったものなどないし、あるわけもないからだ。したがって、意識の対象を理解するのと同じ形では、けっして意識を理解できない面がある。

これまで検証してきた意識にかかわる誤解の大半は、誤った比喩を使った結果だった。意識が経験の複写であるという考え方は、学生の使う石板という明確な比喩に由来すると先に指摘した。しかし、もちろん誰も意識が経験を複写するなどと本気で考えてはいなかった。あたかも複写しているかのようだと言ったまでだ。当然のことながら、よく検討すればわかるように、意識はそのようなことをしてはいない。

たった今言ったことの背後にある概念、つまり、意識が何かをするという概念すら比喩だ。それは意識が物理的な空間で行動する人間であり、この人間が何かをすると言っている。これは「する」も比喩であるときにのみ成り立つ。何かをするというのは、生き物が物理的な空間で何らかの行動をとることだからだ。また、比喩として「する」と言ったとき、その行為はどういう「空間」で行なわれるのだろうか。（埃《ほこり》がいくらか収まり始めた。）この「空間」もまた現実の空間の比喩に違いない。

この考え方は、やはり比喩である「意識の在りか」に関する議論を思い起こさせる。意識は事物であり、他の事物同様「在りか」を持つはずだと考えられている。だが、すでに見たとおり、意識は実際には物理的な意味での場所は持たない。

話がだいぶ込み入ってきたようだ。しかし、もっとわかりやすい話に入る前に、これから私が「アナログ（類似物）」という用語をどのような意味で使うかをお話ししておきたい。「アナログ」とはモデルだが、特別な種類のものだ。科学一般で使われるモデルではない。科学で使われるモデルの由来は何でもよく、説明または理解のための仮説として機能することを目的としている。だが、「アナログ」のあらゆる部分は、それが類似している事物によって生み出されている。地図が良い例だ。地図は科学的な意味でのモデルではない。ボーアの原子モデルのように、未知のものを説明するための仮想モデルではない。完璧にではないにしても、何かよく知られているものをもとに作られている。ある土地のそれぞれの地域が、それに対応する地図上の各領域に割り当てられている。ただし、土地と地図とでは材質がまったく違うし、土地の持つ特徴の大半は地図には載っていない。「アナログ」としての地図と、それが表わす土地との関係は比喩になっている。地図上のある点を指して、「ここがモンブランで、シャモニーから東壁にはこう行けばたどり着ける」と言ったとする。これは、実際には『モンブラン』と名づけられた点と他の点との関係は、実在のモンブランと周りの土地のそれに似通っている」ということをつづめて言っているのだ。

心の比喩言語

ここまでくれば、前章の残骸から姿を現しつつあるものがおぼろげながらも見えてきたのではないか。どうやら私は今、ここで自分の主張を順を追って証明しているというよりは、みなさんの心の中でいくつかの考えを整頓しているようなもので、それは少なくとも、これから述べることにただちにそっぽを向かれないようにするためだ。本章は難しく、とりとめがないと自分でも承知している。したがって、ここでは、この問題に対する私の結論のあらましを述べ、その意味するところを明らかにしたい。

主観的な意識ある心は、現実の世界と呼ばれるもののアナログだ。それは語彙または語句の領域から成っており、そこに収められた用語はいずれも物理的な世界における行動の比喩、言い換えれば、アナログだ。それがどれだけ現実に近いかと言えば、数学並みだろう。これによって、私たちは行動過程を短縮し、より適切な意思決定ができる。数学の場合と同じく、アナログは事物やその在りかではなく演算子だ。また意思や決定と密接につながっている。

意識の過程を私たちがどういう語で描写するか考えてみよう。心的営みを記述するのに最も頻繁に用いられる語群は視覚的なものだ。私たちは問題に対する答えを「see（見る＝悟る）」。中でも最高の答えは「brilliant（きらきら光る＝すばらしい）」し、それを思いつく人は「brighter（より明るい＝より賢い）」、「clear-headed（澄んだ頭の＝明晰な頭脳の）」持ち主であり、逆に、「dull（くすんだ＝退屈な）」、「fuzzy-minded（ぼやけた心の＝愚かな）」、あるいは「obscure（人目につかない＝わかりにくい)」答えもある。これらの語はいずれも比喩であり、それが占める〈心の空間〉は現実の空間の比喩だ。その空間では、私たちはたぶん、ある「viewpoint（見る点＝視点)」から問題に「approach（近づく＝取りかかる)」。そして難関と「grapple（格闘する＝挑む)」。あるいはその諸部分をまとめ、「com-prehend（全体をつかむ＝理解する)」。このように行動の比喩を使い、比喩から成る〈心の空間〉で行なう事柄を創造する。

現実の空間での身体的営みを記述する形容詞は、類推に基づいて、〈心の空間〉で起きる事柄を記述するのに転用される。たとえば、心の働きや状態については、「quick（速い＝利口な)」「slow（遅い＝鈍い)」「agitated（攪拌されている＝動揺している)」などと言うし（「cogitate（熟考する)」というのもじつは「co-agitate（ともに攪拌する)」ということなのかもしれない)、「nimble-witted（すばやい機知＝機転の利く)」「strong-minded / weak-minded（強い心の／弱い心の＝断固とした／優柔不断な)」などという表現もある。さらに、これらの比喩的な行動がとられる〈心の空間〉自体にも、一群の形容詞が使われる。たとえば、私たちは「broad-minded（広い心の＝寛容な)」だったり、「deep（深い＝懐が深い)」だったり、「open（開いている＝偏見のない)」だったり、「narrow-minded（狭い心の＝狭量な)」だったりする。また、何かに「occupied（占拠されて＝専念して)」いるときもあれば、「get something off our minds（何かを心から降ろす＝何かを頭の中から追い払う)」ことも、「put something out of mind（何かを心から取り除く＝何かを忘れ去る)」こともできるし、「get it（得る＝理解する)」のも、何かが「penetrate（浸透する＝深い感銘を与える)」のを許すのも可能だ。さらに、「bear it in mind（心の中に抱える＝心に留めておく)」、「have it in mind（心の中に持つ＝念頭に置く)」、「keep it in mind(心の中に保つ＝心に留めておく)」、「hold it in mind(心の中に抱く＝覚えておく)」ことも可能だ。

現実の空間同様、何かが心の「back(裏＝奥底)」や「inner recesses(内側の奥まったところ＝内奥)」にあったり、「beyond our mind(心の向こうに＝理解を超えて)」あるいは「out of our mind(心の外側に＝意識の範囲外に)」存在したりすることがある。議論するとき、私たちは相手に「get things through(物事を通す＝話を理解させる)」ことや、合意に「reach(届く＝至る)」ことを目指し、「common ground(共有地＝共通の立場)」を探し、論点を「point out(指し示す＝指摘する)」。このように、現実の空間におけるありとあらゆる行為は、類推によって〈心の空間〉に転用される。

しかし、私たちはいったい何の比喩を用いているのか。すでに見たとおり、事物の特定の側面を指し示したい、あるいは、表現する言葉がないものを記述したいという願望を実現するのが、比喩の一般的な機能だ。そして、指示され、記述され、表現され、新たな語彙となるべきその事物が、本書で〈被比喩語〉と呼んでいるものだ。私たちは、類似した、より身近な〈比喩語〉と呼ばれるものを〈被比喩語〉に働きかけさせる。もちろん、当初の目的はきわめて実用的だった。「arm of the sea(海の腕＝入り江)」という言葉によって甲殻類がたくさん獲れる場所を示したり、釘に「head(頭＝釘頭)」をつけることで板を柱にしっかりと保持したりしたのだ。この場合の〈比喩語〉は「arm」と「head」であり、〈被比喩語〉は海の特定の場所と、釘の特定の部位だ。いずれの〈被比喩語〉ももとからあったものだ。〈心の空間〉は現実の空間の比喩だと言うとき、〈比喩語〉は現実の「外」界だ。

しかし、比喩がたんに意識を記述するのではなく生むのだとすれば、このときの〈被比喩語〉は何なのだろうか。

比喩連想《パラファイアー》と投影連想《パラフランド》

比喩の性質をより注意深く見てみると（その間もずっと、自分の発する言葉のほとんどが比喩になっていることに気づかれるだろう）、比喩が〈比喩語〉と〈被比喩語〉のみからできているわけではないことを発見する（「発見する」という動詞すら比喩ではないか）。複雑な比喩の奥底にはたいてい、〈比喩語〉の様々な連想や属性も潜んでいる。これらを〈比喩連想《パラファイアー》〉と呼ぶことにする。そしてこの〈比喩連想〉は、私が〈被比喩語〉の〈投影連想《パラフランド》〉と呼ぶものとして、もとの〈被比喩語〉に投影される。何ともややこしい用語だが、何について話しているかをあくまで明瞭にするにはどうしても必要だ。

いくつか例を見れば、比喩がこれら四つの部分に分けられること、また、これらの用語を使わなければ比喩の本質を明らかにはできないことは、いたって容易におわかりいただけるだろう。「雪が毛布のように大地を覆う」という比喩について考えてみよう。この場合、〈被比喩語〉は、雪が大地を均等な厚さで覆い尽くす様子であり、〈比喩語〉はベッドにかける毛布だ。だが、この比喩の快いニュアンスは、〈比喩語〉である毛布の〈比喩連想〉にある。すなわち、目覚めの時が来るまでの温かさや、守られている感覚、まどろみなどだ。こうした毛布の連想は自動的に、もとの〈被比喩語〉、つまり、雪が大地を覆う風情の連想、すなわち〈投影連想〉となる。こうして、この比喩によって、春の目覚めまで雪に守られて眠る大地の概念が生まれる。このすべての情報が、雪が大地を覆うさまを表すのに「毛布」という言葉を使う、ただそれだけのことに凝縮されているのだ。

もちろん、すべての比喩がこれほどの喚起の力を持つとはかぎらない。よく使われる比喩に「A ship plows the sea.（船が海を鋤で耕す。＝船が水面を切って進む。）」というのがある。この場合の〈被比喩語〉は、船首が水を切って進むときの様子であり、〈比喩語〉は鋤で耕す行為だ。対応は正確そのものだが、それだけのことだ。

しかし、「The brook sings through the woods.（小川が森の中を歌って抜ける。＝小川が森の中をさらさら流れる。）」と言ったなら、〈被比喩語〉である小川のせせらぎやゴボゴボという音と、〈比喩語〉である（たぶん）子供が歌っている様子との間には何ら類似性は認められない。ここで重要なのは、楽しさや躍動感という〈比喩連想〉が小川の〈投影連想〉になるという点だ。

「愛は薔薇のようだ」というたとえは、詩などに頻繁に用いられる。このたとえで私たちの心を捉えるのは、〈比喩語〉と〈被比喩語〉の稀薄な対応ではなく〈投影連想〉だ。「愛」は日差しを浴びて生い茂り、甘い香りを漂わせ、つかもうとすると棘で刺し、いっときしか咲かない。では、少し視覚から離れて、はるかに深遠な言い回しで正反対のこと、たとえば「私の愛は錫職人の大匙《きじ》その輝きを秘めて、粗挽き粉入れに刺さっている」と言ったとしよう。(5) この場合、〈比喩語〉と〈被比喩語〉との直接の対応が一見して見えないという事実は、さして重要ではない。重要なのはこの比喩の〈投影連想〉が、そこにあるはずのないものを生み出すという事実だ。それは、積み重なる時間のずっしりと手応えのある、操作可能な柔らかさの奥深くに埋め込まれた、とこしえの愛の絶妙不変の形、隠された輝き、保持する力であり、それがそっくり男性の視点から愛の営みをなぞる（したがって〈投影連想〉を喚起する）行為になっていると言える。このような愛の属性は本来存在せず、比喩によって生み出されて初めて得られるものだ。

意識とはかくも詩的にできている。これは先に挙げた心の比喩をいくつか考えればわかる。たとえば、前章で示した円と三角の図形列のような単純な問題を解こうとしていると仮定しよう。さらに、答えを得た事実を表明するのに、ついにその答え（つまり三角形）を「see（見て取る＝悟る）」と告げたとしよう。

この比喩は、雪の毛布やさらさら流れる小川と同じように分析することができる。この場合の〈被比喩語〉は答えを得ること、〈比喩語〉は目で見ること、〈比喩連想〉は視覚から連想されるもののいっさいであり、それが〈投影連想〉を生み出す。たとえば、心の「目」や「はっきりと答えを見ていること」などだ。なかでも最も重要なのは、その中で「見ること」が起きている「空間」の〈投影連想〉、つまり、私が〈心の空間〉と呼ぶもの、そして「見る」ことができる「対象物」だ。

私は、以上の簡単な説明で、意識がそもそもどのようにして生まれたかにかかわる本格的な理論に代えようと考えているわけではない。その問題は第二部に譲ることにする。ここでは、意識が言葉の比喩によって創造された可能性を示唆するにとどめたい。後ほど、この仮説の妥当性を示すことができればと願っている。意識は表現の具体的な〈比喩語〉とその〈比喩連想〉から生まれ、機能的な意味でのみ存在する〈投影連想〉を投影する。さらに、意識は自分自身を生成し続ける。新しい〈投影連想〉の一つひとつが独立した〈被比喩語〉となり、独自の〈比喩連想〉を持つ新たな〈比喩語〉を生む能力を持っているのだ。

もちろん、この過程は私の言葉から連想されるほど場当たり的ではない。世界は秩序立っている。しかも高度に。したがって、具体的な〈比喩語〉も意識を秩序立てて生成している。こうして、意識と私たちが意識する物理的な行動の世界との類似性が生まれる。そして、多少の相違点はあるにせよ、世界の構造が意識の構造に投影されるのだ。

話を先に進める前に、もう一つ触れるべき問題がある。アナログの基本的な性質の一つは、その生成法と使用法が異なるという点にある。当然だろう。地図の製作者と使用者とは二つの異なる行為をしている。地図の製作者にとって、〈被比喩語〉は何も書いていない紙切れだ。彼は、自分が知っている土地、調査した土地の〈比喩語〉を使ってこの〈被比喩語〉に働きかける。しかし、使用者側の事情はまったく逆になる。土地が未知なものであり、〈被比喩語〉となる。〈比喩語〉は自分が使っている地図であり、彼はそれを使うことによって土地を理解する。

これは意識についても当てはまる。意識は、私たちの言語表現の〈投影連想〉によって生成されるときは〈被比喩語〉だ。しかし、意識の機能は言わば復路だ。復路では、意識は私たちの過去の経験に満ちた〈比喩語〉となる。未来の行動や意思決定など未知のことや、部分的に覚えている過去、私たち自身がそもそも何者であるか、そして何者になるかについて、たえず選択的に働きかけている。

こうして生まれた意識の構造に基づいて、私たちは世界を理解する。
この構造について、どのようなことが言えるだろうか。ここでは、最も大切なことについて手短に触れることにしよう。

意識の特徴

(1) 〈空間化〉

意識の第一の、そして最も基本的な側面は、すでに取り上げた、〈心の空間〉だ。それは私たちが用いるほとんどすべての心的比喩の〈投影連想〉であり、私たちが意識の在りかとして占拠しているものだ。ここでみなさんに、以下のことを順番に頭に思い浮かべるようお願いしたとしよう。まず自分の頭、次に足、今朝の食事、ロンドン塔、オリオン座。すると、それらは空間的に隔たっていることだろう。私がここで言わんとしているのはこの性質のことだ。内観するとき（これも、何かをのぞき込むという比喩だ）、私たちは意識に上る新たな事物や関係でこの比喩上の〈心の空間〉をたえず更新し、「広げて」いる。

第一章で、私たちが自分や他人の頭の中に〈心の空間〉を創り出すことについて述べた。「創り出す」という言葉は、存在論的な意味で使う場合以外は、少々おおげさかもしれない。私たちはこれらの「空間」の存在を疑いもせず受け入れているというべきだろう。この「空間」は、意識があるということ、他人に意識があると考えることの一部となっている。

さらに、物理的な行動の世界では空間的な性質を持たぬものも、意識の中ではそうした性質を無理やり持たされる。さもなければ、私たちにはそれを意識することができない。このことを〈空間化〉と呼ぶことにする。

その好例が時間だ。この百年間のことを考えてくださいとお願いすると、みなさんの多くは、時間を〈抜粋〉して年月がおそらく左から右へと順序よく並んでいる様子を思い浮かべるのではないか。しかし、当然ながら、時間には右も左もない。あるのは前か後だけであって、空間的な属性はいっさいない（もっとも、アナログによる場合は例外だが）。〈空間化〉せずに時間を考えることはできない。絶対にできない。意識とはつねに〈空間化〉の過程であり、通時的なものが共時的なものに変換される。時間領域で起きたことが〈抜粋〉され、横に並べられて見られる。

この〈空間化〉はあらゆる意識的思考の特徴だ。私のこの仮説が心に関するもろもろの仮説のどのあたりに収まるかを、今みなさんが考えていたとしよう。そうすると、まずみなさんは習慣的に自分の〈心の空間〉に「目を向ける」。そこでは、抽象的なものを「分別し」、「並べ」ておいて、「眺める」ことができる。これは、物理的には、つまり現実にはありえないことだ。次に、みなさんはこれらの仮説の具体的な比喩を作り、続いて、その時系列を共時的な比喩で捉え、さらに、仮説の性質をある程度まで物理的な比喩に変えることによって、それらの仮説を特定の順番に「並べ」られるようにする。最後に、「はめ込み」という表現上の比喩を用いる。「はめ込み」とは意識におけるアナログであり、実際にはめ込む行為はその人あるいは文化によって異なりうる。過去に事物を何らかの順番に並べた、あるいは、事物を対応する位置にはめ込んだ経験に左右されるのだ。したがって、比喩の面における思考の基盤はじつに複雑なときもあり、明らかにするのは難しい。しかし、みなさんがこの本を読みながら意識して考えていることは、すべて例外なく、このような分析によって具体的な世界における具体的な行為に起源をたどることができる。

(2)　〈抜粋〉

意識の中では、私たちは何かの全貌を「見ている」ことは絶対にない。「見る」というのは、実際の行動のアナログだからだ。実際の行動において私たちがある瞬間に見たり認識したりできるのは、何かの一部でしかない。意識の中でもそうだ。ある事物には様々な注意を向けうるが、私たちはその一部を〈抜粋〉し、それがこの事物に関する私たちの知識となる。意識は私たちの実際の行動の比喩なので、それ以上のことはできないのだ。

だからたとえば、サーカスのことを考えるように頼まれたら、みなさんは一瞬漠然と考え、その後に、たとえば空中ブランコの乗り手や、中央の舞台に立つ道化師を思い浮かべるのではないか。あるいは、今いる街のことを考えた場合は、ある特定のビルや塔、十字路など、その街の風物を〈抜粋〉するだろう。また、自分のことを考えるよう頼まれたならば、最近あった出来事の中からいくつか選び、それで自分のことを考えていると思う。どの例でも、〈抜粋〉されたものが当の事物そのものでないという事実が、それほど理解しづらかったり、逆説じみて聞こえたりはしない。とはいえ私たちは、それがあたかも当の事物であるかのような口を利く。実際は、私たちはありのままの事物を意識することはけっしてなく、自分で〈抜粋〉したものを意識しているにすぎない。

こうした〈抜粋〉を支配する変数については、もっと検討や研究が行なわれてしかるべきだ。ある人が世界に対して持つ意識も、自分にかかわる人々に対して持つ意識もすべて、これらの変数しだいだからだ。みなさんがよく知っている人に対して行なう〈抜粋〉は、みなさんがその人に対して抱く情動と深く結びついている。もし、その人を好ましいと思っていれば、〈抜粋〉は快いものになる。その反対なら不愉快なものになる。その逆の因果関係も成立する。

他人の何を〈抜粋〉するかで、自分がどういう世界に生きていると感じるかがおおむね決まる。たとえば、子供のときの家族の影響を考えてみよう。もし彼らの失敗や隠された葛藤、妄想などを〈抜粋〉したならば、それ相応の世界になる。ところが、幸福の絶頂にあり、喜びにあふれた彼らを〈抜粋〉したならば、まったく違った世界となる。作家や芸術家は、普通は意識の中でもっと偶発的に起きることを、抑制を利かせた形で行なっているのだ。

〈抜粋〉は記憶とは別物だ。ある事物の〈抜粋〉は、意識の中で事物か事象を表している。記憶はそうした事物か事象に結びついており、私たちはそれらを通して記憶を呼び戻すことができる。もし私が去年の夏に何をしていたかを思い出そうとすると、まずその時期の〈抜粋〉をする。〈抜粋〉は、カレンダー上の二か月ほどの瞬間的なイメージかもしれない。やがて、ある川岸を歩いていたことなど、特定の出来事の〈抜粋〉に行き着くだろう。そこから、連想を広げ、昨夏の記憶を思い起こす。これが追憶と呼ばれる行為であり、どの動物にも真似できない特別な意識の過程だ。追憶とはひとつながりになった〈抜粋〉だと言える。意識におけるいわゆる連想の一つひとつは、〈抜粋〉、あるいは側面、あるいはイメージとでも言うべきものだ。それは時間の中で止まっており、その人の個性や変化する状況に応じて経験から〈抜粋〉されたものだ。(6)

(3) アナログの〈私〉

比喩の「世界」の最も重要な特徴は、自分自身の比喩、すなわちアナログの〈私〉だ。アナログの〈私〉は、「想像」の中で私たちの代わりに「動き回り」、私たちが実際にはしていないことを「する」。もちろん、アナログの〈私〉には多くの働きがある。私たちは「自分自身」があれこれ「する」ところを想像して、決意を「固める」。その決定は、もし仮想の「世界」で行動する仮想の「自分」がいなければ不可能な仮想の「結果」に基づいて行なわれる。〈空間化〉の項で紹介した例で、私の説が一連の仮説のどの位置に「収まる」かを「見極め」ようとしていたのは、実際に行動するみなさん自身ではない。それは、みなさんのアナログの〈私〉なのだ。

散歩中、森の中で道が二本に分かれていたとする。そして、一方の道がいろいろな場所を迂回して目的地に向かうことを私たちが知っているとしよう。そんなとき、私たちはその遠回りの道をアナログの〈私〉で「歩き」、目に入る景色や池が長く時間をかけて歩く価値のあるものかどうか見てみることができる。代理としてのアナログの〈私〉を持つ意識がなければ、これは不可能だ。

(4) 比喩の〈自分〉

しかし、アナログの〈私〉はただそれだけのものではない。比喩の〈自分〉でもある。遠回りの道をそぞろ歩く自分を想像するとき、私たちは第一章の例でやったように、「自分自身の姿」を実際に「目にして」もいる。想像上の自分の中から想像上の景色を見ることもできるし、その位置から少し下がって、たとえば、ある小川でひざまずいて水を飲もうとしている自分の姿を見ることもできる。

もちろん、ここにはじつに深遠な問題がある。とりわけ、〈自分〉に対する〈私〉の関係についてはそうだ。しかし、それに関する議論はまた別の機会に譲りたい。ここでは、この問題の性質を示すにとどめよう。

(5) 〈物語化〉

意識の中で私たちはつねに、自分の人生の物語に出てくる主要な登場人物として代理の自分自身を見ている。先程の例では、〈物語化〉が行なわれているのは明白だ。つまり、森の小道を歩いている、という物語が作られている。だが、意識があるときには私たちがたえずそれを行なっていることは、それほど明らかではない。私はこの常時行なわれている作用を〈物語化〉と呼ぶことにする。私はここにこうして座り、本を書いている。この事実は私の人生の物語のおおむね中心に埋め込まれており、時間は〈空間化〉され、私が歳月とともに歩む旅になっている。新たな状況がこの進行中の物語の一部として選択的に知覚され、物語にそぐわない知覚は気づかれぬままになる。あるいは少なくとも記憶には残らない。さらに重要なことに、この進行中の物語にふさわしい状況が選ばれ、やがて人生において私が自ら描く自己像が、新たな状況が現れるたびにその中で自分がどう振る舞うか、あるいはどう選択していくかを決めるようになる。

自分の行動に原因を割り当てること、すなわち、特定の行動をとった理由を述べることは、すべて〈物語化〉の一部だ。そうした原因は、理由としては正しい場合も誤っている場合もある。当たり障りのないものだったり申し分のないものだったりするかもしれない。意識は私たちが自分のしていることに気がついたときは、いつでもその理由を説明する準備ができている。泥棒は己の行為を貧しさのせいにし、詩人は美のため、科学者は真実のためと理由づけ、〈物語化〉をする。目的と原因は、意識の中で〈空間化〉される行動にしっかりと織り込まれる。

しかし、私たちが〈物語化〉しているのはアナログの〈私〉だけではない。意識にあるいっさいのものだ。ある孤立した事実は、ほかの孤立した事実と適合するように〈物語化〉される。子供が通りで泣いていると、私たちは心の中でその出来事を、道に迷った子供とその子を捜している親の心象に〈物語化〉する。ネコが木に上っていると、その出来事をイヌがネコをそこまで追い詰めている心象に〈物語化〉する。あるいは、自分に理解できるような心の中の事実を、意識の理論に仕立てる。

(6)　〈整合化〉

ここで述べておきたい意識の最後の側面は、ほとんどの哺乳類に共通する行動過程に基づいてモデル化されている。それは、じつは簡単な認識に由来するものであり、知覚された対象がやや曖昧なとき、それを過去に学習されたスキーマ（訳注　私たちが持つ知識の構成単位）に整合させる過程だ。この自動的な過程は「同化」と呼ばれることがある。私たちは新しい刺激を自分の概念あるいはそのスキーマに同化する。たとえ両者が微妙に違っていても、だ。私たちはいつでも事物をまったく同じように見たり、聞いたり、触ったりすることはないため、この過去の経験への同化は私たちが世界を知覚する間ずっと起きている。様々な事物に関して過去に学習したスキーマに基づき、私たちはそれらの事物を認識可能な対象物にまとめている。

そして、意識された同化作用が〈整合化〉だ。〈compatibilization（適合化）〉と呼ぶほうがふさわしいかもしれないが、それではあまりにおおげさに聞こえる。私の言う〈整合化〉とは、〈物語化〉が心の時間（つまり空間化された時間）の中ですることを、〈心の空間〉で行なうことを意味する。〈物語化〉では事物をまとめて物語にするように、〈整合化〉では事物をまとめて意識の対象物にする。このように一貫性あるいは蓋然性を保つための調整は、経験によって積み重ねられた規則に従って行なわれる。

〈整合化〉の過程では、私たちは互いに矛盾のない〈抜粋〉または〈物語化〉を行なっている。外界を知覚する際には、新しい外的刺激と自己内部の概念とが一致させられるのと、ちょうど同じだ。もし私たちが森の道を散策している様子を〈物語化〉しているとすれば、一連の〈抜粋〉は自動的にその散策と矛盾のないものにされる。あるいは、白昼夢の中で、たまたま二つの〈抜粋〉あるいは〈物語化〉が同時に起きると、それらは融合されたり〈整合化〉されたりする。

高原の草地と塔を同時に考えてくださいとみなさんにお願いした場合、自動的に〈整合化〉が行なわれ、草地から塔がそびえる光景が浮かぶだろう。しかし、高原の草地と大洋を同時に考えるように頼んだとすると、〈整合化〉は起こらないことのほうが多く、一方を考えた上で、次に他方を考える可能性が高い。両者を一つにまとめられるのは〈物語化〉によってだけだ。このように、〈整合化〉の過程を支配する適合性の諸原理が存在する。それらの原理は学習されたものであり、世界の構造に基づいている。

議論の経過とその向かう先を「見る」ため、おさらいをしておこう。まず、意識は事物や収納庫、あるいは機能というよりは働きかけだと述べた。意識は類推によって、つまり、アナログの空間を構成することによって働きかける。そこでは、アナログの〈私〉がその空間を観察し、その中で比喩的に動くことができる。意識はどのような反応性に対しても働きかけ、関係ある場面を〈抜粋〉し、それらを比喩的な空間で〈物語化〉し、まとめて〈整合化〉させる。比喩的な空間では、現実の空間における事物同様、これらの場面の意味を操作できる。意識ある心は世界の空間的アナログであり、心的営みは身体的営みのアナログだ。意識は客観的に観察できる事物にのみ働きかける。あるいは、ジョン・ロック風に言うならば、意識の中には、もともと行動の中にあったもののアナログでないものは一つもない。

本章は難解だった。しかし、意識が比喩から生まれた世界のモデルであるという考え方から、じつに明白な推論がいくつか得られること、そして、それらの推論は私たちの日常における意識ある経験によって検証できること、この二点をいくばくかの信憑性をもって示せたのであれば幸いだ。もちろん、これは意識の理解に通ずる糸口、それも少々頼りない糸口にすぎず、将来さらに発展させられればと私は願っている。だが、意識の性質そのものにかかわるさらなる議論は後の章に譲ることにし、そろそろ本書の主眼である意識の起源の探求に戻ってもよい頃合いだ。

もし、意識が言語に基づいて創造されたアナログ世界であり、数学の世界が事物の数量の世界と対応するように、行動の世界と対応しているとしよう。すると、意識の起源について何が言えるだろうか。

私たちの議論はたいへん興味深い事実に行き着いた。この事実は、本書の序章で取り上げた、意識の起源の問題に対する答えのすべてと真っ向から対立している。もし意識が言語に基づいているとすると、その起源はこれまで考えられてきたより、かなり現在に近いことになるからだ。意識が言語の後に生まれたとは！　このような立場が暗示するところは、きわめて重大だ。

第3章　『イーリアス』の心

観覧車で一番上まで昇ると、はっとする瞬間が訪れる。しっかりした鉄骨の骨組みに守られて輪の内側を昇っていった後で、不意にその骨組みが視界から消えて体が宙に突き出され、輪の外側に沿って降りていくことになる。

ことによると、今私たちはこうした状況にあるのかもしれない。序章に挙げた意識に関する科学的な選択肢と、この件に対する私自身の予断を検討したところ、そのいずれもが、哺乳類の進化の過程、もしくはその前のある時点で、意識は自然淘汰によって進化したという保証を得たからだ。少なくとも一部の動物には意識があること、意識は何らかの重要な形で、脳とおそらくは脳の皮質の進化と関係があることは間違いなく、古代の人類が言葉を習得しているときに意識を持っていたことは絶対確実だと思われた。

ところが、こうした保証は今や跡形もなく消え、私たちは宙に突き出され、まったく新しい問題に直面しているようだ。前章で意識にまつわる理論を漠然と発展させたが、それが正しい方向を指し示してさえいれば、意識は人類にのみ生じえたもので、それは言語が発達してからの出来事に違いないということになる。

もし、人間が途切れなく一直線に進化してきたのだとすれば、現時点で私たちが踏むべき手順は、普通なら言語の進化を研究し、その発生時期をできるかぎり正確に突き止めることだろう。それから、その時期以降の人間の精神構造を追跡調査していけば、やがて探求の目的地に到着し、何らかの基準をもとに、これこそ意識の起源となる場所と時代だ、と主張できる。

しかし、人間の進化は単純な直線をたどってきたのではない。人類の歴史をひもとくと、紀元前三〇〇〇年頃にひときわ目を引く不思議な慣習が登場する。話し言葉を変容させ、石や粘土板、パピルス（もしくは紙）に小さな印を使って記すようになったのだ。このおかげで、耳で聞くことしかできなかった話し言葉は、目に見えるものともなった。それも、そのとき聞こえる範囲にいた者だけでなく、万人のものとなった。そこで、前段落で述べた調査に着手する前に、まずは意識にまつわる最古の事例を調べ、意識の起源は、このように目でも見える形の話し言葉が発明される前なのか後なのか、突き止める必要がある。その際に問題になるのは、人類史上最古の著述はどのような精神構造を持っていたか、だ。

主観的な意識を持つ心の有無を示す証拠を探すため、人類史上最初に書かれた記録に立ち返ってみると、たちどころに数限りない技術的な問題に出会う。なかでも最も骨が折れるのは、私たちのものとまったく異なる精神構造から生み出されたかもしれない記述を翻訳することだ。人類最古の記述群では、この問題がとくに大きな障害となる。それらは、象形文字、神官文字、楔《くさび》形文字で綴られ、おもしろいことに、いずれも紀元前三〇〇〇年頃が起源となっている。完全に理解されているものは一つもない。テーマが具体的であればさほど難しくはない。ところが、記号が独特で文脈によって意味を特定できない場合、どうしても推測作業が必要になるので、この心ときめく過去の手がかりが、解釈に個人差が出るロールシャッハ検査（訳注　スイスの精神科医ロールシャッハが考案した性格検査。無意味な図形の解釈をさせて診断を下す）と化す。現代の学者は、自分たちが事実を歪曲して解釈しているという事態の重大さにほとんど気づくことなく、主観を投影してしまうからだ。今のところ、古代エジプト王朝やメソポタミア文明における意識の有無を示す手がかりは曖昧であり、必要とされる大切な分析をすることはできそうにない。こうした問題については第二部であらためて取り上げる。

私の仮説に関連して検討するにあたり、確実な翻訳が行なえる言葉で書かれた人類史上最初の著作は『イーリアス』だ。現代の研究では、血と汗と涙に彩られたこの復讐譚は、吟じ手《アオイドス》と呼ばれる吟遊詩人の伝統によって創り上げられたものと考えられ、その時期は、近年発見されたヒッタイト語の銘板から、作品の中に記された出来事が起こったと推定できる紀元前一二三〇年頃と、作品が文字で記された紀元前九〇〇年頃ないし八五〇年頃の間ではないかとされている。(1) 本章では、この叙事詩をきわめて重要な心理学上の記録として取り上げることにする。そして、ここで投げかけるべき問いは、『イーリアス』における心とは何か、だ。

『イーリアス』の言葉

答えは、とても平静ではいられぬほど興味をかき立てられるものだ。おしなべて、『イーリアス』には意識というものがない（「おしなべて」としたのは、後で例外をいくつか提示するからだ）。したがって、おしなべて、意識や精神の活動に当てはまる単語もない。後世には精神的なものを指すようになる単語も、『イーリアス』では異なる意味で使われ、いずれもより具体的なものを指す。たとえば、「psyche」という語は、後に「魂」や「意識ある心」を意味するようになるが、『イーリアス』ではたいていの場合、「血」や「息」といった生命にかかわる物質を指す。瀕死の兵士が「psyche」を地面に流したり、あるいはいまわの際にそれを吐き出したりする。「thumos」は後に、「感情に満ちた魂」といったものを指すようになるが、『イーリアス』ではたんに「動き」や「動揺」という意味だ。人間が動きを止めると「thumos」が手足からなくなる。一方で、この語にはなぜか体の器官そのもののような面もある。たとえばトロイアの勇将グラウコスが、痛みを和らげ、友のサルペドンを助ける力を与えてくれるようアポロン神に願うと、アポロンはその願いを聞き届け、「彼の『thumos』に力を与えた」(『イーリアス』第一六歌五二九)。「thumos」は飲んだり食べたり戦ったりするよう人間に指図もできる。ギリシアの勇将ディオメデスはある場面で、英雄アキレウスは「彼の胸の内の『thumos』が命じ、いずれかの神が彼を奮起させれば」戦いに加わるだろうと述べている(第九歌七〇二、七〇三)。しかし、これは厳密には器官ではなく、位置も必ずしも特定されていない。猛り狂う海にも「thumos」がある。似たような使い方をされる言葉が「phren」で、解剖学的に「横隔膜」、あるいは「横隔膜の感覚」と必ず限定され、通常複数形で使われる。トロイアの第一王子ヘクトルは弟がそばにいないことを「phren」で悟る(第二二歌二九六)。これは現代の表現の「驚きのあまり息を呑む」にあたる。何世紀もたった後に、ようやくこの語は「精神」や、比喩的な意味で「心臓《ハート》」を指すようになった。

最も重要な単語は「noos」かもしれない。後世のギリシア語では「nous」と綴られるこの言葉は、「意識ある心」を指すようになった。語源は「見る」という意味の「noeein」だ。『イーリアス』での適切な訳語は、「知覚」「認識」「視野」というところだろう。ゼウスは「ギリシアの知将オデュッセウスを自分の『noos』にとどめて」おく。オデュッセウスを自らの監視下に置くということだ。

もう一つ重要な言葉に、「meros（部分）」という単語を重ねて作られたのかもしれない「mermera」がある。「二つの部分に分かれて」という意味だ。名詞を動詞化させるのによく使われる接尾辞の「izo」をつけて、動詞も作られた。でき上がった単語は「mermerizein」で、「何かについて二つの部分に分けられる」という意味になる。現代文に翻訳する場合、翻訳作品のいわゆる文学としての質を重視するためか、翻訳者は原文に忠実ではない現代語や主観的なカテゴリーを当てはめることが多い。「mermerizein」も、「思案する」「考える」「気持ちがまとまらない」「悩む」「決めようとする」などと誤訳される。だが基本的には、この語は二つの思考ではなく二つの行動の狭間で葛藤するという意味だ。必ず行動にまつわるものなのだ。この単語は、ゼウスについて数回使われており（第二〇歌一七、第一六歌六四七）、他の人物についても使われている。葛藤は、よく「thumos」の中で、ときに「phrenes」の中で繰り広げられる、という使い方をされるが、「noos」の中で、という使い方はけっしてされない。目は疑うことも葛藤することもできないが、ほどなく創造される意識ある心にはそれが可能となる。

これらの単語は、特定の例外を除いてはおしなべて、限界を示している。すなわち、作者にせよ、登場人物にせよ、神にせよ、誰であろうとたいてい、意識ある心や思考に関しては、この程度までしかいかれない。これらの単語の意味は、後の章で詳細に検討する。

意思という概念とそれを表す言葉もない。この概念は、ギリシア思想では発達するのがなぜか遅かったからだ。そのため、『イーリアス』に出てくる人々には自らの意思がなく、何よりも自由意思という概念そのものがない。意思の問題全般（現代の心理学理論にとってひどく厄介だと思う）がこれほど困難だったのは、じつは、こうしたものを表す言葉が生み出されるのが非常に遅かったためかもしれない。

『イーリアス』の語彙にやはりないのが、現代的な意味での体を表す言葉だ。「soma」という単語は、紀元前五世紀に体を指すようになったが、ホメロスの作品ではつねに複数形で使われており、「使いものにならなくなった手足」や「死体」という意味だ。「psyche」の反対の意味になる。体の様々な部位を表す単語はいくつかあり、ホメロスの作品で言及されるのはいつもこうした部位単位であって、体全体が言及されることはない。[2] そのため、驚くにはあたらないが、ミケーネの古代ギリシア芸術とその時代には、人間は、妙に強調された手足と、粗い描写の関節と、臀部からほとんど切り離されたかのような胴体の寄せ集めとして示されている。これはホメロス作品の描写でも繰り返し登場する。ホメロスは、手、前腕、上腕、足、ふくらはぎ、ももの動きを描写するのに、「速い」「筋肉質の」「敏捷に動く」などという表現を用いているが、体全体についてはいっさい触れていない。

これはなんとも妙な話だ。『イーリアス』の登場人物に、主観的な意識も心も魂も意思もないとしたら、何が彼らを行動へと導くのか。

古代ギリシア人の宗教

昔から一般に、紀元前四世紀以前にはギリシアに真の宗教など存在せず[3]、ホメロスの叙事詩に登場する神々は、著名な学者たちの言葉を借りれば、「詩人たちの華やかな創造」にすぎないと考えられてきた[4]。この誤った見解が生まれたのは、宗教を一種の倫理システム、すなわち道徳にかなう振る舞いをしようと努めるにあたって外界の神々に従う行為として捉えたためだ。たしかに、この意味では学者たちは正しい。しかし『イーリアス』の神々が、作者たちの創造にすぎないと言ってしまっては、記述されている出来事を完全に読み誤ることになる。

『イーリアス』の登場人物は、座り込んで何をしようかなどと考えない。現代人が自分たちにはあるとする、意識ある心など、彼らは持っていないし、内観など絶対ありえない。主観を持つ私たち現代人には、それがどのような具合だったのかは理解できない。人間の王であるギリシア軍の総大将アガメムノンがアキレウスから愛人を奪ったとき、アキレウスの金色の髪をつかみ、アガメムノンを襲うなと諭したのは神の一人だ（第一歌一九七以降）。そして、灰色の海から姿を現し、海辺にある自分の黒い船のそばで怒りの涙にくれるアキレウスを慰めるのも神、トロイアの王子パリスの妃となったヘレネ（訳注　アガメムノンの弟でスパルタ王のメネラオスの妃。パリスに連れ去られたためにトロイア戦争が起きたとされる）にそっとささやき、望郷の念をかき立てるのも神、ヘレネを奪われたメネラオスの攻撃から霧でパリスをかくまうのも神、黄金の代わりに銅を取るようグラウコスに命ずるのも（第六歌二三四以降）神だ。軍隊を戦闘に導き、戦局の変わり目でそれぞれの戦士に言葉をかけ、ヘクトルと議論して彼になすべきことを教え、兵士たちを促して前進させるかと思えば、彼らに魔法をかけたり、その視野に霧の帳を下ろしたりして打ち負かすのも神だ。人間たちにいさかいを起こさせるのも（第四歌四三七以降）、トロイア戦争を引き起こした真犯人も（第三歌一六四以降）、その後、戦略を練るのも（第二歌五六以降）神々だ。ある神はアキレウスに戦闘に加わらぬよう約束させ、別の神は彼に戦闘に加わるよう促し、また別の神は彼に天まで届く黄金の炎をまとわせて、その口を借りて血にまみれたトロイアの塹壕に響きわたる叫び声を上げ、トロイア人を恐怖のどん底に陥れた。このように、神々は意識に代わる位置を占めている。

行動は、はっきり意識された計画や理由や動機に基づいてではなく、神々の行動と言葉によって開始される。傍《はた》から見れば、人間は自ら行動をとっているように見えるが、当人たちにしてみればそうではない。戦争末期、アキレウスはアガメムノンが愛人を奪ったことを蒸し返すが、人間の王アガメムノンはこう言い放つ。「それは私のせいではなく、ゼウスと、私の運命と、闇を行く復讐の女神エリニュスのせいだ。あの日の集まりで神々に心を狂わせられたので、私はアキレウスの戦利品を無法にも奪った。だから、どうしようもなかったではないか。神々はつねに思いどおりになさる」（第一九歌八六〜九〇）。これが、責任逃れしようとするアガメムノンの作り話ではないのは、アキレウスがこの説明を鵜呑みにしている様子からも明らかだ。アキレウスも自分の神々には従順なのだ。このくだりを解説している学者は、アガメムノンの行動が「自我とかけ離れた」(5)ものとなったとしているが、その説明ではとても十分とは言えない。それというのも、本来の問いは、『イーリアス』の英雄の心理とはどんなものか、だからだ。そして、アガメムノンは自我などまったく持っていなかった、というのが私の主張だ。

そもそもこの叙事詩自体が、現代人の感覚に当てはまるような人間の手になるものではない。出だしの三語は「Menin aedie Thea（怒りを歌うのだ、女神よ）」となっている。そして、続く叙事詩全体は、アガメムノンが統治した時代の遺跡で、恍惚となった吟遊詩人が「耳にして」、鉄器時代の聴衆に朗誦した女神の歌だ。

私たちが詩に対する先入観をすべて捨て去り、詩などというものは一度も聞いたことがないというような態度でこの叙事詩に接すると、その話し言葉の尋常ならぬ特質にたちまち注意を引かれる。その特質は、今日では歩格と呼ばれている。それにしても、叙事詩のきっちりしたリズムを刻む六歩格と、日常会話の不規則なリズムとは、なんとかけ離れていることか。詩における歩格の役割は、脳の電気的な活動を促すこと、そして何よりも詠み手と聴き手両者を通常の感情の抑制から解放することだ。統合失調症患者の耳にする声が、韻律に合ったリズムに乗ったり韻を踏んだりして話しているときに、これと似たようなことが起きる。つまり、後世につけ足された部分を除くと、この叙事詩は意識的に創作されたものでも記憶されたものでもなく、ピアニストが即興演奏するように、無意識のうちに次から次へと創造的に変更が加えられたものなのだ。

それなら、人々をロボットのように操り、その口を通して叙事詩を歌い上げた、この神々とは何者なのか。彼らの正体は、人々が聞いた声であり、『イーリアス』の英雄たちはその言葉と指示をはっきりと聞き取ったのだった。その鮮明さにかけては、ある種の癲癇《てんかん》患者や統合失調症患者が聞く声や、ジャンヌ・ダルク（訳注　一四一二?～三一。フランスの聖女。百年戦争のとき神託を受けたと信じて国を救った）が聞いた様々な神の声に少しも劣らない。神々は、中枢神経系の産物で、時を経てもなお確固として一貫性を保っているという意味では、ペルソナと呼んで差し支えなく、親のような心象あるいは訓戒する心象が混ざり合ったものだ。神々は人間の一部であり、自然の法則からけっして逸脱しないという事実とも、この概念はうまく合致する。創世記に登場するヘブライ人の神と違い、ギリシアの神々には無からの創造はできない。神と英雄が相対する関係では、人間どうしで見られるような礼儀、感情、特性がある。ギリシアの神はけっして雷鳴の中を歩み出ていかず、英雄に畏敬や恐怖の念を抱かせない。旧約聖書の「ヨブ記」に登場する、度を超して仰々しい神とは、天と地ほどの違いがある。ギリシアの神は、導き、助言を与え、命じるだけだ。また、謙虚さを引き出すどころか愛すらかき立てず、感謝の念もほとんど抱かせない。実際、私が思うに、神と英雄のこの関係は、ジグムント・フロイト（訳注　一八五六～一九三九。オーストリアの精神医学者。精神分析学の創始者）が提唱した「自我」と「超自我」の関係や、ジョージ・ハーバート・ミード（訳注　一八六三～一九三一。アメリカの哲学者、社会心理学者。社会的行動主義の提唱者）が提唱した「自己」と「一般化された他者」の関係が指すものと似ているのではないか（つまり、それらの先駆けとなっているという理由からだが）。英雄が神に対して抱く最も強い感情は驚異の念であり、それはひどく難しい問題の解答が不意にひらめいたときに私たちの感じる種類の気持ち、あるいは、アルキメデス（訳注　前二八七？～二一二。ギリシアの数学者、物理学者、発明家）が入浴中に上げた「わかった！《ユリイカ》」という叫び声に込められた種類の感情だ。

この神々は、今日では幻覚と呼ばれるものだ。普通、神々は話しかけている特定の英雄にしかその姿は見えず、その声も聞こえない。まず、到来を暗示させる視覚的オーラが現れ、それに続いて霧に包まれて登場するかと思えば、鉛色の海や川の中から出現することも、空から降臨する場合もある。しかし、神々は何も伴わずに登場することもある。たいていは正体を隠さず、声だけということがよくあるが、相手にごく近しい者の姿を借りて現れる場合もある。

この観点に立つと、ヘクトルに対するアポロンの関係はとりわけ興味深い。第一六歌でアポロンはヘクトルの前に母方の叔父となって現れる。第一七歌では彼と同盟を結んだ勇将の一人として登場し、第一七歌の後のほうでは外国の親友として姿を見せる。叙事詩全体が大詰めを迎えるのは、アキレウスにヘクトルを討つよう命じた女神アテネが、次にヘクトルの前に大切な弟デイポボスとして姿を現す場面だ。この弟を介添役として頼んだヘクトルはアキレウスに勝負を挑み、デイポボスに槍をもう一本渡してくれるよう求めるが、振り向くとそこには誰もいない。現代なら、ヘクトルは幻覚を見たということになる。アキレウスもそうだ。トロイア戦争は幻覚に導かれて戦われた。このように幻覚に導かれた戦士たちは、私たち現代人とはまったく違っていた。彼らは何をしているのか自覚のない、気高い自動人形だったのだ。

〈二分心〉

だとすれば、状況は奇妙で、無情で、空虚なものということになる。こうした英雄には、その猛々しい瞳の奥に〈心の空間〉を創り出して近づくことはできない。私たちが互いにしているようにはいかないのだ。『イーリアス』の英雄は、私たちのような主観を持っていなかった。彼らは、自分が世界をどう認識しているかを認識しておらず、内観するような内面の〈心の空間〉も持っていなかった。私たちの主観的で意識ある心に対し、ミケーネ人のこの精神構造は〈二分心〉と呼べる。意思も立案も決定もまったく意識なくまとめられ、それから、使い慣れた言葉で、あるときは親しい友人、権力者、あるいは「神」を表す視覚的オーラとともに、またあるときは声だけで各人に「告げられ」た。各人は、自分では何をすればよいのか「見て取る」ことができないため、こうした幻の声に従った。

たった今提起した精神構造が存在した証を、『イーリアス』だけに求めるのは筋違いで、むしろ、〈二分心〉仮説を『イーリアス』は示唆していると捉えるべきだ。この仮説は、後の章で他の文明の遺物を検証することにより、立証あるいは反証を試みようと思う。とはいえ、先に進む前に、いくつかの問題を解明する一助となるような、本章のこれまでの内容に対する反論をここで取り上げれば、私の主張はさらに説得力を増すだろう。

反論——この叙事詩をホメロスという単独の作者の、史実にまったく基づかぬ完全な創作であると考え、一九世紀のシュリーマンの大発見ものともせず、トロイアが実在したことすら疑っている学者がいるというのは事実ではないのか。

回答——この疑問は、近年、紀元前一三〇〇年のヒッタイト語の銘板が発見されて無事解決を見た。この銘板には、ギリシア人の国とその王アガメムノンについて、はっきりと書かれている。第二歌にはトロイアに船団を送ったギリシアの国々が列記されているが、これも、考古学によって発見された国々の位置と見事に合致している。ミケーネの財宝も、かつては詩人の想像力が生み出したおとぎ話だと思われていたが、沈泥に埋もれた都市遺跡から掘り出された。弔いの様式や甲冑、たとえば精密な描写が光る、イノシシの牙をかたどった冑《かぶと》など、『イーリアス』に記述のあるその他の詳細も、この叙事詩と関係のある場所の発掘で正しさが立証されている。したがって、歴史的な根拠については何ら疑うべきところはない。『イーリアス』は想像力が生み出した文学作品ではないため、文学的な議論の対象とはならない。『イーリアス』はミケーネ時代のエーゲ海地域に織り込まれた歴史であり、心理歴史科学者によって検証されるべきなのだ。

作者が単独か複数かという問題は、古典学者によって一〇〇年以上も延々と議論されてきた。しかし、歴史的な根拠が存在し、さらには作品中に登場する品の遺物すら実在するのだから、紀元前一三世紀の出来事を綿々と後代へ口承で伝えてきた数多くの媒介者がいたと解釈できるはずだ。だとすれば、この叙事詩の創作は、紀元前九世紀にホメロスという単独の人間によると考えるよりも、こうした口承の一部と考えるほうが妥当だろう。ホメロスは、仮に実在していたにせよ、吟唱する詩の内容が書き残された最初の吟じ手《アオイドス》だったというだけのことかもしれない。

反論——仮にそうだとしても、現在わかっている『イーリアス』の最古の写本は紀元前四世紀か三世紀のアレクサンドリアの学者が校訂したもので、その校訂本には明らかに様々な版が存在したに違いなく、現代の読者が読んでいるのは、こうした様々な版からの寄せ集めのはずだから、こうした類の詩が、紀元前一三世紀のミケーネ人の実情を示したものだと、どうして考えられるだろうか。

回答——このじつに重大な反論は、この叙事詩と、真実とおぼしきものとの間にある食い違いのためにさらに強い説得力を帯びている。トロイアのプリアモス王が統治した都市国家だと今日の考古学者が考えている場所は、見たらがっかりするような草ぼうぼうの瓦礫の丘で、ほんの数エーカー（訳注　一エーカーは約四〇〇〇平方メートル）にすぎないが、『イーリアス』は守備兵の数を五万としている。些細なことも、ときに誇張されて現実離れしてしまう。トロイアの勇士アイアースの楯は、詩にあるとおり牛皮七枚と金属板でできていたら、重量が三〇〇ポンド近く（訳注　約一三〇キログラム）になる。史実も間違いなく改変されている。トロイアは一〇年にわたって包囲されたとなっているが、攻守双方の物資補給の問題を考えれば、これはとうていありえない。

もともとの史実が改変された可能性のある時期は二つある。最初は、トロイア戦争から、ギリシア文字が誕生してこの叙事詩が書き留められた紀元前九世紀に至るまでの口承期、次は、それ以降の、文字による伝承期で、これはアレクサンドリアの学者が活躍した紀元前三世紀と二世紀に至るまで続き、この時期に編纂された校訂本が、現存する版だ。後者の時期については、様々な版の間で相異があり、追加部分や修正部分、時代背景や場所が異なる出来事すら、猛々しいこの一大物語の流れに取り込まれたことは間違いない。しかし、おそらくこのような追加は、ことごとく必要最小限にとどめられたと思われる。他のあらゆるギリシア文学に対してと同じように、当時の筆記者はこの叙事詩に畏敬の念を抱いていたし、民衆の前で朗誦する際の条件もあったからだ。朗誦は各地で行なわれたが、とりわけアテネで四年ごとに開催されたパンアテナイア祭では、『イーリアス』は『オデュッセイア』とともに、大観衆を前に、語り手《ラプソドス》と呼ばれる者によって心を込めて披露された。そのため、後世になってから追加されたのだろうと現代の学者が考えているいくつかのエピソード（トロイアの兵士ドロンの奇襲や死者の国の主であるハーデースへの言及など）を除いては、現存する『イーリアス』はおそらく、紀元前九世紀に初めて文字にされたものにきわめて近いと言える。

しかし、さらに時代をさかのぼると、最初の時期の模糊とした闇には謎めいた吟じ手《アオイドス》が立ちはだかっている。次々ともとの史実を変えていったのは、間違いなく彼らの仕業だ。口承詩は文字にされた詩とは非常に異なる。(6) 読み方も、評価の仕方も完全に変えなくてはならない。口承詩では、作詩と朗誦は別々ではなく同時に行なわれる。次から次へと世代が変わっていく中で、つねに『イーリアス』は、耳で聴いた記憶と吟遊詩人の伝統的な手法に基づいて新たに創作され、おのおのの吟じ手《アオイドス》が忘れてしまった六歩格の空白を様々な長さの語句で満たし、思い出せぬ出来事の描写の穴を様々な筋書きで埋めた。これが、実際の戦争が終わってから三、四世紀にもわたって続いたのだ。だとすると『イーリアス』は、トロイアでの社会の営みを回想したものというよりは、その時代から文字が生まれる時期までの間に起きた社会発展の数段階を反映したものということになる。『イーリアス』を社会学上の記録として捉えれば、この反論は正しい。

しかし心理学上の記録として捉えた場合には、事情は一変する。なぜこれらの神々は登場するのか。そして、なぜ各人と特別な関係を結ぶのか。私のこれまでのおもな論点は二つ、精神的な事柄を表す言葉が欠落していること、そして、神々が行動を起こさせていることだ。これらは考古学上の題材ではない。吟じ手《アオイドス》によって考え出されたと思しきことでもない。この二点に関する理論は、人間自体に関する心理学的理論でなくてはならない。ただし、唯一次に挙げる選択肢も考えられる。

反論――たんなる文学の形式にすぎないかもしれないものを、おおげさに扱っているのではないか。神々は筋書きに彩りを添えるために吟じ手《アオイドス》が使った詩的な工夫にすぎず、その工夫はミケーネの初期の吟遊詩人にまでさかのぼるのではないか。

回答――これは神々と、神々による行動の決定にまつわる周知の問題だ。現代の視点からすれば、神々はほとんど必要ないように思われる。それなのになぜ出てくるのか。よく言われる理由が、今述べたように、詩的な工夫というものだ。神々の働きは、意識の自然な原因作用をなぞったもので、この作用をはっきりと写実的に示す手法にすぎない、なぜなら吟じ手《アオイドス》は心理的な事柄を表現できるほど洗練された言語を持っていなかったからだ、というわけだ。

しかし、吟じ手《アオイドス》が何らかの意識的心理を表現しようとしていたと考える理由はまったくないばかりか、そのような考え方はこの叙事詩全体の肌合いともまったく相容れない。『イーリアス』は行動についての物語だ。ひたすら動き、つねに行動に満ちている。実際、『イーリアス』は、アキレウスの行為とその結果についての物語であり、彼の心についての物語ではない。神々に関して言えば、『イーリアス』の作者もその登場人物も、神々が統治する世界を揃って受け入れている。こうした神々が芸術的な手法だというのは、ジャンヌ・ダルクが宗教裁判で自分の聞いた声について語ったのは、自分を糾弾しようとしている者たちに生々しく訴えるためにすぎないと言うようなものだ。

心理的な原因作用についての漠然とした一般的な概念が先に現れ、その後、詩人が神々を創造して、その概念を絵画のようにはっきりと提示したのではない。いずれ本書の中で示すつもりだが、実際はその逆だ。心の中で力を感じたり、戒《いまし》めを感じたり、判断力が失われたりすることが萌芽となり、そこから神々を使った手法が発達したという見解に対して、私は真実はその逆だと反論する。従わざるをえない声の存在がまずあってこそ、心が意識を持つ段階に到達しうるのだ。その段階に入ると、自己が責任を持ち、自己の内部で議論を交わし、命令や指示を下すことができる。そうした自己は文化の産物だ。ある意味、私たちは自分自身の神になったのだ。

反論——〈二分心〉が存在するとしたら、誰もが自分個人の幻覚に従い、まったくの混沌状態になってしまうと思われる。〈二分心〉文明が存在しうるのは、厳格なヒエラルキー制度がある場合に限られる。その制度では、下層の人間は自分より上の権力者の声を幻聴し、その権力者は自分たちを支配する者の声を幻聴するという具合に階層を重ねていき、王侯貴族は神々の声を幻聴する。ところが、『イーリアス』には、英雄個人ばかりが描かれていて、そのような社会構造は提示されていない。

回答――これは非常に説得力のある反論で、私も長いこと悩んできた。『イーリアス』が描く社会の営みで見られるような個人行動の自由がない、他の〈二分心〉文明の歴史を研究していたからなおさらだ。

このパズルを解くカギは、クノッソスとミケーネとピュロスの有名な線文字Bの銘板であることが判明した。これらの銘板は、私が〈二分心〉時代と呼ぶまさにその時期に記されたものだ。その存在は前々から知られていたが、解読者のじつに粘り強い努力も長年報われなかった。それが近年になって解読され、記録用途にのみ使われた最古のギリシア文字である音節文字を含んでいる事実が明らかになった。(7) このおかげで、〈二分心〉の仮説とかなり合致したミケーネ社会の概要が把握できる。役人、兵士、あるいは労働者のヒエラルキー、物資の目録、統治者、とくに神々に捧げるべき品の明細などだ。というわけで、史実としては、トロイア戦争時の実際の世界は、この叙事詩に歌われたような個人の自由が享受されていた社会というよりは、〈二分心〉の仮説が予測する厳格な神政政治社会のほうがより実態に近かったのだ。

さらに、ミケーネ国家の構造そのものが、『イーリアス』で描かれた緩やかに連携している戦士の集団とは根本的に違う。むしろ、神政政治が行なわれていた同時代のメソポタミアの王国にかなり近い（メソポタミアの王国については、後に本書の中、とくに第二部第二章で述べる）。線文字Bで刻まれた記録では、国家の長は「wanax」と呼ばれているが、この単語は後代の古代ギリシア語では神々にしか使われない。同様に、こうした記録では王が支配する土地は彼の「temenos」と呼ばれているが、この言葉は後に神々を祀った土地にしか使われなくなった。王を表す後世のギリシア語は「basileus」だが、線文字Bの銘板にあるこの言葉は、それほど重要ではない人物を指している。「wanax」の筆頭使用人というぐらいの意味だ。メソポタミアと同様、実際には人間の統治者は、幻聴で声が聞こえてくる神が「所有」する領土の管財人だった。これについては第二部第二章で見ていくことにする。線文字Bの銘板に記された文章は、まとめて意味を捉えるのが難しいが、中央集権的な宮廷文明の階層的性質を明らかにしてくれる。これは口承で『イーリアス』を創り上げた歴代の詩人がまったく顧みなかった点だ。

すっかり形の整った『イーリアス』で描かれた社会構造が緩やかなのは、ずっと後世の話の数々をトロイア戦争という主題に組み込んだのが一因かもしれない。『イーリアス』が様々な話の寄せ集めであることを示すきわめて強力な証拠として、作中に見られる膨大な数の矛盾が挙げられる。すぐそばで矛盾し合っているものもある。たとえば、ヘクトルが戦闘から撤退する場面で、ある行（第六歌一一七）では、「黒革が彼の首筋と足首を打った」となっている。これは彼が背負った古代ミケーネの護身用の楯でしかありえない。ところが次の行には、「表面に突起のある楯の外側を巡る縁」とある。これはまったく異なる種類のもので、ずっと後世になってから使われた型の楯だ。明らかに、二つ目の描写は、聴覚的に恍惚となって、自分が言っていることを心に思い浮かべてすらいない後世の詩人によってつけ足されたものだ。

さらなる必要条件

たしかに、この時代は（後の章で見るように）〈二分心〉が崩壊して意識が発生する混乱期だから、この人間社会におけるヒエラルキーの崩壊と、古い心の形態が残る中での主観の台頭の両方を、『イーリアス』は反映しているのでは、と思う向きもあるだろう。じつは、私はこれまでのページで、私に言わせれば意識の侵入と思えるような、〈二分心〉仮説との特定の食い違いを省略してきた。主観的な意識に近い現象が登場するのは、『イーリアス』の中でも、おおもとの詩に後世につけ足されたと学者が考えている部分だ。(8)

たとえば、ギリシア人が小アジアに大移動した後に書かれて本文に追加された第九歌には、他の部分ではけっして見られぬような人間の欺瞞に対する言及が含まれている。そのほとんどは、アキレウスがアガメムノンの仕打ちに対してオデュッセウスに延々と修辞的な答えを返すくだりに登場する（第九歌三四四、三七一、三七五）。アガメムノンに対するアキレウスの非難はひときわ目立つ。「私が冥府の門ほど忌み嫌うのは、腹に一物あるくせに、口先では違うことを言う人間だ」（第九歌三一二、三一三）。これは明らかに主観的な意識の存在を示している。翻訳が難しいヘレネが願望を述べるくだり（第三歌一七三以降、第六歌三四四以降）や、ギリシアの老将ネストールが鮮明に昔を回顧している場面（第一歌二六〇以降）も同じだろう。

本文には、強く目を引く部分がほかにも二か所ある。トロイアの勇者アゲノル（第二一歌五五三）とヘクトル（第二二歌九九）が自分自身に語りかけるくだりだ。作品の終盤、それも互いに近接して登場するこの二つの独白の内容が作品とまったくそぐわないという事実（それまでの二人の性格描写と矛盾している）、そして一部で同一の表現を使っているという事実を考えると、どちらも後世になってから、同じ吟じ手《アオイドス》によって本文に挿入された形式的な表現ではないだろうか。[9] しかしずっと後というわけでもない。独白をしている当の話者が驚くほど、異常なことだったからだ。独白を終えると、一字一句違わぬ驚きの台詞が、両雄の口をついて出てくる。「だが、なぜ私の心はこのようなことを私に訴えてくるのだろう」。実際にこのような独白が珍しくないのなら（ほんとうに話者に意識があるとすれば、珍しくないはずだ）、彼らが驚くわけがない。後の章で意識がどのように誕生したかを詳しく考察する際に、こうした例を再び取り上げることにする。[10]

本章の主旨は、現代の私たちがきちんと理解できる言葉で記された人類最古の著述を客観的に見てみると、私たちのものとはまったく違う精神構造が明らかになる、というものだ。これは真実として受け入れるべきだろう。ときおり見られる〈物語化〉やアナログの行動、〈心の空間〉などの例は、後世の人間の手になるものだと学者には考えられている。この叙事詩の大半は、一貫してアナログ意識が欠落しており、まったく異なる種類の人間が存在していたことを示している。ギリシア文化はごく短期間に、意識を扱う文学に移ったのは周知のとおりだから、『イーリアス』は時代の一大転換期に立つ作品と見なせるだろう。それは、基本的にどの王国も神政政治で、人々は新しい状況に直面するたびに聞こえてくる声の奴隷だった、主観的な意識のない時代を垣間見させてくれる窓なのだ。

第4章　〈二分心〉

私たちは意識を持った人間だ。そして人間というものを理解しようとしている。前章で導き出された途方もない仮説は、遠い昔、人間の心は、命令を下す「神」と呼ばれる部分と、それに従う「人間」と呼ばれる部分に二分されていた、というものだ。どちらの部分も意識されなかった。これはほとんど私たちの理解を超えている。だが、私たちは意識を持っており、理解したいと願っているので、第二章で見た理解の本質にならって、この仮説を身近に経験するものに当てはめて考えてみたいと思う。これが本章の狙いだ。

〈二分心〉の人間

〈二分心〉のうち、人間の部分を身近なもので考えようとしても、言えることはないに等しい。ただ、第一章を読み直せば、意識の助けなしにどれだけ多くのことをしているのかが思い出される。だが

「意識は〜ではない」と列挙するだけでは、物足りないことはなはだしい。どうしても、アキレウスの立場に立ってみたいという気持ちが残る。やはりアキレウスは内面で何かを感じているはずだという気がする。絶対に何か感じているに違いない。私たちがしようとしているのは、自分自身や同輩の現代人の中に創り出しているのと同じような〈心の空間〉と、アナログの行動から成る世界を、アキレウスの中にも創り出すことだ。しかし、私に言わせれば、当時のギリシア人にはそれは通用しない。

意識のない心の状態に近いものの比喩を示せば、いくらか助けになるかもしれない。車を運転しているとき、私は自分自身に運転の指示を出してはいない。気がつくと、ほとんど意識することなしに運転している。[1]実際、意識はたいてい何かほかのものに向いている。私は同乗者との会話に夢中になっていたり、ことによると意識の起源について考えていたりするかもしれない。だが手足や頭は、ほとんど別世界で動いている。何かに触れると、それは私に触れる。顔を向けると、周りの世界は私の方を向く。目で見ると、歩道でなく車道を走るという意味で私が規則を厳密に守っている世界と結びつけられる。しかもこうしたことを、どれ一つとして意識していない。もちろんそれについて論理的に考えてもいない。私は、つねに人を脅かしたり安心させたり、惹きつけたり不快にさせたりするような刺激を、すべて受け入れてはそれに反応することに没頭し、交通状態の変化や個々の状況に応じて、こわがったり自信を持ったり、信頼したり怪しんだりしながら、言ってみれば無意識のうちに夢中になっている。その一方で私の意識は、相変わらずほかの事柄に向いている。

さてここで、その意識を取り除きさえすれば、〈二分心〉を持つ人間と同じ境地を味わえる。世界は〈二分心〉を持つ人間に降りかかる。そして彼の行動は起きている出来事と完全に一体化し、何一つ意識されることはない。ここでまったく新しい状況、たとえば前方の事故、道路の封鎖、タイヤのパンク、エンストといったものに遭遇するとしよう。すると、どうだろう。あなたや私だったら、意識をすばやく効果的にその事態に向けて、何をすべきかという〈物語化〉をするだろうが、〈二分心〉を持った人間はそうせずに、自分の〈二分心〉の声が、それまでの人生で積み重ねてきた訓戒的な知恵をもとに、何をすべきかを非意識的に告げるのを待たねばならない。

〈二分心〉の神

だがそうした幻聴の声とは、どのようなものだったのか。外部で発せられる声と同じように聞こえる内なる声がありうるなどとは想像もできないと思う人もいる。なんと言っても、脳には口も発声器官もないのだ。

脳のどの領域が使われるにせよ、そうした声がたしかに存在し、その声がまるで実際の音のように聞こえることは間違いない。さらに古代の〈二分心〉の声が、現代人のそうした幻聴と質的には非常によく似ていた可能性は非常に高い。完全に正常な人の多くも、程度の差こそあれ幻聴を経験している。ストレスを感じたときにはよく、親が慰めてくれる声が聞こえることがある。

あるいは、問題をずっと抱えているときもそうだ。私が二〇代後半、ボストンのビーコンヒルに一人住まいをしていたときのことだ。一週間ほど、本書で取り上げた問題の一部、ことに知識とは何か、そもそも人はどのようにして何かを知りうるかについて研究し、自分の殻にこもってあれこれ考えていた。これでいいのだ、いや違う、と私の考えは認識論の、ときとして濃密な霧の中で堂々巡りをし、どこにもたどり着けなかった。ある午後、私は考えがまとまらないことに嫌気がさして、長椅子に寝転んだ。突然、まったくの静寂の中で、きっぱりとした大きな声が、私の右上の方から明確に聞こえてきた。その声は言った。「認識の中に、認識我を含めよ!」それを聞いて私は思わず立ち上がり、滑稽にも「何ですって?」と大声を張り上げ、声の主を捜した。その声が聞こえてきた場所ははっきりしていた。だがそこには、誰もいなかった。恐る恐るのぞいてみた壁の向こうにも、いなかった。私はこのわけのわからぬ深遠な出来事を、神の霊感によるものとは思わないが、過去に自分は選ばれた特別な者だと主張する人たちが聞いた声と類似したものだと考えている。

完全に正常な人が、そうした声をもっと継続的に聞くこともある。本書の理論について講演をすると、講演後に聴衆の何人かがやって来て、自分に聞こえる声について話してくれるのにはいつも驚かされる。ある生物学者の若い妻は、ほとんど毎朝ベッド・メイキングや家事をするときに、亡くなった祖母の声が実際に聞こえてきて、その声と長い時間、有益で楽しい会話をしているという。その話を聞いた夫はいささか狼狽し、心配した。それまで妻が黙っていたからで、それは一般に、空耳は精神障害の兆候だと思われているためだった。ストレスで神経が参っている人の場合、それが兆候となることはむろんある。だがこの種の病気につきまとう不安のため、正常な人間にそのような継続的な幻聴が実際にどの程度起きているのかは、わかっていない。

これまで詳しい研究は、一九世紀にイギリスで一度行なわれただけで、それもきわめて不十分なものだった。[2] この研究では、正常な人間が健康なときに経験する幻覚だけが考慮された。七七一七人の男性のうち、七・八パーセントが幻覚を経験したことがあった。七五九九人の女性の場合は一二パーセントだった。幻覚が起きる頻度が最も高かったのは、二〇歳から二九歳までの年齢層で、ちなみにこれは統合失調症が最も発病しやすい年代と一致する。幻視は幻聴の二倍起こった。国による違いも見られた。ロシア人は平均の二倍の幻覚があった。ブラジル人の幻覚はさらに多かった。幻聴が非常に高い頻度で起きたからだ。その理由は推測するしかない。しかし、この調査の欠陥の一つは、人々が幽霊話をおもしろがってする国では、幻覚を経験したと言っても、実際に何を見たり聞いたりしているのか正確な基準を持つのが難しいことだ。この種の調査をもっと入念に重ねる必要がある。[3]

精神病患者の幻覚

〈二分心〉の声に似た幻聴が最もよく起こり、研究されているのは、むろん統合失調症のつらい症状においてだ。これは今日、難しい問題を孕《はら》んでいる。幻覚の疑いがあると、苦しんでいる精神病患者は、幻覚を取り除く効果のあるソラジンのような精神安定剤を投与される。これには、控え目に言っても疑問の余地がある。この処置は患者のためでなく、患者を管理する上で競合することとなる幻覚を取り除きたいという病院側の思惑でなされているのかもしれない。だが、幻覚のある患者がそうでない患者よりも扱いにくいことは、実証されたためしがない。それどころか、ほかの患者と比べると、幻覚のある統合失調症患者のほうが、身構えたところが少なくて親しみやすく、好感が持てるし、病院で他人に対して、前向きな期待を持っている。[4] それに、幻聴が悪影響を与えているように思えるときでさえ、その声が治癒の過程に役立つ可能性がある。

いずれにせよ、薬物療法が導入されてから、患者が幻覚を経験することが以前よりも大幅に減った。最近の研究により、幻覚の発生率は病院によってかなりの差があることが明らかになった。ボストン市立病院の精神病患者の場合は五〇パーセント、オレゴンのある病院では三〇パーセント[5]、大量の鎮静剤を長期間投与して治療している患者のいる病院ではさらに低い。そんなわけで私は本書の次の部分では、精神病に関する比較的古い文献に頼りがちになっている。たとえばオイゲン・ブロイラー（訳注 一八五七〜一九三七。スイスの精神病理学者。それまで「早発性痴呆」と呼ばれた疾患に「精神分裂病（統合失調症）」という病名を初めて使用した）の名著、『早発性痴呆または精神分裂病群』で、この本を読むと、統合失調症の幻覚の状況がとくによくわかる[6]。古代文明で人々が聞いていた〈二分心〉の声の性質と範囲を把握するには、これは重要だ。

声の特徴

統合失調症患者が聞く声は、患者個人とありとあらゆる関係を持つ。声は短い文で語ることが多く、うちとけて会話をしたり、脅したり悪態をついたり、批判したり相談したりする。訓戒し、慰め、あざけり、命令し、そのとき起きていることを何から何まで伝えるだけのこともある。叫び、泣き言を言い、冷笑する。ほんのかすかなささやき声から、怒鳴りつけるような声まで、大きさは様々だ。何らかの特色があることが多く、とてもゆっくり話したり、韻律に合わせたり、韻を踏んだり、リズムをとったりし、外国語の場合すらある。特定の一つの声のこともあるが、いくつかの声が聞こえることのほうが多く、大勢の声が聞こえる場合もある。〈二分心〉文明の頃のように、その声は神や天使、悪魔や敵、あるいは特定の人や血縁者のものと認識される。あるいは、声を出すある種の装置によるものと考えられるときもある。それは後に考察するように、〈二分心〉王国において声を聞く上で重要だった像を連想させる。

ときとして声は患者に何かをするように命令し、その命令が実行された後で患者を手厳しく叱責して絶望に追いやる。声は一つでも患者について二人の人が話し合うような問答形式のこともあれば、別々の人の声によって賛否両論が戦わされることもある。たとえば、患者の娘の声が、「父さんは生きたまま焼かれる！」と言う[7]。一方、患者の母親の声は、「息子は焼かれはしない！」と言う。声がいくつも早口でしゃべりまくるので、患者が聞き取れない例もある。

声の位置と働き

とくに重症患者の症例で多いのだが、声がどこから聞こえてくるのかわからないことがある。だが普通はわかる。声は右や左、背後、上や下から聞こえてくる。ただ、患者の真正面から聞こえることはめったにない。壁や地下室や屋根、天国や地獄、近くや遠く、あるいは体や服の一部から聞こえるように思える例もある。そしてある患者が言うように、「声は、壁や通風孔からであろうと、森や野原の中であろうと、声を媒介する物がほんとうに話しているように思える」こともある[8]。自分を慰めてくれる善い声は右上の方から、自分をけなす悪い声は左下から聞こえると感じがちな患者もいる。稀な例では、患者は声が自分の口から発せられたように思い、ときどき口の中で異物がふくれ上がるように感じる。声が奇妙な形で実体化されることもある。ある患者は、声がそれぞれの耳の上に止まっていて、一方がもう一方よりも少し大きいと主張した。これは「カー」（訳注　古代エジプトで、死後も人体に宿って生命を維持すると考えられていた第二霊）の声と、古代エジプトのファラオ像に描かれていた「カー」を連想させる。これについては後の章で見てみる。

しばしば声は患者の思考や行動を批判する。患者がまさにしようと思っていたことをするのを禁じたりもする。患者が自分の意図に気づきもしないうちにさえ、こうしたことが起こることもある。スイスのトゥールガウ州出身の、知能の高い偏執病患者は、自分の世話をしてくれる看護人に対して敵意を抱いていた。看護人が部屋に入ると、患者が何もしないうちに、声が強く咎めるような調子で言った。「そうら！　トゥールガウ人が、何の非もない自分の看護人をたたきのめすぞ！」と。(9)

ここで非常に重要なのは、患者の「自己」が気づいていない単純な知覚判断を、患者の神経系が行なっているという事実だ。その後、この知覚判断は前述の例と同様、予言のような声に形を変えうる。たとえば、廊下をやって来る雑役夫がほんの小さな音を出す。患者はそれを意識していない。だが患者は、自分の幻聴の声が叫ぶのを聞く。「さあ、誰かが水の入ったバケツを持って廊下を歩いてくるぞ」。それからドアが開き、予言は実現する。声の持つ予言的側面に対する信頼は、〈二分心〉の時代にそうだったかもしれないように、こうして高められ、保たれる。すると患者は自分の耳にする声だけに従い、そのなすがままになる。そうでなければ、つまり声がはっきり聞こえないなら、患者は身を硬くして黙ったまま、声が、さもなければその代わりに看護人の声と手が、導いてくれるのを待つ。

一般に統合失調症の程度は、入院中に悪化したり改善したりし、声は病状によって聞こえたり聞こえなくなったりする。患者があることをしたり、ある環境にいたりするときだけ、声が聞こえることもある。だが、現在の薬物療法が行なわれる以前は、患者の多くは起きている間は片時もその声から逃れられなかった。重症のときは、声は最も大きく、体の外から聞こえる。軽症のときは、声は内からのささやきであることが多い。内から聞こえるときは、聞き取りにくいこともある。「現実の声などということは絶対になく、死んだ身内の声の再現にすぎない」と言う患者もいるかもしれない。軽症患者のうち、とくに知能の高い人は、自分が実際にその声を聞いているのか、「耳に聞こえる思考」や「音のしない声」や「意味の幻聴」のように、声を無理やり想像させられているのか、定かでないことがたびたびある。

幻覚があるということは、神経組織に何か先天的なものがその根底にあるに違いない。これは生まれつき、あるいは非常に幼い頃からまったく耳が聞こえなかった人の事例を研究することによってはっきりわかる。そうした人たちでも、どういうわけか幻聴を経験する場合があるからだ。これは一般に、耳の不自由な統合失調症患者に見られる。ある研究では、幻覚のある、まったく耳が聞こえない二二人の統合失調症患者のうち、一六人が、何らかのメッセージを聞いたことがあると主張した。[10]母体保護のために堕胎をしたことで自分を責めてばかりいた、生まれつき耳の聞こえない三二歳の女性は、神が非難する声を聞いたと断言した。もう一人、五〇歳の生まれつき耳の不自由な女性は、おまえは魔術的な力を持っていると告げる超自然的な声を聞いた。

幻視の構成要素

統合失調症における幻視は、起こる頻度は少ないものの、非常に鮮明な場合がある。私の研究対象に、二〇歳の統合失調症の女性がいた。フォークソングの作詞作曲家で、陽気な性格だった彼女は、ある日車の中で長時間、友人が来るのを今か今かと待っていた。すると道路をやって来た青い車が、奇妙なことに突然、速度を落とすと錆び色がかった茶色に変わり、それから大きな灰色の翼を生やし、生垣の上をゆっくりと飛び越え、姿を消した。しかし彼女がもっとびっくりしたのは、道にいるほかの人が、何も変わったことがなかったように振る舞っている点だった。これはどうしたことか。それともあの人たちはみな、なぜか申し合わせて、驚いたことを私に隠しているのか。どうしてそんなことをしなければならないのだろう。そうした偽りの出来事を意識が〈物語化〉し、周囲の世界をそれらの出来事に合理的に合わせ、しばしばまた別の悲劇的な症状を生むことになる。

まったく耳が聞こえず、幻聴もない統合失調症患者が、手話の幻視をしばしば経験するのは興味深い。生後八か月で聴覚を失った一六歳の少女は、何もない空間との奇妙なやりとりに夢中になり、壁に向かって身振りで話した。もっと年上の生まれつき耳の不自由な女性は、幻覚の生み出したボーイフレンドと手話で対話をした。ほかの耳の聞こえない患者も、手話単語や指綴りによる「言葉のサラダ」（訳注　統合失調症患者の発話に見られる、一見何の関連もない単語や句の羅列）を使って、想像上の人と始終話をしているように見える場合がある。生後一年二か月で聴覚を失った三五歳の女性は、ひどく乱れた生活を送り、ときおり激しい怒りを爆発させていた。入院したときに彼女が手話で説明してくれたところによると、毎朝白いローブを着た霊が自分のところに来ては、手話で何かを話し、ぞっとさせることもあり、話の内容によってその日の彼女の気分が決まってしまうという。また、耳の聞こえない別の女性患者は、何もない空間に向かってよく唾を吐いては、そこに隠れている天使に吐きかけているのだと言っていた。もっと穏やかな例では、生まれつき耳の不自由な三〇歳の男性は、自分の周りに小さな天使や小人たちの姿をよく見かけ、自分がほとんど何でも思いのままにできる魔法の杖を持っていると信じていた。

いわゆる急性の朦朧《もうろう》状態では、白昼でさえ、天国の門が開いて神が患者に話しかけているといった宗教的性質を帯びていることの多い場面を、そっくり幻覚体験する場合もある。また、ベルシャザル（訳注　バビロン最後の王。酒席で、運命を示す文字が壁に現れたという）の前に文字が現れたように、患者の前に文字が現れたりする。ある偏執病患者は、看護人が彼に薬を飲ませたまさにそのとき、「毒」という言葉を空中に見た。幻視が現実の環境に溶け込んでいる例もある。人の姿が病棟を歩き回っていたり、医師の頭上に立っていたりする。アキレウスのもとに女神アテネが現れたのも、その例だろう。幻聴とともに幻視が起こるとき、その幻視はたんに輝く光や、濃い霧であることが多い。アキレウスのもとに母なる女神テティスが、モーセ（訳注　紀元前一三世紀のヘブライの預言者、指導者）のもとにヤハウェ（訳注　旧約聖書に出てくる古代ヘブライの神）が現れたときとちょうど同じだ。

神々の救済

統合失調症の幻覚が古代における神々の導きに似ていると考えるのが正しいのなら、どちらの例にも共通する生理的誘因があるに違いない。私が思うには、それはようするにストレスだ。前述のように、正常な人では幻覚が起きるためのストレスの閾値はかなり高い。私たちのほとんどは、悩みに悩んで、どうしようもない状態にならなければ、声が聞こえたりはしない。だが精神病を発病しやすい人の閾値は、いくぶん低い。先ほど述べた女性の場合、駐車した車の中で不安な気持ちで人を待っているだけで、閾値を超えた。これはストレスによってできたアドレナリンの分解物が、血液中に増大したことによって引き起こされたのだと思う。その女性は遺伝的要因で、アドレナリン分解物を正常の人と同じ速度で腎臓を通過させることができないのだ。

〈二分心〉の時代には、幻覚を起こすストレスの閾値は、現代の正常な人や統合失調症患者のそれよりも、かなり低かったと考えてよいかもしれない。目新しい状況に置かれて行動を変えねばならないときに感じるストレスだけで、閾値を超えたのだ。いつもの習慣どおりに対処できない、疲れているのに仕事をしなければならない、攻撃すべきか逃避すべきか葛藤する、誰に従うか何をすべきかを選択するといった、とにかく何らかの決断が要求されることがすべて、幻聴を引き起こすに足る原因になった。

意思決定（「意思」という言葉から、意識を暗示する痕跡をすべて取り除きたいが）こそ、まさにストレスであるということが、今やはっきりしている。もしネズミが、餌や水を得ようとするたびに通電された格子板を通らなければならないとしたら、そのネズミには潰瘍ができる。(11) ネズミに電気ショックを与えるだけでは、そうはならない。格子板を通るべきか否か、葛藤して躊躇したり、意思決定のストレスを感じたりしなければ、潰瘍はできない。装置に入れられた二匹のサルのうち、片方のサルがレバーを押すことができるようになっていて、少なくとも二〇秒に一回レバーを押さなければ二匹のサルの足に定期的な電気ショックが与えられる、という実験をすると、意思決定をするサルには三、四週間で潰瘍ができるが、もう一匹の同じようにショックを与えられるサルにはできない[12]。重要なのは、一定時間わからない状態に置かれる点だ。もしその実験が、動物が効果的な反応をすれば成功のフィードバックを即座に得られるというように設定されているなら、レバーを押すサルに、よく言われるような「管理職の潰瘍」はできないからだ[13]。

だからこそ、アガメムノンに嫌悪を覚えたアキレウスは、鉛色の海を前にして意思決定のストレスのはざまで、霧の中から浮かびあがる女神テティスの姿を幻視する。だからこそ、ヘクトルはトロイアの城壁から出てアキレウスと戦うか、城内にとどまるかの決断に悩み、意思決定のストレスの中で、外に出るようにと告げる声を幻聴する。意思決定のストレスがかなりのレベルに達する前に、神々の声が救済してくれる。アキレウスやヘクトルが現代の管理職で、自分のストレスを取り除いてくれる神々を抑圧する文化の中に暮らしていたら、彼らもまた、現代の心身症患者の列に加わっていたかもしれない。

声の影響力

幻覚のメカニズムの問題の締めくくりとして、人はそうした声をなぜ信じるのか、なぜそれに従うのかという、より深遠な問題にぜひとも取り組まねばならない。なぜなら、人はそれまでの経験から得た証拠や、山のような常識を持っていながら、その声を客観的現実だと信じ、客観的現実としてそれに従うからだ。実際、患者が聞く声は医者の声よりも現実味を帯びている。患者がそう言うこともある。「もしあの声が現実の声でないのなら、先生だって今、私に現実に話しかけていないことになりますよ」とある統合失調症患者は主治医に言った。別の患者は、質問されるとこう答えた。

はい。私には声がはっきりと、しかも大きく聞こえます。声は今このときも、口を挟んできます。先生の声よりその声のほうが、耳を傾けやすいです。その声のほうが重要で現実のものだと思いやすいのです。それに声は質問などしませんから。(14)

声が聞こえるのが自分だけだということは、本人にとってはたいして重大ではない。ときとして患者は、神の力によって選り抜かれ、選び出されて祝福を受け、この才能を授かったのだと感じる。声に厳しく非難されるときでさえ、死に導かれているときでさえ、そう感じる。患者がなぜか向かい合っているのは、根元的な聴覚の力だ。風や雨や火よりもっと現実的で、あざ笑い、脅し、慰める力、本人が後ずさって客観的に判断することのできぬ力なのだ。

少し前のある晴れた午後に、一人の男がコニーアイランド（訳注 ニューヨーク市ロングアイランド南岸の保養地、海水浴場）の浜辺でデッキチェアに仰向けに寝ていた。突然彼は、大きなはっきりとした声を聞いたので、仲間を見回した。仲間もその声を聞いたに違いないと思ったのだ。彼らが何も起こらなかったかのように振る舞っていたので、彼は落ち着かない気分になって、自分のチェアを彼らから遠ざけた。すると、……突然、その太い声がもう一度、前よりももっとはっきり、低く、いっそう大きく、今度は私の耳に直接入ってきた。私は身のすくむ思いでぞくぞくっとした。「ラリー・ジェイソンよ、おまえはろくでなしだと、以前も言ったはずだ。それなのに、なぜここに座って、人並みに善良なふりをしているのか。おまえは誰を欺いているのだ？」

その太い声はとても大きく明瞭だったので、誰もが聞いたに違いない。彼は立ち上がり、ゆっくりとその場を離れ、板張りの遊歩道の段を下り、下の砂浜まで行った。そして声が再び聞こえるかどうか待った。はたして声は聞こえた。今度は一言ひとこと太鼓の音のように響いた。普通の言葉のようには聞こえずに、もっと太くて低かった。

……体のあらゆる部分が耳になったようだった。私の指が言葉を聞き、私の脚も頭も、言葉を聞いた。「おまえはろくでなしだ」。相変わらず太い声がゆっくりと言った。「おまえは、生まれついてのろくでなしで、役に立ったためしがない。目の前に海がある。そこで溺れるがよい。さあ海に入っていけ。そして歩き続けよ」

声がやむとすぐに、私はその冷たい命令に従わなければならないことを悟った。(15)

コニーアイランドの踏み締められた砂の浜を歩いていたその患者は、轟くような太い声をはっきりと聞いた。その鮮明さは、アキレウスがエーゲ海に臨むアルゴスの霧の浜辺で母テティスの声を聞いたときと同じだ。そしてちょうどアガメムノンがゼウスの「冷たい命令」に「従わなければならなかった」ように、あるいは、使徒パウロがダマスカスに行く途中でイエス・キリストの命令に「従わなければならなかった」ように、このジェイソン氏は逆らうことができず、溺れるために大西洋の中へと歩み入った。声の意思に反して彼は救助員に助けられ、ベルヴュー病院に運ばれ、そこで回復してこの〈二分心〉の経験を書くことになった。

もっと症状が軽い場合、患者は声に慣れるとそれに客観的に対処することを覚え、その影響力を弱められるようになる。しかし統合失調症患者が書いた自伝を読むと、少なくとも最初は、ほぼ全員が声の命令に絶対服従している。これはどうしたことか。なぜそれらの声は、アルゴスでも、ダマスカスへの道の途中でも、コニーアイランドの海辺でも、それほどまでの影響力を持ちうるのか。

音は非常に特殊な感覚だ。私たちはそれを操作することはできない。押しやることも、背を向けることもできない。目を閉じたり、鼻をつまんだり、触れた手を引っ込めたり、味わうのを拒んだりすることはできる。だが、耳をふさいで音を小さくすることはできても、耳を完全に閉ざすことはできない。音は五感のうちで最も制御しにくい。そして音は、進化を重ねて獲得したありとあらゆるもののうちで最も複雑なもの、すなわち言語の媒体だ。したがって、私たちが扱っているのは、きわめて深遠で複雑な問題なのだ。

支配力の制御

誰かが話しかけてくるのに耳を傾け、それを理解するというのはどういうことなのか考えてみよう。

ある意味では、私たちはその話し手にならなければならない。というより、しばらく話者が自分の一部になるのを許す。自分のアイデンティティを一時よそに預け、その後で自分自身に戻ると、相手が言ったことを受け入れたり拒否したりする。だがアイデンティティをよそに預けている、そのほんの短い時間が、言語を理解することの本質であり、もしその言語が命令なら、理解の過程に見られる他者との同一化は服従になる。聞くことは実際には一種の服従だ。事実、英語ではどちらの言葉も同じ語根を持っているので、おそらくもとは同じ単語だったのだろう。英語だけでなく、ギリシア語、ラテン語、ヘブライ語、フランス語、ドイツ語、ロシア語でもそうだ。英語の「obey（従う）」はラテン語の「obedire」からきており、「obedire」は「ob」と「audire」から成る。これは、「目の前の相手の話を聞く」という意味だ[16]。

問題は、そうした声の支配力の制御だ。その方法は二つある。

一つ目は、それほど重要でないのだが、単純に相手との距離によるものだ。誰かが話しかけてくるのを聞くときに、人はどうするか少し考えてみよう。みなさんは相手との距離を、文化によって確立された規準に合わせる[17]。相手が近すぎると、こちらの思考をあまりにも厳密に支配しようとしているように思える。遠すぎると、相手はみなさんの思考を十分に支配していないので、みなさんは相手をうまく理解できない。アラブ諸国の出身者なら、気持ちよく会話できる顔と顔の距離は三〇センチメートル以下だ。だがもっと北の方の国の出身なら、最も快適に会話が交わせるお互いの距離は、そのほぼ二倍になる。そうした文化の違いが、社交の場で、国際間の様々な誤解を生むことにもなる。普通の距離よりも近くで誰かと会話をするのは、少なくとも服従と支配という相互関係を築こうとしていることを意味する。たとえば恋愛関係にあるときや、二人の男が向かい合って相手を脅して今にも喧嘩になりそうなときだ。それほど近くで誰かに話しかけるのは、相手を真に支配しようとすることだ。その距離内で話しかけられて、その距離を保っていると、相手の影響力を容易に受け入れてしまう強い傾向が生じる。

自分に対する他者の声の影響力を制御する、二つ目の、そしてもっと重要な方法は、相手に対する評価によるものだ。なぜ私たちは飽くことなく人を評価したり、批判したり、不鮮明な賞賛や非難のカテゴリーに分類したりするのか。つねに他者を値踏みし、たいていは馬鹿げた階級序列で格づけするのは、ただたんに、自分や自分の思考に対する支配力を制御するためだ。私たちは他者を個人的に評価して、彼らの影響力をフィルターにかけているのだ。他者の言葉の支配力に身を委ねたいのなら、自分の個人的な評価尺度の上位に、相手を据えさえすればよい。

さあ今度は、この二つの方法が使えないのなら、どうなるのか考えてみよう。それと言うのも、そこには誰もおらず、声が発せられている場所がどこにもないのだ。後ずさりしても逃れることのできぬ声、あまりに近くて自分の体から聞こえるように思える声、その声がすべての境を越えて聞こえてくるとき、どこにも逃れようもないとき（逃れても、その声もいっしょに逃れてくるのだ）、壁や距離に遮られることもなく、いくら耳をふさいでも弱められず、何をもってしても、自分の叫び声によってさえも、かき消しようのない声が聞こえてきたなら、聞き手は無力そのものだ。そしてもし、聞き手が〈二分心〉の文化に属していたのなら、そこでは声がヒエラルキーの最高位にあると思われているし、声は神として王として、頭や心や足を含めて人々をそっくり所有する至上のもの、自分より下に格づけしえない全知全能の存在と教えられているのだから、〈二分心〉の人間が言いなりになっても当然ではないか。

主観的意識を持つ人間の意思を説明するのは、今なお難解な問題であり、満足のいく解答は得られていない。だが〈二分心〉の人間の場合は、この声こそが意思だった。別の言い方をすれば、意思は神経系における命令という性質を持つ声として現れたのであり、そこでは命令と行動は不可分で、聞くことが従うことだったのだ。

第5章　二つの部分から成る脳

〈二分心〉の人間の脳では何が起きているのだろうか。ほんの三〇〇〇年前に現在とはまったく異なる種類の精神構造が存在していたというような、私たち人類の歴史においてきわめて重要な類の事柄には、何としても生理学的な説明が必要だ。どうしてそんな精神構造が成立しえたのか。私たちの頭蓋骨の中にある神経細胞や神経線維は驚くほど精妙な構造をしているが、それがどのように組織され、〈二分心〉の精神構造を可能にしえたのだろうか。

これこそが本章で取り組む深遠な疑問だ。

この疑問の答えに近づくために最初に考えるべきことは、はっきりしている。〈二分心〉の仲介役を果たすのは言語なので、脳の言語野が何らかの重大な形でかかわっているに違いない。

この領域について語るにあたっては、混乱を避けるため、この章に限らず本書の最後まで、右利きの人のみを想定して話を進めていく。体の右半分を支配するのは大脳の左半球であり、右利きの人の言語野はここに存在する。このため一般に左半球は「優位半球」と呼ばれ、一方、体の左半分を支配

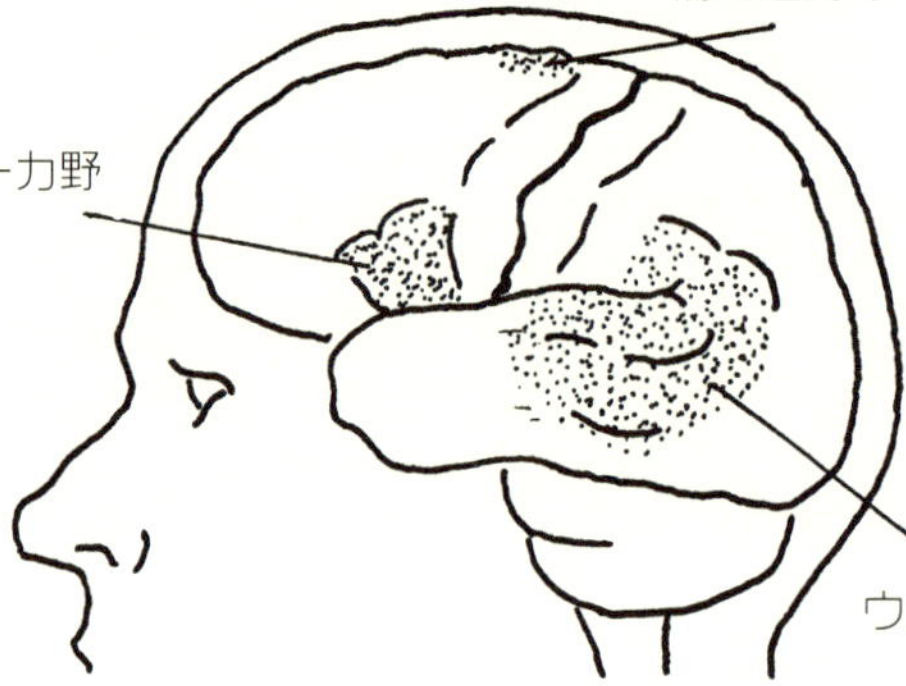

左半球にある三つの言語野は、それぞれ機能と有用性が異なる。補足運動野はおおむね発話に関与している。ブローカ野は、発話、語彙、抑揚、文法に関与している。ウェルニッケ野は、語彙、構文、意味、話の理解に関与している。

する右半球は「劣位半球」と呼ばれる。ここでは、すべての人において左半球のほうが優位であると仮定して話を進める。しかし実際のところ、左利きの人の左右の半球における優劣の度合は様々だ。完全に左右が切り替わっている（通常左半球がする働きを右半球が請け負う）人もいれば、そうでない人もいて、さらには両半球に優位性が混在している人もいる。しかしそういった人が人口のわずか五パーセントと例外的であることを見れば、ここでは除外して考えても差し支えないだろう。

さて、言語野は大きく分けて三つあり、大多数の人間では左半球に位置している[1]。一つ目が補足運動野で、左前頭葉の最上部に位置し、手術で摘出すると失語症を起こすが、数週間で回復する。二つ目がブローカ野で、左前頭葉の後下部にあたり、手術で摘出すると失語症を起こす。それは生涯治らないこともあれば回復することもある。そして三つ目がウェルニッケ野で、おもに左側頭葉の後部にあたり、頭頂部分も一部含む。ある年齢を過ぎて大きく損傷すると意味のある発話が永久に不可能となる。

このように、正常な言語活動にとって最も重要なのはウェルニッケ野だ。ウェルニッケ野の皮質はかなりの厚みを持ち、細胞は大きく、細胞どうしの間隔も広くとられているため、内部でも、また外部とも、連結がそうとう行なわれていることは想像に難くない。どこまでをウェルニッケ野と考えるかについては意見が分かれるが[2]、この領域が意味のある意思疎通に重要であることは、誰もが認めるところだ。

もちろん心理的な現象の概念解析を、それに関係する脳の構造と同一視するのはきわめて危険ではあるものの、これは避けては通れない。そして左脳のこれら三つの領域の中に、あるいはまた、その微妙な相互関係においてさえも、私の〈二分心〉の理論を裏づけるほどまで、何らかの言語機能が重複してしかも別個に存在しているとは考えにくいのだ。

この問題について少し詳しく考えてみよう。言語野はすべて左半球にある。なぜだろう。言語機能がどうして片方の大脳半球だけで司られるのかは、私に限らず、この機能の進化について考えたことのある人なら誰もが魅了される興味深い謎だ。他の重要な機能のほとんどは、両半球にそれを司る部分がある。言語機能以外で見られるこの重複には、動物にとって生物学的な利点がある。たとえ一方の脳半球が損傷しても、もう一方が取って代わることができるからだ。なぜこれが言語機能には当てはまらないのか。言語はなくてはならぬ最も重要な技能、社会的行為にとって絶対必要な基盤であり、人類は生死を分ける意思疎通の切り札として、氷河期後の数千年にわたってしばしば言語に頼ってきたのではないか。なぜこの人類の文化に不可欠な機能が両半球に現れなかったのだろう。

言語に必要な神経学的構造は左半球同様、右半球にも存在することを思い起こせば、謎はいっそう深まる。子供が左半球のウェルニッケ野、もしくはその下にある、左半球を脳幹につなぐ視床に大きな損傷を受けた場合、すべての言語機能は右半球に移行する。実際、両利きの人の中には、両半球に言語領域を持つ人もごくわずかだがいる。このように、通常では発話機能を持たぬ右半球が、特定の条件下では左半球とまったく同様に言語半球となりうる。

そして、さらに幅広くこの問題を捉えると、左半球で言語の〈性向決定構造〉が進化していたときに、右半球ではいったい何が起きたのかという疑問が現れる。左半球の言語野に対応する右半球の領域のことを考えていただきたい。その機能は何なのだろうか。もっと具体的に言えば、右半球が言語の補助領域として発達するのを妨げるほどの重要な機能とは何なのだろうか。今日、右半球のそのような領域を刺激しても、左半球の通常の言語野を刺激した場合に起きるような「失語的停止」（簡単に言えば、話が途中で止まる現象）は見られない。そして、このように機能が欠如しているように見えるため、右半球の多くがまったく不要だと結論づけられることが多かった。実際、腫瘍や損傷の治療のために、右半球の組織のうちウェルニッケ野に相当する部分も含めた広い範囲、場合によっては右半球全体を切除したとしても、精神機能に生じる障害は驚くほど少ない。

となると、左半球の言語野に相当する右半球の領域には、一見してわかるような大切な機能がないように思えてくる。なぜこの部分は脳の中で比較的重要度が低いのだろうか。人類の歴史の早い段階では、今は言葉を持たぬ右半球の「言語」野にも、何らかの機能があったということは考えられないだろうか。
その答えは推測の域を出ぬにせよ明確だ。これほどまでに重大な結果をもたらしえた進化の淘汰圧（訳注 環境への適応性に影響を与える外的要因）は〈二分心〉文明時代のもので、当時、人間の言語が一つの半球だけで司られていたのは、もう一つの半球が神々の言葉のためのものだったからではないか。

これが正しいとしたら、〈二分心〉の声が劣性である右側頭葉から左側頭葉に伝わるような、何らかの経路があるはずだろう。左右の大脳半球を結びつける主要な経路はもちろん、二億以上の神経線維から成る大きな脳梁だ。しかし人間の側頭葉には、いわば専用の連結部、つまり脳梁よりずっと小さい前交連がある。

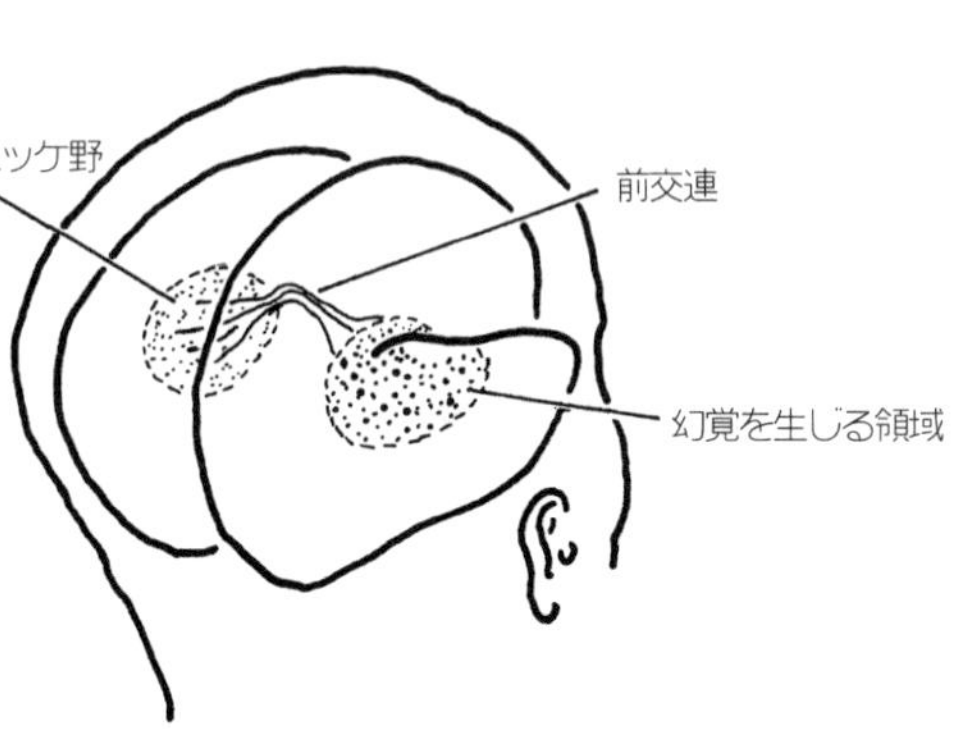

古代、ウェルニッケ野に相当する右半球の領域は、訓戒的な経験を統合して「声」に変え、左（優位）半球は前交連を通してこれを「聞いて」いた。

ネズミやイヌの前交連は、脳の嗅覚を司る部分をつないでいる。しかし人間では、私のおおまかな図でもわかるように、この横走する線維束は側頭葉皮質の大部分、とくにウェルニッケ野に含まれる側頭葉の真ん中の脳回から集まっていて、それから反対側の側頭葉に向かい、直径三ミリメートル強の太さに圧縮されて視床下部の一番上を通って扁桃体を越えて伸びる。これこそが、両方の側頭葉を結びつける小さな架け橋だと私は考える。私たちの文明を築き、世界の諸宗教を誕生させた指令は、ここを通って伝わった。ここで神々が人間に語り、その神々は人間の意思作用であるがゆえに従われたのだ。(3)

この仮説は二つの形で詳述できる。

有力なほうの形は、より単純で明確なので（そのため実験的な立証法によって実証もしくは反証しやすい）私も支持するのだが、神々の発言はウェルニッケ野に相当する右半球の領域で瞬間的にまとめられ、それが前交連を通り、左側頭葉の聴覚野に「話しかけ」たり「聞かれ」たりしていた、というものだ。（お気づきだと思うが、私はこれを比喩的にしか表現できない。右側頭葉を話し手、左側頭葉を聞き手として擬人化しているが、ともに比喩であり、完全に事実に反する。）私がこの有力な形のほうを支持するもう一つの理由は、処理した情報や思考を脳の片側から反対側へ伝えるという点で、非常に合理的であるということだ。進化の問題について考えてみよう。何十億という神経細胞が複雑な経験を片側で処理し、非常に小さな交連を通して反対側に結果を送らなくてはならない。そのためには何らかの暗号、つまり非常に複雑な処理を前交連の数少ないニューロンを通して伝達できるような形に圧縮することを可能にする、何かしらの方法が必要になってくる。そして、動物の神経系の進化において、人間の言語に勝る暗号がかつてあっただろうか。それゆえ、私たちのモデルの、このより説得力のあるほうの形では、幻聴が言葉として現れるのは、言語が複雑な皮質での処理を脳の一方からもう一方へと伝えるのに最も効果的な手段であるためだとする。

説得力が弱いほうの形は、もっと曖昧なものだ。幻聴によって聞こえる声は本人の言葉と同じように左半球に起源があるが、ただその感覚や方向性、本人との異質な関係は、右側頭葉の活動によるというものだ。つまり、右側頭葉が刺激を前交連やおそらく脳梁膨大（脳梁の後端）を通して左半球の言語野に伝え、そこから「聞こえる」というのだ。

現時点ではこの仮説のどちらの形を採用するかはあまり問題ではない。両者に関して最も重要なのは、訓戒的な体験を融合するのは右半球の機能で、右半球でウェルニッケ野に相当する領域の興奮が、神々の声を引き起こしているという点だ。

この仮説を裏づける証拠は、以下の五つの知見にまとめられる。(1)両方の大脳半球が言語を理解できる。ただし発話は、通常左半球によってしかできない。(2)ウェルニッケ野に相当する右半球の領域には、神々の声に似た機能の名残りがある。(3)二つの半球は、特定の状況下ではそれぞれがほぼ別々の人間として活動でき、その関係は〈二分心〉時代の人間と神々との関係に相当する。(4)現代における半球間の認識機能の違いは、〈二分心〉の人間が登場する文献に見られるような、人間と神との間の機能の違いを少なくとも反映している。(5)脳は私たちがこれまで考えていたよりも、環境によって形作られる余地が大きく、そのため、おもに学習と文化の影響により、〈二分心〉の人間が意識を持つ人間へと変化した可能性がある。

本章ではここから先、以上の五つの知見について論じていこう。

(1) 両方の半球が言語を理解する

私がある程度推測を交えて述べたように、神々というのは訓戒的な経験の融合物であり、個人が与えられたもろもろの命令が混ざり合ってできたものだった。だから、神の領域は声を出して話す行為にはかかわる必要はないが、言語を聞き、それを理解する行為への関与は必要だったはずだ。これは今日でも同じことが言える。私たちは実際両方の半球で言語を理解する。大脳皮質の左側に出血を起こした卒中患者は、話すことはできないが、依然として言葉は理解できる。[4] 左半球につながる左の頸動脈に催眠薬のアミタールが注入されると（和田テスト）、半球全体が麻痺し、右半球だけが活動している状態になるが、患者はその状態でも指示に従える。[5] 交連切断術を受けた患者を対象にした実験（後ほど詳しく説明する）では、右半球でもかなり理解できることが証明されている。[6] たいてい指示された物は左手で選び取ることができたし、口頭での命令に左手で応えることができた。たとえ神経膠腫《こうしゅ》（訳注　中枢神経系の神経膠細胞（グリア細胞）に由来する腫瘍）の患者から左半球、つまり言語野のある半球がすべて取り除かれたときでさえ、手術直後でも、執刀医の質問に対して返事こそできぬものの、その内容は残った右半球で理解しているようだ。[7]

(2) 右半球には神々の声に似た機能の名残りがある

右半球には神々の領域があったという先ほどの仮説が正しいなら、わずかにせよ、右半球には古代の神々の機能が何らかの痕跡を残しているかもしれない。実際、ここで話をもっと具体的にできる。神々の声は当然、はっきりと声に出して話す必要がなく、喉頭や口唇も不要だったので、右半球もしくは、いわゆる劣位半球側のブローカ野と補足運動野に相当する領域はある程度除外して考え、ウェルニッケ野、つまり側頭葉の後部に相当する領域に限定して見ていけばよい。もしこの領域に刺激を与えたなら、いにしえの神々の声が聞こえるのだろうか。もしくは何らかの名残り、つまり三〇〇〇年前にはその機能は、神々が人間の営みについて指図することだったと考えられるようなものが。

数年前、ワイルダー・ペンフィールド（訳注　一八九一～一九七六。アメリカ生まれのカナダの生理学者、神経学者）とファノール・ペロー（訳注　アメリカの脳神経外科医）が有名な一連の実験[8]でおおいに刺激を与えたのがまさにこの領域だったことが思い出される。ここで少し詳しく触れてみることにしよう。

これらの実験は、側頭葉のいずれかの部分の損傷が原因の癲癇《てんかん》と診断された約七〇人の患者を対象に行なわれた。損傷した脳の組織を摘出する手術の準備として、側頭部の表面の様々な箇所を微弱な電流で刺激した。刺激の強さは、運動野のしかるべき部位を刺激して親指がやっとピリピリする程度のものだった。もしこの刺激から得られる現象が、このような患者には典型的に見られる、神経膠《こう》症《しょう》（訳注　中枢神経系での神経膠細胞の過剰増殖）や硬化症、大脳髄膜の瘢痕《はんこん》といった病巣部の影響を受けているという反論があれば、それはもともとの報告書を検討することで退けられるだろう。これらの異常は発見されると範囲を限定され、被験者が刺激を受けて示した反応には何ら影響を与えることはなかった[9]。そこで、これらの実験によって得られる結果は被験者が健常者だった場合も同様であると、ある程度の確信をもって言うことができる。

これらの症例の大多数では、刺激されたのは右側頭葉でも、とくに後部の、上部脳回に向かう部分、つまりウェルニッケ野に相当する領域だった。被験者たちからは驚くべき反応が次々と得られた。繰り返しになるが、これこそ、まるで私たちの〈二分心〉のもう一つの部分からのように、古代の神々の呼びかけが再び聞こえるのではないかと思える部分だ。これらの被験者には古代の神々の名残りが聞こえるのだろうか。

ここで代表的な実験結果をいくつか紹介する。

この領域に刺激を受けたとき、症例七の二〇歳の大学生はこう叫んだ。「また声が聞こえます。現実との境がわからなくなったような感じです。耳の中でハミングが聞こえ、わずかですけれど、警告されているような気がします」。そしてもう一度刺激を与えると、「さっきと同じ声です。また現実から引き離されそうになりました」。尋ねてみると、声が何を言っているのかは理解できなかったと答えた。声は「不明瞭」だったという。

多くの症例で、声はこのように不明瞭に聞こえた。症例八の二六歳の主婦は、ほぼ同じ部位を刺激されると、はるか遠くで声がするようだと言った。「何か言葉を言っているようでしたが、とてもかすかなので聞き取れませんでした」。症例一二の二四歳の女性は、側頭葉後部の上部脳回の近接した場所を何か所も刺激されてこう言った。「誰かが話しているような、ささやいているような、そんな感じの声が聞こえます」。さらにその後、「話し声かささやき声がしたのですが、理解できません」。そしてそれから脳回に沿って二センチメートルほど刺激していくと、最初は黙っていたが、その後大声を上げた。「いろいろな声が聞こえたので、叫んでしまいました。感情が体中に押し寄せてきました」。それから初めに刺激した箇所の方向に少し戻ったところを刺激すると、彼女はむせび泣き始めた。「またあの男の声です！　わかるのは私が父にとてもおびえているということぐらいです」。その声の主が父親だったというわけではなく、ただ父親のことが思い出されたのだ。

音楽、それも知らないメロディが聞こえ、担当の外科医にハミングしてみせた被験者もいた（症例四と五）。身内、とくに母親の声が聞こえた者もいた。症例三二の二二歳の女性は、母親と父親が話したり歌ったりするのが聞こえ、刺激する箇所を変えると、母親が「ただ怒鳴っている」と言った。

多くの患者にとって、声は未知の不思議な場所から聞こえてきた。症例三六の二六歳の女性は、右側頭葉の上部脳回の少し前の方を刺激されてこう言った。「はい。どこか川沿いで声がしているのが聞こえました。男の人と女の人の声が呼んでいました」。どうして川沿いで声がしているとわかったのかと尋ねると、彼女は「川が見えた気がします」と答えた。どんな川だったかと訊くと、「わかりません。子供の頃に行ったことがある川のようです」。そしてほかの箇所を刺激すると、彼女はどこかの建物から別の建物に向かって人が叫んでいる声がすると言った。さらにそのすぐ近くの箇所を刺激すると、材木置き場から呼ぶ女性の声がしたそうだが、「材木置き場になど行ったことがない」と彼女は言い張った。

稀ではあるが、声がどちらか一方の側から聞こえてくるような場合には、それは脳の刺激されたのとは反対の側からだった。症例二九の二五歳の男性は、右側頭葉の脳回の中央を刺激されると、こう言った。「左耳で誰かが言っています。『シルヴェール、シルヴェール』と。私の兄だったかもしれません」

声や音楽は不明瞭な場合もあれば、きちんと認識できる場合もあったが、いずれにしても実際に聞こえたものとして経験され、幻視も実際に見えたものとして経験された。ちょうどアキレウスが女神テティスの姿を目にし、モーセがヤハウェの声を燃える茂みの中から聞いたのと同じだ。先ほどの症例二九は、もう一度刺激を加えると、「誰かが別の人に話しかけている」のも見え、「名前を言っていたが理解できなかった」という。そしてその人物が見えたか、との質問にはこう答えた。「夢を見ていたようでした」。さらにその人物がそこにいたかどうか訊かれて、「はい、先生。眼鏡をかけた看護婦さんが座っているあのあたりにいました」と答えた。

年齢が少し上の被験者になると、刺激して幻覚が起きる箇所は見つけにくくなった。症例二四の三四歳のフランス系カナダ人は、初めのうちは何も起こらず、右側頭葉中央の脳回の後部を刺激されてようやく、「待ってください、誰かが見えます！」と突然声を上げた。そして刺激箇所を二・五センチメートルほど上にずらすと、「ほら、またです！　あいつです。あいつがやって来ました、あの馬鹿が！」そして、やはり右側頭葉のウェルニッケ野に相当する範囲内ではあるが、それからやや上を刺激すると、「ほらほら、聞こえます！　誰かが私に話したがっていて、『急げ、急げ、急げ』と言っています」と言った。

しかし、年齢の低い被験者では、右側頭葉を刺激して起きる幻覚は、間違いなくもっと強烈で鮮明で、訓戒的であるようだ。症例三四の一四歳の少年は、二人の男が肘掛け椅子に座って彼に向かって歌を歌っているのが見えた。症例一五の一四歳の少女は、右側頭葉の後部脳回の上方を刺激されると、大声を上げた。「みんながまた、私に向かって叫んでいる。やめさせてちょうだい！」刺激は二秒間だったが、声は一一秒続いた。彼女はこう説明した。「みんな私が何か悪いことをしたって怒鳴っているの。みんながみんな怒鳴っている」。右半球の側頭葉後方に沿ってどこを刺激されても、少女には怒鳴り声が聞こえた。最初の箇所から四センチメートルほど後ろを刺激されたときでさえも、彼女は声を上げて言った。「ほら、またよ！　また私のことを怒鳴っている。やめさせて！」そしてたった一度の刺激に対し、その声は二一秒続いた。

すべてがこれほど単純なわけではないことは明記しておく。わかりやすい事例を選んだだけのことだ。まったく反応を示さない患者もいた。そのうちには、第一部第二章で言及したような、自らの姿を目にするという幻覚を引き起こすケースもときどきあった。さらに厄介な話だが、左半球、つまり通常優位な半球の同じ部分を刺激したときにも、同様の幻覚が生じる場合がある。言い換えれば、このような現象は、右側頭葉に限って起きるわけではないのだ。しかし、左側頭葉へ刺激を与えた場合、反応が起きる頻度は右側頭葉に比べてはるかに低く、反応の度合いも微弱だ。

この刺激による経験のほとんどにおいて重要なのは、引き起こされた現象の「他者性」だ。それは、自己の行動や言葉というよりも、自己と対峙したものなのだ。いくつかの例外を除けば、被験者は食べる、話す、セックスをする、走る、遊ぶといったことをけっして経験しない。ほぼすべての事例で被験者は受動的で、働きかけを受けるだけであり、〈二分心〉の人間が、聞こえてくる声の働きかけを受けていたのとまさに同じだ。

それでは、何に働きかけられているのだろうか。ペンフィールドとペローは、ただの過去の経験、つまり過去の記憶のフラッシュバックにすぎないと考えている。患者が一貫してそうと認識できなかったのは、たんなる忘却のせいだというのだ。これらは実際の具体的な記憶であり、実験でもっと時間をかけていれば、完全に認識できたはずだと二人は推測している。事実、彼らが被験者に刺激を与えながら出した質問は、この仮説に基づいている。実際、被験者の答えは具体的になることもあった。しかし、実験結果全体について言えば、被験者はどう質問されても、これらの経験はけっして記憶などではないと言い張ることのほうが、はるかに多かった。

以上のことから、そしてまた、本人が能動的に活動している心象、つまり私たちが通常持っているような記憶が概して欠落していることからも、私は、ペンフィールドとペローが導き出した結論は間違っていると思う。側頭葉のこの領域は、「聴覚や視覚の経験を脳が記録する」場でもなければ、それを想起する場でもなく、そういった経験の特定の面をいくつか組み合わせ、融合させる場なのだ。被験者の証言は、側頭葉のこの領域が「成人においては、過去の経験を意識下で呼び起こし、現在の解釈に利用できる状態にするという役割を果たしている」という主張を証明していることにはならないと、私は考える。むしろ、この実験結果はその主張とは相容れず、幻覚の発生を示唆しているのではないか。そうした幻覚は、もっぱら訓戒的な経験を抽出したもので、被験者の実際の経験へと具体化または合理化されたのかもしれず、被験者は質問されると、その経験を報告したのだろう。

(3)　二つの大脳半球はそれぞれが独立して機能することができる

本書で紹介する〈二分心〉の脳のモデルでは、神の部分と人間の部分がある程度独立して機能し、思考していたと仮定してきた。そしてここで、この古代の精神の二元性が大脳半球の二元性に表れていると仮定するなら、これはさしたる根拠もなく脳の部位を擬人化しているということになるのではないか。脳の二つの半球をほとんど別個の主体と見なし、両方とも聞いたり理解したりできるが、話す能力を持つのは一方だけと考えることはできるだろうか。

この考えが妥当であるという証拠は、別の癲癇患者のグループから得ることができる。実験の対象は、完全な交連切断術を受けた脳神経外科の患者一〇人余りだ。交連切断術とは、二つの大脳半球を相互に連結している交連線維を切断する処置だ。[10] このいわゆる「脳梁離断術」（厳密に言うと、脳のさらに奥の部分はまだつながっているので、完全に離断されるわけではない）を行なうと、それ以外の方法では治療が不可能な癲癇を治せる。神経の異常な興奮が大脳皮質全体に広がるのを防げるからだ。手術直後から最長で二か月ほど話すことができなくなる患者もいるが、まったく何の問題も起きない患者もいる。その理由は、まだわかっていない。左右の半球の関係が人によって少しずつ違っているのかもしれない。患者は徐々に回復していくが、全員が短期記憶の障害を起こす（小さな海馬交連を切断するためかもしれない）。さらに方向感覚に支障を来したり、心的疲労を感じたりする患者もいる。

しかし、驚くべきことに、患者たちは一年ほどかけて回復した後、手術前と比べて何の変化も感じないという。彼らは何の不都合も感じない。何の異常を訴えることもなく、テレビを見たり新聞を読んだりする。傍《はた》で眺めていても、何ら変化を見つけられない。

しかし、知覚による入力を厳密に制御すると、重要で興味深い欠陥が明らかになる。

みなさんが何かを見るとき、たとえば、今読んでいるこの行の真ん中にある単語を見ているとき、真ん中より左側にある単語はすべて、脳の右半球だけで見ており、右側の単語は左半球だけで見ている（＊訳注）。両半球の間の連結部分が正常に機能している場合は、この二つを統合するのはとくに難しいことではない。読むという行為ができること自体、非常に驚くべきことではあるが。しかし、連結部分を切断してしまうと、状況は一変する。行の真ん中から見て右側にある文字はすべて、前と同じように見え、以前とほとんど変わりなく読み取ることができる。だが、左側にある文字やページは、すべて空白に見えるのだ。いや、空白に見えるというより「無」、完全に無だ。みなさんが想像できないほど、ほんとうに何もないのだ。奇妙に聞こえるかもしれないが、あまりにも「無」なので、そこに何もないのを意識することすらない。盲点の場合とまったく同じで、「無」はどういうわけか「埋め合わされ」、「縫い合わされて」いる。まるで、無であることに何も問題がないとでも言うように。しかし、何もないはずのものは、実際にはもう一方の半球にあり、その半球は、みなさんには見えていないもの、つまり左側にある文字をすべて、そして完全に見ている。しかし、はっきりと言葉にして話せないので、見えていることを伝えられない。まるで、「みなさん」――その言葉が何を指しているかはさて置くとして――が左半球の「中に」存在していて、交連を切断されてしまった今、右半球にいるかつては「みなさん」だったはずの人格はまったくの他人となり、その人が見たり考えたりすることは知ることも、意識することもできなくなるかのようだ。一つの頭の中に二人の人間が存在するというわけだ。

＊（訳注）原書は横書き。本書のように縦書きなら、ある行の左側の行と右側の行と考えればよい。

交連切断術を受けた患者に行なう検査に次のようなものがある。被験者は半透明のスクリーンの中央に視線を固定する。スクリーンの左側に映し出されるスライド写真は、前述のように右半球でしか見えず、それを言葉で伝えることはできない。しかし被験者は、口では見えていないと言いながら、右半球が司る左手を使ってスライド写真と呼応する写真を指したり、映っている対象を選び出したりできる。(11) 右（劣位）半球だけに見えるこのような刺激は、連結部分が切断されているため、右半球の中に閉じ込められたままで、右半球はその刺激について言語野のある左半球に「告げる」ことはできない。右半球がこの情報を持っているのを知る唯一の方法は、左手を使って対象を指すようにと右半球に指示することだ。右半球はこれを難なく実行できる。

二つの異なるものが同時に一瞬、視野の右と左に映し出された場合——たとえば、「ドル記号（$）」を左に、「疑問符（?）」を右に映し出した場合——今見たものを左手を使って、手もとを見ずにスクリーンの下で描くように言うと、被験者はドル記号を描く。しかし、今、手もとを見ずに描いたのは何だったかと尋ねると、彼は疑問符だと言い張る。つまり、一方の半球は、もう一方の半球が何をしているのか知らないのだ。

また、何か物の名称、たとえば「消しゴム」という単語が、視野の左側に映し出されると、被験者は左手だけを使って、スクリーンの裏に置かれた様々な物の中から消しゴムを選び取れる。だが、消しゴムを正しく選んだ後、彼に、スクリーンの裏で握っている物は何かと尋ねると、左半球の中にいる「彼」は、右半球の口の利けない「彼」が左手につかんでいる物が何なのかを答えられない。同様に、「消しゴム」と口頭で言われたときも、左手は消しゴムを選び取れるが、言語半球（左半球）は、左手がいつ答えの消しゴムを見つけたのかわからない。当然、以上のことから私がすでに述べたとおり、両半球とも言語を理解できることがわかるが、これまで右半球がどれぐらい言語を理解できるか見定められたためしはない。

さらに、右半球は複雑な説明を理解できるということもわかった。視野の左側に「髭を剃る道具」という言葉を映し出して右半球に見せると、左手はかみそりを指し、「汚れを落とすもの」と映し出すと石鹸を指し、「スロット・マシンに入れるもの」では二五セント硬貨を指す。[12]

また、このような被験者の右半球は、言語半球（左半球）が理由をまったく理解していなくても、感情的に反応を示すことができる。たとえば、特徴のない幾何学模様を無作為に一瞬ずつ視野の右側と左側に映し出し、左右それぞれの半球に見せるようにする。その際、不意打ちで裸の女性の写真を左側に映し出し、右半球に見せる。すると、被験者（正確には被験者の左半球）は何も見えなかった、もしくは、ただ光が一瞬見えただけだと言う。しかし、そう言ったそばから、顔を赤らめたり、にやりとしたり、くすりと笑ったりという行為が、言語半球の証言を覆す。なぜ笑うのかと訊かれても、言語半球（左半球）は想像もつかないと答える。[13] ちなみに、こうした表情や赤面は、顔の片側だけに限られない。脳幹の奥深くにある連結部分を通して反対側にも伝えられるからで、感情の表現は大脳皮質が担っているのではないのだ。

ほかの知覚の様相《モダリティ》でも同様のことが起こる。交連切断術を受けた被験者は、匂いが右の鼻孔に与えられ、右半球に伝えられても（嗅神経線維は交差していない）、言語半球はそれが何の匂いなのか言うことができない。言語半球は良い匂いなのか嫌な匂いなのかをはっきりと述べられるはずなのに、だ。被験者は、嫌な匂いに対して鼻を鳴らしたり、嫌悪感をあらわにしたり、「うっ」と声を上げたりするのに、それがニンニクの匂いなのか、チーズの匂いなのか、何かが腐った匂いなのか、口に出して言えない[14]。だが、同じ匂いが左の鼻孔に与えられると、それが何の匂いでどんなものかをはっきりと言える。以上から、嫌悪感は無傷の大脳辺縁系と脳幹を通って言語半球へ伝わるが、皮質が処理するもっと具体的な情報は伝わらないことがわかる。

さらに、嫌悪の感情的な反応は、一般に右半球が辺縁系や脳幹から引き出すことを示す実験結果もある。実験では、言語能力を持たない右半球に正しい答えを教える。そして、左（優位）半球が口頭で、明らかに間違った答えを述べると、被験者は眉をひそめたり、たじろいだり、首を振ったりする。左半球が口頭で誤った答えを述べたことに右半球がいら立ちを示しているというのは、たんなる言葉の綾ではない。女神アテネがアキレウスの金色の髪をつかみ、アガメムノンの殺害を思いとどまらせた（『イーリアス』第一歌一九七）ときのいら立ち、また、ヤハウェが民の邪《よこしま》な行ないに対して感じたいら立ちも同様だったかもしれない。

もちろん、違いはある。〈二分心〉の人間の交連は完全に無傷だった。しかし、後に詳述しようと思うが、脳は環境の変化によって再組織されることがありうるので、私の比較による推論も完全に的外れとは言えない。いずれにしても、このような交連切断術を受けた患者に対する実験から確実にわかるのは、二つの半球がそれぞれ独立した人間のように機能できるということで、両者は〈二分心〉の時代には、人間とその人にとっての神だったのではないか。

(4) 二つの大脳半球の認識機能の違いは、人間と神との違いを反映している

この〈二分心〉の脳のモデルが正しいとすると、二つの半球の認識機能に決定的な違いがあることが予想できる。具体的に言えば、人間の側に必要な機能は左（優位）半球にあり、神々の側に必要な機能は右半球により顕著に現れていると考えられる。そして、少なくともこのような機能の違いの名残りが、現代人の脳組織にも見られると考えていけない理由はない。

神々のおもな機能は、新しい状況下でどう行動するかを考え、指示することだ。神々は問題を見極め、そのときの状況や目的に沿って行動を準備する。その結果、複雑な〈二分心〉文明が生まれ、作付けの時期や収穫の時期の判断、有用なものの選り分け、諸事を大がかりな構想の中にまとめ上げること、左半球の中にある言語的・分析的領域にいる神経学上の人格に指令を与えることなど、本質的に異なる様々な部分を総括していた。したがって今日、右半球に残っている機能は組織化に関するもので、文明社会における経験を選別し、まとめ、個々の人間に何をすればよいのか「告げ」うるパターンに変えることと考えられる。『イーリアス』や旧約聖書、そのほか古代の文献に登場する神々からの様々なお告げを精読すると、それが裏づけられる。過去や未来の異なる出来事が選び出され、分類され、しばしば比喩の統合を伴いながら新しい形にまとめられる。それゆえに、この機能は右半球の特徴と呼ぶべきだろう。

臨床観察の結果は、この仮説に一致する。数ページ前に紹介した交連切断術を受けた患者たちの事例から、右半球とそれが司る左手は、形、大きさ、外見を非常にうまく選別・分類できることがわ

かっている。また、脳に損傷のある被験者を対象に行なった実験から、右半球への損傷は、空間的な関係やゲシュタルト、つまり要素をまとまりとして統合する作業を妨げることもわかっている。[15] たとえば、迷路は、学習の過程で空間的なパターンの様々な要素を組織化しなければならない問題だ。右側頭葉を切除した被験者にとって、視覚や触覚を使う迷路の道を学習するのはほとんど不可能だが、左側頭葉に同じ程度の損傷がある被験者は、ほとんど困難を感じない。[16]

複数の要素を空間的なパターンに構成する課題には、コース立方体模様検査という手法もあり、多くの知能検査で一般的に用いられている。被験者は、簡単な幾何学模様を見せられ、その模様の一部がそれぞれの表面に描かれたブロックをつなぎ合わせて模様を再現するように求められる。ほとんどの人にとっては簡単なことだ。しかし、右半球に障害を持つ被験者にとっては、これは非常に困難なので、この検査は右半球の損傷を診断するために用いられるほどだ。前述の交連切断術を受けた被験者は、右手を使ってブロックを組み合わせ、模様を作ることがなかなかできない。しかし、神々の手とも言える左手では、何の造作もなくできる。交連切断術を受けた被験者の中には、この簡単な作業をうまくできない右手を、左手が手助けしようとする者もあり、観察者が左手を押さえていなければならなかった。[17] これらをはじめとする研究から、右半球は統合や空間構築といった作業に深くかかわっており、左半球は分析や言語に関する作業にかかわっていると推測できる。右半球は、ことによると神々のように、一つひとつの要素を全体の脈絡の中でのみ意味を持つものと捉える。つまり、つねに全体を見ている。一方、左(優位)半球は、〈二分心〉の人間側のように、それぞれの要素をそのまま見ている。

この臨床結果は、数多くの研究の先駆けとなりそうな実験で、健常者にも当てはまることがわかっている。[18] 正常な被験者の左右の側頭葉と頭頂葉にＥＥＧ（脳波図）用の電極をつけ、被験者に多様な検査を行なう。言語・分析能力を使って様々な文字を書く課題を与えられた場合、ＥＥＧの記録は、左半球に低電圧の速い波が現れることを示し、左半球が課題をこなしていることがわかる。一方、右半球にはゆっくりとしたアルファ波（被験者が目を閉じて休んでいるときには両半球に現れる）が見られ、右半球は活動していないことがわかる。次に、前述の臨床実験で用いられたコース立方体模様検査のように、空間的統合にかかわる検査を行なうと、逆の現象が起きる。今度は右半球が課題に取り組むのだ。

〈二分心〉における神々の声が特定の状況下で何をしなければならなかったかを考えれば、右半球に残っている可能性のある機能を、さらに推測することができる。経験を選び出してまとめ、行動への指令に変えるには、神々はある種の認識をする必要があったはずだ。古代の文献に出てくる神々のお告げには、そうした認識がよく見られる。私が言っているのは、個々の人間を認識することではなく、もっとおおまかに人間をタイプ分けしたり分類したりすることだ。いつの時代の人間にとっても重要なのは、相手の表情の判断で、とくにこちらに対して友好的かそうでないかの認識が大切だ。見知らぬ人物が向かってくるのを〈二分心〉の人間が見たとき、その人物が友好的か敵対的かの判断は、当人の心における神の側にとって、生死のかかった重大問題となる。

次のページに示した絵は、この仮説に基づいた実験のために私が一〇年ほど前に準備したものだ。

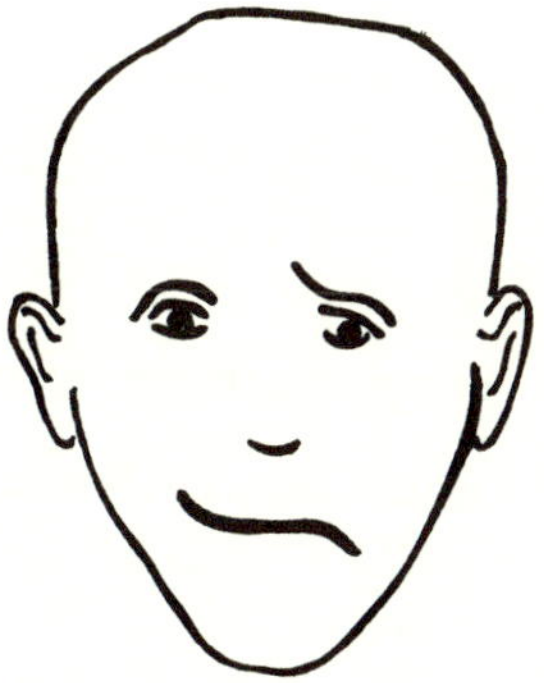

この二つの顔は、鏡に映したように、一方がもう一方の裏返しになっている。それぞれの鼻の部分をじっと見てみよう。どちらの顔のほうが楽しそうに見えるだろうか。

この二つの顔は、鏡に映したように、一方がもう一方の裏返しになっている。私はこれまで一〇〇〇人近くの人に、どちらの顔のほうが楽しそうに見えるかと尋ねた。得られた答えは一貫しており、右利きの人の八〇パーセントは、下の、顔の左側が笑っている絵を選んだ。このように彼らは、右半球で表情を判断していたのだった（もちろん、彼らが顔の中央を見ていると仮定しての話だが）。この結果は、タキストスコープ（瞬間露出器）を用いると、より顕著に表れる。中央に目の焦点を合わせてもらい、一〇分の一秒間映し出すと、右利きの人にはつねに、下の顔のほうが楽しそうに見えるのだ。

もちろん、視野の左側から顔の表情を判断するというこの傾向は、英文を左から右へ読むことが影響しているというふうにも解釈できる。欧米文化においては、たしかにこの影響は大きい。しかし、やはり大脳半球の影響が根底にあることが、左利きの人の実験結果からわかる。左利きの人の五五パーセントは、上の顔のほうが楽しそうだと答えた。これは、左半球が判断を行なっていることを示しており、文章を読む方向が影響しているという仮説では説明がつかない。また、すべての面で完全に左が優位である左利きの人は、上の顔のほうが楽しそうに見える可能性がずっと高いようだ。

最近、被写体の俳優が悲しみ、喜び、嫌悪、驚きを表現した写真を用いた実験によって、同じような結果が得られた。[19] 念入りに右利きの被験者を選ぶ。そして、まずタキストスコープの凝視点を見詰めてもらう。それから、中央の位置に数ミリ秒間、表情の写真を一枚映し、その後、別の写真を視野の右か左に同じく数ミリ秒間映す。被験者は、二枚の写真は同じものだったか違うものだったかと質問され、判断を下すまでに要した時間が記録される。視野の左、つまり右半球に写真が示された場合、ほとんどの被験者が表情を比べる精度が上がり、所要時間も短くなった。対照的な条件下で、表情をごちゃまぜにした写真（表情と言うより、むしろ無意味な図柄）が映し出されても、それが視野の左であれば、被験者はやはり、短時間で正確に比べることができた。ただし、表情自体を比べるときほどうまくはいかなかった。

最近の臨床実験の結果も、明らかにこれと一致している。表情だけでなく、顔が認識できないという現象は、左半球よりも右半球の損傷に関係していることがずっと多い。臨床試験では、被験者は異なる明るさの照明の下で、正面を向いた顔と、斜めを向いた顔が同じ人のものか比べるように指示される。健常者や左半球に損傷のある被験者に比べて、右半球に損傷のある被験者には、この作業は非常に困難だ。[20] したがって、顔の認識も表情の認識も、おもに右半球の機能であることがわかる。

そして、新奇な状況において友好的な相手と敵対的な相手を見分けるのは、神の機能の一つなのだ。

(5) 脳の新しい見方

前述のモデルで述べたような部位が関与するこのようなシステムが、どうしてこれほど短期間で変わりえたのか、という議論も起こりうる。私が〈二分心〉と呼ぶ構造にまとめられた脳は、何千年もの間、人間の文明の基盤だった。それなのに、訓戒の声が聞こえなくなり、代わって意識という新しい仕組みを得るというような機能の変化を、どうしてこれほど短い間に遂げえたのだろうか。これらの変化の過程で、世界では多くの大規模な殺戮が行なわれていたために、いくらか自然淘汰と進化が起きたことは十分考えられるが、私はそれだけでこの問題を片づけようとは思わない。意識が発達していた時期に起きた自然淘汰は、その完成を間違いなく助けただろうが、アザラシのひれが、かつては先祖が持っていた足から進化したというのと同じ次元で、〈二分心〉から意識を進化させたとは言えない。

状況を正しく理解するためには、脳を、数十年前には当然だった見方とは違う角度で見る必要がある。新たに重視されるのは、脳の可塑性、つまり、特化した領域や中枢に心的な能力が重複して現れている点だ。これは、複数の中枢が相互的に組合わさって作用し、それによって、心理的な能力を複合的に統制することを指している。ヒューリングズ・ジャクソン（訳注　一八三五〜一九一一。イギリスの神経学者）の解釈では、神経系の階層において順次上の、そしてまた系統発生的に順次新しいレベルに位置する機能の「再表出」となる。[21] このような構造を持つ哺乳類の脳組織は、「機能の回復」という呼び方でくくられる経験的な現象の発生を可能にしている。そこに重点を置くと、脳を一般に考えられてきたよりもはるかに可塑的なものと見ることができる。たとえば、猫の視索は九八パーセントを切除しても、明るさや形を識別できるほど、ニューロンは余剰に存在している。[22] 脳は重複した中枢で満ちており、そのそれぞれが、最後の共通の伝達経路に直接働きかけるか、その他の中枢が行なう作業を調整するか、またはその両方を行なうかしている。そのおかげで、脳を構成している中枢は様々な形や程度でお互いに連結することができる。

このように能力が重複して存在して複合的統制を行なっているのであれば、脳はかつての神経学者が記述したものよりもはるかに可変性があると考えられる。ある特定の行動、もしくは一連の行動は、特定の中枢にある多数の類似のニューロンに働きかけ、進化の状態に応じて様々な抑制と促進のパターンに配列された複数の異なる中枢を作用させることができる。そして、それぞれの中枢がどの程度まで緊密に連結するのかは、機能によって大きく変わってくる。[23] 言い換えれば、皮質機能の部位が経験しうる適応変化の度合いはそれぞれの機能によって異なるが、この可変性が高等な哺乳類の脳に固有の特徴であることは、しだいに明らかになっている。このような重複性と、複合的な統制、そしてその結果生じる可塑性が持つ、生物学的な目的もしくは進化上の有利性は二つある。まず、脳の損傷による影響から生命体を守ること、そして、こちらのほうが重要かもしれないが、たえず変化する環境面での問題に対する、はるかに大きな適応能力を生命体に与えることだ。ここで私の考えている環境面での難問とは、霊長類の長である人間が生き延びてきた氷河期や、もちろん、それ以上に重大な〈二分心〉の崩壊であり、それに対して人間は意識によって順応した。

しかしこれは、人間の大人の行動が、祖先に比べて柔軟性があるというだけのことではない。もちろん、柔軟性が出てきたのは事実ではあるが。もっと重要なのは、各個人が発達の初期段階をどのように送るかによって、脳の組織のされ方を大きく左右できるような拠り所をそれが与えてくれる点だ。数年前であれば、このようなことはとうていありえないと思われただろう。しかし、研究が盛んに行なわれるようになるにつれ、脳には柔軟性がないという考え方は徐々に打ち崩され、代わって、損傷、もしくは先天性形成異常により、何であれ機能が失われた場合、脳が驚くほどの程度までそれを埋め合わせられることが力説されてきた。動物が幼少期に脳に損傷を受けても成長後の行動にほとんど違いは現れないが、成長してから同様の損傷を受けた場合には大きな違いが生じうるということが多くの研究によってわかった。本書でもすでに言及したとおり、幼少期に左半球に損傷を受けると、たいてい言語機能の仕組みはすべて右半球に切り替わる。

このような脳の回復力を示す驚異的な例に、腹部の悪性腫瘍が原因で死んだ三五歳の男性の症例が挙げられる。解剖により、この男性は、海馬采と脳弓と透明中隔、そして連結部位である視床の大部分が先天的に欠損しており、海馬と海馬傍回と歯状回が異常に小さいことがわかった。このように著しい異常が認められるにもかかわらず、患者はつねに「おおらかな」性格で、しかも学校では主席だったという[24]。

このように、発達中の神経系は、最も好ましい発達経路がとれなくなっても、無傷な組織を活用する他の発達経路をたどることによって、先天的欠損あるいは環境による欠損のいずれも埋め合わせる。神経系が完全に発達してしまった成人には、これはもはや不可能だ。通常好ましい神経組織の形態が完成されているからだ。こうした複合的な統制のシステムの再組織化が起こりうるのは、発達の初期段階に限られる。そして、これはこの議論の核心を成す、両半球の関係にも間違いなく当てはまる[25]。

以上のことを踏まえると、〈二分心〉時代には、ウェルニッケ野に相当する右（劣位）半球の領域には精密な〈二分心〉の機能があったが、発達の初期段階で〈二分心〉が生まれてもその発達が阻害されるような心理的な再組織化が一〇〇〇年にわたって行なわれ、この領域は異なる機能を持つようになった、と考えても差し支えないと思う。また同様に、現在、意識が神経学的にどのようであろうと、その状態がいつの時代でも不変であると考えるのは誤りだろう。ここで論じてきた例はみな、不変ではないことを示しており、脳の組織の機能は絶対的なものではなく、発達のプログラムが異なれば組織構造も異なったものになりうることを示唆している。

第6章　文明の起源

　だが、何故に〈二分心〉のようなものが存在するのだろうか。そしてなぜ神々が存在するのか。そもそも、神々の起源はいったい何だろうか。また、仮に〈二分心〉時代の脳の構造が、前章で推察したとおりだとしたら、人間の進化の過程で、どのような淘汰圧があのように重大な結果をもたらしえたのだろうか。

　本章で説明しようとする推論——まさしく純然たる推論——の論旨は、これまで述べてきた事柄から必然的に導き出される明白な結果にすぎない。〈二分心〉とは社会統制の一形態であり、そのおかげで人類は小さな狩猟採集集団から、大きな農耕生活共同体へと移行できた。〈二分心〉はそれを統制する神々とともに、言語進化の最終段階として生まれた。そしてこの展開の中にこそ、文明の起源がある。

　では、社会統制とはどういうことかを考察するところから始めよう。

群れの進化

一般に哺乳動物の社会集団の作り方はじつに多様で、単独行動をとるある種の捕食動物から、じつに緊密な社会的まとまりを見せるものまで様々だ。捕食されやすい動物ほど群れを作ることが多く、それ自体、捕食者から身を守るための遺伝的順応と言える。有蹄動物の群れの構造は比較的単純で、遺伝的に与えられた厳密な身体的・行動的合図を利用しており、それはすべて集団で身を守るために発達したものだ。霊長類も同様に攻撃されやすいので、同じ理由から、仲間との密接な集合体を成して暮らすように進化した。生い茂る木に身を隠せる森林では、社会集団はテナガザルのそれのように五、六匹ぐらいの小さな群れもあるが、もっと開けた土地では、ケープヒヒのように八〇匹もの大集団になることもある。[1] 特殊な生態系では、群れはさらに大きくなりうる。

というわけで、進化するのは群れだ。群れの中で強い者が警戒の叫び声を上げたり、走りだしたりすると、群れのほかの者たちは、危険のもとが何であるか確かめもせずに逃げる。このように、群れ全体にとって利益となるのは、特定の個体の経験とその個体による支配だ。普通一匹一匹は、群れ全体の行動パターンを外れる場合には、自分の基本的生理機能の要求にさえ応じない。たとえば、喉が渇いたヒヒは、群れから離れて水を探し求めはしない。全員が移動するか、さもなくば全員がその場にとどまるかだ。喉の渇きは、群れの行動パターンの範囲内でのみ癒される。そのほかの欲求や周囲の状況への対応も同様だ。

ここで注目すべきは、こうした社会構造が個体間の意思疎通によって成り立っている点だ。そのため、霊長類動物は非常に変化に富む複雑な合図を発達させてきた。マウンティング（訳注　交尾の際、オスが背後からメスに乗りかかる行為、あるいは上位のオスが下位のオスに対して行なう順位確認行動）やグルーミングに始まり、抱き合う、鼻を擦りつける、指で触れる、といった様々な触覚による意思疎通。うなり声、ほえ声、金切り声、ガヤガヤ騒ぐ声、そして、それらの中間や混ざり合いといった、多彩な音声による意思疎通。歯軋りしたり枝をたたいたりといった、発声とは別の合図。[2] 種々の表情、威嚇、視線交錯、ヒヒに見られる小刻みな瞬き（眉を上げ、まぶたを下げて暗色の顔の中に青白いまぶたの色を目立たせ、同時に口を大きく開けて好戦的に歯を露出させる）といった視覚的合図。攻撃的に前に出たり、頭をぐいと動かしたり、両手で打つふりをしたり、さらにはこれらの動きをすべて多様に組み合わせたりといった様々な仕草による合図がある。[3]

このように非常に種類が豊富で複雑な合図は、基本的には、群れを支配と服従の型に組織したり、秩序を維持したり、生殖行動をとったり、子供の世話をしたりするなど、群れの必要を満たすための行為にもっぱら使われている。群れに危険の可能性を知らせるため以外は、霊長類の合図は、食料や水があるというような、群れの外の事象にはほとんど使われない。[4] 合図は群れの内の事柄に限られ、人間の言語とは違い、周囲の情報を伝えるようには進化していない。

さて、これが出発点となる。ある特定の生態系内では、ほとんどの種にとって、群れの大きさの上限を決定するのは、この意思疎通システムだ。ヒヒの群れは広々とした平地をあちこち移動するとき、厳密な地理的構造を持っており、群れ内部のどの仲間内でもヒエラルキーがはっきりしているため、八〇匹以上の群れを形成することができる。だが普通、霊長類の群れが三、四〇匹を超えることはない。それ以上ではヒエラルキー維持に必要な意思疎通が不可能になるからだ。

たとえばゴリラの世界では、群れを支配するオスは、たいてい体が最も大きく、背中に銀色の毛が生えており、群れのすべてのメスと子供を率いて、約二〇匹の群れの中心にいる。ほかのオスたちはその周囲に位置することが多い。木の生い茂った森の中では、どのゴリラもほかのゴリラの動きに注意を払っているので、どんなときにも一つの群れの作る輪の直径が、六〇メートルを超えることはめったにない。(5) ボスのオスが両脚を開いてじっと立ち、一方向を向くと、群れは動きだす。群れの仲間たちがボスの周りに集まってきて、その日のうちに群れ全体が五〇〇メートル余りをのんびりと移動する。ここで大切なのは、ヒエラルキーの最上部と残りのすべての仲間の間に、複雑な意思疎通の経路が開かれているということだ。

二〇〇万年前にヒト属が誕生した頃から、古代の人類が、他の霊長類たちと同様に暮らしていたと考えてはいけない理由はない。手に入る考古学的証拠は、一つの群れの大きさが三〇人ぐらいだったことを示している。(6) この数は、社会統制の問題と、個体間の意思疎通経路の開放度によって制限されていたようだ。(7) そして、群れの大きさの上限という問題を解決すべく、神々が進化の歴史に登場したのかもしれない。

だがまずは、言語の発達を、神々が存在するのに必要な条件として考察する必要がある。

言語の発達

言語はいつ生まれたか

言語は人間なるものの本質的な部分なので、その由来は人類の歴史をさかのぼり、まさにヒト属の起源、つまり約二〇〇万年前までたどれるに違いないと一般には考えられている。知人の言語学者はみな、これが真実だと私を説得したがる。しかし、私はこの見解には断固として反対したい。人類の祖先がこの二〇〇万年を通して、原始的とはいえ話し言葉を持っていたとしたら、素朴な文化や技術さえ存在した証拠がほとんど見つからないのはなぜだろうか。紀元前四万年までは、きわめて粗末な石器以外、考古学的遺物はほとんど何もないのだ。

原始人が話し言葉を持っていなかったと言うと、では人類はどのように活動し、意思を疎通していたのかという反論が返ってくることがある。その答えは簡単だ。他のあらゆる霊長類と同様、視覚と聴覚に訴える豊富な合図を使ったのだ。それは今日私たちが使う体系の整った言語とは遠くかけ離れている。そして、人類が様々な原始的石包丁や手斧を創り出した更新世（訳注　地質年代の一つで、新生代第四紀。約一八〇万年前から一万年前まで）にさえ言葉がなかったと言うと、言語学を専門にする友人たちは、またしても私の傲慢《ごうまん》な無知を嘆いては、いかに初歩的な技術ではあっても、世代から世代へと伝えるためには言語が不可欠だと断言する。しかし、考えてみてほしいのだが、石材を割って石包丁を作る手順を言葉で説明するのはまず不

新の説は定住の多様性に重きを置いているようだ。ある集団は移動し続け、別の集団は季節によっていい生態的地位《ニッチェ》へと広がっていった。実際の定住様式を明らかにするには、さらに調査が必要だが、最

な変異を経験した。その変異によって人類の進化は大幅に加速し、人間は人工的環境を携えて、新し

かし最近になって、彼らは人類の一般系列に連なる存在と見なされるようになった。その系列は大き

〇〇年頃のクロマニョン人に取って代わられた、現代の人類とは別種のヒトだと考えられていた。し

　普通、これらの人々は「後期ネアンデルタール人」と呼ばれている。ひところは、紀元前三万五〇

気候が生み出されたので、こうした人口移動が実現したのだ。

的中心は、熱帯地方から中緯度地方へと移った[8]。火や洞窟、毛皮の利用によって、いわば可搬型の微

海沿岸地域の人口もそれまでにない数に達し、彼らが文化刷新の先導に立ち、人類の文化的・生物学

シアの亜北極地帯へと、またその後はアメリカやオーストラリアへと爆発的に進出していった。地中

化のせいで動物や人類が大々的に移動したことが特徴だ。人類の祖先は、アフリカ中心部からユーラ

は、気候の面では氷河の状態変化に呼応して気温が激しく変動し、生物学的には、このような気候変

そのような時代は更新世後期（おおむね紀元前七万年から紀元前八〇〇〇年にかけて）だ。この時代

能にするので、そうした変化が起きたことを考古学的に示す時代に発達したに決まっている。そして

　言語は物事や人に対する人類の認識を根本から変えるに違いないし、非常に広範な情報の伝達を可

言える。言葉などいったい何の役に立つだろうか。

差し込んでアリを手に入れる技を伝える場合と同様だ。自転車の乗り方を教えるときにも同じことが

可能だ。この技術は模倣によってのみ伝達可能で、ちょうどチンパンジーがアリ塚に植物の枝や茎を

移動し、さらにまた別の集団は一年中一つの場所に定住していたらしい[9]。

私は移動が起きた最後の氷河時代の気候変化に注目したい。なぜならこの変化が、言語をいくつかの段階を経て発達させた淘汰圧のもとにあると信じるからだ。

呼び声、修飾語、命令

言語発達の第一段階にして必須条件は、偶発的呼び声の中から「作為的呼び声」が発達することだ。作為的呼び声とは、相手の行動が変化するまでやめずに繰り返される傾向を持つ呼び声を言う。霊長類の進化においてそれまでは、作為的なものは、威嚇姿勢のような姿勢や視覚的な合図しかなかった。それが聴覚に訴える合図へと進化したのは、北方の風土帯へと人類が移住していく上でそれが必要とされたからだ。北方では、外界も、人類が住居とした暗い洞窟も光に乏しく、視覚に訴える合図は、明るいアフリカのサバンナにいたときほどよく見えなかった。この進化は早くも第三氷河期に始まった。あるいは、さらにそれ以前の可能性もある。だが、そうした作為的な声による合図を持つ者が、自然淘汰の中で明確な優位に立ったのは、北方の風土帯での寒さや暗さが増していった第四氷河期が迫った頃だった。

ここで総括している言語進化説は、別の論文でもっと深く念入りに展開した自説であり[10]、それは、進化の途中で何が起きたのかという問いに対する最終的回答ではなく、それに迫るおおまかな暫定的仮説という趣旨のものだ。さらに、これから述べようとする言語発達の段階は、必ずしも明確に区別できるものではないし、どの場所でも同じ順序であるわけでもない。繰り返して言うが、この説を通して最も強く主張したいのは、言語の新しい発達段階の一つひとつが、新たな知覚作用と注意力を文字どおり生み出し、その新たな知覚作用と注意力が、考古学的遺物に反映されるような重要な文化的変化につながったということだ。

話し言葉の最初の本格的要素は、強さによって差別化される、作為的呼び声の最後の音だ。たとえば、切迫した危険を知らせる呼び声は、最後の音素を変えながら、より強く発せられる。トラが目前に迫ってきた場合は、「ワヒー!」と叫ぶ一方で、トラが遠くにいる場合はそれほど強い叫び声を上げたりはせず、「ワフー」のように、違った終わり方で叫んだかもしれない。つまり、このような語尾が「近い」と「遠い」を意味する最初の修飾語となる。そして次の段階では、このような語尾「ヒー」と「フー」が、それらを生んだ特定の呼び声から離れ、同じ意味を保ちながら別の呼び声につけ加えられるようになる。

ここで非常に重要なのは、音声的修飾語の差別化が、それが修飾する名詞の創出に先行しなければならなかった点だ。名詞が先行したのではないのだ。さらに、話し言葉のこの段階は、そのような修飾語が定着するまで、長い期間続かざるをえなかった。呼び声のシステムの基本レパートリーが手を加えられずに、意図された機能を果たし続けるためにも、この発達の緩慢さは必要だった。この修飾語の段階は、紀元前四万年頃まで続いたかもしれない。この時期には、剝片石器（訳注　石に小さな打撃を加えて小片を剝離して作った石器）の手斧や尖頭器（訳注　先端が尖った打製石器や骨角器）が発見されている。

次の段階は、命令の時代だったのかもしれない。修飾される呼び声から分離した修飾語が、今度は人間の行動そのものを修飾できるようになる。とくに、低温の気候下で人間はますます狩猟に頼るようになったため、音声の命令により統制されるそうした狩猟集団には途方もなく大きな淘汰圧がかかったに違いない。そこで、たとえば「より鋭く」を意味する修飾語が命令として使われだすと、燧石や骨から作られる道具が著しく進歩したことだろう。その結果、紀元前四万年から紀元前二万五〇〇〇年に至るまでに、新種の道具が爆発的に増えた。

名詞

ある部族が修飾語と命令語をある程度蓄えると、そこで初めて古い原始的呼び声のシステムを固定した形で維持する必要性が弱まり、修飾語や命令語の指示対象を示せるようになる。たとえば「ワヒー！」が、かつては切迫した危険を意味していたとすると、叫び声の強さによってさらに区別が起これば、トラが接近した場合は「ワキー！」、クマなら「ワビー！」と叫んだかもしれない。これらは主語名詞と叙述的な修飾語とから成る、最初の文と言えるだろう。そしてそのような文は、紀元前二万五〇〇〇年から紀元前一万五〇〇〇年の間の、いずれかの時点で現れたのかもしれない。

これはただの憶測ではない。まず修飾語、続いて命令語、そしてそれが定着して初めて名詞へと発展していったのは、たんなる偶然の順序ではない。それぞれの時期も、必ずしも勝手に選んだのではない。修飾語の現れた時代が、以前よりはるかに優れた道具が生まれた時代と一致しているように、動物を表す名詞の出現した時代は、洞窟の壁や骨角器に動物の絵が描き始められた時代と一致しているのだ。

次の段階では事物を表す名詞が発達するが、動物を表す名詞の続きのようなものだ。そして、生き物を表す名詞が動物を描き始めるきっかけとなったように、事物を表す名詞は新しい事物を生じさせる。この時期には、陶器やペンダント、装飾品、逆棘《さかとげ》のついた銛《もり》や槍の穂先などが発明されたのではないか。とくに最後の二つは、人類がより過酷な気候帯へと移動していく上で、重要な役目を果たしたはずだ。この時期に人類の脳、とりわけ大脳中心溝の正面に位置する前頭葉が、現代の進化論者を今なお驚かせるほどの速さで発達したことは、化石が実証している。またこの頃――マドレーヌ文化期（訳注　旧石器時代後期の最終期で、紀元前一万五〇〇〇～一万年）に相当する時期かもしれない――には、大脳皮質の言語野として知られる領域が発達したと思われる。

幻聴の起源

ここで、神々の起源におけるもう一つの問題、すなわち幻聴の起源について考察してみよう。なぜ問題があるかと言えば、それは、現代社会では幻聴の存在は疑いようもないが、〈二分心〉時代には推論の域を出ないという、歴然とした事実があるからだ。最も納得のいく仮説は、言葉の幻聴は、行動を統制する方法として自然淘汰によって進化した言語理解の一副作用だった、というものだ。

ある男が、居住地を流れる川のはるか上流に、魚を捕るためのやなを仕掛けるよう命じられたとする。もし男に意識がなければ、当然状況を〈物語化〉することも、それによってアナログの〈私〉を空間化された時間の中で心に抱き、十分に結果を想像することもできない。それでは、彼はどのようにするのだろうか。言葉だけが、午後中かかるこの仕事を彼に続けさせられるのだと思う。更新世中期の人間は、自分が何をしているのか忘れてしまうだろう。だが言葉を話す人間には、思い出させてくれる言語がある。自分で言葉を反復するのかもしれないが、それには一種の意志が必要で、その時代の人間に意志があったとは思えない。となれば、「内なる」声という幻聴が、何をするのか繰り返し教えていたと考えたほうがよさそうだ。

これまでの章の内容を完全に把握していない人にとっては、このような推論は奇妙で強引きわまりないように聞こえるだろう。しかし、人間の精神構造の発達をたどるという問題と真っ向から誠実に向き合っているなら、たとえ現時点では実証法を考えつかないとしても、このような推論は必要であり重要だと思う。〈性向決定構造〉にもっと緊密に即した行動（あるいは、昔の用語を使えば、より「本能的」な行動）には、一時的な呼び水は必要ない。しかし、学習によって習得した行動で、しかも欲求が満たされて完結することのないものは、何か外的要因によって維持してやらねばならない。その役目を果たすのが幻覚の声だ。

同様に、意識を持たぬ古代の人間は道具を作るとき、「より鋭く」と幻覚の声で命令されるおかげで、一人で仕事を続けることができた。あるいは、「より細かく」という意味の幻覚の言葉を聞いた人間は、種子を石臼で挽いて粉にすることができた。人類史上のまさにこの時点で、仕事をやり抜くという淘汰圧のもと、言葉を声に出す役割が脳の片側だけに委ねられ、もう一方の側がその役割から解放された。そして、人間は後者の側で幻覚の声を聞き、仕事をやり抜けるようになったのだ。

名前の時代

言語が進化する過程で起きたに違いないと思われることを、ごくおおざっぱに示すと、以上のようになる。しかし、神々が登場しうる前には、そこにさらにもう一段階あったはずだ。それは最も重要な社会現象、すなわち名前の発明だ。

名前が人類の発達過程のある特定の時期に起きた特別な発明であることに気づくと、なぜか驚いてしまう。その時期とはいつだったのだろうか。名前の発明は、人類の文化にどのような変化をもたらしたのだろうか。名前が最初に現れたのは、中石器時代、紀元前一万年頃から紀元前八〇〇〇年頃にかけてだったと思われる。これは氷河期が終わってより温暖な環境に人類が順応していく時期だった。広大な氷の原が、コペンハーゲンぐらいの緯度（訳注　北緯約五五度）まで後退し、人間は特定の環境条件や、草地での狩猟、森の中の生活、甲殻類採取、あるいは、陸上での狩猟のみならず、海の資源の探索にも馴染んでいく。そうした生活の特徴は、以前よりはるかに人口が安定したことだ。前の時代の狩猟民族は、つねに移動を余儀なくされ、死亡率が高かった。中石器時代には人口が固定化し、互いの関係も安定し、寿命が延び、またおそらく区別しなければならない部族内の人数も増えたため、名詞を使って個々の人間にも名前をつける必要性が生じたことも、実際にそうなった可能性があることも容易に想像できる。

さて、部族の一員が一度固有の名を持つと、不在のときでもある意味で彼をその場に再現できるようになる。「彼」について考えることが可能になる。「考える」と言っても、ここでは言語構造に当てはめるという、意識とは無縁の特別な意味でだ。それまでにも一種の墓はあったし、ときにはいくぶん手の込んだものも見られたが、一般慣行として儀礼的な墓が出現したのは、この時代が最初だった。もし亡くなった親しい人のことを思うとき、その人に名前がなければ、悲しみのやり場がないではないか。そのような悲しみはどのぐらい続きうるだろうか。それまで人間はほかの霊長類動物と同様、仲間が死んだら、おそらく倒れた場所にそのまま放っておいた。あるいは見えないように石で隠したか、ときには焼いて食べたこともあったようだ。[11] しかし動物を表す名詞が、動物との関係をさらにずっと強固なものにしたように、人を表す名前もまた、人との関係を強化した。そして、人が死んでも名前は生き続ける。またそれゆえ、その関係も生前とほとんど変わりなく続く。また、埋葬や服喪の習慣も生まれる。たとえば、中石器時代にモルビアン（訳注　フランス北西部）に住んでいた人々は、仲間が死ぬと、骨のピンでつないだ獣の皮で包み、ときにはシカの枝角を頭に被せて、平らな石板で保護し、埋葬した。[12] その時代の墓の中には、小さな王冠や様々な装飾品がいっしょに埋葬されているものもある。また慎重に発掘された場所では、花も供えられていた可能性を示しているものもあるが、それらはすべて、名前が発明された結果だと考えられる。

しかし、名前とともにさらにもう一つ変化が起きている。おそらくこの時代までの幻聴は、偶発的ではっきりした個性もなく、重大な社会的相互作用ではなかった。しかし名前によって、特定の幻覚が特定の個人が発した声としてひとたび認識されると、重大な違いが出てくる。いまや幻覚は個人の行動において、はるかに大きな役割を持つ社会的相互作用となる。そしてここで、幻覚の声の主をいったいどのように認知したか、声が複数のときはどのように区別したか、という新たな問題が起きてくる。このような疑問には、統合失調症患者が自らについて書いた文章が、ある程度光を投げかけてくれる。しかしそれは、ここでその問題を掘り下げられるほど十分な光ではない。中石器時代人を理解する上での助けとするには、この分野における統合失調症患者の体験に関して、具体的な調査がおおいに必要とされる。

農業の発祥

今や私たちは、〈二分心〉時代の入口までやって来た。というのも、大勢の人間を束ねて都市を形成できるような社会統制の仕組みができ上がる時期も間近だからだ。野生植物を栽培植物化し、野生動物を家畜化することによって起きた、狩猟採集経済から食糧生産経済への移行が、文明誕生を可能にした一大躍進だったことは誰もが認めている。しかしこの移行が、なぜどのようにして起きたかに関しては諸説紛々だ。

伝統的な学説に従うと次のようになる。更新世後期にヨーロッパのほとんどが氷河に覆われている間、大西洋沿岸から北アフリカと近東を経てイランのザグロス山脈に至る地域全体には豊富な雨が降り、旧石器時代人を含む幅広い動物相を支えるに足る豊富な植物が育ち、そこはまさに生命力に富む広大なエデンの園と化した。だが、極地の氷原が後退したため、この大西洋岸の雨風が北方に移動し、近東全域がしだいに乾燥していった。人が採集・捕食してきた野生食用植物と動物は、狩猟採集生活を続けるにはもはや不十分となり、その結果、多くの部族がヨーロッパへと移住し始めた。一方、その地に留まった人々は——自らの発掘調査からこの仮説を導き出したラファエル・パンペリー（訳注 一八三七～一九二三。アメリカの地質学者、探検家）の言葉によると——「オアシスに集中し、新しい生活維持手段の獲得を余儀なくされ、その地に自生する植物を利用し始めた。そしてそうした植物の中から、乾燥地や砂漠の比較的大きな川の河口の湿地に生える、様々な草の種を利用することを覚えていった[13]」。同様の見解は、近年出版された一連の書物の中にも見られる。たとえば、ヴィア・ゴードン・チャイルド[14]（訳注　一八九二～一九五七。オーストラリアで生まれ、イギリスで活躍した考古学者）やアーノルド・ジョセフ・トインビー[15]（訳注　一八八九～一九七五。イギリスの歴史学者）らの著述で、後者は近東で起きたとされるこの乾燥化を「自然の挑戦」と呼び、それに応戦する形で農業文明が興ったとしている。

その後、そうした広範囲にわたる乾燥化などなかった、また、農業は経済的必要に迫られて誰かが始めたのではなかったという証拠が出てきている。[16]私はこれまで、中石器時代の人類の文化発達には言語が圧倒的に重要な役割を果たしたと考えてきたので、ここでもそうすることにする。第二章で見たように、言語は事物の比喩によって知覚作用と注意力を増大させる。したがって、新たな重要性を持ったものに新しい名前をも与える。近東がそうであったように、栽培化に適した野生の小麦や大麦が偶然にもまとまって育ち、しかもその自生地の分布が南西アジアのヤギ、ヒツジ、ウシ、ブタといった群棲動物の広大な生息地とも重なる環境に、言語的な精神構造が加わった結果、農業が生み出されたのだと思う。

最初の神

ここで、最も明確に定義され、最も詳しく研究されている、中石器時代のナトゥフ文化（訳注　紀元前一万五〇〇〇年から紀元前八五〇〇年に南西アジアのシリア、イスラエル、ヨルダン、レバノンにまたがるレヴァント地方で栄えた文化）を具体的に見てみることにしよう。ナトゥフ文化という名称は、最初にその遺跡が発見された、イスラエルのワディ・アン・ナトゥフにちなんでつけられた。紀元前一万年、ナトゥフ人は先祖の旧石器時代人のように、狩りをして生活していた。身長約一五〇センチメートルで、しばしば洞窟の入口付近に住み、動物の骨や角を加工したり、石材を割って刃やへらのみを作ったりするのが得意で、ラスコーの洞窟壁画（訳注　フランス南西部ドルドーニュ県の洞窟で発見された壁画。旧石器時代後期、マドレーヌ文化期の代表芸術とされる）の描き手にほとんど劣らぬほどの腕前で動物の絵を描き、装身具として、穴をあけた貝や動物の歯を身につけていた。

紀元前九〇〇〇年までには、彼らは死者を儀礼的な墓に埋葬するようになり、定住化も進んでいた。後者を示す手がかりとしては、たとえば、大量の漆喰で塗り固めた壁で囲った基壇のような、建築物の存在を示す最初の遺構や、八七体もの亡骸《なきがら》を収められるほどのものを含め、前代未聞の規模の墓地がある。前にも述べたように、当時は名前が出現した時代であり、それにまつわる様々な出来事が起きていた時期だったのだ。

この変化を最も劇的に示しているのが、エイナン（訳注　現イスラエルにある遺跡。別名アイン・マラハ遺跡）にあるナトゥフ人の野外の集落だ(17)。一九五九年に発見され、念入りに調査されたこの遺跡は、ガリラヤ湖（訳注　イスラエルとシリアの国境地帯にある湖。次のフラ湖も同様）の約二〇キロメートル北で、フラ湖周辺の湿地や小池を見下ろす、自然の高台にある。そこでは、紀元前九〇〇〇年頃にさかのぼる、年代的に連続した町が三つ、慎重に発掘されている。それぞれの町には、直径が最大で約七メートルもある藁葺き屋根の石造りの円形家屋が約五〇戸ある。家々は中央の広場を囲むように配置されており、広場には、食糧貯蔵用にたくさんの釣鐘型の穴が掘られ、漆喰が塗られていた。ときにはこの穴を墓に再利用したこともあったようだ。

ここにきて、人間の営みは非常に意義深い変化を遂げている。それまではおよそ二〇人の狩人から成る放浪の部族が洞窟の入口付近に住んでいたが、今や少なくとも人口二〇〇人の町が出現したのだ。これだけの人口が定住可能になったのは農業が始まったおかげだ。農業の発祥は、各家の床下に置かれた、穀物や野菜の収穫や下ごしらえ用の多数の鎌の刃、杵、すりこぎ、すり鉢、挽き臼などが物語っている。この時代の農業はきわめて素朴なもので、野生のヤギ、ガゼル、イノシシ、キツネ、ウサギ、ネズミ、鳥、魚、カメ、甲殻類動物、ムラサキガイ、カタツムリといった、じつに多様な動物相の補足に過ぎなかった。化石の放射性炭素により年代が測定されたこれらの動物は、食物の重要な部分を占めていた。

幻覚を引き起こす王

町！ 一人の首長が数百人の人々を統治することはもちろん不可能ではない。だがそのような統治は、厳格なヒエラルキーを保つ霊長類の群れで行なわれるように、一人ひとりと頻繁に直接顔を合わせなければできないのだとしたら、ひどく骨の折れる仕事だったろう。

エイナンの社会生活を想像してみるにあたって思い出してほしいのだが、このナトゥフ人たちに意識はなかった。彼らは〈物語化〉ができなかったし、他者との関係で、自分自身を「見る」アナログの自己も持っていなかった。彼らを「合図に拘束された人々」と呼ぶこともできる。つまり刺激に対するように、たえず合図に反応しながら、それらの合図に統制されていたのだ。

では、これほど大きな社会構造における合図とは何だったのだろう。どんな合図が、二〇〇～三〇

○人の住民を社会的に統制していたのだろうか。

幻聴は言語の副作用として生まれ、部族の生活で時間のかかる仕事を一人ひとりにやり通させる働きをしたのではないか、と私は前に述べた。そのような幻聴は、人間が自分自身あるいは族長からの命令を聞くところから始まった。したがって、そうした状況と、より複雑な幻聴——エイナンにおける社会統制の合図であり、また王の命令や発言から生じたと私が考える複雑な幻聴——との間には、非常に単純な連続性がある。

だが、このような幻聴は、王の下した命令をそのままテープに録音したようなものだと考えるような過ちを犯してはならない。初めはそうだったかもしれない。だが後にはそうした声が、もちろん意識を持たずにではあっても、「考え」、問題を解決することができるようになったと仮定してはいけない理由はない。現代の統合失調症患者が聞く「声」は、患者本人に劣らず、いや、しばしば彼ら以上に「考える」。こうしてナトゥフ人が聞いたと私が想像している「声」は、やがて、王自身が言ったためしもないようなことを即興で考え出し、「言う」ようになりえたはずだ。しかし、そうした新たに生まれた幻覚はすべて一貫して、王自身の人格と厳密に結びつけられていたのではないだろうか。これは私たちが、自分の友人の言いそうなことは初めからわかっている場合と違いはない。こうして、貝を集めたり、小動物を罠で捕らえたり、競争相手と喧嘩したり、以前に野生の穀物を収穫した場所に種を植えたり、といった活動の中で、各人が内なる王の声を聞き、それが集団労働を有効に継続させる手助けをしたのだ。

神たる王

幻覚の誘因が、私たち現代人の場合と同じようにストレスだったことはすでに推定した。もしその推論が正しいとしたら、人の死がもたらすストレスは、故人の声の幻聴を十二分に引き起こしうることは確かだろう。そのため、多くの古代文化では、死者の胴体から頭を切断することが多かったのかもしれない。死者の両脚を折ったり縛り上げたり、また墓の中に食べ物を入れたり、同じ死体を二度埋葬した（二度目は、「声」が聞こえなくなってから、共同の墓に埋葬し直した）証拠がしばしば見られたりするのも同じ理由からだろうか。

一般の人の埋葬がこのように行なわれていたのだとしたら、生前からすでに幻聴の声で支配していた王の埋葬は、どんなにたいへんだったろう。死後もその声によって、部族全体を一つに結びつけている、このもはや動かぬ男の住まいには、非常に特別な処置がなされたのではなかろうか。

やはり紀元前九〇〇〇年にさかのぼるエイナンの王の墓――現在まで発見された中で最古の王墓――は非常に注目すべきものだ。墓そのものは当時の家々と同様、直径約五メートルの円形をしており、内部中央に、まる二体分の人骨が仰向けに置かれている。両脚は死後、体から切り離され、不自然に曲げられている。一体はツノ貝の貝殻でできた冠を被っており、王妃だったと推測される。もう一体は成人男子で、王だと思われるが、体の一部に石が載せられ、べつの部分は石に支えられている。直立させた頭部も石で支えられ、五〇キロメートルほど離れたヘルモン山の雪を戴く山頂の方を向いている。

埋葬のすぐ後か、何年もたってからかは定かではないが、墓全体が赤く塗った低い壁で囲われた。さらに、二体の動かぬ住人はそのままに、数枚の大きな石の平板で上部を覆う屋根が作られた。その後その屋根の上に炉が設けられた。さらにその後、炉の周りも低い石の壁で丸く囲われた。その上にもさらに石が載せられ、中央に置いた三個の大きな石がそれより小さな石で囲われた。

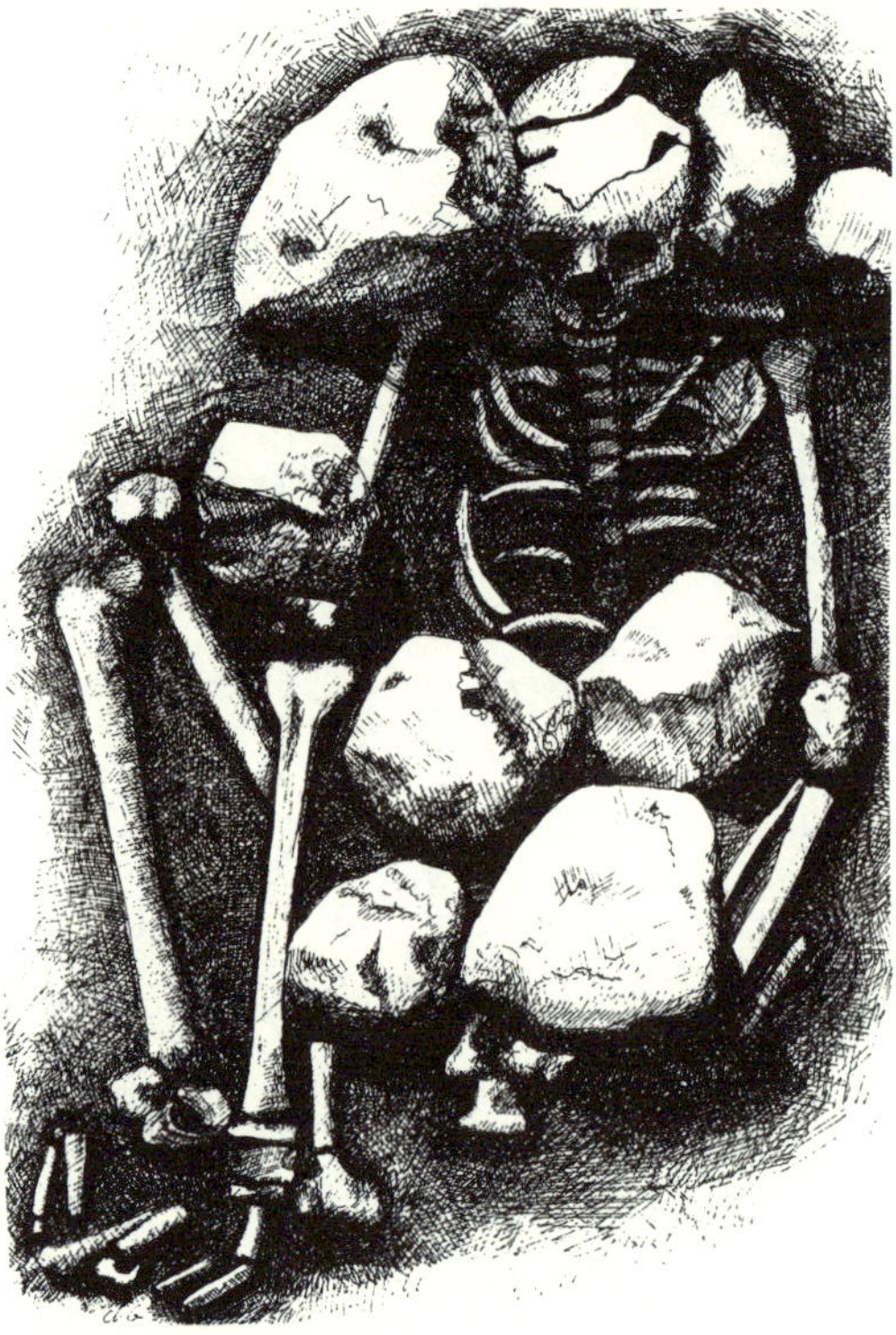

最初の神。紀元前九〇〇〇年頃の、石の枕に支えられたエイナンの死せる王。一九五九年の発掘により発見されたときの姿。

思うに、こうして石の枕で支えられた死せる王は、民の中で幻覚となって相変わらず命令を下したのだろう。また、赤く塗られた壁や、炉の置かれた一番上の層は、遺体の腐敗に対する回答だ。そして少なくともしばらくの間は、その場所、さらには、神聖なる火から立ち上り、半径数百メートルの範囲で見える煙でさえも、アキレウスの見たエーゲ海の灰色の霧のように、幻覚を起こすきっかけとなり、またエイナンの中石器時代の社会を統制した命令の源であり続けた。

これはその後八〇〇〇年間に起きることの枠組みだ。死んだ王は生ける神となる。王の墓は神の住まいで、次の章で見る手の込んだ神の家や神殿の起源となる。その二層の造りまでもが、数千年後の栄華を極める時代に登場する、何層にもなったジッグラト（訳注　古代バビロニアなどで見られた、周囲に階段のあるピラミッド形の神殿）や、ユーフラテス川沿いのエリドゥ（訳注　現イラク南部、ペルシア湾に近いユーフラテス川沿いにあった古代都市）で神殿の上に建てられた神殿、ナイル川流域の巨大なピラミッドなどの先駆けとなるものだった。

ところで、厄介な王位継承の問題に触れもせずにエイナンの話を終えるわけにはいかない。もちろんエイナンに関してわかっていることはほとんどない。だが王の墓には、王たちより先に埋葬された亡骸もあり、死んだ王と王妃のためにそれが脇へ押しのけられていた事実を考えると、もともとの占有者はそれ以前の王たちだった可能性がある。また、石に支えられていた王の上部、二層目にある炉のかたわらにはさらに別の頭蓋骨があったという事実からは、その頭蓋骨は墓の主である王の後継者のものだと推測される。そして王の幻覚の声は、新しい王の声としだいに融合していったのではないだろうか。エジプトの堂々たる王朝の背後で影響力を振るったオシリス（訳注　古代エジプトの冥府の王で、死者を裁く。弟のセトに殺されたが、妹

（で妻のイシスの助けで復活したとされる）の神話は、こうして始まったのかもしれない。

神の家としての王の墓は、多くの文明、わけてもエジプト文明の特徴として何千年にもわたって続いていく。しかし、王の墓という役割は、徐々に衰退していくことが多い。一人の王の継承者が統治期間中、先王の声を幻聴し続け、自らを死んだ王の神官あるいは従僕に指名し始めると、すぐそうなる。それがメソポタミア中に広まっていく。墓の代わりとなったのは神殿にほかならない。そして亡骸の代わりは像だった。腐敗しないので、亡骸以上にねんごろに礼拝され、崇敬を集めた。これらの偶像や、王の亡骸の代替品については、次の二章でさらに詳しく検証してみよう。こうした偶像や代替品は重要だ。シロアリやミツバチの巣に君臨する女王のように、〈二分心〉世界の偶像は大切にかしずかれ、フェロモンの代わりに幻聴によって社会を統制する核の役割を果たす。

文明の成功

以上のように、ここに文明の起源があった。エイナンの鎌の刃や、石のすり鉢や挽き臼といった、農業の存在を示す考古学的証拠は、紀元前九〇〇〇年頃、レヴァント地方やイラクのほかの数か所でも突然ほぼ同時に現れた。これは近東の高地に、非常に早くから農業が普及していたことを物語っている。当初はレヴァントやイラクでも、エイナンと同様、食物採集経済が優位を占める中、原始的農業が始まり、その後、動物の家畜化も進んでいくという段階にあった。[18]

しかし紀元前七〇〇〇年には、農業は、レヴァント地方やザグロス地方（訳注　現イラン南部）、南西アナトリア（訳注　アナトリアは黒海と地中海の間の広い高原。古代では小アジア、現代ではトルコのアジア領）などの様々な遺跡で見られる農耕集落の主要生活手段になっていた。穀物はアインコルンとエマーの二種類の小麦、そして大麦が栽培され、家畜はヒツジとヤギ、ときにはブタも飼育された。紀元前六〇〇〇年までには、農業共同生活体は近東のほぼ全域に普及する。そして紀元前五〇〇〇年までには、チグリス・ユーフラテス川やナイル川流域の沖積平野（訳注　流水により土砂などが堆積してできた平野）に定住農業が急速に広まり、人口も膨張し、集約的な農業風景が見られた。[19] ナイル川デルタ地帯西端部メリムデのように、人口が一万人に達する都市も珍しくはなかった。[20] ウル（訳注　現イラク南部、ユーフラテス川下流にあった古代都市）やエジプトの大王朝は、その強大な足跡を歴史に刻み始める。紀元前五〇〇〇年、あるいはことによるとそれより五〇〇〇年ほど前、地質学者には「完新世温暖期」として知られる時代が始まり、紀元前三〇〇〇年ぐらいまで続く。この間世界の気候は、（とりわけ花粉の）調査により明らかになったように、今日に比べてかなり暖かく湿度も高かった。そのため、近東での農業生産性が高まったばかりか、ヨーロッパや北アフリカにまで農業がよりいっそう伝播した。そしてこの、人類の極度に複雑な文明化を実現させた立て役者として、証拠が示唆しているのは、〈二分心〉にほかならないと私は考える。

そこで今度は、その証拠に目を向けてみよう。

第 二 部

歴史の証言

第1章　神、墓、偶像

文明とは、全住民が知り合いどうしでないほどの広さの町々における生活術を指す。胸の躍るような定義にはほど遠いかもしれないが、それが真実だ。本書の第一部では、〈二分心〉が生み出した社会組織こそが文明の発祥を可能にしたという仮説を立てた。本章と次章では、場所や時期を問わず、文明が発祥するときには必ず〈二分心〉の精神構造が見られたことを示す世界各地の証拠を、あまり深入りせぬようにしながら、まとめようと思う。

文明発祥の問題は目下大きな議論を呼んでいるが、私の見解は以下の通りだ。前章で書いたように、文明はまず近東の各地で個々に発生し、チグリス・ユーフラテス川沿いにアナトリアへ、ナイル川流域へと広がり、やがてキプロスとテッサリアとクレタに至った。その後しばらくするとインダス川流域とその先へ、さらに北方のウクライナや中央アジアへと伝播した。続いて、伝播による部分と独立発生の部分を併せ持つ文明が揚子江流域に生まれた。さらに、メソアメリカ（訳注　現在のメキシコ中部からコスタリカ北西部に至る、中央アメリカの地域）に独自の文明が発祥した。アンデス高地にもまた、伝播による部分と独立発生の部分を併せ持つ文明が生まれた。これらのどの地域にも、類似した特徴を持つ王国が連続して興った。いささか早計かもしれないが、その特徴とは〈二分心〉であると私は言いたい。たしかに、世界史上には〈二分心〉に基づく王国がほかにも存在していた。ベンガル湾岸やマレー半島、ヨーロッパにもあったかもしれないし、エジプトからの伝播によって中央アフリカには確実に存在していたはずだ。また、いわゆるミシシッピ時代（訳注　北アメリカの先住民が村落を形成した時期で、一〇〇〇〜一六〇〇年頃）には北アメリカの先住民の間にも興った可能性がある。しかし、それらの文明の遺物はごくわずかしか発見されていないため、先述の大きな仮説の検証には役立たない。

私がこれまで述べてきた説が正しいとすれば、古代の諸文明にはこの説に基づいてしか理解できぬ顕著な考古学的特徴がいくつかあるのではないだろうか。そうした物言わぬ特徴を本章の主題とし、メソポタミアやエジプトのように文字を持つ文明については次章で述べることにする。

神々の家

見知らぬ土地を訪れ、そこの村落がみな似たような土地計画に基づいて整備されていることに気づいたとしよう。どの村落でも、普通の家や建物が、ひときわ大きく壮麗な一つの住居を取り囲むように建っている。私たちはすぐに、この大きく壮麗な住居はその土地の統治者のものと考えるだろう。実際、そのとおりかもしれない。しかし、それが古い文明の場合、そうした統治者が現代の王のような生身の人間だったと考えるのは誤りだろう。それは幻覚によって知覚されるだけの存在ということもあった。像の場合も多かった。そうした像はりっぱな家の一隅に置かれていることが多く、その前には一般人が捧げ物をするための供物《くもつ》台があった。

さて、町や都市がこうした土地計画を基盤としている場合、つまり、中央に比較的大きな建物があり、それがたとえば穀物倉庫や納屋のような実用性を持つこともなく、住居として使用されているわけでもなく、とりわけ、その建物内に人間をかたどった像のようなものがある場合はいつも、それを〈二分心〉の文化または〈二分心〉の文化に由来する文化が存在した証拠と捉えてよい。馬鹿げた基準と思われるかもしれない。というのも、そうした土地計画によって整備された町は今日でも多く見られるからだ。教会をそれより小さな家や店で取り囲むという土地計画はよく見受けられるので、特殊なところなどまったくないように思える。しかし、現代の宗教建築や都市設計には〈二分心〉時代の文化の名残りと言える部分もあると私は考える。教会や聖堂やモスクは今日でも「神の家」と呼ばれている。私たちは今もそこで神に語りかけ、今も捧げ物を持ち込んで、神またはそれを象徴するものの前に据えられた台や祭壇に供える。私がこのように実証的な言い方をしたのは、そうした行動様式全体を当然のものとせずに見直すためだ。一歩下がって、文明化した人間を霊長類としての進化の全過程に照らして見詰めてみれば、そうした町や都市の構造はまさに特殊であって、人間の祖たるネアンデルタールから引き出せる類のものではないことがわかる。

ジェリコからウルまで

ごくわずかな例外はあるものの、中石器時代末期から現代に比較的近い時代までの人類の集落は、神の家を人家が取り囲むという形をとってきた。パレスチナの古都ジェリコの前九〇〇〇年紀にあたる発掘層を見てもわかるが、最初期の村落(1)にはそうした土地計画はあまりはっきりとは見られず、その存在に関しては議論の余地があるかもしれない。しかし、同じジェリコの前七〇〇〇年紀にあたる発掘層には、小さな住居の遺跡に囲まれた大きな神の家がある。列柱に挟まれていた可能性のある廊下が延びており、曲線をモチーフにした数々の付属建築物と壁龕《へきがん》（訳注　像などを置くために壁に施された装飾的な窪み）を備えた部屋につながっている。この神の家が何のために建てられたのかは疑問の余地がない。これはもはや、王の亡骸《なきがら》が石で支えられている墓などではない。壁龕に置かれていたのは、ほぼ実物大の像で、粘土製の写実的な頭部が赤く塗られ、籐や葦の束の上にすげられていた。同遺跡からは、死んだ王のものとも思われる一〇個の頭蓋骨が発見されており、これも幻覚を誘発する役目を担っていたかもしれない。こちらは石膏を用いて写実的な容貌に仕上げられており、目として白いコヤスガイの殻がはめ込まれていた。また、紀元前七〇〇〇年頃のアナトリアのハジュラル文化圏でも、人間の頭蓋骨が床の上に置かれていた。これは、同文化圏に属する人民を食料生産と自衛のために結束させるべく、やはり〈二分心〉支配が行なわれていたことを暗示している。

近東における新石器時代最大の遺跡チャタル・ヒュユク（訳注　現トルコ中南部）の面積はおよそ一三万平方メートルだが、そのうち現時点で発掘済みなのはわずか四〇〇〇〜八〇〇〇平方メートル程度だ。ここの集落の形態は前述のものと少々異なっていた。紀元前六〇〇〇年頃の発掘層を見ると、ほぼ全世帯に神の部屋があり、どれも四つか五つの部屋に取り囲まれていたことがわかる。そうした神の部屋からは石や陶製の像が無数に発見されている。

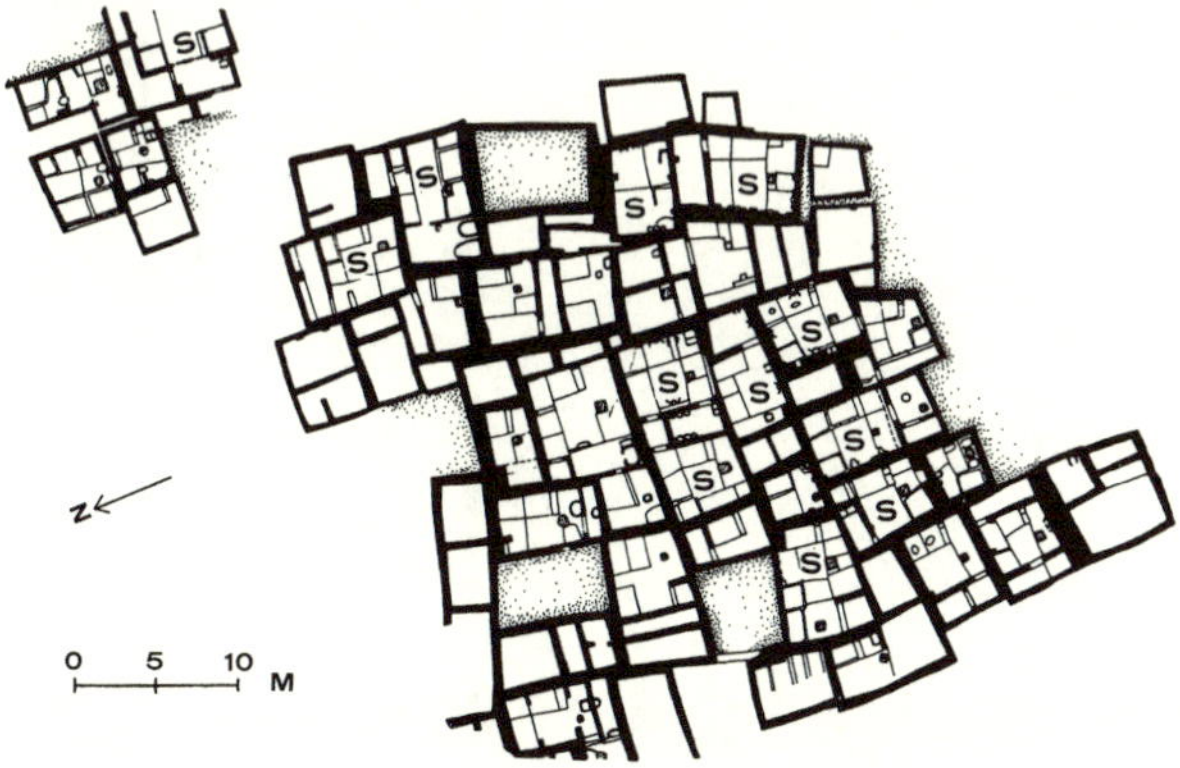

チャタル・ヒュユク遺跡VIB層（紀元前六〇〇〇年頃）の建築群の平面図。記号「S」で示された祭壇がほぼ全世帯にあることに注目。

五世紀後のエリドゥ（訳注　現イラク南部、ペルシア湾に近いユーフラテス川沿いにあった古代都市）では、神の家は泥の煉瓦でできた基壇の上に設置された（ちなみに、これがジッグラトの起源となった）。その中央に位置する細長い部屋の一端に据えられた壇の上に神像があり、向かいの端にある台の上の供え物を見詰めていた。このエリドゥの神の家がイラク南部のウバイド文化に受け継がれ、紀元前四三〇〇年頃にはメソポタミア全域に広がり、次章で考察するシュメール文明やそれに続くバビロニア文明の基礎を築く。何千という人口を抱える都市の誕生とともに、堂々とした巨大な神の家が建てられるようになり、以後ずっとそれらの都市を特徴づけ、支配し、また、周辺全域の住民の幻覚を誘発していた可能性もある。たとえばウルでは、かつて栄えた〈二分心〉に基づく文明の発掘済みの遺跡に、そうした巨大なジッグラトが今も盛り上がるようにして建っている。階段状の傾斜路は本来の半分の高さまでしか伸びていないが、今でもその下に立ち、頂上の三層の神殿が太陽に向かってそびえている様子を思い描くと、そのような建築物のみが人の心に及ぼしうる支配力を感じる。

ヒッタイトに見られる変化

現在のトルコ中央部のボアズキョイにあったヒッタイトの都ハットゥシャの中心には、四つの巨大な神殿があった。大理石でできたりっぱな聖所は、そこに収められた複数の巨大な偶像に側面から光が当たるよう、石灰石でできた神殿正面の壁から突き出ていた。[2]

しかし、ジッグラト、すなわちどの耕作地からも眺めることのできる高所に代わってだろうか、町をすぐ見下ろす位置に、美しい岩山の屋外神殿ヤズルカヤがあった。その聖所の壁には神々の浮き彫《レリー》り《フ》がずらりと並んでいた。[3] 聖所内の岩々に施された、現在もその形がはっきりとわかる浮き彫りは、山自体がヒッタイトに幻覚を起こさせていたことを示している。ヒッタイトによく見られる、神の頭部や被り物を戴く山々を描いた紋切り型の浮き彫りだ。旧約聖書の「詩篇」にもこう謳われている。

「目を上げて、私の助けがやって来る山々を仰ぎ見る」

この岩山の神殿の壁面には、ローブをまとった王の横向きの姿が彫刻されている箇所がある。その石の浮き彫りでは、王のすぐ後ろに、王のものよりはるかに高い冠を被った神がそびえるように立っている。神は右腕を伸ばして王に道を示す一方で、王の首に左腕を回して胸元に引き寄せ、その手で王の右手首をしっかりと握っている。これはこの浮き彫りが〈二分心〉の象徴である証拠だ。

神々の姿を延々と描き連ねるのは、私が思うにヒッタイト人に特有のことで、ヒッタイト研究にお

紀元前一二五〇年頃にヤズルカヤの岩に彫られた浮き彫り。シャッルマ神が、自分の管財人たる王トゥトゥハリヤを抱きかかえている。プレッツェルのような形をした象形文字は神を表し、左上の神を意味する表意文字の頭部だけでなく、神の冠の上にも反復的に見られる。また、右上の王を意味する表意文字の中にも見られる。これは王の言葉もまたその臣下たちに幻聴として「聞こえていた」ことを示すものではないかと、私は考えている。

ける古くからの問題点を解決するカギとなる。こうした図は、ヒッタイトにかかわる重要な単語「パンクス」の意味を表したものなのだ。学者たちは当初これを、人間界全体、たとえば民が全員集まっているところと解釈していた。しかし、発見された他の文献の内容から、これはある種のエリート集団であるという解釈に改めざるをえなくなった。私はこうも考えられると思う。「パンクス」はヒッタイトの多くの神々が勢揃いしたところ、より具体的に言えば、あらゆる〈二分心〉の声の意見が一致していた選択・決定を示しているのではないか。紀元前一三〇〇年頃からのヒッタイト王国末期の約一〇〇年間に「パンクス」についての記述がまったく残されていないのは、「パンクス」の神々がこぞって口を閉ざしたために幻聴が聞かれなくなり、主観性の誕生に向けての苦難の道のりが始まったことを示している可能性がある。

オルメカ文明とマヤ文明

アメリカ大陸の〈二分心〉王国のうちごく初期のものを特徴づけていたのもやはり、町の中央に位置し、神の家という以外に何の実用性もない巨大な建物だった。紀元前五〇〇年頃にラ・ベンタ（訳注 現メキシコの南東部にあった古代都市）に建てられた、粗野で奇妙な形をしたオルメカ式ピラミッドもそうだ。その前には、ピラミッド本体より小さい盛り土が連なり、その下には謎めいたジャガーの顔のモザイクが埋まっている。また、紀元前二〇〇年頃には壮大なピラミッド形の神殿が数多く建てられた。[4] そのうち最大のものは、テオティワカン（訳注 現メキシコシティ北東にあった古代都市）（文字どおり「神々の座所」を意味する）にある太陽のピラミッドだ。エジプトのどのピラミッドよりも体積が大きく、基底部は約二〇〇メートル四方、高さは二〇階建てのビルを超える。[5] その最上段には神の部屋があり、そこへ至る急な階段が築かれていた。また、言い伝えによると、神の部屋の上には太陽の巨大像があったらしい。数々のピラミッドに縁取られた行列用の通りがその方向に向かっており、その周囲には半径何キロメートルにもわたってメキシコ高原に広がる大都市の遺構、つまり、神官たちの住居や、建物・塀で囲まれた無数の庭、町のどこからでも神々の巨大なピラミッド状の家々を眺めることができるようすべて一階建てになっている小さな建物が今もなお見られる(6)。

テオティワカンからやや遅れているとはいえほぼ同時代に、ユカタン半島ではマヤ文明の多くの都市が形成され始めた(7)。どの都市もやはり〈二分心〉時代の都市構造を示しており、頂上に神の家を戴く急勾配のピラミッドをその中心に据えていた。ピラミッドは、オルメカ様式のジャガーの面やその他の壁画・彫刻でふんだんに装飾されていた。複雑な石の装飾彫刻の部分には、人間の顔を持つ多種多様なドラゴンが獰猛そうに這い回る図が全面に描かれている。わけても興味深いのは、ピラミッドのいくつかにエジプトのものと同様に墓室がある点で、これは王が神とされていた時期があったことを示しているのかもしれない。こうしたマヤのピラミッドの前には通常、神々の姿や象形文字の碑文が彫られた石碑が建てられているが、その意味はまだ十分に解明されていない。この手の碑文はきまって宗教的な観念と結びついているため、その謎を解くにあたっては〈二分心〉の仮説が役立つかもしれない。

私はまた、かつてのマヤの都市の多くが住みにくい奇妙な場所に建設された上に突如として出現したり消滅したりした事実は、そうした立地や遷都は幻覚の命令下でのものであるとの解釈に基づいて説明するのが最も適当であると考えている。幻覚の内容が不合理なばかりかきわめて厄介なものだった時期もあったのだろう。ヤハウェが民に厳しく接したり、アポロンがギリシアからの侵入者に味方し、デルポイの神託を通して民を苦しい状況に追い込んだりしたように(第三部第一章、第三部第二章注12を参照のこと)。

〈二分心〉の人々の行為を実際に描写したものもときおり見られる。非常に顕著な例として、グアテマラの太平洋岸に位置する非マヤ文明の遺跡、サンタルシア・コツマルワパから出土した二つの石の浮き彫りが挙げられる。その浮き彫りでは、草の上にひれ伏した男に二人の神が話しかけている。神の一方は半人半鹿、もう一方は屍の姿をしている。これが〈二分心〉時代の現実の場景であることは、この地域における現代の「チラム」、すなわち預言者の観察調査から明らかだ。今日でもチラムたちは、これとまったく同じ姿勢で俯せになりながら幻聴を耳にする。しかし、現代に見られるそうした幻覚はペヨーテ（訳注　サボテンの一種から作った幻覚剤）を食べることによって誘発されるものだと考える向きもある。(8)

アンデス文明

インカ文明に先立ってアンデス山脈に発祥した五つほどの文化の痕跡は、長い時の流れの中で失われてしまった部分がさらに多い。(9) 紀元前一八〇〇年以前という、そのうち最古の文化の遺跡であるコトシュ（訳注　現ペルーのアンデス山脈東斜面ワヌコの近くにあった古代都市）では、中央、大きな盛り土の上に築かれた高さ約七・六メートルの階段状の基壇の上に長方形をした神の家が建てられており、発見時には他の建物の残骸に囲まれていた。神の家の内壁各面には縦長の四角い壁龕がいくつかついており、そのうちの一つには交差する手を石膏でかたどったものがあった。今は朽ちてしまった大きな偶像の一部かもしれない。それより五〇〇〇年も前のジェリコの遺跡となんとよく似ていることだろう。

コトシュの文化はメキシコからの移住者が造り上げた可能性があるが、紀元前一二〇〇年頃から始まる次のチャビン文化には、紛れもないオルメカ文化の特徴が表れている。トウモロコシの栽培、土器に見られる数々の特徴、ジャガーをモチーフにした宗教彫刻がそれだ。北部の高地に位置する都市チャビンには、蜂の巣状の通路を持つ壮大な壇状の神殿があり、そこには頭部がジャガーになっている人間を斜方晶系の花崗岩の塊に浅浮き彫りにしたりっぱな偶像がある。[10] 続いて、西暦四〇〇年から一〇〇〇年にかけてペルー北部の砂漠に栄えていたモチーカ文化[11]では、神々のために巨大なピラミッドが建てられた。そびえ立つピラミッドの後方は壁を巡らせた囲い地になっており、その中はおそらく都市だったと思われる。今日でも、トルヒーヨ（訳注　ペルー北西部、首都リマの北西にある市）の近くにあるチカマの谷にそのような構造をした地域が見られる。[12]

その後、西暦一〇〇〇年から一三〇〇年にかけて、チチカカ湖（訳注　ペルーとボリビアの国境にまたがる湖）近辺の荒涼とした高地に大帝国ティワナコが栄え、より大規模で表面が石でできたピラミッドが築かれた。そこにはコンドルやヘビの頭をして涙を流している（理由は不明）神をかたどった、巨大な柱のようなものが建てられていた。[13]

それに続くチムー文化は、さらに規模の大きいものだった。都のチャンチャン（訳注　先述のトルヒーヨにあった古代都市）の面積は約三〇平方キロメートルで、壁によって一〇の大きな区域に仕切られていた。その一つひとつが小さな都市を形成し、それぞれにピラミッドや、宮殿のような建造物、灌漑地域、貯水池、墓地があった。〈二分心〉の仮説に照らすと、そのように壁で区画することにいったいどういう意味があるかは、非常に好奇心をそそられる研究テーマだ。

黄金の帝国インカ

話はいよいよインカ帝国へと進む。この帝国は、エジプトを征服・統合したアッシリアに似通っていた。少なくとも、支配力を強め始めた一二〇〇年頃のインカ帝国には、神たる王を戴く類の〈二分心〉国家だったと思わせるところがある。しかし、それから一世紀もたたぬうちに、前に立ちはだかる敵をすべて征服してしまった同帝国は、それによって自らの〈二分心〉の特性も弱めていったのかもしれない。別の時代に別の地域でアッシリアがそうしたように。

ピサロ（訳注　一四七五～一五四一。インカ帝国を征服したスペインの軍人）に征服された当時のインカ帝国では、〈二分心〉的なものと主観の原形となるものが交錯していたのかもしれない。この交錯は、本書で取り扱っている〈二分心〉と意識の衝突におそらく最も近いものだろう。主観を示す側面として挙げられるのは、インカ帝国が巨大帝国だったことだ。こうした巨大帝国が、今日そうした国家の統治に必要とされるような縦横両方向の社会的流動性をもって治められていたと仮定すると、[14]純粋な〈二分心〉方式で統制するのは非常に難しいだろう。伝聞に基づく報告から推定して、インカ帝国に征服された土地の首長たちは肩書きを保持することを許され、また、その息子たちは教化のために（そして、人質にするためだったかもしれない）都のクスコに送られたと考えられている。こうした概念は〈二分心〉の世界では成立し難い。征服された土地の人民は地元の言語を使い続けたようだが、支配者層はみな同帝国の宗教的言語であるケチュア語を学ばねばならなかった。

一方、〈二分心〉を示す側面として挙げられるのは、間違いなく〈二分心〉を起源とする特徴がインカ帝国に非常に多く見られることだ。アマゾン川上流域にあった小さな都市国家クスコがアンデス山脈版ローマ帝国へと急拡大する過程で、古くからの慣習の惰性で、そうした特徴が表れていたという面がなきにしもあらずとしてもだ。インカ帝国の皇帝自身が神たる王とされており、この点についてはエジプトと非常によく似ている。そのため、アメリカの古代文化を専門とする歴史家で、さほど保守的ではない人々は、エジプトの文化がある程度インカに伝播していたに違いないと考えてきた。しかし、人民と言語と都市が〈二分心〉に基づいて組織されるならば、いかなる歴史もほんの一握りの種類の決まったパターンしかとりえないのではなかろうか。

皇帝は神聖な存在で、太陽の子孫だった。そして、天地、人民、太陽の汗（金）と月の涙（銀）を創造した神だった。皇帝の前では、最高位の臣下さえも畏敬の念に打ち震え、立っていられぬほどだった。[15] このような畏れは現代の心理学では解釈不能だ。皇帝は日々、入念な儀式に埋没していた。その両肩は捕獲したばかりのコウモリの羽でできたキルトに覆われていた。頭の周りには赤い飾り房のついた紐が巻かれており、目の前にカーテンを下げているかのようで、これは、畏れ多くて目にするのもはばかられるほどの神威から臣下を守るためのものだ。皇帝が死ぬと、それ以前のエジプトやウル、中国の場合と同様、側室と身の周りの世話をする召使たちはまず酒を飲んで踊り、それから進んで絞殺され、太陽へと向かう皇帝の旅路に随伴した。皇帝の遺体はミイラの状態で自らの宮殿に安置され、以後そこは神殿となった。また、近東の諸王国でも行なわれていたように、皇帝の生前の姿を模して、金の椅子に座った等身大の黄金像が作られ、そこに毎日食べ物が供えられた。

一六世紀のインカ帝国の皇帝とそれに仕える世襲貴族たちは、日本の太陽神たる天皇が今日に至るまで演じているとも思える役割、つまり、はるか昔に間違いなく〈二分心〉を基盤とする王国で確立された、〈二分心〉時代の役割をただ演じていただけだったのかもしれない。しかし、とうていそれにとどまらなかったことを示唆する証拠がある。皇帝に近い人間ほど、その精神状態は〈二分心〉の色合いを濃くしていたらしいのだ。皇帝を含む最上層階級の人間は、宝石をちりばめた黄金のリールを耳につけていた。太陽の図柄が描かれていることもあったそのリールさえ、それをつけていた皇帝や上級貴族が太陽の声を聞いていたことを暗示するものだという可能性がある。

しかし、最も示唆的に思われるのは、この巨大帝国の征服のされ方だ。[16] インカ帝国が侵略者に対して疑念も持たずに従順に降伏したことは、長年、ヨーロッパによるアメリカ大陸侵略についての最も興味深い問題とされてきた。そうした降伏が事実であるのは明白だが、その理由についての記録には推測がかなり絡んでいる。迷信深いコンキスタドール（訳注　征服者であるスペイン人）たちが後に残した記録でさえそうだ。大陸の半分にわたって各地の文明を征服したほどの軍隊を持つ帝国がなぜ、一五三二年一一月一六日の夕方早くにわずか一五〇人のスペイン人部隊によって占領されたりしたのだろう。

それは、主観的な心と〈二分心〉の衝突を示す数少ない例の一つかもしれない。皇帝アタワルパ（訳注　一五〇二～三三。インカ帝国最後の皇帝）が直面したのは、まったく馴染みのないものだった。乳白色の肌をした荒々しい男たち。頭からではなくあごから毛を垂らしているため、顔が上下逆さまに見える。金属の衣を身につけ、目と目を合わせようとはせず、銀の蹄を持つラマのような奇妙な生き物に乗っている。インカの皇帝には渡ることのできぬ海を、モチーカの神殿のように何層にもそびえる巨大な船を連ねてやって来た彼らは、神々のように映った。ところがそうしたもののいっさいに対してどう対処すべきか、太陽からも、そして、クスコのまばゆい塔の中にある黄金像からも、〈二分心〉特有の声は聞かれなかった。主観的な意識もなく、他を欺くことも他者の欺きを〈物語化〉することもできない[17]皇帝とその臣下たちは、無力なロボット同然に捕らえられた。傍観する民の眼前で、船で到来した主観を持つ男たちは聖なる都市から建物を覆う黄金を奪い去り、太陽の神殿にある金の像もありとあらゆる宝物も、茎も葉もすべて金で巧みに模造された黄金のトウモロコシ畑も溶かしてしまった。そして生ける神たる皇帝とその王子たちを殺害し、抗うことのない女たちを犯し、彼らスペイン人の未来を〈物語化〉すると、黄金を手に、主観的意識の価値観の世界へと帰っていったのだ。

エイナンからずいぶんと遠くまできたものだ。

生ける死者

重要な人の亡骸をあたかもまだ生きているかのように埋葬する慣習は、ここで見てきた建造物を擁する古代文明の、ほとんどすべてに共通している。この慣習は、死者の声が生きている者に相変わらず聞こえており、その声がそういう葬り方を求めていたのだと考える以外には説明がつかないのではないか。第一部第六章でエイナンに関して提言したように、石に支えられる形で埋葬され、その声が生きている者に幻聴として届いた、これら死せる王たちが、最初の神だったのだろう。

やがて、このような初期の文化が〈二分心〉時代の王国へと発展すると、重要人物の墓はますます多くの武器や調度、装飾品、そしてとりわけ食べ物を収めた器で満たされていった。これは、紀元前七〇〇〇年以降、ヨーロッパやアジア中の最古の石室墳について言えることで、〈二分心〉時代の王国がその規模と複雑さを増すにつれ、埋葬様式も並外れた手の込みようを見せる。複雑な造りの一連のピラミッドという形をとる、エジプトのファラオたちの壮大な墓は、誰にとっても馴染み深い（次章参照）。しかし、そこまで見事でないまでも、同じような墓所はほかでも見られる。前三〇〇〇年紀前半、ウルの王たちは従者全員とともに埋葬された。従者は王に仕えるかのようにその周りにかがんだ姿勢で、ときには生きたまま埋められた。そのような墓が一八か所発見されており、それぞれ丸天井の地下室に食べ物、飲み物、衣服、宝飾品、武器、牡牛の頭の装飾がついた竪琴、それに飾り立てた牛車に繋がれた供犠の牛まで収められていた。[18] ほかにもキシュ（訳注　現イラク南部にある、古代シュメールのアッカド時代の都市）やアッシュール（訳注　現イラク北部チグリス川沿いにあったアッシリアの主要都市）で、それより少し後の墓が発見されている。アナトリアのアラジャ・ヒュユク（訳注　現トルコにあった古代都市）では、王墓は、動かぬ墓の主の食欲を満たすために牛の丸焼きで覆われた。

一般庶民の死者でさえ、多くの文化で生きているかのように扱われる。弔いに関する最古の碑文は、メソポタミア人が毎月一般の死者に供したパンとビールの割当量の一覧だ。紀元前二五〇〇年頃、ラガシュ（訳注　現イラク南東部、チグリス川とユーフラテス川の間にあったシュメールの都市）では、死者はビール七瓶、平たいパンの塊四二〇個、穀物二壺、衣服一点、枕一個、寝台一台とともに埋葬された。[19] 古代ギリシアの墓には、様々な生活用品だけでなく、実際に死者に食べ物を与える管まで備えたものもあり、これは古代ギリシア人が朽ちていく死体の土色になった口に、肉の煮汁やスープを注ぎ込んでいたことを示すものと思われる。[20] ニューヨークのメトロポリタン美術館には、紀元前八五〇年頃の彩色を施した「クラテル」、すなわちぶどう酒と水を混ぜる深鉢（資料番号14.130.15）があり、そこに描かれた少年は、片手で髪をかきむしり、もう片方の手で母親のものと思われる亡骸の口に食べ物を詰め込んでいるように見える。食べ物を与えている少年が、死者から伝わる何かの幻覚を体験していると考えないかぎり、この行為は理解しがたい。

インダス文明に見られる証拠[21]はもっと断片的だ。というのは、後から後から沖積土に覆われ、パピルスに記された文献はすべて朽ち果てている上、考古学的調査も十分に行なわれていないからだ。しかし、これまでに発掘されたインダス文明の遺跡では、しばしば高台に城塞と並んで墓地があり、死者一人につき一五ないし二〇個の食料用の壺が埋められていた。これは埋葬時に死者がまだ生きているように感じられていたという仮説に適合する。また、中国の新石器時代にあたる仰韶《ぎょうしょう》文化[22]（訳注　現在の中国河南省に栄えた文化）の墓地は紀元前一五〇〇年前後より古いこと以外はまったく年代不詳だが、ここの内部を板で覆った墓にも、同じように亡骸が食べ物の壺や石の道具とともに埋葬されている。紀元前一二〇〇年頃には、殷王朝（訳注　河南省安陽県西北の遺跡から出土した甲骨文により実在が確かめられた、中国の最古の王朝）の王墓に、大量に殺された従者や動物が埋められており、それより一〇〇〇年前のメソポタミアやエジプトの王墓とあまりにもよく似ているので、文明が西洋から中国へと広まったと確信する学者もいるほどだ[23]。

同様にメソアメリカでも、紀元前八〇〇年から紀元前三〇〇年頃のオルメカ文明の墓地には、食べ物の壺が数多く埋められていた。マヤ族の王国では、高位の死者はあたかも生きているかのように神殿の広場に埋葬された。パレンケ（訳注　現メキシコ南部にあった古代マヤ文明の都市）で神殿の下から最近発見された首長の墓は、旧世界で発見されたどの墓にも負けず劣らず手の込んだ壮麗なものだ。[24] 西暦五〇〇年頃のカミナルフユ遺跡（訳注　紀元前一〇〇〇年から西暦五〇〇年頃にグアテマラに栄えた都市国家の遺跡）では、首長は座った姿勢で、青年二人、子供一人、イヌ一匹を供に従えて埋葬されていた。一般庶民は挽いたトウモロコシを口に詰められ、それぞれの家の硬い土の床に道具や武器、そして食べ物や飲み物を満たした壺とともに埋められていた。地球の裏側のもっと古い文明の場合と同じだ。ほかに、ユカタン半島で発見された死んだ首長の灰を収めた人形《ひとかた》の像や、マヤパン（訳注　現メキシコ南東部ユカタン州西部にあったマヤ文明の都市）から出土した、頭蓋骨に細工して作った頭、アンデスの一般庶民が「チッチャ」（訳注　南米、中米の発酵させたトウモロコシから造るビールに似た飲み物）の深鉢や道具や生前使った品々に囲まれて、座った姿勢で縛られて埋められていた小さな地下墓地についても触れるべきだろう。[25] 死者は当時、「ワカ（神のようなもの）」と呼ばれており、これは死者が幻聴の声の主だったことを物語っていると思う。コンキスタドールの報告によると、メソアメリカの人々は、人間は息絶えた後かなりの時間がたって初めて「死ぬ」と言い張ったというが、これは、死者の声の幻聴が最終的に聞こえなくなるのに、それだけ時間がかかると解釈するのが適当ではないだろうか。

死者が神々の起源であることは、文字が使われるようになった〈二分心〉文明の文献からもうかがえる。アッシリアで発見された二か国語併記の呪文の文言では、死者たちはまさに「イラーニ（神々）」と呼ばれている。[26] それから三〇〇〇年後に地球の裏側では、メソアメリカの状況を初めて伝えた者の一人、サアグン（訳注　一六世紀に中米に渡ったスペイン人宣教師）がこう報告している。アステカ人は「その場所をテオティワカン（神々の座所）と呼ぶ。王を埋葬する場所だ。古代人は、死んだ者は神になったのだと言っていた。つまり、誰かが『あの人は神になった』と言ったら、それは『あの人は死んだ』という意味だった[27]」

意識の時代になっても、神々は死んだ昔の人々だとする伝統があった。ヘシオドス（訳注　紀元前八世紀頃のギリシアの叙事詩人）は、当時の人々に先んじて存在した人間の黄金の種族が、「地上の善き精霊」となり、「人間に富を授け、あらゆる災厄を退け、この世の人間の守護神」となったと述べている[28]。それから四世紀ほど後までは同じような記述が見られる。たとえばプラトンは、死んでから守護霊となって人々に何をすべきかを告げる英雄たちに言及している[29]。

私は、ここに挙げた文明の墓にはこれらの各時代を通して必ず食べ物や飲み物の壺があった、という印象を読者に与えたいわけではない。それが一般的なだけだ。しかし、こういう場合、例外は規則がある証拠となることが多い。たとえば、サー・レナード・ウーリー（訳注　一八八〇～一九六〇。一九二七年にウルを発掘したイギリスの考古学者）は、メソポタミアのラルサ（訳注　現イラク南部のユーフラテス川東岸の古代都市遺跡）で紀元前一九〇〇年頃の個人の墓を最初に発掘し始めたとき、埋葬品の乏しさに驚くと同時に失望した。最も凝った造りの墓室でも、墓の扉のところに粘土の壺が二つある程度で、それ以外は何の調度もなく、ほかの場所の墓から出土する類のものはまったくなかった。このことは、ウーリーがあることに気づくと説明がついた。これらの墓はきまって家の地下にあり、ラルサ時代の死者はその家の物を何でも自由に使えたので、墓には調度も大量の食べ物も必要なかったのだ。墓の扉の前に供えた食べ物や飲み物は、応急措置のようなものだったのかもしれない。だから、死者が家族と「交流する」とき、優しい気持ちで墓から出てこられたのだろう。

このようにメソポタミアからペルーまで、偉大な文明は死者がまだ生きているかのような埋葬を特徴とする時期を、少なくとも一度は経ている。そして、文字で記録できるところでは、死者はしばしば神と呼ばれていた。どれほど控え目に言っても、これは死者の声が幻聴となって聞こえていたという仮説と矛盾しない。

矛盾はしないが、そこには必然的な関係があるのだろうか。悲しみ自体がそのような慣習、つまり愛する者や崇敬する指導者の死を受け入れようとせず、親愛の情の表現として死者を神と呼ぶといった行為につながったとは考えられないだろうか。その可能性はある。しかし、この考えは残された証拠が示すパターンをそっくり説明するには不十分だ。死者を神と呼ぶ行為が世界各地に広がっていたこと、巨大なピラミッド建築のような壮大な事業が行なわれたこと、そして死者の霊が生きている者に何かを伝えようと墓から戻ってくるという話が言い伝えや文献として今日まで残っていることまでは説明できない。

話す偶像

私が〈二分心〉を示唆していると考える原始文明の三つ目の特徴は、人の形をした偶像の数と種類が膨大であることと、それが古代人の生活で明らかに中心的役割を果たしていたことだ。歴史上最初の偶像はもちろん、先に触れた石で支えられた首長の亡骸や、頭蓋骨に手を加えた頭だ。しかし、その後偶像は目覚ましい発展を遂げた。偶像が神々の声の幻聴を助けるものだったと考えないかぎり、偶像と深いかかわりを持つ文化におけるその明らかな重要性を理解するのは難しい。だが、これはけっして単純な問題ではなく、完全な説明にはかなり多様な原理が絡んでくるだろう。

小像

偶像の中で最も小さい、いわゆる小像は、ほぼすべての古代王国で発見されており、人間が定住するようになると同時に出現した。前七〇〇〇年紀と五〇〇〇年紀の小像はきわめて原始的で、目鼻を刻み込んだ小さな石や異様な土像だった。紀元前五六〇〇年頃の文化にとってこれらが重要だった証拠が、トルコ南西部にあるハジュラルの発掘で見つかっている。目や鼻、髪やあごを刻んだ焼き粘土や石の平たい女性の立像が各家から発見されたのだ。[30] まるでその家の住人を幻聴によって支配していたかのようではないか。紀元前三六〇〇年頃のエジプトのアムラー文化やゲルゼー文化には、髭のある顔に黒い「的」のような目を彫った象牙の像があり、どれも約一五〜二〇センチメートルと、手で持つのに適した大きさだった。[31] これは持ち主が亡くなると、その墓の中に立てられるほど大切なものだった。

ラガシュ、ウルク、ニップール、スーサなどメソポタミア文化のほとんどの遺跡で、膨大な数の小像が発掘されている。[32] ウルでは床下の壁際に焼成煉瓦の箱が置かれていたが、片面が部屋の中央に向けて開いていて、中から赤と黒に塗られた土像が発見された。

だが、これらの小像の働きは、考古学上の何にも負けぬほど深い謎に包まれている。最も人気のある見解の起源をたどると、民族学がサー・ジェイムズ・G・フレーザー（訳注 一八五四〜一九四一。スコットランドの人類学者。呪術から宗教、宗教から科学という発達の構図を提唱）の説を奉じて、彫った小石が落ちていればそれを即座に豊饒儀式と見たがっていた頃の、無批判な解釈に行きつく。しかし、仮にこのような小像が、フレーザーの言う豊饒祭祀について何かを物語っているのだとしたら、不作の心配のないところから小像は発見されないはずだ。だが、実際には発見されている。メキシコで最も肥沃な地域のオルメカ文明には、驚くほど多種多様な小像があり、多くは口を開け、耳が誇張されている。幻聴の声と対話ができるように声に形を持たせたとしたら、こうなるだろうと思えるような形状だ。(33)

しかし、説明はそう簡単ではない。小像はそれが属する文化同様、進化するようだった。引き続き同じ例を使うなら、初期のオルメカの小像は初めの頃、ほとんど動物に見えるほどあごが極端に前に突き出していった。それからテオティワカン時代になると、もっと洗練されて精巧になり、非常に大きな帽子を被りケープをまとい、赤や黄色や白の色褪せしやすい泥の塗料で着色されて、オルメカの神官そっくりになった。さらに次の時期には、オルメカの小像はいっそう丁寧に形作られ、写実性を増す。腕や足のついたものもあれば、胴が空洞の遺宝箱になっているものもある。これには小さな四角い蓋がついていて、中にはとても小さな小像が入っている。偉大なオルメカ文明の崩壊直前に起きた、〈二分心〉を導く声の混乱を表わしているのかもしれない。というのは、小像が大量に作られ、口を開けた未完成の新しい巨像が見られるようになった、まさにこの時代の終わりこそが、西暦七〇〇年頃、大都市テオティワカンが意図的に破壊され、神殿が焼かれて城壁が取り壊され、町が見捨てられた時期と重なっているからだ。神々の声が聞こえなくなったから偶像作りが盛んになったのだろうか。それとも、神々の声が増えたから混乱が生じたのだろうか。

小像の大きさと数を考えると、その大多数が幻聴をもたらしたかどうかは疑問だ。じつはその一部は、意識を持たず訓戒的な経験を自主的に想起できぬ人々にとっては、記憶を呼び覚ます道具だったかもしれない。インカの結縄《けつじよう》文字「キープ」や西洋文化のロザリオの数珠玉のような役目を果たしたのだろうか。たとえば、メソポタミア人が新しい建物を建てるとき、建物の隅と入口の敷居の下に埋めた青銅製の小像は三種類ある。ひざまずいて杭を地面に打ち込んでいる神の像と、籠《かご》を運ぶ者の像と、横たわる牡牛の像だ。現在、これらは悪霊を建物の下に封じるものとされているが、この説はとても十分とは言えない。むしろ、この小像は柱をまっすぐに立てるときや、材料を運ぶとき、大きな建材を牛に引かせて現場に運ぶときに意識を持たぬ人々が利用した、幻覚に近い作用を起こす道具だった可能性がある。

大量に発見されたアラバスター石製の「目の偶像」の一つで、大きさは、手に持てるぐらい。ユーフラテス川上流の支流沿いにあるブラクから出土した、紀元前三三〇〇年頃のもの。牡鹿は女神ニンフルサグ（訳注　人類の母神。ニンフルサグは「死者に生命を与えるもの」を意味する）の象徴。

しかし、こうした小像の中に、神々の声の幻聴を促す力を持つものがあったのは間違いないだろう。まず「目の偶像」のことを考えてほしい。これは黒や白のアラバスター石製で、クラッカーのような薄い体の上に、かつてはマラカイト（訳注　装飾に用いる緑色の鉱石）の塗料で着色されていた目が載っている。紀元前三〇〇〇年頃のもので、とくにユーフラテス川上流の支流沿いにあるブラクで大量に出土している。

少し前のエジプトのアムラー文化やゲルゼー文化の象牙の偶像と同様、手で持つのに適していて、ほとんどに一対の目があるが、二対ついているものもあり、冠を被ったものや明らかに神を表わす模様の入ったものもある。テラコッタで作ったもっと大きな目の偶像が、ウル、マリ、ラガシュといったほかの遺跡で発見されているが、これらは目の中央が抜けて輪になっているので「眼鏡偶像」と呼ばれてきた。ほかに、石製で祭台や祭壇に置かれた目の偶像は、二本の円筒を倒して正面から見るとドーナツが二つ並んでいるような形に配したもので、彫り物を施した四角い台座の上に台座からやや距離を置いて掲げられている。台座が口なのかもしれない。(34)

偶像に関する一仮説

ここで少し心理学的な考察が必要になる。霊長類の間では、視線交錯、つまり互いに目を見詰め合う行為はきわめて重要だ。人間より下等な動物ではそれで上下関係がわかる。霊長類の多くの種で、服従する側はにやりと笑って顔を背ける。しかし人間の場合、未成熟期が他の霊長類よりずっと長いためだろうか、視線交錯が非常に重要な社会的交流に発展していった。母親が話しかけると、赤ん坊はその唇ではなく目を見る。これは無意識の反応で万国共通だ。そのような視線交錯が権威関係や愛情関係に発展していく過程は、きわめて重要だがまだ解明されていない。ここでは、人間は上位者と互いに目をまっすぐ見詰め合っているときのほうが相手の権威を感じやすいということを述べるだけで十分だ。そうした場合、人間は一種のストレスを感じ、どう対応してよいかわからず、そのうえ何か意識が遠のくような感じを受けるものだ。したがって、そのような関係を真似て像を作ったとしたら、その像は神々の言葉の幻聴を強めるだろう。

こうして目は、〈二分心〉時代を通して大半の神殿の像を際立たせる特徴となる。人間の目の直径は頭部の長さの約一〇パーセントだ。ここで、偶像の場合の割合を「目比率」と呼ぼう。テル・アスマル（訳注　現イラクにある古代シュメール人の遺跡）のアブ神殿のファウィッサ（訳注　聖所付近にある献納品を置く場所）で発見された一二体の有名な群像[35]は、台座にそれらが神であることを表わす象徴が刻まれており、その目比率は一八パーセントに及ぶ。極端に大きな丸い目が、催眠術でもかけるように有無を言わせぬ威光をもって、五〇〇〇年前の先史時代の世界からじっとこちらを見詰めている。

ほかの遺跡のほかの偶像にも同じ特徴が見られる。ウルク（訳注　現イラク南部にあったシュメールの都市）から出土した、ことのほか美しく当然ながら有名な白い大理石の頭像[36]は、目比率が二〇パーセントを超えている。かつては目と眉にまばゆい宝石で象眼が施され、顔は着色され、髪は淡い色で染められていた。この頭像は、すでに朽ち果てていた等身大の木像の頭部であることがわかる。紀元前二七〇〇年頃、ユーフラテス川中流に栄えたマリという豊かな文明には、ふわりとしたスカー

アブ神。前ページは詳細不明の女神。ともに現バグダッドに近いテル・アスマルの神殿で発見され、現在はバグダッドの博物館所蔵。紀元前二六〇〇年頃のもの。

ト状の衣をつけた神々や支配者や神官の、アラバスター石製や方解石製の像が多いが、その目は直径が頭部の長さの一八パーセントまで達し、黒い塗料で太く縁取られている。マリの主神殿では、有名な壼を持つ女神が君臨し、今は虚ろのその大きな眼窩《がんか》にはかつては催眠力のある宝石がはめ込まれていた。両手には傾けたアリュバロス（訳注　口が平らな円形の壼）を持っていて、水槽から女神の体内に伸びた管により、アリュバロスから水があふれ出る仕組みになっている。水は女神の着衣を伝って流れ、下半身を透明な水のベールで覆うとともに、さらさらと、女神の言葉の幻聴となるにふさわしい音を立てる。それから、紀元前二一〇〇年頃にラガシュの支配者だった謎めいたグデアの、有名な一連の彫像もある。きわめて硬い石を刻んだもので、目比率はおよそ一七～一八パーセントだ。

エジプトの神殿や墓にあるファラオたちの彫像の目比率は、二〇パーセントに達することもある。現存する数少ないエジプトの木像から、拡大されたその目はかつては銅の枠にはめ込んだ石英や水晶でできていたことがわかる。だが、神たる王による神政政治だった（次章参照）ことから予想できるように、エジプトの偶像はメソポタミアのものほど目立った役割を果たしてはいなかったと思われる。

インダス文明の石像の例はあまり残っていないが、現存するわずかな像は、二〇パーセントを超えるひときわ目立つ目比率を呈している。[37] 中国の〈二分心〉時代の偶像についてはまだわかっていない。

しかし、紀元前九〇〇年頃、メソアメリカで再び文明が芽生えると、まるで数千年前の近東に戻ったかのようだった。もっとも、そこにはある種独特のものが見られた。硬い玄武岩を彫って作った、多くは高さが二・五メートル近くある巨大な頭が、たいてい縁なしの帽子を被り、ときとしてフットボールのヘルメットのような大きな耳当てをつけて、ラ・ベンタやトレス・サポルテス付近の地面に、体なしでどっかりと置かれているのだ（いくつかはビジャエルモッサのラ・ベンタ遺跡公園に移され

マヤの神。ホンジュラスのコパン遺跡から出土した、西暦七〇〇年頃の石碑。高さ約三・六メートル。

ている)。これらの人頭像の目比率は、実際の比率に近い一一パーセントから一九パーセントを超えるものまで様々だ。たいていは話しているかのように口を少し開けている。オルメカ文明には性別のない奇妙な子供をかたどった陶器の偶像も多い。無性であることを見せるかのように、きまって足を大きく広げて座り、身を乗り出して切れ長の目でじっと前を見据え、何かを話しているように唇の厚い口を半分開けている。目を開いている場合の目比率は、私がいくつか調べたところ、平均一七パーセントだった。オルメカ文明の小像には、人体の半分ほどの大きさで、さらに大きな目比率のものもある。メキシコシティ付近に位置し、オルメカ文明の影響を受けた紀元前五〇〇年頃のトラティルコの遺跡と同様、この種の像はしばしば墓地で発見される。まるで死後も行動の指示を受けるために、それぞれの偶像とともに死者を葬ったかのようだ。

マヤの偶像は、普通そこまで異常な目比率にはなっていない。そのかわり、ユカタン半島の大きな都市では、死亡した指導者の姿をかたどった像を作った。これもほかの偶像と同様、幻覚作用を起こすのが目的だったと思う。後頭部を空洞にしておき、火葬にした死者の灰をそこに入れた。一六世紀にこの慣習を目撃したランダ(訳注　スペインの修道士。マヤ文明を研究すると同時に破壊した者として知られている)によると、「彼らはこれらの彫像を、大いなる崇敬の念をもって保存していた」そうだ[38]。

一二〇〇年頃マヤパンを支配していたココム家では、その九〇〇〇年前にジェリコのナトゥフ文化で行なわれていた慣習が復活していた。死者の頭を切り離し、「煮た後で肉をきれいに取り除き、後ろ半分は鋸で切り取るが、前部はあごも歯もついた完全な形で残す。そして肉の代わりに……ビチューメン(訳注　古代小アジアでセメント・モルタルとして使ったアスファルト)のようなもの［や漆喰］を塗りつけると、生きているように自然に見え……これを家の祈禱室に安置して、祭日に食べ物を供える。……彼らは、そこには死者の魂がとどまっており、供え物はその役に立つと信じていた」[39]。こうして手を加えた頭をこのように遇したのは、その中にかつての持ち主の声が「入っていた」からだと考えても何ら矛盾はない。

マヤ人はほかの種類の偶像も数多く使っていた。その数はあまりに多く、一五六五年にあるスペイン人市長が管轄区内における偶像崇拝の廃止を命じたところ、「目の前に一〇〇万個以上が集められて」仰天したほどだ[40]。こうした偶像の一種には、マヤ人が「クチェ（聖なる木）」と呼ぶ針葉樹で作ったものがあった。「神々を作るので、これを彼らはそう呼んでいた」。この像は、断食中の「チャク」と呼ばれる神官が、香と祈りで清められた小さな藁葺き小屋にこもり、畏敬の念に打ち震えながら彫る。神を彫る彼らは「しばしば自らの耳を切り、神々にその血を塗って香を焚き込んだ」。完成すると、神々はりっぱな衣装で飾り立てられ、小さな祠《ほこら》の台座の上に安置された。中には、近づきにくい場所に安置されたために、キリスト教の侵入や時の流れによる破損を免れたものもあり、今でもときどき発見される。一六世紀にマヤの社会を見た人の話では、「気の毒な盲従者は偶像が語りかけてくると信じて、鳥やイヌや自らの血、そして人間までも生贄《いけにえ》にしてそれに捧げた」[41][42]

偶像が話す

そのような偶像が〈二分心〉の観点から見て「話した」と、どうしてわかるのだろう。私はこれまで、彫像や小像が存在すること自体、従来思ってもみなかった角度からの説明を要するという考えを提言しようとしてきた。〈二分心〉の仮説はそんな説明を可能にする。そのような偶像を宗教的な場所に祀ること、どの文明でも初期には目が誇張されていること、眼窩に輝く宝石をはめ込むという、いくつかの文明に見られる慣習、最も重要な二つの古代文明で（次章で見るように）新しい彫像に口を開ける際に行なっていた凝った儀式、これらはすべて少なくとも証拠として一定のパターンを示している。

楔《くさび》形文字の文献にはよく、神の像が話すという記述がある。前一〇〇〇年紀初期になってもまだ、ある王の書簡に次のように書かれている。

私はいくつかの前兆に気づいた……シャマシュ（訳注　古代メソポタミアのアッカド人の太陽神）の前でそれらを順に列挙させた……アッカドの王の肖像［像］が私の前に幻覚をもたらし、大声で言った。「破滅を招くいかなる前兆を王の像に見たか」。そしてこうも言った。「大王サルゴン（訳注　アッカド王朝を築いた王）に言え……［楔形文字はここで判読不能になるが、やがてこう続く］……像はニンガル・イッディナ、シャマシュ・イブニ、ナイド・マルドゥク（訳注　それぞれ神や女神の名称）について尋ねた。国内の反乱に関しては、こう言った。「城壁都市を次々に攻め落とせ。呪われた都市は大王サルゴンの前に持ちこたえることはできない[43]」

旧約聖書でも、そこに登場する「テラフィム」という種類の偶像は話すことができるように書かれている。「エゼキエル書」第二一章二一節には、バビロンの王がそのいくつかに教えを請う姿が描かれている。さらに直接的な証拠がアメリカ大陸から得られる。スペイン人に征服されたアステカ族が、彼らの歴史が始まった経緯を侵略者たちに話した。廃墟と化した昔の文化の神殿から出土した像が、彼らの指導者たちに語りかけたのだという。像は、その場所から湖を渡れ、そしてどこへ行くにもその像を持っていけと命じ、彼らをあちこちに導いた。ちょうど姿の見えぬ〈二分心〉の声がモーセを導き、シナイ砂漠をジグザグと進ませたように。(44)

そして最後に、ペルーからのすばらしい証拠がある。異端者弾圧の教えを受けたスペイン人が記したペルー征服の最初の報告は、どれも一貫してインカ帝国を悪魔に操られた国と見なしていた。ほかならぬ悪魔がインカの彫像の口を通して、実際にインカの人々に語りかけているというのが彼らの証拠だった。スペインの中でもきわめて無知な地域からやって来た、この粗暴で独善的なキリスト教徒たちにとって、これはさして驚くに値しなかった。ヨーロッパに届いた最初の報告にはこうある。「[パチャカマク(訳注 ペルー海岸部のユンカ族の主神で、後にインカ族により彼らの創造神と同一視された)の]神殿には悪魔がいた。かつて悪魔は、非常に暗く自らと同様に汚い部屋でインディオたちによく語りかけていた」(45)。後の報告にはこんな記述がある。

……これら偽りの聖所で悪魔が語りかけ、問いに答えるのは、[西]インド諸島では非常に一般的なことで、人々に受け入れられていた……人々はたいがい夜に偶像のもとへ後ろ向きで入っていく。忌まわしいしきたりに従って、体を曲げ頭を下げて進み、教えを請う。悪魔の答えはたいてい歯のすき間から出るような、あるいは歯軋りのような恐ろしい音に聞こえ、それが彼らをおびえさせる。悪魔の忠告や命令は、彼らを破滅と滅亡へ導くばかりだった。(46)

第2章　文字を持つ〈二分心〉の神政政治

文字とは何か？　文字は、「視覚的事象の図絵」から「音声的事象の符号」へと進化する。それはまさに驚くべき変化だ。後者でいう文字は、このページに見られるものがそうであるように、読者に未知の情報を伝えようとする。だが、文字が前者に近いほど、もっぱら記憶再生を助ける手段という意味合いが増し、既知の情報を読者に喚起することになる。ウルクの原文字（訳注　考古学用語で、楔《くさび》形文字に至るまでの過渡期に出現した象形文字のこと）時代の絵文字、神々の描写の初期に見られる図像、マヤの象形文字、アステカの絵文書、さらに言えば、現代人の用いる紋章もすべて「視覚的事象の図絵」に含まれる。これらを見る者たちに喚起されるはずの情報は永遠に失われる可能性があり、その結果、文字は永遠に解読されないこともありうる。

この両極にある文字の中間に位置し、なかば図絵でなかば符号という二種類の文字を本章で取り上げる。一つは、「神々の書」を意味するエジプトのヒエログリフ（象形文字）と、これを簡略化した筆記体の神官文字、もう一つは、それよりも広範に使われ、後に学者たちが楔の形に似た字体から、楔形文字と名づけた文字だ。

　楔形文字は私たちにとって最も重要で、それを含む遺物も神官文字やヒエログリフよりはるかに広範に及ぶ。何千という粘土板が解読を待ち、さらに何千もが発掘を待っている。楔形文字は、シュメール語、アッカド語、フルリ語、後にヒッタイト語と、少なくとも四言語で使われていた。英語の二六文字や、アラム語（宗教書を除いて、紀元前二〇〇年頃には楔形文字に代わって使われるようになった）の二二文字のアルファベットと違って、六〇〇を超える記号を使った扱いにくく不明瞭な伝達形式だ。その多くは表意文字で、同一の記号が一つの音節、一つの意味、一つの名前を表すこともあれば、複数の意味を持つ単語となることもある。それは文字の分類によって決まるのだが、分類はある特定の目印で不規則に示される。文字がどの種類かは、文脈からしかわからない。たとえば、

という記号は九つの異なるものを指す。「シャムス」と発音すれば「太陽」の意味で、「ウーム」と発音すれば「日」を、「ピスー」ならば「白」を意味する。またこの他に、「ウド」「トゥ」「タム」「ピル」「ラフ」「ヒス」といった音節も表す。文脈によって指すものが変わるのだから、楔形文字の使用当時も意味を確定するのは並大抵のことではなかった。いわんや、楔形文字で描かれた文化から四〇〇〇年の隔たりのある今では、解読は興味深くはあるものの、とてつもない難題となっている。ヒエログリフや神官文字についても一般に同じことが言える。

　楔形文字の文献の多くは受領書、物品目録、神々への献辞なので、用語はたいてい具体的であるため、解読を誤る心配はほとんどない。しかし、用語が抽象的になりがちなとき、とりわけ心理学的な

解釈が可能なときなどは、訳文をわかりやすくしようと、善意の翻訳者が現代的なカテゴリーを押しつける例が見受けられる。大衆文学ばかりか学術的な文献でさえ、体裁を良くするための修正や現代人好みの虚飾にあふれ、古代人を現代人のように見せかけたり、あるいはせめて欽定英訳聖書のような文体で語らせようとしたりする。解読者は、実際に読み取れる以上のものを読み込むことが多い。意思決定やいわゆることわざ、叙事詩、教訓について書かれているような文献の多くは、もしもそれらを人類の考古心理学の資料として当てにするつもりならば、具体的な行動に基づいて正確に解釈し直す必要がある。そして、ここで読者にお断りしておくが、本章の与える印象は、同じ題材を扱った一般の書物と一致しない。

それに留意しつつ、先へ進もう。

前三〇〇〇年紀に登場した文字のおかげで、まるで幕が開いたように、私たちは前述の輝かしい文明を不完全ながらも直視できるようになった。そしてこの間のある時期に、神政政治の二大形式が存在していたことが明らかになった。一つは神の管財人たる王による神政政治だ。そこでは首長や王は、神々あるいはもっと一般には特定の都市の神の主席代理人であり、その神の土地の支配・管理者だった。これは〈二分心〉の王国で最も広く行なわれた重要な神政政治の形式だった。メソポタミアの多くの〈二分心〉の都市国家や、第一部第三章で述べたようにミケーネで、また私たちの知るかぎりではインドや中国、そしておそらくはメソアメリカでも見られた形式だ。もう一つは、神たる王による神政政治で、そこでは王自身が神となる。この形式の最もわかりやすい例はエジプトだ。また、アンデスの王国の少なくともいくつかと、おそらく古代の日本でもそれが見られた。第一部第六章で述べたように、両形式とも、新しい王が亡き王の声の幻聴に従って国を治めるという、より原始的な〈二分心〉体制から発展した。

この二つの神政政治について、古代を代表する二つの大文明の中で順に取り上げていくことにする。

メソポタミア　所有者としての神々

メソポタミア全域で、シュメールやアッカドの両王朝の最初期から、すべての土地は神のものであり、人間は神の奴隷だった。この点については、楔形文字の文書を見ても何ら疑いの余地はない(1)。都市国家はそれぞれ主神を持ち、現存する最古の文書では王は「神の小作人」と呼ばれていた。

神そのものは像だった。像は（よく言われるように）神の代わりだったのではなく、神そのものだった。神像には専用の家があり、シュメール人には「偉大な家」と呼ばれていた。この建物は一群の神殿建造物の中心にあり、神の重要性と都市の豊かさにより大きさが異なった。神像はおそらく木で作られたので軽く、神官たちが肩に乗せてあちこち持ち歩くことができた。顔には貴金属や宝石がはめ込まれた。まばゆいばかりの衣をまとった神像は、普通は台に載せられて、神の家の中央の部屋にしつらえた壁龕《へきがん》に安置された。大きくて重要な神の家には小さな中庭がいくつかあり、管財人たる王や神に仕える神官らが使用する部屋に囲まれていた。

メソポタミアで発掘された大都市遺跡のほとんどでは、主神の家はジッグラトだった。これは基部が長方形の大きな塔で、上にいくほど小さくなる段を階段状に重ねたもので、光り輝く頂上には聖堂があった。ジッグラトの中央には「ギグヌー」と呼ばれる大きな部屋があり、おおかたの学者たちはそこに主神の像が安置されていたと考えるが、もっぱら儀礼目的で使われたとする者もいる。このようなジッグラトや同様に高くそびえる神殿建造物は、たいてい〈二分心〉王国の多くでいずれかの時期によく見られる。

神像が土地の所有者であり人々はその小作人だったので、管財人たる王の第一の務めは神に仕えること、神の所有地の管理にとどまらず、もっと私的な形でも仕えることだった。楔形文字の文書によれば、神々は、飲酒や食事、音楽や踊りを好んだ。眠ったり、ときおり配偶者として訪れるほかの神像との性行為を楽しんだりするための寝台も必要とした。体を洗い、衣服を着せ、心地よい香りで満たすことも求められた。また、祭礼時には担ぎ出して運び回らなければならなかった。こうした世話はすべて、時がたつにつれて徐々に形式化し、それに伴う祭儀も増えていった。

神殿では日々の儀式として、神像を洗い、衣服を着せ、食事を供えた。像を洗う儀式は、おそらく世話係の神官が聖水を振りかけて行なったのだろう。ことによると、これは洗礼や聖油を塗る儀式の起源かもしれない。衣服を着せる儀式では、像を様々に装わせた。神の前には今の祭壇のもとになった台が二つあり、一方には花が置かれ、もう一方には神の飢えと渇きを癒すための食べ物と飲み物が並べられた。食べ物は、パンとケーキ、雄牛やヒツジ、ヤギ、シカの肉、魚、鳥肉などだった。楔形文字の解読によれば、食べ物が運び込まれた後、神像は一人で食事を楽しんだという。その後しかるべき間を置いてから、管財人たる王が脇の入口から神の部屋に入り、神が残したものを食べた。

また、神像の機嫌を保つことも必要だった。これは神の「肝臓をなだめる」こととされ、いつもの食事とともにバターや脂、蜂蜜、砂糖菓子などの供物が台上に置かれた。自分の〈二分心〉の声に非難され、その怒りを買った者が、このような供物を神の家に持ってきたのだろう。

こうした儀式が、何らかの形で何千年という長きにわたり、生活の中心として受け継がれたことは、像の声が話しかけてくるのを人間が聞いていたという仮定なくしては説明がつかない。まさに『イーリアス』の英雄たちやジャンヌ・ダルクが自らの神の声を聞いたように。そして実際、何をすべきかを知るには、神が語りかけるのを聞かねばならなかったのだ。

それは文書そのものからもはっきりと読み取れる。ラガシュの支配者グデアの貴重な円筒碑文B（紀元前二二〇〇年頃）には、ニンギルス神（訳注　バビロニア、とくにラガシュのギルス地区の守護神）の新しい神殿内で女神官たちが女神たちを配する様子が描かれている。

……女神たちの名は、ザザル、イムパエ、ウレヌンタエア、ヘギルヌンナ、ヘシャガ、グルム、ザルム。ニンギルス神がババ（訳注　古来の豊饒女神(2)《シュメール》）との間にもうけし七人の子。ニンギルス神のそばにて、好ましき判断を述べてもらうためなり。

ここで述べられる特別な判断は、農業の様々な面に対して下されるものだ。たとえば、穀物が「川のほとりの聖なる耕地を覆い」、「ラガシュのりっぱな穀物倉をすべてあふれんばかりにする」だろう、とある。また、紀元前一七〇〇年頃のラルサ王朝の円錐形の粘土板は、ニンガル女神（訳注　シュメールの女神。「偉大なる女主人」の意）を次のように賛美している。

……相談役、このうえなく賢明な指導者、すべての偉大な神々の女君主、堂々たる語り手、その発言は比類なきなり。(3)

これらの文書のどこを見ても、何がなされるべきかを決定するのは神々の言葉だ。ラガシュの円錐形粘土板には次のようなくだりがある。

キシュのメシリム王は、キシュの耕地についてカディ神（訳注　アッシリアの女神）の命令を受け、そこに石柱を建てた。ウンマ（訳注　古代シュメール都市国家の一つ）のエンシ（総督）ウシュは、石柱を奪えるよう呪文を唱え、石柱を粉々にし、ラガシュの平野に進んだ。エンリル（訳注　シュメールとバビロニアの大気の神）の勇士ニンギルスは、エンリルの正当な命令により、ウンマに対し戦争を起こした。エンリルの命令で、大きな罠を仕掛けた。ニンギルスは、そこの平野に埋葬塚を建てた。(4)

支配者は人間ではなく、カーディ、ニンギルス、エンリルといった神々の幻の声だ。注目すべきは、この一節が、楔形文字で神の言葉が彫り刻まれ、耕作のすべてを伝授するために耕地に建てられた石柱についてのものである点だ。石柱そのものが神の顕現だったことは、石柱が攻撃され防御され粉砕され、あるいは持ち去られることからも推測される。また、石柱が幻聴の源だったのではないかと思わせる記述が、ほかの文書に見られる。別の文書でとりわけ関連が深い一節には、夜に石柱を読む様子が描かれている。

石柱に彫り刻まれた文面を、聞くことで知る。石柱の側面の磨かれた表面を、聞くことで知る。松明《たいまつ》の明かりが、聞くことの助けとなる。(5)

つまり、前三〇〇〇年紀には、読むというのは楔形文字の文書を聞くことだったのかもしれない。言い換えれば、絵による記号を見て神の声を幻聴で聞くことであって、今日のように視覚的に綴りを読むのとは違う。

ここで「聞く」にあたる語は、「GIS-TUG-PI」と音訳されるシュメール語だ。ほかにも数ある王の碑文に、王やそれに順ずる高位の者たちが、神に「GIS-TUG-PI」を授かり、偉業を成し遂げる様子が記されている。紀元前一八二五年になっても、ラルサの王ワラド・シンは、円錐形の粘土板に書かれた碑文に「GIS-TUG-PI DAGAL」、つまり自分の神エンキ（訳注　シュメールの水の神、知恵の神）の声を「いずこにおいても聞く」ことで、都市を再建したと述べている。(6)

口を清める儀式

神像が神の声の幻聴を助けたという証拠は、ほかの儀式の中でも見られ、その様子はすべて楔形文字の粘土板に正確かつ具体的に記されている。神像は、特別で神聖な職人の家、「ビート・ムンム（仕事場）」で作られた。職人さえも、職人の神ムンムに作業の指示を仰ぎ、像の作り方を「口頭で伝授」してもらった。神像は神の家に安置される前に、「口を洗う」という意味の「mis-pi」と、「口を開ける」という意味の「pit-pi」の儀式を受けた。

像が作られるときに限らず、定期的に口を清める手の込んだ儀式を行なうことで、神の声を蘇らせることができた。とりわけ、神の声があまり聞かれなくなってきたと思われる〈二分心〉時代後期には、その儀式が盛んになった。顔に宝石をはめ込んだ神は、松明の火に明々と照らされながら河岸へと運ばれ、そこで儀式とまじないのさなかに置かれた。神像が東、西、北、そして南へと向けられる間に、木製の口が数回洗われた。口を清める聖水は、多くの珍しい材料を混ぜ合わせたもので、ギョリュウ属の低木、様々な種類のアシ、硫黄、種々の樹脂や塩や油、ナツメヤシの蜜、それに多種の貴石が入れられた。さらにまじないの儀式が行なわれた後に、神は「手を引かれて」通りに戻り、神官は「歩を進めたまえ、歩を進めたまえ……」と呪文を唱えた。神殿の入口では、別の儀式が執り行なわれた。その後、神官は神の「手」を取り、壁龕に置かれた神の御座へと導いた。そこで金色の天蓋がかざされ、神像の口は再び洗い清められた(7)。

〈二分心〉王国はどこでも同じであるとか、時を経ても大きな変化はないなどと考えてはならない。

前述の情報のもとは、前三〇〇〇年紀末の文献だ。したがってそこには、〈二分心〉王国の末期の変化の様子が描かれていると言ってよい。当時、〈二分心〉の文化が複雑化したまさにその結果、神の声がはっきりと聞こえなくなり、聞こえる頻度も減っていた可能性があり、そこで神の声を復活させようとして清めの儀式が起こったのかもしれない。

個人の神

だが、一般庶民が、都市を所有する大神の声をじかに聞いていたということではない。幻聴がそこまで多様化していたら、政治体制が弱まってしまっただろう。民は所有者である神々に仕え、神々の所有地で働き、祭礼に参加した。だが、神々に懇願するのは重大な危機に瀕したときだけで、それも必ずとりなしを必要とした。とりなしの場面が表された円筒印章（訳注　石または粘土製の円筒形の印章で、バビロニア人やアッシリア人が印章や護符として使用した。粘土の上で回転させるよう、側面に楔形文字や図像が彫刻されている）は無数にある。目録として用いられた楔形文字の粘土板の多くには、その裏側に、こうした円筒印章を転がしてつけられた印影図がある。通例、座っている神と、それより低い位の神としてたいていは女神が描かれ、女神は粘土板の所有者の右手を引いて神の御前に導いている。

とりなし役は個人の神だった。王であれ、農奴であれ、誰しも自分の神を持ち、その声に聞き従った。(8) 発掘された家のほぼ全部に、おそらく住人個人の神たる偶像や小像が納められていたと思われる神の部屋があった。後の楔形文字の文献には、大神の口を清める儀式に類似する個人の神の儀礼の様子が記されているものがいくつかある。(9)

何らかの特別な恩恵にあやかるために、個人の神にしつこくせがんで上位の神々を訪ねてもらうこともあった。また一方では、私たちには不思議に思えるが、所有者である神々がある王子を管財人たる王に選ぶと、まず初めに都市の神が任命された者個人の神にその決定を伝え、その後でようやく本人に伝えられた。第一部第五章で述べたように、一連の段階式の通達はすべて脳の右半球で行なわれており、管財人たる王の選任の信憑性と民の承諾にまつわる問題点は重々承知している。古代にはほかの場所でもそうだったように、王の所業の責任は個人の神にあり、一般庶民の場合と同様だった。

ほかの楔形文字の文献には、人間はそれぞれの神「イリ」の陰の中に生きたという記述がある。人間と個人の神は分け隔てできぬほどに強く結ばれていたので、個人名の一部にはたいてい個人の神の名前が入っており、その人物の〈二分心〉的特性を示していた。おおいに興味をそそるのは、王の名が個人の神として示されている場合だ。たとえば「リム・シン・イリ」は「リム・シンはわが神」という意味で（リム・シンはラルサの王）、もっと簡単な例では、「シャル・イリ」すなわち「王はわが神」とされることもある。[10] こうした例は、管財人たる王の声そのものが、ときには神の声のように幻覚として聞かれたことを示唆している。

王が神になるとき

前述の可能性は、管財人たる王の神政政治と神たる王の神政政治という私の分け方が絶対ではないことを示している。さらに、いくつかの楔形文字の粘土板に出てくる初期のメソポタミアの王は、その多くが名前の脇に、中心から八本の線が放射状に広がる星形の印を付されている。これは、神を表す限定詞（訳注　意味分類の項目を示すために加えられる記号）だ。初期に記されたある文書の中で、ウルとイシンの多数の王のうち一人に、これと同じか、神を表す別の限定詞がついている。その意味するところについては諸説あるが、真に魅力的なものはない。

注目すべき手がかりは、神の限定詞が、たいていは王たちの治世の末期、いくつかの都市でのみ王たちに与えられていることだろう。とくに権勢を振るった王の声が幻聴によって聞かれた可能性があるが、それは支配下の民の一部だけが、王の一定期間の治世の後にのみ、限られた場所で聞いたということかもしれない。

とはいえ、そうした場合でさえ、メソポタミア全域を見れば、神聖な王と純粋な神々との間には重大な永続的違いがあるように思われる。(11) しかし、これは、次に述べるエジプトにはまったく当てはまらない。

エジプト　神々としての王

ユーフラテス川とチグリス川の流域の広大な地は、アラビアの果てしなく続く砂漠や、ペルシアからアルメニアにかけての山脈ふもとのなだらかな丘陵地帯に向かうにつれて、少しずつその特徴を失っていく。だがエジプトは、南部を除いて、相互に対称な不変の国境で、はっきりと境界が定められている。ナイル川流域で支配を広げたファラオはまもなく、襲撃したところで征服しえないものに到達した。それゆえエジプトは地理的にも民俗学的にも、また時間的にも空間的にも、メソポタミアよりつねに均質だった。エジプト人もまた、時代を超えて体格が著しく似ており、それは今なお残る頭蓋骨の研究で明らかにされている[12]。このように一様性が保たれたおかげで、エジプトではより原始的な神たる王の神政政治が続いたのではないだろうか。

メンフィス神学

まず初めに、有名な「メンフィス神学」について取り上げよう[13]。メンフィス神学とは、紀元前八世紀、花崗岩に、それ以前の文献（おそらくは紀元前三〇〇〇年頃の朽ちかけた皮の巻物）から書き写された思想だ。碑文は「創造主」プタハ神（訳注　メンフィスの氏神である創造の神）に触れた文章で始まり、ホルス神（訳注　タカの姿を持つ太陽神。オシリスとイシスの息子）とセト神（訳注　兄オシリスを殺した悪と夜の神）の争いとゲブ神（訳注　大地の神でオシリスとイシスの父）の仲裁、そしてメンフィスでの堂々たる神殿建立の記述を経て、有名な最終部で、あらゆる神はプタハの声すなわち「舌」の様々な顕現であると述べる。

さてここでいう「舌」を「プタハ神の心を具象化した概念」のようなものと解釈した場合（実際、よくそう解釈されるのだが）、それは確実に、古代の文書に現代的なカテゴリーを押しつけることになる[14]。心を具象化した概念という考え方、あるいは精神的なものの顕在化という概念さえも、ずっと後の時代に発達したものだ。古代エジプト語は、シュメール語と同様、終始一貫して具体的だったというのが衆目の一致するところだ。エジプト語が抽象的な概念を表すとする主張は、人間はつねに変わらないという現代的観念の押しつけであるように思える。また、メンフィス神学では、舌や声からすべてが創造されたと語られているが、そもそも「創造する」という言葉そのものが現代思想を無理に割り込ませているように思う。「自由に操る」のほうが適訳ではないだろうか。つまりメンフィス神学は、本質的には言葉に関する神話であり、プタハが実際に自由に操っているものとは、じつはエジプト文明を興し、支配し、導いた〈二分心〉の声なのだ。

オシリス——死せる王の声

かなり驚く向きもあるが、神話と現実が著しく交錯するため、ホルス神とセト神の天空の争いが現世の土地を巡るものとなり、最終部ではオシリスがメンフィスに本物の墓を持ち、また、生ける王がホルスの化身であるのとまったく同様に、死せる王はオシリスになる。こうした神々が、王や次位の者たちに聞こえる特別な幻聴の声で、また王の声はその死後も聞かれ、後継の王を導く声に「なり」うるとしたら、さらにほかの神々との種々の争いや関係を語る神話が、現実社会での権威構造に絡んで相争う訓戒的な権威の声を合理化する試みだと考えられるとしたら、少なくとも、この神話と現実というテーマに対する新たな見方が提示されることになる。

ここで単刀直入に言えば、オシリスは現代の解読者らが言うような「死にかけている神」でもなければ、「死の呪縛にとらわれた生命」や「死せる神」でもなかった。オシリスは幻聴で聞こえる死せる王の声であり、その訓戒は相変わらず強い影響力を及ぼした。また、王の声がまだ聞こえていたとなれば、かつて声を発していた肉体がミイラ化され、墓には生活に必要な食べ物、飲み物、奴隷、女性などすべてが入れられたという事実と何ら矛盾しない。王は神秘的な力を発したわけではなく、ただ記憶に違わぬ王の声が、王を知っていた人々に幻の声として届き、王が呼吸と動きを止める前とまったく同じように訓戒し示唆することを可能にした。そして、ささやくような波の音など多様な自然現象が幻聴のきっかけになりえたため、オシリス――すなわち動きが止まった肉体をマミークロス（訳注　ミイラを包む麻布）に包まれた王――がナイル川の洪水を操り続ける、と信じられていたことにも納得がいく。さらに、それぞれ新しい王とその亡き父の中に永遠に「体現され」たホルスとオシリスの関係は、助言を行なう幻の声を王自身の声と同化するという、各世代で繰り返される行為としてのみ理解可能だ。

声の館

神たる王の肉体が動きと呼吸を止めた後も、その声が生き続け、それゆえ、王の権力までもが持続したということは、埋葬の形式にもはっきり表れている。いや、埋葬と呼ぶのは間違いだ。神格化された王は、陰気に埋葬されたのではなく、陽気に館に入れられたのだ。紀元前三〇〇〇年を少し過ぎた頃、石造りの建築技術が確立されると、それ以前には階段状のマスタバ墳墓（訳注　古代エジプトの日干し煉瓦で造った墳墓）だったものが不死の命に宿る〈二分心〉の声の劇場、すなわちピラミッドへと急速に変化する。ピラミッドは複合的な施設で、神聖な絵や文書で楽しげに飾られた葬祭殿と通路があり、しばしば多数の臣下たちの墓に周りを囲まれ、それを見下ろすように神の住まいたるピラミッドそのものが建っていた。ピラミッドは、輝きを放つジッグラトのように太陽に向かってそびえ立ち、堂々としすぎて畏れ多くさえある外観を呈しており、アラバスター石や石灰岩はもちろん、磨いた玄武岩や花崗岩、閃緑岩といった非常に硬い岩をも使うのをためらわず、完璧を期して建てられた。

これらいっさいの心理的意味については、まだ解明されていない。証拠となるものは、罪深さの程度の軽い者から重い者まで様々な収集家に持ち去られ、あまりに深刻な状況にあるため、全容は永遠に謎に包まれたままになるかもしれない。神たる王の不動のミイラは奇妙なまでに簡素な石棺に入っていることが多い一方で、王の代わりとされた豪奢な像は、ミイラとは違い畏敬の念で崇められている。ひょっとすると、幻の声は像から聞こえるように思われたからかもしれない。メソポタミアの神像と同じく、像は等身大かそれ以上の大きさで、ときには念入りに彩色が施され、たいていは両目に宝石がはめ込まれていたが、意識を持ち、幻聴とは無縁の盗人たちの手で、とうの昔に眼窩《がんか》からえぐり出されてしまった。だが、メソポタミアの神像とは違い、動かす必要はなかったので、石灰岩や粘板岩、閃緑岩などの岩から精巧に彫られ、木から彫られたのは特定の時期だけだった。通例、像は恒久的に壁龕の中に置かれ、座っているものや、支えもなく立っているもの、また、神たる王の多数の立像や坐像が列を成したものなど様々だった。「セルダブ（訳注　古代エジプトの神殿や墓の秘密の部屋）」と呼ばれる小さな聖室の中に封じ込められたものもあった。セルダブには二つの小さなのぞき穴が、宝石をはめ込んだ両目の真正面に作られており、神像はそこから目の前の部屋の中を見ることができた。そこには食べ物や宝物などの供物の数々が置かれていたため、墓は略奪の被害にさらされた。ときおり、亡くなった神たる王から幻聴で聞こえてくる声がそのまま書き留められるようになり、「正真正銘のアメンエムハト一世陛下が、夢の啓示の中で息子に語ったときに授けた教訓」などが残された。

一般庶民もまだ生きているかのように埋葬された。農民は初代王朝前の時代から、引き続き生きていくための食料を詰めた壺や、道具、供物とともに埋葬されてきた。社会的身分が比較的高い人々には、死者を弔う宴席が設けられ、何らかの形で亡骸《なきがら》もそれに加わった。故人が自分の葬儀の席で食事をとっている場面が石板に彫られるようになり、墓の塚マスタバの壁にしつらえた壁龕に埋め込まれた。後の墓ではこれに手が加えられ、彩色した浮き彫りを施した石室や、ピラミッドにあるような、像と供物を納めるセルダブへと発展した。

死者の名にはしばしば、「声正しき者」という添え名が加えられた。これは今ここで述べている理論と切り離して理解するのは難しい。「声正しき者」は、そもそも敵に対して数々の勝利を収めたオシリスとホルスに使われた。

死者に宛てて、まるでまだ生きているかのように手紙も書かれた。おそらく、しばらく時間がたち、手紙を送る相手である死者の幻の声をもはや「聞く」ことができなくなった後に書かれたのだろう。ある男が亡き母に宛てて手紙を書き、自分と亡き兄との仲をとりもってほしいと頼んでいる。この人物が亡き兄の幻の声を聞いていなかったなら、どうしてこのようなことが起こりうるだろう。別の手紙では亡き夫が、祖先を呼び起こして残された妻と子供を助けるよう懇願されている。こうした手紙は日常生活についての私的な文書で、公的な教義や虚構とは無縁だ。

「カー」についての新解釈

もし古代エジプトにいわゆる心理的な性格があったとするなら、その根本概念は「カー」だと言わざるをえないだろう。そこで、「カー」とは何かという問題に突き当たる。古代エジプトの碑文でしきりに見られる、このとりわけ厄介な概念を解明しようと奮闘する学者たちは、「カー」を「魂」「霊」「分身」「生命力」「人間の本質」「幸運」「運命」など、じつに様々なものとして捉えてきた。「カー」は、セム族やギリシア人にとっての精霊や、ローマ人にとっての守護霊の類にもなぞらえられた。だがどう見ても、これら後世の概念は、〈二分心〉時代の二番煎じに思える。そしてまた、エジプト人は、同一の神秘的な存在を何通りかの言葉で言い表す精神構造を持っていると仮定したり、あるいは、「エジプト人はその思考の特性上、ある対象を一つの一貫した定義によってではなく、脈絡のないいろいろな定義によって理解する」(15)と想定したりしてみても、「カー」の捉えどころのない多義性は説明がつかない。いずれの解釈も満足できるものではないのだ。

神官文字の文書に残された証拠もわかりにくい。それによると、個々の人間が自分の「カー」を持っていて、ちょうど私たちが自分の意志の力について話すように、「カー」のことを口にしたという。それでいて、人は死ぬと「カー」のもとへ行くとされた。紀元前二二〇〇年頃の有名な「ピラミッド・テキスト（訳注　ピラミッド内部に彫られた呪文や祈禱文）」によれば、死者は「自身の『カー』の主人」と呼ばれている。「カー」のヒエログリフの記号は「訓戒」を表している。それは、手のひらを開いて上へ差し伸べられた二本の腕で、ヒエログリフで神性を持つものの記号を載せるときにのみ使われる旗竿の上に載せられている。

これまでの章で見てきたように、「カー」を〈二分心〉の声として再解釈すべきことは明らかだ。それはメソポタミアにおけるイリ、すなわち個人の神にあたるものだったと思われる。「カー」は、人の頭の中ではっきりと聞こえ、その人物を導く声で、親や権威ある者の口調をしていたかもしれない。だが人の死後もなお、その「カー」が友人や近親者に幻の声として聞こえるときには、もちろん本人の声として聞こえた。

ここで、古代人には意識がなかったとする主張を和らげ、彼らが私たち現代人と変わらなかったとしばらく仮定してみると、次のような場面が想像できる。畑に出ていた農夫が突然、「カー」、すなわち彼に何事かを訓戒する高官の声を幻聴で聞く。その後町へ戻った彼が高官に会い、相手の「カー」を聞いたと告げる（実際はそんなことをするわけはないが）。すると高官は、私たちのような意識を持っていたとすればだが、農夫が聞いた声は自分がいつも耳にし、人生を導かれているその声だと思うだろう。ところが現実には、畑の農夫には、高官の「カー」は高官自身の声として聞こえる。一方、高官の耳には、「カー」は彼より上位の者たちの声、もしくは複数の権威者の声が一つに合わさったものとして聞こえる。だが、当然ながら、この矛盾が発見されることはけっしてない。

「カー」のその他の面にも、このような考え方と合致するものがある。「カー」に対するエジプト人の態度は受身そのものだ。ギリシアの神々の場合と同様に、「カー」の声を聞くことは、服従することに等しい。「カー」の声は命令の内容に力を与える。碑文に刻まれた臣下の言葉に、王について言及したくだりがあり、「私は、王の『カー』が好むことをした」[16]あるいは「私は、王の『カー』が是とすることをした」とある。つまりこの臣下は、彼の働きを満足に思う王の声を幻聴で聞いていたと解釈できるだろう。

またいくつかの文書には、「王が人の『カー』を作る」と記されており、この意味での「カー」を「富」と訳す学者もいる。[17]だが、これもまた現代的な解釈の押しつけだろう。〈二分心〉文化のエジプトに、富や成功といった概念は存在しえなかったからだ。私の解釈によれば、人が、自分に訓戒を与えてくれる幻聴の声を手に入れ、仕事の上で導いてもらうという意味だろう。「イリ」がメソポタミアの役人の名にたびたび登場したように、「カー」は古代エジプトの役人の名に頻繁に見受けられる。「カーネンスートゥ」という名は「わが『カー』は王のものなり」と訳せるし、「カンスートゥ」という名は「王はわが『カー』なり」という意味だ。[18] また、

クヌム神がろくろの上に手を伸ばし、右手で未来の王を、左手で王の「カー」を作っている。「カー」が左手で自分の口を指差し、その言語機能を示唆している点に注目。その完全な機能分化は、第一部第五章で示した神経学上のモデルと一致している。

エジプト考古学博物館の石碑《ステラ》二〇五三八号にはこう刻まれている。「王はその臣下に『カー』を与え、忠実なる者に食糧を給する」

神たる王の「カー」は、とりわけ興味深い。「カー」は王の耳に、父王の口調で聞こえたと思われる。しかし臣下の幻聴の中では、王自身の声として響いた。これはきわめて重要だ。碑文には、王が座して食事をすれば、王の「カー」も座してともに食事をしたとある。ピラミッドのいたるところに

偽物の扉があり、中には石灰岩の壁に彩色を施しただけのものもある。亡くなった神たる王の「カー」はそうした扉を通り抜けて外の世界へ行き、声となって人々の耳に達することができた。記念碑に描かれるのは王の「カー」に限られており、あるときは王の頭部を表現した飾り物と羽根のついた竿を捧げ持った旗手として、またあるときは王の頭の後ろに止まった鳥として描かれている。だが中でも特筆すべきは、王の誕生の場面で、王の双生児の片割れとして「カー」が描かれている絵だ。その一つに、クヌム神（訳注　陶芸によって人間を創造したという、ヒツジの頭を持った創造神）が、ろくろの上で王とその「カー」を作っている場面がある。双子は小さな人の姿をしていて瓜二つだが、唯一の違いは、王の「カー」が左手で自分の口を指している点で、「カー」がいわゆる言葉を司るペルソナであることを明示している。(19)

第一八王朝、すなわち紀元前一五〇〇年以降のいくつかの文書からは、「カー」の概念がしだいに複雑化していることがうかがわれる。王には一四人の「カー」がいるなどと事もなげに記されているのだ。当惑する言葉だが、政府組織が複雑化を極めた結果、人々に聞こえる王の幻の声が、一四の異なる声、すなわち王と、王の指示を直接実行する者の間に介在する者たちの声として聞こえるようになったという意味だろう。一四もの「カー」を有する王という観念は、このように解釈する以外に説明がつかない。

というわけで、歴代のエジプト国王はホルス神の化身であり、亡くなった父王はオシリス神になる。王は自分の「カー」を持ち、さらに時代が進むと王の持つ「カー」も増えていった。ここで「カー」は声のペルソナと訳すのが最善だろう。「カー」を理解することは、エジプト文化全体を理解する上で不可欠だ。なぜなら、王と神と民の関係は「カー」によって規定されるからだ。王の「カー」はも臣、ちろん神の「カー」であり、神の使者として機能する。それは王自身にとっては先祖の声であり、臣下たちにとっては、何をなすべきかを指令する王の声だった。だから文献の中で臣下が「わが『カー』は王に由来する」「王がわが『カー』を作る」「王はわが『カー』なり」などと言うとき、その人物を導く内なる声――ことによると両親に由来する声かもしれない――を、王の声、または王の声と思しきものと同一視していると解釈すべきだ。

古代エジプト人の精神構造に関連するもう一つの概念は「バー」だが、少なくとも古王国時代（注訳　紀元前二六八六〜二一八一年）には、それは「カー」と同格ではなかった。「バー」はむしろ現代人の考える亡霊一般に近く、「カー」が聴覚的な現れだとしたら、「バー」は視覚的な現れだった。葬儀の場面などで、「バー」はたいてい人間の頭を持つ小さな鳥の姿で描かれている。おそらく幻影は鳥に似たすばやい動きをするからだろう。「バー」は多くの場合、ある人物の像や亡骸に関連して、あるいはそれにつきそう姿で描かれている。王の支配力が強大だった古王国が凋落した後、「バー」が、「カー」の〈二分心〉の機能をいくらか担うようになった事実は、ヒエログリフの変化によく表れている。「バー」は、小さな鳥の姿だったものが、人の先に立って導く鳥として、香炉とともに描かれるように変化している。またそのことは、紀元前一九〇〇年頃の有名なパピルス文書三〇二四（ベルリン博物館所蔵）中で、「バー」が幻の声の役割を果たしていることにも表れている。この驚くべき文書の翻訳は、ごく最近のもの[20]も含めて、すべて現代的な解釈の押しつけか、さもなくば、興味はそそられるが物足りない解釈に終わっている。解読者は誰一人としてこの「生活に疲れた者と魂の会話」なる文書を字義どおりに捉えようとしていない。すなわち、現代の統合失調症によく似た、幻聴の声との対話であることを見過ごしている。

時代の推移に伴う神政政治の変化

前章では、集落の中央に位置する大きな神殿や、死者を生き続けているがごとく扱う風習、そして偶像の存在など、〈二分心〉の王国に共通して見られる要素に重きを置いた。だが古代文明には、総じて見たときの統一性以上に、紙幅の関係で触れられなかった機微もまた多く見られる。私たちは、文化や文明はそれぞれ著しく異なりうると認識しているのだから、当然、〈二分心〉のもたらした結果はいずれの発祥地でもことごとく同じだなどと仮定することもあってはならないのだ。人口、生態環境、神官、階層制、偶像、産業における違いのすべてが、幻覚の支配の権威や頻度、浸透性や性質に大きな違いをもたらすと私は思う。

一方、本章では、〈二分心〉の二大文明の間に見られる差異に焦点を当ててきた。ただ、それらの文明が時間の推移の中で不変であるかのような述べ方をしてきており、その点は事実に即していない。〈二分心〉の神政政治は時空を超えて変わらずに安定していたという印象を与えるのは完全な誤りだ。そこでこの本章最終節では、〈二分心〉王国の体制における変化と相違点について取り上げ、この点を補いたい。

神政政治の複雑化

神政政治についてはっきりと言えるのは、それが生物学的な意味で成功したということだ。王国の人口はたえず増え続けた。そして人口が増加するにつれて、神と呼ばれた〈二分心〉の声による社会統制の諸問題はしだいに複雑化した。前九〇〇〇年紀にエイナンの人口数百の村落に見られた社会統制の体制は、これまで取り上げてきた、神々や神官、役人の序列化した階層を伴うエジプトとメソポタミア文明のそれとは、およそかけ離れていた。

じつは、〈二分心〉の神政政治には盛衰の周期性が組み込まれているのではなかろうか。幻の声による社会統制は成功しながらも複雑化し、やがて文明国家も文明的な関係ももはや持続不可能になり、〈二分心〉社会は崩壊する。前章で指摘したように、コロンブス以前のアメリカ文明でも、こうした盛衰が幾度となく繰り返された。外的要因もないのに、ある日突然、全住民が町を捨てて出ていき、無秩序に消散し、周辺地域での部族生活へと戻る。だが、一世紀もたてば、もとの町と神のところへ帰ってくる。

本章で見てきた何千年という間に、〈二分心〉の神政政治は明らかに複雑化している。これまで述べてきた儀式や慣習の多くは、そうした複雑さを軽減するために始められたものだった。文字にしても、最初の絵文字は、物に名前をつけて目録にし、分類整理するためのものだった。構文の体を成した最初の文書のいくつかは、人口過剰に触れている。たとえばシュメールの叙事詩、『アトラハシス』はいきなりこの問題で始まっている。

人々はおびただしい数に増え……
神はその喧噪に気を滅入らせた
エンリルは人々のやかましい音を聞き
偉大なる神々に訴えた
人間どもの立てる騒音が煩わしくなった……[21]

まるで神々の声は、手を焼いていると言わぬばかりだ。叙事詩にはこの後、偉大な神々が疫病や飢饉をもたらし、ついには「黒頭人」の一部を滅ぼすために大洪水（旧約聖書に出てくる大洪水の起源）まで引き起こした様子が綴られる。ちなみにメソポタミアの神々は、人間の奴隷たちを卑しんで「黒頭人」と呼んでいた。

神々の統治機構には過度の負担がかかり始めていた。〈二分心〉時代の初めの数千年間、人々の生活は簡素で、居住地域も限定されており、政治組織もいたって素朴で、したがって必要とされた神もまだ少数だった。だが前三〇〇〇年紀末に近づくにつれ、社会組織のテンポが速くなり、その複雑さも増したため、毎週、あるいは毎月、昔よりはるかに多岐にわたる、はるかに大量の決定を下すことが求められた。そのため、たいへんな数の神々が現われ、人々が遭遇するありとあらゆる状況に応じて祈願の対象となった。シュメールやバビロニアの都市の壮大な神の家に祀られた主要神から、各家庭に祀られた個人の神に至るまで、当時の世の中は、〈二分心〉の幻聴の源で文字どおりごった返していたことだろう。そこで、神官が神々を厳格な序列に位置づける必要性も増大した。人がなすことのいっさいがっさいに、それぞれ神がいた。道端の祠《ほこら》が出現して人々の人気を博したようで、たとえばパ・サグ礼拝堂ではパ・サグ神（訳注　旅人の守護神とされる）像が、砂漠の旅に出る人々の判断を助けた。(22)

この複雑化に対するエジプトとメソポタミアの神政政治の対応は、それぞれ異なり、また非常に示唆に富んでいる。古い時期のエジプトの、神たる王による統治は柔軟性の点で劣り、人間の潜在能力の開発にさほど前向きでなく、革新的なものや属国の特性に対する許容度も低かった。それでも、ナイル川沿いに膨大な距離にわたって領土を広げた。市民社会の結合に関するどんな説を持ち出してみたところで、紀元前二一世紀に、エジプトのあらゆる権威が崩壊したことは疑う余地がない。引き金となる何らかの地質学的災害があったのかもしれない。紀元前二一〇〇年頃のことを振り返った古文書には、ナイル川が涸れかけ、人々が歩いて渡り、日が照らず、農作物の収穫が減少している、と記されているものがある。直接の原因が何であったにせよ、神たる王を頂点としてメンフィスに築かれた権威のピラミッドは、この時期にあっさり崩れてしまった。文学的史料によれば、人々は町を捨て、王族でさえも畑を掘り起こして食べ物を探し、血を分けた兄弟が争い、子は両親を殺め、ピラミッドや墓が荒らされたという。こうした権威の完全なる消滅は外部の力によるものではなく、何らかの計り知れぬ内部の弱点によるものだと学者たちは主張する。私の考えでは、それはまさに〈二分心〉に内在する弱点、すなわち、複雑性の増大に直面した際の脆《もろ》さによるもので、権威がこれほどまで絶対的に崩壊してしまうのは、そうとしか理解ができない。当時のエジプトには、ナイル川河口の三角州地帯から上流に至るまできわめて重要な地域が連なり、それぞれ自給が可能だった。無政府状態のまっただなかにありながら一つの反乱も起こらず、またこれらの地域が独立を企図しなかった事実から、当時の人々が現代人といかに異なる精神構造を持っていたかがうかがえるだろう。

古代エジプトのいわゆる「第一中間期」（訳注　紀元前二一八一年頃〜一九九一年頃）にこうして起きた〈二分心〉の崩壊は、少なくともマヤ文明の周期的崩壊を想起させる。マヤでは、すべての権威が突然消失して、そのつど全住民がジャングルでの部族生活に回帰した。そして崩壊期を経た後、マヤの都市に再び人々が定住したり、新しい都市が作られたりしたように、エジプトも、その崩壊から一世紀もたたぬ紀元前二〇世紀に、新しい神たる王のもとに再び統一され、いわゆる「中王国時代」（訳注　紀元前一九九一年頃〜一七八六年頃）が始まった。これと同じ現象は中東のほかの地域でもときどき見られ、たとえばアッシリアでは、次章で述べるように、紀元前一七〇〇年頃に〈二分心〉の崩壊が起きた。

法の観念

だが、これほどの規模の事態はメソポタミア南部ではけっして起こらなかった。もちろん戦争はあり、都市国家は、どの神が——したがってどの管財人たる王が——どの地を治めるかを巡って互いに戦った。しかしメソアメリカや、古王国時代末期のエジプトで起きたような権威の全面的な崩壊は一度も起こらなかった。

その理由の一つは、神の管財人たる王による神政政治のほうが柔軟性が高い点にあったと思われる。そしてそれと無関係ではないもう一つの理由は、文書の利用法にあった。エジプトと異なり、メソポタミアでは古くから文書が行政に活用されてきた。都市国家ウルでは、紀元前二一〇〇年頃までに、

ハムラビが、その神マルドゥク（ことによるとシャマシュ）が裁定を告げる声を幻聴で聞き取っているところ。その裁定を列記した石柱の頂部に彫られた図柄で、紀元前一七五〇年頃のもの。

管財人たる王という媒介を経た神々の裁きが記録されるようになった。それはまた法の観念の始まりでもあった。このような裁きを記した文書は、複数の場所に継続的に置くことができたので、より大規模な社会の結束を可能にした。これに匹敵するものがエジプトに出現したのは一〇〇〇年近くも後のことだった。

紀元前一七九二年、このように行政に文書を取り入れたことで、それまでにほとんど見られぬ類の政府が誕生した。指揮にあたったのは、メソポタミア史における巨人で、管財人たる歴代の王のうちで最も偉大な、バビロンの都市神マルドゥクの従僕ハムラビだ。彼の神政政治は紀元前一七五〇年までの長きにわたり、メソポタミアの大半の都市国家をバビロンのマルドゥク神の支配下に統一した。この征服と支配の過程を可能にしたのは、かつてないほど大量に用いられた書簡や粘土板や石碑だった。ハムラビは、識字能力があり書記を必要としなかった最初の王とさえ考えられている。どうやら彼の署名による楔形文字の書簡はすべて、湿った粘土に同じ手跡で刻まれたものらしいからだ。文書は行政指導の新しい手段であり、まさしく今日の、覚書で情報を伝達する政府の手法の見本だった。この方法なくしては、あのようなメソポタミア統一は達成しえなかっただろう。それはまた、後から考えれば、まもなく〈二分心〉に取って代わる社会統制の方法でもあった。

ハムラビの最も有名な遺産は、いくらか過大解釈され、またおそらく誤った呼称を付された「ハムラビ法典」だ。[23] これは黒色の玄武岩でできた高さ二・二五メートルほどの石柱で、そもそもはハムラビの治世の末期に、本人の彫像(ことによると偶像)のそばに建てられた。現在わかっているかぎりでは、他者からの損害賠償を求める者がいると、「ハムラビの言葉を聞く」(石碑の下部にそう書かれている)ために像のところへやって来て、次いでハムラビの神が以前下した裁きが記された石碑の前に立ったらしい。すでに述べたように、ハムラビの崇める神はマルドゥクで、石碑の最上部には、その神が裁定を告げる様子が彫られている。神は、メソポタミアの絵図では山の象徴とされる塚に腰かけている。裁定を述べる神の両肩からは、炎のようなオーラが立ち上っている(そのため一部の学者は太陽神シャマシュであるとしている)。ハムラビは神よりわずかに低い位置に立ち(文字どおり「understand(下に立つ＝理解する)」だ)、熱心に耳を傾けている。神の右手には力の象徴とされ、このような神の描写につきものの杖と輪が握られている。神は手にした象徴で、自分の管財人たるハムラビの左肘に軽く触れている。この場面のすばらしさの一つは、一心に互いを見つめる神とハムラビの、催眠状態にあるような確信に満ちた表情で、どちらも平静で威厳がある。ハムラビの右手は、神との交信の場と、私たちとの間に挙げられているようだ。神を前にしたハムラビに、わずか数世紀後の人々に見られる、へりくだった、何かを請う態度は見られない。ハムラビには、〈物語化〉によって神とのそのような関係に組み込むべき主観的な自己はなかった。服従あるのみだった。そしてマルドゥクから告げられていたのは、一連のきわめて具体的な事例に関する裁定だった。

石碑の浮き彫りの下に記されたマルドゥクの裁定は、ハムラビ本人による序文と跋《ばつ》文の間に挟まれている。ハムラビは、もったいぶった激しい言葉で自らの功績や権力、マルドゥクとの親交を誇る。そしてマルドゥクのために成し遂げた征服について語り、この石碑を建てた理由を述べ、彼の名を抹消しようものならば災いが降りかかるだろうという不吉な暗示でしめくくっている。そのうぬぼれの強さと単純素朴さにおいて、この序文と跋文は『イーリアス』を彷彿させる。

だがその間に刻まれているのは、二八二条におよぶ穏やかな神の判決だ。冷静かつ理路整然とした裁定で、その内容は、異業種間での物資の割り当て、家内奴隷や盗人、手に負えぬ息子に対する処罰の方法、「目には目を、歯には歯を」の類の賠償法に関するものから、贈答、死、養子縁組（当時はかなり慣例化していたようだ）にまつわる判断、あるいは結婚、使用人、奴隷に関する決定にまで及ぶ。それらが序文、跋文の好戦的な大言壮語とは打って変わった、客観的で無駄のない文章で綴られている。まさに別人が書いたような印象を受けるが、〈二分心〉の人間という意味では、たしかに異なる二人の人間の手になるものだと言える。つまり、「二人」はハムラビの神経系の、それぞれ別個に統合化された二つの組織で、脳の左半球にいる「一人」が序文と跋文を書き、彫像となって石柱の横にたたずみ、右半球にいる「一人」が条文を作成したのだ。そしてその「二人」のどちらも、私たちの言うような意識を持っていなかった。

ハムラビ法典碑そのものが、明らかに何らかの形の〈二分心〉の証拠だと言える一方で、神の裁定が与えられた様々な問題はじつに複雑だ。同法が、紀元前一八世紀の人々が行なっていたとする事柄を、計画・工夫し、欺いたり、望んだりする主観的な意識を持たぬ人間が実行できるとはとても想像しがたい。だが、すべてがいかに原始的であり、私たちの用いる現代の訳語がいかに誤解を招きやすいかを思い起こす必要がある。「金銭」、あるいは「貸付」とまで誤訳されている原語、「カスプ」は「銀」を意味するにすぎない。それが今日の感覚でいう金銭を指していたとは思えない。この時代の硬貨は一枚も見つかっていないのだ。同様に、「賃貸料」とされているものは本来「定率納入」で、農産物の一部を地主に納めるという、粘土板に記された取り決めだった。ぶどう酒は売買されていたというよりも、むしろ一定量のぶどう酒を一定量の穀物に替えるというように、物々交換されていた。さらに一部に見られる、現代の金融用語を用いた訳などは不正確きわまりない。すでに述べたように、楔形文字の史料翻訳の多くで、学者たちが現代的な思考のカテゴリーを無理に当てはめようとする例が後を絶たない。これらの古代文化をもっと親しみやすいものとし、ひいてはおそらく現代の読者により興味深いものにしようとしてのことだろう。

ハムラビ法典に定められた法規は、当時はまだない警察によって強制的に施行される現代法の観点から考えるべきではない。むしろそれはバビロンの慣習法を列挙したもの、マルドゥク神の声明であり、その強制力は、この石碑に刻まれているという信頼性だけで充分だったと言える。

法規が石碑に記されたという事実、またもっと一般的に、目に見える文書が伝達手段として広く用いられたという事実は、〈二分心〉の幻の声による支配が弱まったことを示唆していると思われる。これらの法規や文書によって文化的な決定要因が作用を始め、数世紀後に他の力と相まって人間の心の仕組みそのものに変化をもたらすことになる。

ここでこれまでの要約をしてみよう。

前章と本章では、膨大な歳月にわたる過去の記録の考察を試みた。これは、以下のような考えが妥当であることを示すためだった。すなわち、古代人やその文明の背景には現代人とまったく異なる精神構造があり、じつは古代人は私たちのような意識を持たず、自らの行動に責任があったわけではなく、それゆえ、何千年という長大な期間になされたいかなる行動も称賛や非難に値しないこと、そのかわり、個々の人間の神経系には神のような部分があり、彼らは奴隷のようにその命令の言いなりだったこと、その命令は一つあるいは複数の声の形をとり、その声はまさに今日で言う意志にあたり、命令の内容に力を与え、また念入りに設定された序列によって他者の幻の声と関係づけられていたことだ。

全体のパターンがそのような見解と一致していると私は思う。もちろん、まだ決定的ではない。だが、エジプトからペルー、あるいはウルからユカタンに至るいずれの文明発祥地でも、死者を巡る慣習や偶像崇拝、また神政政治や幻聴の声に関して驚くべき一致が見られ、それらすべてが、古代人の精神構造は私たちのそれと異なっていたという考えを裏書きしている。

しかし、すでに私が示そうと試みたように、〈二分心〉を不変のものとするのは誤りだろう。たしかに〈二分心〉は、前九〇〇〇年紀から前二〇〇〇年紀にかけて、どの世紀もその当時のジッグラトや神殿のごとく静止して見えるほど、緩慢な発展を遂げてきた。一〇〇〇年が時間の単位だった。だが少なくとも中東では、前二〇〇〇年紀に近づくにつれ発展の速度が増した。アッカド王国の神々は、エジプトの「カー」と同じように複雑さを増していった。そして神々が複雑化するとともに、その不安定さが露呈し始め、位の高い神に願い事をするときに個人の神のとりなしが必要とされだした。高位の神々は天に向かって退きつつあり、それからわずか一〇〇〇年ほどですっかり姿を消してしまった。

エイナンで赤い胸壁のもとに石に支えられて葬られ、臣民の幻聴を通して死後もナトゥフ文化の村落を治めていた国王の遺骸から、雷を起こし、天地を創造し、ついには天に消えていった偉大な存在に至るまで、神々は、言語の進化過程で生まれたただの副産物であると同時に、ホモ・サピエンス自身が誕生して以来の、生命進化のもっとも顕著な特徴だった。たんに詩的な意味で言っているのではない。神々は誰かの想像から生まれた虚構などでは断じてなく、それは人間の意志作用だった。神々は人の神経系、おそらくは右大脳半球を占め、そこに記憶された訓戒的・教訓的な経験をはっきりとした言葉に変え、本人に何をすべきか「告げた」のだ。この内なる声は、首長の亡骸の副葬品や、目に宝石が埋め込まれ、神の家に納められた金めっき像という呼び水をしばしば必要とした。それには言及しなかったので、この点も説明を要するだろう。私は、これで真相を究明したつもりは毛頭なく、現存する文書のより正確で完全な解読と遺跡発掘の迅速化が、人類を文明化したこの果てしなく長い数千年について、より真実に近い理解をもたらしてくれることを願うばかりだ。

第3章　意識のもと

シュメール人の古い格言に「ただちに行動し、神を喜ばせよ」と訳されてきたものがある。(1) この含蓄のある訳が、シュメール人にしかわからぬ意味に極力近づこうという試みにすぎぬことをしばし脇に置けば、この興味をそそる厳しい要求は、私たちの主観的な精神構造に、「考えるな。〈二分心〉の声を聞いたら、そのお告げを実行するまでに間を置くな」と語りかけてくると言えるかもしれない。

安定したヒエラルキー制度のもとではこれでよかった。声はいつでも正しく、ヒエラルキーに不可欠な要素であり、日常生活に関する神々の命令は、型にはまった儀式にしっかり結びついて固定され、大きな社会変動にも影響されなかった。だが、前二〇〇〇年紀はそのままでは終わらぬ運命にあった。戦争と大災害と民族移動がこの一〇〇〇年紀の中心テーマとなった。大混乱が無意識の世界の聖なる輝きを暗雲で覆った。ヒエラルキーは突然崩壊した。そして行為と神からの言葉との間に影が差し、神を冒瀆《ぼうとく》するいっときの間が現れ、関係がひどく弱まって神々は不幸になり、これを非難し、妬《ねた》んだ。そしてとうとう、言語に基づいてアナログの〈私〉を伴うアナログの空間が創造され、神々の専制政治は遮蔽された。入念に作られた精巧な〈二分心〉構造はぐらつき、意識に変わっていった。

これが本章のきわめて重要なテーマだ。

〈二分心〉王国の不安定性

私たちは現代の世界で、厳格な専制政治から、軍国主義や警察組織による抑圧を連想する。だがこの連想を〈二分心〉時代の専制国家に当てはめるべきではない。軍国主義や警察組織、恐怖政治はどれも、民衆が主観的意識を持ち、アイデンティティの危機で不安になり、多種多様な希望や憎悪のプライヴァシーに分裂したときに、それを支配するための非常手段だ。

〈二分心〉の時代には、〈二分心〉こそが社会を統制しており、恐怖や抑圧による支配はもとより、法律による支配さえなかった。個人的野心や個人的怨恨、個人的欲求不満など、個人的なものはいっさい存在していなかったが、それは〈二分心〉の人間には一個人になるための内なる「空間」も、一個人になるべきアナログの〈私〉もなかったからだ。すべての主導権は神々の声にあった。そして神々が自らの声を口述した法律による助けを必要としたのは、前二〇〇〇年紀後期の連合国家においてだけだった。

したがって、それぞれの〈二分心〉国家内では、人民はおそらくそれ以降のどの文明よりも平和的で友好的だったろう。しかし、異なる〈二分心〉文明の境界地域では、問題は複雑でまったく違った様相を示した。

異なる〈二分心〉文化に属する二人の人間が出会ったとしてみよう。彼らは互いの言語を知らず、異なる神に支配されていると仮定する。このような出会いの場面の形は、それぞれが育った環境で身につけた訓戒や警告、懇願の方法によって決まるだろう。

平和な時代、都市の神は繁栄に浴し、人間は農地を耕し、作物の収穫や貯蔵、選別がすべてアリのコロニーでのように滞りも問題もなく行なわれる中では、神の声は基本的に友好的なものだったと考えられるし、それどころか人間が経験する幻聴や幻視はみな美しく平和的な傾向にあり、調和を際立たせていたのだろう。まさにその調和を維持するために、この社会統制手段は発達してきたのだった。

そこで、出会った二人の〈二分心〉による神政政治が彼らの世代に入ってから脅かされずにきたのなら、それぞれを支配する神々は友好的な声で成り立っていただろう。その結果、二人はためらいがちに身振りで挨拶したり表情を変化させたりして、それが友好関係や、さらには贈り物の交換にまで進展したかもしれない。なぜなら、異なる文化で生み出された品物はお互いに珍しいので、そうした品の交換は双方にとって望ましいことだったに違いないからだ。

交易はおそらくこうして始まったのだろう。このような交換は親族集団内での食物の分配に端を発し、やがて同じ都市内での品物や農産物の交換へと発展した。最初の農耕集落で収穫された穀物が、神から授けられた一定の約束に従って分配されなければならなかったのと同様に、労働が専門化するにつれ、ほかの産物やぶどう酒、装飾品、衣服、家の建築などはすべて、神の定めた相対的価値により、交換される必要があった。

異民族間の交易は、このような物々交換を単純に他の王国にまで拡大したものだ。シュメールで発見された紀元前二五〇〇年の文書には、はるか遠くのインダス川流域との交易についてさえ書かれている。シュメールとインダス川流域の中間、ペルシア湾口にあるテペ・ヤヒヤで、近年新たに都市跡が発見された。出土した工芸品が示すとおり、ここは明らかに、メソポタミアで家庭用品用に広く使われていた石鹼石（訳注　滑石の一種で、石鹼のような感触がある）の主要産地であり、そしてまたシュメールとインダス川流域の〈二分心〉王国間における交易の中心地だった。[2] 発見された約五センチ四方の小さな粘土板には、簡単な交換レートと思われるものの勘定跡がついている。これはすべて、前三〇〇〇年紀なかばの、平和な時代の話だ。後で述べるが、〈二分心〉の神政政治体制間で行なわれた広範囲にわたる物々交換自体が、文明発生を可能にした〈二分心〉構造を弱体化させたのかもしれない。

さて、異なる文化からやって来た二人の話に戻ろう。私たちは、平和な神々のもと、平和な世界では何が起きるかについて考えてきた。それでは、反対の場合にはどうなるだろう。二人が危険にさらされた文化から来た場合、おそらくどちらも相手を殺すよう指示する好戦的な幻聴を聞くだろうから、敵対行為が起きる。しかし、危険にさらされた文化から来たのがどちらか一方だとしても、同じ結果になりうる。一方が攻撃をしかければ、攻撃されたほうも、同じ神か別の神かのいずれかに、やはり闘うよう命じられるからだ。

このように、神政政治体制どうしの関係に中間の立場はない。王や高官、親などの言葉さながらに訓戒する声が、人に譲歩を命じるとは思いづらい。今日でさえ、高潔さの概念は、ほとんど〈二分心〉の権威の名残りと言える。めそめそ愚痴を言うのは高潔ではない。頼み込むのは高潔ではない。懇願するのは高潔ではない。実際には、こうした態度は不和を解消する最も道義にかなった方法なのだが。それゆえに〈二分心〉世界は不安定であり、実際〈二分心〉時代には、隣国関係が、徹底した友好関係か徹底した敵対関係のいずれかに終わりがちで、その中間の間柄になる可能性が低かったのだろう。

だが、これで神政政治について語り尽くしたわけではない。〈二分心〉の王国が円滑に機能するには、専制的ヒエラルキーの支えが必要だ。そして聖職者のヒエラルキーにしても世俗のヒエラルキーにしても、ひとたび抵抗を受けたり覆されたりすると、警察国家ではありえないほど大きな影響が出るだろう。すでに見てきたように、いったん都市がある程度の規模に達すると、〈二分心〉支配は非常に不安定なものにならざるをえない。様々な声を整理し承認するために聖職者のヒエラルキーを維持することは、〈二分心〉都市が拡大するにつれてますます重要な課題になったに違いない。そして人間と、幻聴で聞く権威との均衡が少しでも崩れると、トランプの家のように、すべてが崩壊しかねない。前の二章で述べたように、このような神政政治は実際、外的要因が何もないように思えるのに、突然崩壊してしまうことがあった。

このように、〈二分心〉国家は意識を持った国家よりも崩壊しやすい。神々の命令には限界がある。本来こうした脆《もろ》さを抱えているところへ、〈二分心〉の民族どうしが交わることを余儀なくされるというような、ほんとうに新しい事態が起きると、神々は、それが何であれ平和な方法で解決するのに大変な苦労を強いられることになっただろう。

文字による神の権威の弱体化

このような神々の弱点は、文字の隆盛によって前二〇〇〇年紀に補われるとともに、おおいに問題化した。文字によって、ハムラビ王の政治体制のような社会体制の安定が可能になった。しかしその一方で、文字のせいで〈二分心〉の声の権威は徐々に衰退していった。政府の収支明細や伝達事項が、楔《くさび》形文字を使って粘土板に詳しく記されることがしだいに増えた。これらの粘土板は、今なお大量に発見されている。役人が文書を書くのはあたりまえになった。紀元前一五〇〇年には、シナイ半島の高く岩だらけの荒れ地で働く坑夫でさえ、自分たちの名前と鉱山の女神とのかかわりを岩壁に刻みつけている。(3)

〈二分心〉は幻聴の形で神の幻覚を授けられた。それには脳の中でも聴覚部分に関連が深い皮質野が使われた。そして、ひとたび神が沈黙すると、神の命令や王の指示は、物言わぬ粘土板に書かれたり石に刻まれたりした。人間はそれを自分の努力で、求めることも避けることもできた。幻聴ではけっしてありえなかったことだ。神の言葉は、遍在して即座に服従を求める力ではなくなり、制御可能な在りかを持つに至った。これが非常に重要な点だ。

神々の衰退

ことによると交易の、そして間違いなく文字のせいで、神々と人間の提携関係がこのように弱まり、それが〈二分心〉崩壊の背景となった。しかし〈二分心〉崩壊の直接かつ突発的な原因――神々と人間の間、つまり幻覚の声と自動人形のような行動の間に意識という楔が打ち込まれた原因――は、社会的混乱の中で、神々が人に何をすべきか告げられなかったことにある。いや、たとえ何かを告げたとしても、死を招くか、そこまでいかなくとも、そもそも幻覚の声を生み出したストレスを増大させ、ついには複数の声が騒々しく入り混じって聞き取りようもない状態に陥らせた点だ。

これらはすべてすさまじい歴史的状況の中で起こった。前二〇〇〇年紀は、深刻でしかも逆行不能の変化に満ちている。広範囲にわたって地質学上の大災害が発生した。複数の文明が消滅した。世界人口の半数が難民化した。そしてこの重要な一〇〇〇年紀が陰鬱で血なまぐさい幕切れへと病み苦しみながら突き進んでいく中、それまでは散発的だった戦争がしだいに頻発するようになった。

状況は複雑な様相を呈している。こうした変化を引き起こした要因は重層的であり、確実なことは今のところ一つもわかっていない。新しい世代の考古学者や古代史学者が登場するたびに先人の間違いが見つかり、解釈が毎年のように修正されていく。この複雑な状況の概要をつかむために、数々の大変動の中から代表例として二つの主要な出来事を取り上げてみよう。一つは、テラ島（訳注 エーゲ海南部、キクラデス諸島南端の小島。別称サントリニ）の火山爆発のせいで起きた、東地中海地域全域での諸民族の大規模な移動と侵入、そしてもう一つはアッシリアの興隆だ。アッシリアは、戦争を重ねながら西方のエジプトと北方のカスピ海へ向かってしだいに勢力を伸ばす段階、メソポタミア全域を統合する段階、それまでの世界には見られなかった非常に異質な帝国を築き上げる段階という三つの大きな段階を経て、栄えていった。

アッシリアの興隆

まずは、前二〇〇〇年紀初頭、アッシュール神（訳注 アッシリア民族の最高神で戦争の神）を崇めていたメソポタミア北部の都市を巡る状況を見てみよう。(4) この都市は、もともとアッカド（訳注 紀元前二八〇〇〜一一〇〇年に栄えた古代バビロニア北部の地域）の一部で、その後、紀元前一九五〇年までには三〇〇キロメートル余り南の古バビロニアの一部となった。穏やかなチグリス川の上流区域にあるこの平和的な〈二分心〉都市は、他国の干渉をほとんど受けなかった。アッシュールに仕える人間の長、プズル・アッシュール一世の指揮のもと、その慎ましい影響力と富が拡大した。その拡大は、それ以前のどの国にも見られなかったほど、他の神政政治国家との物々交換に依存していたのが特徴だ。約二〇〇年後、アッシュール神に服従するこの都市はアッシリアとなる。はるか一二〇〇キロメートル以上も北西にあるアナトリア、つまり現在のトルコにさえいくつも交換所を持っていた。

都市間の物々交換はだいぶ前からあったが、アッシリア人が営んだほど広範囲のものではなかっただろう。最近の発掘で、いくつかのアナトリアの都市のすぐ外側で、「カールム」、あるいは小さな町の場合は「ワバラトゥム」と呼ばれる交換所が見つかっている。ここで交易が行なわれていたのだろう。中でも興味を引くのがキュルテペの町のすぐ外にあるカールムだ。それは一群の小さな建物で、壁には窓がなく、石と木で作られた棚がついている。棚の上には楔形文字の粘土板が置かれていたが、まだ解読されていない。また、ときどき中に一種の引換券らしきものの入った壺も出てくる。[5] 使われている文字は紛れもない古アッシリア語で、たぶんアッシリアの交易商によって持ち込まれたと思われるが、これがアナトリアで見つかっている最古の文字だ。

しかしこの交易は真の市場取引ではなかった。需要と供給の力関係で決まる価格は存在しなかったし、売買も通貨もなかった。神意によって定められた等価値感覚による取引だった。楔形文字の粘土板には、これまで解読されたかぎりでは、商売の損得に関する言及が完全に欠落している。ときには例外があり、なんと「インフレーション」を示唆する箇所もあるが、これは交換レートがいつもと違った飢饉の年のことなのかもしれない。だが、これらの例外も、私がここで参照しているカール・

ポランニー（訳注　一八八六年〜一九六四。ハンガリー生まれの経済学者。経済人類学の構想と発展に寄与した）の見解に深刻な打撃は与えない。[6]

ここでこれらのアッシリア商人についてしばらく考察してみよう。彼らはたんなる代行者で、その地位は家系や徒弟制度によって維持され、何世紀にもわたって先祖がやってきたように交換を行なっていただけだと考えられる。だがここで、心理歴史学者はあまりにも多くの疑問に直面する。商人たちは自らの都市を支配する神の声の源から一〇〇〇キロメートル以上も離れたところにおり、また、違う神々の声に支配された〈二分心〉の人々と毎日接触し、（必ずとは言えぬものの）おそらく彼らの言葉を話していたと思われる。彼らの〈二分心〉の声には何が起こっただろう。異なる文明との境界に身を置く彼ら交易者に、主観的意識の原型のようなものが芽生えた可能性はあるだろうか。彼らは、定期的にアッシュールに戻り、弱体化した〈二分心〉を持ち帰り、それがひょっとすると新しい世代に広まったのだろうか。そのために神々と人間との間の〈二分心〉の絆が弱まったのだろうか。

意識のもとは多種多様だが、少なくとも、意識の発達のカギとなる国家が、他国との物々交換に最もかかわりの深い国家でもあるのは、偶然の一致とは思えない。神々の力、とくにアッシュールの力がこの時代に弱まっていったのが事実であれば、紀元前一七〇〇年にこの都市が完全に崩壊し、以後二〇〇年にわたってアッシリアの無政府状態という暗黒時代が続いた理由の説明になりうる。というのもこの出来事には、今のところほかにどんな説明もつけようがないし、その原因がわかっている歴史家もいないのだ。それにこの先、説明できるようになる望みはほとんどない。なぜならこの時代にアッシリアで楔形文字を使って記された文書はただの一つも見つかっていないからだ。

崩壊後のアッシリアの再興は、いくつかほかの出来事が起きて初めて実現した。紀元前一四五〇年、エジプトはミタンニ人（訳注　紀元前一六～一三世紀にメソポタミア北部で栄えた王国の民）をシリアから駆逐し、ユーフラテス川のすぐ向こう岸、かつてアッシリア領だった二つの大河に挟まれた土地へと追いやった。だが一世紀後、北方から来たヒッタイト人にミタンニ人が征服されたおかげで、アッシリアの再興が成った。紀元前一三八〇年、二世紀に及ぶ無政府暗黒時代の後のことだった。

そしてこれがまた、たいへんな帝国だった。これほど軍国主義的な国家はかつてなかった。中期アッシリアの粘土板は、それ以前のいかなる土地のいかなる銘文とも違い、なんとも残酷な軍事行動の記録で満ちている。この変化は劇的だ。しかし、世界制覇に向けて情け容赦ない攻撃を繰り返しながらアッシリアが行なった侵略戦争は、はるかに規模の大きい、まるで違う種類の大惨事と重なったからこそ成功したのだろう。

噴火、移動、征服

〈二分心〉の崩壊は、エーゲ文明の人々の住む大部分の土地周辺の海底が陥没したことによって、間違いなく加速した。この陥没は、テラ島の火山が一度もしくは数度続けて噴火した後に起きた。クレタ島のわずか一〇〇キロメートル北に位置し、サントリニとも呼ばれるこの島は、今ではエーゲ海の観光名所になっている。[7] 当時そこは、プラトン[8]や後代の伝説によって、失われた大陸アトランティスと呼ばれた場所の一部であり、クレタ島とともにミノス王国を形作っていた。この島の大部分と、ことによるとクレタ島の一部が、突如として水面下三〇〇メートルに沈んだ。テラ島の残された部分のほとんどが、地表を火山灰と軽石に四五メートルほどの厚みで硬く覆われた。

地質学者たちの立てた仮説によれば、噴火による黒雲が何日も空を覆い、何年間も大気に影響を及ぼしたという。空気の衝撃波は、推定で水素爆弾の三五〇倍もの威力があった。濃い有毒な蒸気が吹き上がり、何キロメートルにもわたって周辺の青い海の上に漂った。津波がそれに続いた。この津波は二〇〇メートル以上の高さにせり上がり、時速五六〇キロメートルの速さで、エーゲ海沿いの本土と島々に点在する〈二分心〉王国の無防備な海岸を襲った。海岸線から三キロメートル余りの範囲で、陸上のあらゆるものが破壊された。一つの文明とその神々が、こうして終焉を迎えた。

連続噴火だったにせよ、噴火と陥没の間に一年の隔たりのある二段階の出来事だったにせよ、この大惨事がいったいいつ起きたかを知るには、火山灰と軽石から時期をもっと正確に特定する優れた科学的方法が必要とされる。紀元前一四七〇年に起きたと信じる者もいれば(9)、テラ島の陥没は紀元前一一八〇年から一一七〇年の間のこととする者もいる。このときに、キプロスやナイル・デルタ、イスラエルの海岸を含む全地中海地方が、紀元前一四七〇年の噴火も影が薄くなるような大災害をそろって受けたというのだ(10)。

だがそれがいつのことだろうと、一度の噴火だろうと連続したものだろうと、いずれにしても、大規模かつ連続的な移動と侵入を誘発し、ヒッタイトとミケーネの王国を壊滅させ、世界を暗黒時代へ陥れた。そんな中で意識の黎明が訪れた。唯一エジプトは築き上げてきた文明生活を維持していたと思われるが、トロイア戦争の頃(紀元前一二三〇年だろうか)に起こったイスラエル人のエジプト脱出(訳注 紀元前一三世紀、エジプトで隷属状態にあったイスラエル民族が、モーセに率いられてエジプトを脱出した)は、この世界的大事の一部だったと、十分考えられる。紅海が二つに分かれたという伝説(訳注 エジプトの軍勢に追いかけられたモーセらの前で「葦の海」と呼ばれる海が二つに分かれ、イスラエルの民はその間を通って脱出できたという)は、テラ島の噴火に関係のある、葦の海での潮流の変化を指しているのだろう。

テラ島の火山噴火に伴う大惨事の結果、たった一日で、各地の民という民、いやその生き残りが全員、いきなり難民になってしまった。隣人同士で侵入し合い、まるでドミノ倒しのように、無政府状態と混乱がおびえた人々のあふれる土地を波紋のように、あるいは不規則に広がっていった。それなのに、このような崩壊状態の中で神々には何が言えようか。神々よりも手厳しい飢えや死が蔓延し、異邦人どうしが出くわし、聞き慣れぬ言葉がわめき散らされる状況で、神々に何が言えようか。〈二分心〉の人間は、日常生活の瑣末《さまつ》な場面では無意識の習慣に導かれ、また、自分や他人の行動の中で、何か新しい物や尋常でないことに出会ったときには幻聴や幻視に導かれてきた。それが、大きなヒエラルキー集団の中でそれまでの脈絡から引きはがされたら、習慣も〈二分心〉の声も援助や指示を与えてくれず、じつに哀れな状況に陥ったはずだ。〈二分心〉国家の平和な権威者の命令から獲得した訓戒の経験をいくら蓄積し洗練させておいたところで、その経験はこんな状況で役立つことがどうして語れようか。

移民の大集団がいくつもイオニア（訳注　小アジアの西岸とその付近のエーゲ海の島々）へ、続いて南へと進み始める。レヴァント地方沿岸には、陸からも海からも東ヨーロッパから来た人々が侵入する。旧約聖書に登場するペリシテ人もその中の一集団だった。難民の圧力はアナトリアでは非常に強く、勢力を誇っていたヒッタイト帝国が紀元前一二〇〇年には崩壊する。ヒッタイト人たちは追い立てられてシリアへ行くが、そこでは別の難民たちが移住地を探し求めていた。アッシリアは内陸奥深くにあったため侵入を免れた。そして、こうした侵入が生み出した混乱に乗じて、残虐なアッシリア軍は、はるばるフリュギア（注訳ア（訳注　現在のシリア、レバノン、イスラエル北部の地中海沿岸にあった古代都市国家）やシリア、フェニキア（訳注　現在のシリア、レバノン、イスラエル北部の地中海沿岸にあった古代都市国家）に侵攻し、また北のアルメニアの山岳民族や東のザグロス山脈（訳注　イラン高原の西部から南部を走る褶曲山脈）の山岳民族まで征服した。アッシリア人は、厳密に〈二分心〉を基盤にしていたら、このようなことができただろうか。

中期アッシリアで最大の勢力を誇った王は、ティグラト・ピレセル一世（紀元前一一一五～一〇七七年）だった。もはや彼が、自分の神の名を自分の名前に加えていないことに注目したい。彼の偉業は、大きな粘土製の角柱に刻まれた途方もない自慢話によってよく知られている。そして彼の法律は、残酷な内容の多数の粘土板によって現代に伝わっている。学者たちは彼の政策を「恐怖政策」と呼んできた。[11] 事実、そのとおりだった。アッシリア人は罪のない村人に殺戮者のごとく襲いかかり、奴隷にできる難民は誰かれかまわず奴隷にし、さらに何千人にもの人たちを虐殺した。浅浮き彫りには、見たところ、いくつもの町で全住民が生きたまま杭を打たれ、その杭が股間から肩に突き抜けている様子が描かれている。彼の法律は、微罪に対してさえ、世界史上類を見ぬほどの血なまぐさい刑罰を与えた。六世紀前にバビロンの神が〈二分心〉のハムラビに書きとらせた公正な訓戒とは驚くほど対照的だ。

なぜこれほど無慈悲だったのか。しかもそれが、文明史上前例のないものなのは、どうしたわけか。それ以前の社会統制の方法が完全に崩壊していたとしか考えられない。そしてその社会統制の体制が〈二分心〉によるものだった。恐怖による支配を試みて残虐行為を行なったことこそが、主観的意識の誕生寸前の局面を示していると私は考える。

混乱は広範囲に及び、絶え間なく続いた。ギリシアでは、「ドーリア人の侵入」として暗い記憶になっている。アクロポリスは紀元前一三世紀の終わりに炎に包まれた。ミケーネは紀元前一二世紀の終わりにはもはや存在しなかった。すっかり灰燼に帰し、伝説と謎の世界に姿を消した。そしてまだ〈二分心〉を持っていた最初の吟じ手《アオイドス》が、破壊された難民の野営地から野営地へと、我を忘れてさまよったことだろう。その色の失せた唇から流れ出るのは、もはや過去のものとなった黄金時代のアキレウスの怒りを語る、輝かしい女神の歌だった。

黒海のどこかからも、旧約聖書ではメシェク（訳注　ノアの第三子ヤフェトの子孫とされる精悍な山岳部族。紀元前一二世紀のアッシリアの強敵。青銅器文化を持ち、交易で栄えた）として知られ、一部の人にはムシュキ人と呼ばれる遊牧民が、廃墟と化したヒッタイト王国の中へと突き進んできた。その後、二万人のムシュキ人がさらに南へ流れていき、アッシリアのクンムに侵入した。アラム遊牧民（訳注　シリア砂漠を中心とした半遊牧民族。紀元前一五世紀以降にシリアとメソポタミア北部に定住し、多くの都市国家を建設した）がアッシリア人に西の砂漠から間断なく圧力をかけ、前一〇〇〇年紀に入るまで攻撃を続けた。

さらに、南では、象形文字で「海の民」（訳注　リビアと海上から移住地を求めてエジプト攻撃を試みた東地中海諸族の総称）と記されている難民が、紀元前一一世紀の初めに、ナイル・デルタ伝いにエジプトへ侵入を試みたが、ラムセス三世（訳注　紀元前一一九八～一一六七。古代エジプトの第二〇王朝の王）に敗れた。海の民の敗北は、西テーベ（訳注　ナイル川上流にあるエジプト中・新王国時代の首都）のメディネット・ハブにあるラムセス三世の埋葬殿の北壁を飾る壁画に、今でも見ることができる。[12] そこには、侵入者たちが家族や家財道具を積んだ牛車とともに、舟や戦車あるいは徒歩で、いかにも難民らしい風情で途切れなく移動している様子が描かれている。もし侵入が成功していたら、次の一〇〇〇年紀にギリシアの識者が成したことが、エジプトで起きていたかもしれない。だがこうして、海の民は東方に押し返されてアッシリアの軍国主義の餌食となる。

それでもついに、残虐なアッシリアでさえ、難民の圧力に耐えられなくなった。紀元前一〇世紀には、アッシリア自体がこの状況を制御しきれずに衰弱し、チグリス川の向こうで欠乏状態に陥る。しかしこれは小休止にすぎなかった。というのも、次の世紀にはもう、アッシリア人は空前の残虐な蛮行を繰り返しながら再び世界征服を開始し、虐殺とテロ行為を行ないながら、かつての領土を回復したからだ。その後さらに拡大を続け、はるばるエジプトに入り、肥沃なナイル川流域を上り、聖なる太陽神にまで到達した。それはちょうど、ピサロが二五〇〇年後に地球の裏側で、インカ族の聖なる皇帝を捕虜とするのに似ていた。そしてこの時期までに精神構造に飛躍が起こっていた。人間は自分自身と周りの世界を意識し始めたのだ。

いかにして意識が始まったか

これまで私たちはもっぱら、なぜ、いかにして〈二分心〉が崩壊したかを分析してきた。ここで、なぜ人間はたんに以前の状態に戻らなかったのか、疑問に思ったとしてももっともだろう。ときには戻ることもあった。だが、もっと複雑な文化の慣性が働き、部族の生活に戻るのが妨げられた。人間は自らの文明から逃れられなかった。巨大な都市そのものは相変わらず存在し、その機能は習慣化したまま、都市の神の支配がすたれる中にあってさえも維持された。言語も社会変化の歯止めになる。〈二分心〉は言語の獲得から派生したものだった。そしてこの時代までに言語は、文明化した環境に注意を払うことを求める語彙を持つようになり、少なくとも五〇〇〇年以上前の段階への逆戻りはほぼ不可能だった。

〈二分心〉から主観的意識ある心への移行の実態は、次の二章で詳しく説明するつもりだ。それがいかにして起こったかについては、ここで考察するが、これにはさらに多くの調査が求められる。必要とされるのは意識の古生物学で、その研究が進めば、私たちが主観的意識と呼ぶ比喩化された世界が、どんな特別の社会的圧力のもとで、いかにしてでき上がったかを、段階を追って認識できるだろう。ここで私にできるのは、いくつかの考え方を示すことぐらいだ。

読者のみなさんには、次の二つのことも思い起こしていただきたい。まずここでは、第一部第二章で考察した、意識を生んだ比喩の仕組みについて話しているわけではない。私がここで注目しているのは、歴史における意識の起源であり、なぜ特定の時期に比喩によって意識が生まれたのか、ということだ。第二に、本書は近東に限って議論をしている。いったん確立された後に意識が大きな成功を収めた理由や、よそで残存している〈二分心〉の人々の中に広がっていった理由はじつに様々だ。それらについては後の章で取り上げたい。

相違を観察することが意識のアナログの空間の起源になるかもしれない。権威や神々の没落後、これまで述べてきた混乱の時代に生きた人間の行動の特徴だったであろうパニックやためらいは、私たちにはとうてい想像できない。〈二分心〉時代には、同じ都市の神に属していた人々は、多かれ少なかれ似たような意見を持ち、似たような行動をとっていたことを思い出してほしい。しかし国や神の異なる人々が外力によって激しく混ざり合ったとき、見知らぬ人がたとえ自分と同じように見えても、違う話し方をし、反対の意見を持ち、違う行動をとるのを観察すると、相手の内面に何か異なるものがあるという仮定に行き着くかもしれない。実際、この考えは、哲学の伝統の中で私たちにも伝えられてきた。つまり思考や意見、妄想は「実際の」「客観的」世界には存在する余地がないから、人の内面で起きる主観的現象だ、というのがそれだ。だから、一個人が内面の自己を持つ以前は、人はまず無意識にそれを他人、とくに自分とは相容れない見知らぬ人の中に想定し、それが自分とは違う、当惑を覚えるような行動を相手にとらせるのだと考えた可能性がある。言い換えれば、自分自身の心から他人の心を推量する理論としてこの問題を捉える哲学の伝統は、考え方が一八〇度間違っているのだ。私たちはまず、他人が意識を持っていることを無意識に想定し、その後それを一般化することで自分自身の意識の存在を推量しうる。

叙事詩における〈物語化〉の起源

神々が何かを習得するなどと言うと、奇妙に聞こえる。だが（もし第一部第五章のモデルが正しいとすれば）神々も、右側頭・頭頂部のかなりな部分を占めているのだから、左側頭・頭頂部と同じように、あるいはことによるとそれ以上に、新たな経験を蓄え、新しい必要性に見合うように新たな方法で訓戒機能を再形成して、新たな能力を習得しただろう。

〈物語化〉は私が思うに、多種多様な起原を持つ、非常に複合的な一連のパターン化能力を一語で表す言葉だ。しかし、人の一生、歴史、過去と未来といったより大きなパターンにおける物事は、大脳の左半球優位の人間が、右半球の新種の機能から習得してきたのかもしれない。この新種の機能が〈物語化〉で、もともと歴史上の特定の時期に、神々によって習得されたと私は考える。

それはいつのことだったのだろうか。はたして正確な答えがあるのかどうかは疑わしい。一つには、起きたばかりの出来事と叙事詩との関係には明確な境界がないし、また、過去を調べるときには、文字の発達のせいでいつも混乱が生じるからだ。だが興味深いことに、前三〇〇〇年紀のなかば、あるいはその直前に、メソポタミア南部で文明に新しい特徴が出現したようだ。発掘結果を見るかぎり、初期第二王朝時代として知られる時期よりも前には、この地域の町や都市は要塞化されておらず、防備を持っていなかった。しかしその後、都市として発達した主要地域では、防壁に囲まれた都市が互いに一定の間隔を置いて現れ、その住民は、都市と都市の間にある畑を耕し、ときおり農地の支配を巡って争った。これとほぼ同時期に、現代まで伝わっている最初の叙事詩が生まれた。その中にはウルクの創設者エンメルカルや、隣接する都市国家アラッタと彼のかかわりについての叙事詩もいくつかある。そしてどの叙事詩も必ず、隣国との関係が話題となっている。

〈物語化〉は、過去の出来事の報告を成文化するものとして出現したというのが私の見方だ。文字はこの時代まで――と言っても、発明されてからほんの数世紀しかたっていないが――おもに在庫目録に使われており、神の財産の貯蔵や交換の記録手段だった。それが次に神の命じた出来事の記録手段となり、後に行なわれる復唱が叙事詩の〈物語化〉になる。前章で示したように、読む行為は楔形文字から幻覚を得ることだったかもしれないから、その場合、それは右側頭葉の機能だった可能性がある。そして、読むのは過去の記録だから、神々の記憶が少なくとも一時的に宿るのは右脳だ。

ついでながら注目したいのは、楔形文字でしっかり記されたメソポタミアの粘土板を読むのと、ギリシアで歴代の吟じ手《アオイドス》が叙事詩を口承で再構成していくのとの大きな違いだ。つまり、右半球の「アポロン」や「ムーサたち」を記憶の源とし、アキレウスの記憶を叙事詩様式にまとめておくために〈物語化〉の方法を学ぶように、と命令する点で、ギリシアの口承は非常に好都合だったのかもしれない。そしてその後、意識への飛躍が引き起こした混乱の中で、人間はこの記憶能力と記憶をパターンへと〈物語化〉する能力を身につけたのだ。

欺きにおけるアナログの〈私〉の起原

欺きもまた意識のもとかもしれない。しかしこの話題について何を話すにしても、手段としての一時的な欺きと、背信と表現したほうがよいかもしれない長期的な欺きを区別することから始めなければならない。前者については、チンパンジーでもいくつか例が確認されている。メスのチンパンジーはオスに対して性的な姿勢を示し、食事中のオスが注意をそらした隙にバナナをさっと奪い取る。また別の例では、一匹のチンパンジーが口に水を含み、嫌いな飼い主を檻の柵までおびき寄せておいて、顔に水を吐きかける。これら二つの例に見られる欺きは、道具的学習の結果であり、即座に何らかの利益が得られる行動様式だ。これについてはもう説明はいらないだろう。

しかし、背信という欺きはまったく別ものだ。これは動物にも〈二分心〉の人間にもできない。長期の欺きを行なうには、アナログの自己を創造し、自分の中で、仲間に見える実際の行為や外見とは完全に異なる行為を「する」ことや、完全に異なるもので「ある」ことが可能にならなくてはならない。これまで話題にしてきた何世紀もの間、生き残るためにこのような能力がいかに重要であったかは、容易に想像できる。侵入者に荒らされ、妻が強姦されるのを見たとき、自分の声に従った男は当然即座に殴りかかり、そのせいでおそらく殺されてしまうだろう。だが、内と外で違っていられる男なら、抗い難いものは受け入れるという顔をしながら恨みと復讐心を内に秘めることができる。このような男は生き残るだろう。また、もっとありふれた例を示すと、侵入してきた見知らぬ者から命令を受けたとき（知らない言語での命令かもしれないが）、表面的に服従でき、自分の不実な行為に反する「考え」を抱いた別の自己を「自分の中」に持ちながら、自分の嫌悪している男に微笑みかけることができる人は、うまく生き残り、家族を新たな世代へと存続させる可能性がずっと高いだろう。

自然淘汰

最後に、自然淘汰が意識の始まりに一役買っていた可能性について述べておきたい。ただし、この問題を提示する前に明確にしておきたいのだが、意識は、生物学的必要性から生まれたというよりは、おもに文化的に導入されたもので、人間は言語をもとにそれを身につけて他人に教えた。とはいえ意識は、過去から現在に至るまで残存するだけの価値があるのだから、その獲得は、ある程度自然淘汰の助けを借りてきたのかもしれない。

前二〇〇〇年紀の終わりに向けてのすさまじい数世紀の間に、文明社会の何パーセントが滅亡したかは計算のしようがない。かなりの数になるだろう。そして、深く考えもせずに無意識の習慣に従って生きていた人や、自分たちの邪魔をする人間は誰であろうと打ち倒せという神々の命令に背けなかった人には、死がまっさきに訪れただろう。こういう融通のきかない〈二分心〉の人や、慣れ親しんだ神威への服従心が強い人が消滅し、衝動性の少ない人や〈二分心〉の傾向が弱い人の遺伝子が残されて次の世代へ受け継がれていく。そしてここで再び、言語についての論考で行なったようにボールドウィン（訳注　一八六一～一九三四。アメリカの心理学者）進化論の原理に注目したほうがよさそうだ。意識はそれぞれの世代が新たに習得しなければならない。そして、意識を習得する能力が生物学的に大きい者ほど、生存の可能性が高い。聖書にさえ証拠がある。それは後の章で触れるが、頑な〈二分心〉の子供たちはいとも簡単に殺されてしまった。[13]

結論

本章は意識の起源について、いかなる証拠をも示すものではないことを承知しておいていただきたい。それについては今後の何章かに任せたい。本章の目的は前二〇〇〇年紀の終わり頃、なぜ、どうして人間の精神構造に大きな変化が起こりえたのかを説明したり、仮説を呈示したりして、現実味のある筋書きを描き出すことにあった。

つまり私は、〈二分心〉から意識への飛躍の過程で作用した、いくつかの要因の概要を述べてきた。それらの要因は次の通りだ。(1)　文字の出現によって幻聴の力が弱まったこと。(2)　幻覚による支配には脆弱性が内在していたこと。(3)　歴史の激変による混乱の中で神々が適切に機能しなかったこと。(4)　他人に観察される違いを内面的原因に帰すること。(5)　叙事詩から〈物語化〉を習得したこと。(6)　欺きは生き残るために価値があったこと。そして最後に、(7)　少しばかり自然淘汰の力を借りたこと。

私は、これらすべてが厳密に当てはまるのかという疑問を投げかけて、この章を終えようと思う。意識は本当にこの時期にのみ新たにこの世に誕生したのだろうか。それよりずっと前の時代に意識を持つ人間がいくらかでもいた可能性はないだろうか。それはありうる。今日でも個人によって精神構造に違いがあるように、過去の時代においても、一人の人間だけが、あるいは、それよりもっとありそうな話だが、一つのカルト集団か排他的な集団が、アナログの自己を伴う比喩化された空間を発達させ始めた可能性はある。しかし〈二分心〉の神政政治の世界では、このように正道を外れた精神構造は短命で、今日私たちが意識と言っているものとはほとんど共通点がなかったと私は考える。

ここで論じているのは文化的標準のことであり、文化的標準が激しい変化を経験した証拠が、次章以降の題材となる。意識への飛躍が非常に容易に観察できる例が世界に三つある。メソポタミアとギリシア、そして〈二分心〉の難民だ。これらを一つずつ論じていくことにしよう。

第4章　メソポタミアにおける心の変化

紀元前一二三〇年ごろ、アッシリアの専制君主トゥクルティ・ニヌルタ一世は、それまで歴史上に存在したどんな祭壇ともまったく違う石の祭壇を造らせた。表面の彫刻には、トゥクルティが二人描かれている。一人目は神の玉座に近づいていく姿で、二人目はその前にひざまずいた姿だ。それ以前の歴史上の王たちにはありえなかった、この物乞いのような仕草を、二つ一組の像ははっきりと表している。立っている王から、そのすぐ前にひざまずいている王に目を移すと、まるで絵が動いているような勢いがあり、それ自体、非常にすばらしい芸術的手法の発見と言える。しかし、それよりはるかに注目に値するのは、アッシリアの残虐な王たちの初代がひざまずく前にある玉座が空だという事実だ。

これ以前の歴史に登場した王で、このようにひざまずく姿を見せた者は一人もいなかった。それまでに描かれた場面で、神の不在を示すものも一つとしてなかった。〈二分心〉が崩壊してしまったのだ。

第二部第二章で見たように、ハムラビ王の場合は必ず、はっきりとそこに存在している神の前に立

現在ベルリン美術館に収蔵されているトゥクルティの祭壇正面の彫刻。トゥクルティは神のいない空の玉座の前に立ち、続いてひざまずく。人差し指で強調している点に注目。

ち、一心にその声に耳を傾けている姿が刻まれている。その時代の無数の円筒印章には、他の人物も、人間そっくりの姿をして人間同様にその場にはっきりと存在感を示す神に面と向かって言葉を聞いているところや、神の御前に通されているところが描かれている。というわけで、アッシュールにあったトゥクルティの祭壇の彫刻は、それ以前に描かれた神々と人間との関係とは驚くほど違っている。それは、たんなる芸術面での独自性でもない。トゥクルティのほかの祭壇の彫刻にも、同じく神の姿はない。またトゥクルティの時代の円筒印章に描かれているのも、姿の見えぬ神や、ときには象徴で表された神の前に進み出る王の姿だ。このような比較を行なうと、メソポタミアでは、〈二分心〉の崩壊した時点がハムラビとトゥクルティの時代の間にあることが、かなりはっきりする。

この仮説はトゥクルティとその時代の楔《くさび》形文字の遺物によって裏づけられている。いわゆる『トゥクルティ・ニヌルタの叙事詩』(1)は、ハムラビ以後、年代が最も明確で保存状態が最も良い楔形文字の記録文書だ。ハムラビの時代には、神々は人々の間に揺るぎない久遠の存在としてあり、彼らの行動を導いていたことに疑いの余地はない。しかしトゥクルティのどこか宣伝めいた叙事詩の冒頭では、バビロニアの諸都市の神々は、自分たちをなおざりにするバビロニアの王の態度に腹を立てている。そこで神々が都市を見捨てて住民たちに加護を与えなかったため、トゥクルティのアッシリア軍の勝利が確実になったという。たとえどのような状況下であれ、神々がその従僕たる人間を見捨てるという、このような概念は、ハムラビ王のバビロニアではけっしてありえなかった。これは、まったく新しい現象だった。

そのうえ、現在残っている前二〇〇〇年紀最後の三世紀間の文書ならどこを見ても、この現象が見られる。

　神を持たぬ者は、通りを行くとき、
　頭痛が衣のようにその身を包む。

トゥクルティの治世の頃に記された楔形文字の粘土板の一つには、そうある。

もし、すでに推測したように、〈二分心〉の崩壊が脳の右側頭葉の一部に、不随意の抑制を起こさせるとすれば、この記述は新たな興味も引き起こす。

また、ほぼ同じ時代から、有名な三枚の粘土板と、最初の数語をとって「ルドルル・ベール・ネーメキ」と名づけられた、年代のはっきりしない四枚目の粘土板も出土している。「ルドルル・ベール・ネーメキ」は、普通は「私は知恵の神を礼賛する」と訳されている。この「知恵」という訳語は、誤った現代語を無理やり当てはめたものだ。「不運を制御する技能」とか「能力」などの意味に近い訳語を当てるべきで、ここで神とは、バビロンの最高神マルドゥクを指す。一部損傷した第一の粘土板の、最初の完全に読める部分にはこうある。

私の神は私を見捨てて姿を消し、
女神も私を見限り、近寄ろうとしない。
私の横を歩いていた善き天使も今はいない。

これは事実上の〈二分心〉の崩壊だ。話し手はシュブシ・メシュレ・シャカンという人物で（第三の粘土板からわかる）、トゥクルティに仕える封建領主らしい。彼は、神々が自分のもとを去ったために、なだめようがないほどの王の怒りを買い、都市の領主の地位を剝奪され、社会的に見捨てられてしまった経緯を書き綴っている。第二の粘土板には、この神々の不在という状況で、彼がいかに多くひどい病気と不運に見舞われたかが述べられている。なぜ神々は彼のもとを去ったのだろうか。何度もひれ伏し、祈り、生贄《いけにえ》を捧げたが、それでも神々は戻ってこなかったと、彼は記している。神官や占い師にも相談したが、それでも

私の神は手を取って救うために来てはくれず、
女神も私の脇を歩んで慈悲を示してはくれなかった。

第三の粘土板の中で、彼は自分の身に起きているいっさいの出来事の背後には全能の神マルドゥクがいることに気づく。夢の中で、マルドゥクの天使たちが〈二分心〉の働きを思わせる形で彼の前に現れ、マルドゥク自身からの慰めの言葉と幸運の約束を告げるのだ。その言葉どおり、シュブシはそれ以後苦難と病気から解放され、マルドゥクの神殿に行って「風に私の罪を運び去らせてくださった」偉大な神に感謝を捧げる。

世界の諸宗教に共通する大テーマが、ここで初めて問われている。なぜ神々は人間のもとを去ってしまったのか。友人が離れて行くときと同じように、こちらが何かひどいことをしたせいに違いない。人間の不幸は、自らがしでかしたことへの罰なのだ。私たちはひざまずいて許しを乞う。そして神から返された言葉の中に救いを見出す。現代宗教のこうした側面は、〈二分心〉の仮説とこの時期におけるその崩壊によって説明することができる。

世界には大昔から決まり事と務めが存在した。それらは神が定め、人が従うものだった。しかし、正邪という概念や、善良な人間、贖罪、神の許しといった概念は、なぜ幻覚による神の導きの声がもはや聞こえてこないのかという、不安な問いかけがあってこそ初めて芽生えるのだ。

同じく神の喪失という中心テーマが、『バビロニア神義論（*The Babylonian Theodicy*）』として知られる粘土板[2]からも聞こえてくる。これは苦しみの中にいる人と、彼に助言する友人との間で交わされる対話で、明らかに後代（紀元前九〇〇年頃だろうか）のものだが、嘆き悲しみながら同様の懇願を繰り返している。なぜ神々は私たちのもとを去ってしまったのか。そして神々は、すべてを支配しているというのに、なぜ私たちに多くの不運を見舞ったのか。またこの詩には、新しい個人の感覚、すなわち新しい意識の存在を示すアナログの〈私〉と本書で呼ぶものの影もちらついている。この詩は、以後の歴史全体を通じて響き渡る叫びで結ばれている。

私を捨てた神よ　お救いください、
私を見放した女神よ　慈悲をおかけください。

この時点から旧約聖書の「詩篇」までの道のりは、はるかなものではない。また、ここに取り上げた文章以前には、いかなる文献にもそのような願望の痕跡はまったく見られない。

人間の精神活動から幻覚の声が消えてしまった影響は、深刻かつ広範で、多くの異なる段階で出ている。その一つは、権威そのものに関する混乱だ。権威とはいったい何か。導いてくれる神々を持たぬ支配者は行き当たりばったりで危うい。彼らは前兆や占いなどに助けを求めるようになる。これらについては、ほどなく取り上げる。そして、すでに触れたが、幻覚の声が聞こえない状態の中で、支配者は残虐さと弾圧をもって臣民に自分の支配を押しつけるようになっていく。神々が存在しなくては、王自身の権威さえ不確かになり、近代的な意味での反乱も可能になるのだ。

実際、この新しい種類の反乱が、トゥクルティ自身に起きた。彼はアッシュールに代わるアッシリアの新しい首都をチグリス川の対岸に建設し、不敬にも自分の名をとって、カル・トゥクルティ・ニヌルタと名づけた。しかし、世継ぎである我が子の率いる保守派の貴族たちが王を新都に閉じ込め、火を放って都ごと焼き尽くしてしまった。トゥクルティは炎に包まれて最期を迎え、彼の治世は伝説となった。（彼は旧約聖書のおぼろな歴史の中でニムロド[3]（訳注　ノアの曾孫で狩りの名手）［「創世記」第一〇章］として、ギリシア神話ではニソス王[4]（訳注　メガラの王。頭に紫の頭髪があり、これが抜けないうちは町は攻め落とされないとされた）として、かすかに光を放っている。）無秩序と社会の混乱は、もちろんそれ以前にもあった。しかし、〈二分心〉時代の神に服従するヒエラルキーの中では、このような計画的な反乱や父王の殺害など、想像することすらできない。

だが、それよりはるかに重要なのは、〈二分心〉と神々の権威の崩壊に呼応して、新しい文化的テーマがいくつか芽生えたことだ。歴史はいきなり無縁の新奇なものに跳び移ることによって動くのではなく、むしろ直前の過去の様々な性質からいずれかが選択され、強調されることによって動いていく。したがって、神々の権威が失われたことに呼応して顕著になった、人類史における新しい性質はすべて、〈二分心〉時代の性質が発展したり強調されたりしたものだ。

祈り

古典的な〈二分心〉、すなわち、書くことによってそれが弱まったとされる紀元前二五〇〇年頃より前の〈二分心〉においては、幻覚の声にためらいはなく、祈りの必要などなかったと私は考える。新奇な状況やストレスが起これば、声が何をなすべきかを告げてくれた。たしかに現代でも、幻覚が起きている統合失調症の患者の場合がそうだ。彼らは声が聞こえるように懇願したりはしない。その必要はないのだ。祈る患者はごく少数で、それも、以前ほど頻繁に声が聞こえなくなる回復期に限られる。しかし、前三〇〇〇年紀の末頃、諸文明とその相互関係が複雑化すると、人間はときおり神々に様々な要望に応えることを求めるようになった。とはいえ、普通その要望は、私たちの考える祈りとは異なっており、像の碑文の結びによくあるような、いくつかの型にはまった呪いの言葉から成り立っていた。

この像を傷つける者は誰であろうと、エンリルがその名を滅ぼし、その武器を折らんことを。(5)

また、ラガシュで出土した巨大な円筒に記された碑文（＊訳注）の中でグデアが自分の神々に贈っているような、称賛の言葉もある。しかし有名な例外もある。円筒のひとつにあるじつに現実的な祈り

＊（訳注）　高さ約五〇センチメートル、直径約二〇センチメートルの粘土製の二本の円筒に書かれた長文の碑文。『グデアの神殿賛歌』と呼ばれている。

の言葉がそれで、母なる神にグデアが自分の見た夢の意味を説明してほしいと頼んでいる。しかしこれも、謎めいたグデアにまつわる他の様々な事柄と同じく、例外的なものだ。神々の崇拝において祈りが中心的な位置を占める行為として顕著になるのは、もはや神々が人間と（「申命記」第三四章一〇節の言葉を借りれば）「面と向かって」話さなくなってからだ。トゥクルティの時代には新しかったものが、前一〇〇〇年紀の間に日常的になっていくが、それはすべて、〈二分心〉が崩壊した結果だと私は見ている。典型的な祈りは、次のように始まる。

神よ、強き神、高名なる神、すべてを知る神、輝かしき神、自ら生まれ変わる神、完璧なる神、マルドゥクの長子……

この後さらに何行にもわたって称号と称賛が続く。

崇拝の揺るぎなき中心である神、すべての崇拝を集める神……

神々の声がもはや聞こえなくなったときの、神々のヒエラルキーの混乱が表れているのかもしれない。

すべての人間を見守り、彼らの嘆願をお聞き届けになる……

そしてやっと、嘆願者は自分の名と嘆願の内容を明かす。

私、バラスはお仕えする神の子であり、その神はナブ（訳注　マルドゥクの息子で、知恵、学問、文字の神）、女神はタシュメトゥルン……私は弱り、心は乱れ、体は重い病になり、御身の前に額ずく……おお、神よ、神々の中でも賢明な神よ、そのお口で私のために善きことをお命じください。おお、ナブ神よ、賢明なる神よ、どうかそのお口で私を元気にしてくださいませ(6)。

仰々しい神の礼賛に始まって個人的な嘆願で締めくくるという一般的な祈りの形式は、メソポタミア時代からほとんど変わってはいない。しかし、神を崇める気持ち、そしてさらに言えば、神を崇拝するという観念そのものが、一〇〇〇年前の、もっと平凡で日常的な神と人間との関係とは大きくかけ離れてしまっている。

天使の起源

前三〇〇〇年紀末の、いわゆる新シュメール時代には、図像、それもとくに円筒印章に「拝謁」の場面が多く見られる。下級の神、多くの場合は女神が、印章の持ち主と思われる人物を主要神に拝謁させる。これは、本書が〈二分心〉の王国に想定してきたものと完全に一致する。すなわち、一人ひとりの人間がそれぞれ自分個人の神を持ち、その神が人間のために、より高位の神との仲立ちをすると考えられていたのだ。そしてこの種の拝謁あるいは仲介の場面は、前二〇〇〇年紀に入っても続いていく。

しかしその後、劇的な変化が起きる。まず、そういう場面から主要神が姿を消す。トゥクルティ・ニヌルタの祭壇から消えたのと同じだ。それから、個人の神が人間を主要神の象徴のみに拝謁させる場面が描かれる時代になる。さらにその後、前二〇〇〇年紀末には、消えた神々と見捨てられた信奉者の仲をとりもつ使者として、人間と動物が合体したような生き物が出現する。そのような使者はいつも、体の一部は鳥で一部は人間、ときには髭を生やして二組の翼を持ち、神のように王冠を被った男のような姿で、清めの儀式のための材料が入っていると思われる袋らしきものを持っていることが多い。彼らは天上の宮廷に仕えると考えられており、アッシリアの円筒印章や彫刻にしだいに頻繁に登場するようになる。初期には、そのような天使、あるいは精霊《ジン》たち（アッシリア研究者はそう呼ぶことが多い）は、かつての謁見の場面でと同じように、人間を神の象徴に謁見させている。しかしまもなく、それすらなくなる。そして前一〇〇〇年紀の初頭までには、そのような天使が数え切れぬほど様々な場に登場し、人間といっしょにいたり、別の合体型の生き物と種々の争いを演じていたりするようになる。鳥の頭を持っていることもある。あるいは、翼のある雄牛やライオンの体に人間の頭を持ち、紀元前九世紀のニムルド（訳注　現イラク北部の遺跡。紀元前八六四年頃に新アッシリアの首都になった古代都市カルフの現代名）に見られた宮殿の番人や、紀元前八世紀のホルサバード（訳注　現イラク北部の遺跡。紀元前七一七年にアッシリアの首都として創建された古代都市ドゥル・シャルルキンの現代名）の諸門の守護者のような役割を果たすこともある。あるいはまた、タカの頭と大きな翼を生やし、紀元前九世紀のアッシュールナツィルパル王（訳注　アッシュールナツィルパル二世。在位紀元前八八三～八五九）の宮殿にあった壁の彫刻のように、小さな手桶に浸けた円錐状の実を持って王の後ろに従う姿（洗礼の聖油を塗る場面に似ている）が見られたりする。しかし、これらの描写のどれを見ても、天使が話したり人間が聞いたりしているように見えるものはない。それ以前の〈二分心〉には実際に声が聞えていたのだが、この頃には沈黙の関係と考えられるようになったため、描かれるものも無言の視覚的場面なのだ。いわば神話的な作り物となっている。

悪魔

しかし、神々が退いたことによって残された意思決定の空白を埋めるには、天使たちだけでは十分ではなかった。そのうえ、天使は偉大な神々の使者だったので、通常、王や貴族たちと結びついていた。一般の人々にしてみれば、個人の神々がもはや彼らを助けてくれぬばかりか、今ではまったく別の種類の半神の生き物が恐ろしい影を日々の暮らしに投げかけ始めた。

なぜ、ほかならぬこの時期に邪悪な悪魔が人間の歴史に登場することになったのだろうか。言葉は、たとえそれが理解できぬものでも、他者に挨拶する主要な手段だ。こちらが先に挨拶して、相手がそれに応えなければ、その敵意に対するしかるべき準備をすることになる。個人の神々が沈黙しているのなら、神々は腹を立て、敵意を持っているに違いない。そういう論理が、〈二分心〉が崩壊していく間に人類の歴史に最初に現れた「邪悪なる者」の観念の起源だ。神々が思いのままに私たちを支配していることに疑問の余地は皆無なのだから、人間に害を与えようとする気持ちを鎮め、ご機嫌を取り結んで再び友好的な関係を取り戻すために、私たちに何ができるだろうか。そう問うた結果としてこの章ですでに触れた祈りと生贄、そして神の前での謙遜の美徳が生まれた。

神々が預言者や巫女と呼ばれる特別の人々の中に引っ込んだり、天使や前兆という形で人々と曖昧な接触しかしなくなったりするにつれ、この神の力の不在という空隙に、悪魔を信じる心がすばやく忍び込んだ。メソポタミアの雰囲気自体が悪魔のせいで暗いものになった。自然現象が人間に対する敵意という特徴を帯び、砂漠を吹き荒れる砂嵐の中で猛威を振るう悪魔、火の悪魔、山の彼方で昇る朝日を守るサソリ男たち、恐ろしい風の悪魔パズズ、疫病の悪魔、恐ろしいアサックの悪魔たち（これは犬によって撃退できる）などが現われた。悪魔たちは人間が人気のない場所にいたり、眠ったり食べたり飲んだりしているときに、男女を問わず彼らを捕まえようと手ぐすねを引いていた。とくに出産のときを狙っていた。悪魔たちはあらゆる病気となって人間に取りついた。神々でさえ悪魔に襲われ、ときにはこれが神々が人間の問題を扱ってくれない理由とされた。

このような悪魔から身を守る〈二分心〉の時代には思いもよらなかったことだ）方法は多彩だった。前一〇〇〇年紀の初期から、首や手首に着けるためのおびただしい数の魔除けのお守りが出現する。それらには通常、魔力を抑えるべき特定の悪魔が描写され、その上に魔除けの身振りで悪魔を追い払う神官が描かれることもあり、またその下には、想定される脅威に対して偉大な神々の庇護を求める、以下のような呪文が書かれている場合も多い。

（呪文）この悪魔は家に近づき、眠っている私をおびえさせ、心を引き裂き、悪夢を見させます。黄泉《よみ》の国の王ニヌルタ神の命において、かの国の門番バイン神にその悪魔を委ねたまえ。バビロンのエサギラ（訳注　マルドゥク神殿）に住まわれるマルドゥク神からそう命じたまえ。扉と錠に、私が二人の神に守られていることを知らしめたまえ。（呪文）[7]

これらの悪意に満ちた力を食い止めるために、前一〇〇〇年紀を通して、メソポタミア全土で呪文と身振りによる熱心な儀式が無数に繰り広げられた。高位の神々が、仲裁を求める嘆願の対象になった。あらゆる病気や苦痛が災いを招く悪魔のせいにされ、ついに医学は悪魔払いとなった。このような魔除けの慣行とその程度について、私たちが今日知っていることの多くは、ニネヴェのアッシュールバニパル王（訳注　在位紀元前六六八？～六三〇？　ニネヴェは同王が創建した新アッシリアの首都。現イラク北部のクユンジュク）が紀元前六三〇年頃に厖大な文書を収集して作った図書館を拠り所にしている。この図書館の跡からは、そのような魔除けの記述のある文字どおり何千もの粘土板や、ハエのたかった腐った肉片のように悪魔がたかって真っ黒になって滅びゆく文明を描写し、前兆の数々を書き連ねた粘土板が、さらに何千枚も出土している。

新しい天

前のほうの章で見てきたように、たとえ神の声は従僕たる人間にはどこででも聞こえるとはいえ、神々には通例、決まった居場所がある。そうした神の住まいは、ジッグラトや住宅内の祭壇であることが多い。また、太陽や月、星などの天体と結びついている神や、最高神アヌのように天に住む神もいるが、大部分の神々は人間とともに地上に暮らしていた。

これがすべて、前一〇〇〇年紀に入って、本書で説いているように神の声が聞こえなくなるとき、変わってしまう。地上は天使と悪魔任せになる一方、地上からいなくなった神々は、アヌ神とともに天に住んでいると考えられるようになったようだ。だから、天使には必ず翼がついている。天使たちは、神の住む天空からの使者なのだ。[8] 空や天を示す語を神と関連させて使用することが、アッシリアの文献の中でどんどん一般的になっていく。そして紀元前七世紀にギルガメシュの物語に大洪水の話（聖書の話の原型）が加えられたとき、この話は神々が地上を去った理由づけとして利用された。

神々でさえ大洪水には恐れをなした。
神々は天のアヌ神のところまで逃げ昇っていった。(9)

かつて地上にいた神々がこうして天に移ったことは、ジッグラトの構造上の大きな変化を見ても明らかだ。第二部第二章で見たとおり、メソポタミアの歴史において、もともとのジッグラトは、人間の従僕が行なう儀式の中で神像が「暮らして」いた、「ギグヌー」と呼ばれる大広間を中心として建てられていた。しかし、前二〇〇〇年紀の末までには、ジッグラトの概念全体が変化したようだ。中央の部屋と呼べるようなものはもはやまったくなく、主要神たちの神像は、複雑な儀式の中心からどんどん脇へと押しやられていった。というのは、今ではジッグラトの聖なる塔は、地上から姿を消して天に昇った神が降臨しやすくするための着地場所なのだ。これは、前一〇〇〇年紀に書かれた文章からもはっきりとわかる。そこでは「天の舟」に触れてさえいる。この変化が起きた正確な時期を特定するのは難しい。現存しているジッグラトの損傷が激しい上に、ときおり「修復」されていることがあるからなおさらだ。しかし、トゥクルティ・ニヌルタの時代を皮切りにアッシリアで建設された多くのジッグラトは、すべてこの種の、天から戻ってくる神々を迎えるための台であり、以前のような地上の神々のための家ではなかったと私は考える。

紀元前八世紀にサルゴン二世（訳注　在位紀元前七二一～七〇五）が巨大な新都ホルサバードに建設したジッグラトは、近年の発掘の結果から推定すると、七層の構造で、周りを囲む都市より四三メートルも高くそびえ、そのてっぺんには、たとえもう声は聞こえなくても依然としてアッシリアの主であるアッシュール神の神殿が輝いていたらしい。ホルサバードには、ほかにはアッシュール神の神殿はない。神殿から地上へは、かつてのジッグラトにあったような普通の階段ではなく、塔の中心を取り巻く螺旋状のスロープがついている。もし仮にアッシュールが降臨し、この町に戻ることがあれば、歩いて下りられるようにという配慮だ。

同様に、新バビロニアのジッグラト、すなわち聖書にあるバベルの塔も、真の〈二分心〉時代における神の家ではなく、今は天に昇った神々が地上に降りる場所だった。紀元前七～六世紀に建造されたこの塔は、九〇メートル余りの高さにそびえ、やはり七層で、てっぺんには鮮やかな青い釉薬《うわぐすり》をかけたレンガで作られたマルドゥク神殿があった。「エテメンアンキ」という名前そのものが用途を示している。「エテメンアンキ」とは、「天（アン）と地（キ）の間にある、神を迎える基壇（テメン）の神殿（エ）」という意味だ。[10] そう考えなければ意味をなさない「創世記」の文章（第一一章二～九節）は、まさにそうした降臨を扱った新バビロニアの何らかの伝説の焼き直しに違いない。ヤハウェが他の神々とともに「都市と塔を見に地上に降り」、その後すぐに「彼らの言葉を混乱させ、互いの言葉が理解できぬように」した。後の部分は、幻覚の声が衰えていく中でごちゃごちゃに聞こえるようになってきたことを〈物語化〉したのかもしれない。

紀元前五世紀、倦《う》むことを知らぬ好奇心の持ち主だったヘロドトス（訳注　紀元前四八四？～四二〇？。ギリシアの歴史家。著書『歴史』が有名）

は、頂上に神がいるか、あるいは偶像が安置されているかどうか知りたくて、エテメンアンキの険しい階段と螺旋状のスロープを登ってみた。すると、トゥクルティの祭壇の彫刻と同じで、そこにあったのは、空の玉座だけだった[11]。

占い

ここまでのところで、私たちは〈二分心〉の崩壊の証拠だけを見てきた。この証拠はかなり信頼性が高いと思われる。浅浮き彫りや円筒印章に見られる神々の不在、物言わぬ楔形文字からほとばしる、失われた神々に関する悲痛な叫び、祈りの重視、新たに登場した無言の神々、天使と悪魔、天の新しい概念。これらすべてが、神と呼ばれていた幻の声が、もはや人々の導き手ではなくなったことをはっきりと示している。

では、何が神々の役割に取って代わったのか。行動はどのようにして引き起こされるようになったのか。もし、幻覚の声が、複雑さを増していく行動にもはや適切に対応できなくなったのなら、決定はどう下せばよいのか。

主観的意識（〈私〉が様々な行動の選択肢をその結果に至るまで〈物語化〉できるような作業空間を、言語的比喩を基盤として発達させたもの）は、当然ながら、このジレンマの大きな結果だった。しかし、もっと初歩的な解決法で、意識に先行して発達するとともに、歴史の中で意識と並行してきたものに、占いとして知られる行為の複合体がある。

今では沈黙してしまった神の言葉を占おうとする試みは、驚くほど多様化し、複雑化していく。しかしこの多様性も、大きく四つの型に分けると理解しやすい。それらは、始まった時代順に並べられるし、意識に近づく連続したアプローチとしても解釈できる。その四つとは、前兆占い、籤《くじ》占い、ト占、自然発生的占いだ。

前兆占いとその文書

物言わぬ神々の意思を見つけ出すための、最も初歩的で拙劣ではあるが根強く続いている方法は、珍しい現象や重大な出来事がどういう順序で続くかを記録するだけのもので、ほかのあらゆる種類の占いと対照的に、完全に受け身の行為だ。それは哺乳類の神経系によくある作用のたんなる延長で、もし、ある生物がAの後にBを経験すると、その生物は、次にAが起きた後、Bを期待する傾向が生じるというものだ。前兆占いは、言葉にしてみると、実際のところまさにこの具体例であるため、純粋な文明の所産というよりむしろ、たんに動物的な性質に起源を持つと言えるだろう。

前兆、つまり再発が見込まれる連続現象に基づく占いは、おそらく〈二分心〉の時代にも細々と行なわれていただろう。しかしそれは、たいした重要性を持たなかった。そのような連続を研究する必要もなかった。なぜなら、新奇な状況が起きても、神の声があらゆる決定を下したからだ。たとえば、シュメール文化に前兆占いの文書の類はいっさい存在しない。前兆占いの起こりの痕跡こそセム語系（訳注　アッシリア人、アラム人、ヘブライ人、アラビア人など、セム語と呼ばれる諸言語を話す民族の総称）のアッカド人の間に見られるものの、前兆占いの文書がいたるところで急増し、暮らしのほとんどすべての面にかかわるほどにふくれ上がるのは、実際のところ、前二〇〇〇年紀末期に〈二分心〉が失われた後だった。前一〇〇〇年紀に入る頃には、厖大な数の占いの文書が作られていた。紀元前六五〇年頃、ニネヴェのアッシュールバニパル王の図書館では、二万点から三万点にのぼる粘土板の少なくとも三割が前兆関係の文献だった。これらの長々しい不条理な文章の数々はどれも、「もし～なら」などの条件節から始まり、「～だろう」などの帰結節が続く。前兆にも多くの種類があり、地上で見られる前兆は、日常の暮らしと結びついていた。

もし町が丘の上にあったら、それは
その町の住民には良くないだろう。

もし土台を築いたときその上に
黒いアリが見られたら、その家は
無事に建つだろう。家の持ち主は
長生きするだろう。

もし馬が人の家に入り、
ロバや人間に噛みついたら、その家の主人は
死に、一家は離散する

だろう。

もしキツネが公共の広場に駆け込んだら、
その町は荒廃するだろう。

もし人がうっかりトカゲを踏みつけて
殺してしまったなら、その人は敵に
勝つだろう。[12]

こんなふうに果てしなく続き、それ以前の時代なら神々の導きのもとにあったであろう暮らしの全側面に関係している。それらは、〈物語化〉への最初のアプローチとでも言える体裁を備え、意識がもっと複雑な方法で行なうことを言葉の形式によって行なっている。私たちには、前触れに基づく予言に論理的な根拠を見出すことなどなかなかできない。なにしろ、前兆と帰結の関連たるや、言葉の連想や暗示的な意味などという程度の単純なものであることが多いのだ。

また、「もし胎児が～」などという言葉で始まり、人間と動物両方の出生異常を扱う、奇形学的な前兆占いもあった。[13] 医学は、実際問題として、医療目的の前兆占いに基づいており、そうした前兆を扱う一連の文書は、「祈禱師が病人の家に来たとき」という文句で始まって、様々な兆候と呼応した、おおむね妥当な診立てが続く。[14] ついでながら、患者や出会った人の容貌や身体的特徴などの外見に基づく前兆占いは、私たちが当時の人々の外見を知る上で最善の情報源となっている。[15] 時間に関する前兆占いもある。特定の仕事をするのに、どの月が適しているか適していないかを定めた月暦や、それぞれの月の吉日や凶日を示す暦などだ。気象学や天文学の始祖となる前兆占いもあり、多数の粘土板が太陽や惑星、恒星、月の諸現象にあてられ、それらの消滅や蝕の時間や状況、太陽や月にかかる暈《かさ》、奇妙な雲の形成にかかわる占い、雷や雨の持つ神意、平和と戦争、収穫と洪水の予兆としての雹《ひょう》や地震、恒星の間での惑星の動き、とりわけ金星の動きなどを記している。今や星々の間に住み、沈黙したままの神々の意思を、このように星を使って知ろうとする行為は、紀元前五世紀までには、現代でもお馴染みの占星術になり、誕生のときの星相によって、生まれた子供の将来や性格が予言された。漠然とではあるが、前兆占いの文書の中に歴史の萌芽も見られ、初期の文書の帰結節の中に、メソポタミア独特の史書という形で、歴史的情報がわずかながらも盛り込まれていたりする。[16] 神々を取り上げられた人類は、母親から引き離された子供のように、恐怖に震えながら自分の世界について学んでいかなければならないのだ。

前兆の夢は占いの主要な情報源となった（現在でもそうだ）。[17] とくに、前一〇〇〇年紀のアッシリア時代後期に、前兆の夢は『ジキク（*Ziqiqu*）』のような夢の本にまとめられた。『ジキク』には、たとえば円筒印章を紛失した夢は、その人の息子の死の前兆というように、夢の出来事とその帰結を結ぶ何らかの法則が見て取れる。しかしどんな型の前兆であっても、決められることには自ずと限界がある。人は判断のもととなる前触れが現れるのを待たねばならない。しかし新奇な状況は待ったなしで訪れるものだ。

籤占い

籤《くじ》占いは、新奇な状況において特定の質問に対する神々の答えを引き出す、積極的・計画的手段である点で、前兆占いとは違っている。印のついた棒や石、骨、豆などを地面に投げたり、鉢に入れた中から一つを選び出したり、衣の膝の上に載せて一つが落ちるまで揺さぶったりするなどのやり方がある。この占いによって、イエスかノーの答えを選ぶときもあれば、一群の人や計画や選択肢の中から一つを選ぶときもあった。しかしこの単純さ――それどころか、私たちにとってはくだらなさ――に気を取られて、そこに含まれている深遠な心理的問題を見落としてはならないし、また、際立った歴史的重要性を見過ごしてもならない。サイコロやルーレットなどの、様々な種類の偶然性に頼るゲームは、すべてこの古代の籤による占いの名残りだ。私たち現代人にもきわめて馴染み深いため、この行為にどれほどの歴史的意義があるのかをほんとうに認識するのは難しい。しかし、ごく最近まで、偶然という概念はいっさい存在しなかったことを知れば、理解の一助になるだろう。そういうわけで、棒や骨を地面に投げて問題の答えを決定する方法の発見（これを発見と呼ぶのもじつに妙なのだが）は、人類の未来にとって、このうえなく重大なものだった。というのは、偶然というものは存在しなかったので、結果は必ず、占いによってその意図を問われている神が引き起こしたに違いなかったからだ。

籤占いの心理について、関心を促したい点が二つある。まず一つは、この占い行為は、〈二分心〉

の崩壊の後、脳の右半球が神々の声という形で言語的にコード化されていたときのようには、その右半球の機能を使えなくなった文化で、もっぱらこの機能を補完するために考案されたという点だ。空間的情報やパターン化された情報を処理するのは、おもに脳の右半球であることは実験による研究でわかっている。右半球は、コース立方体模様検査のように、物事の各部分をパターンにまとめたり、パターンの中の点の場所や数を読み取ったり、メロディのような音声パターンを知覚したりするのに優れている。[18] さて、籤占いが解決しようとする問題も、パターンの各部の順序を決めるとか、誰が何をやるか選ぶとか、領土のどの土地を誰に与えるかなど、それとよく似たものだ。もともと、もっと単純な社会では、そのような決定は神々と呼ばれる幻覚の声が簡単に行なっており、主として脳の右半球の働きだったのだろう。そして、そうした決定が複雑さを増したせいだろうか、神がもはやこの機能を果たさなくなったとき、籤占いが、この右半球の機能に代わるものとして歴史に登場した。

心理学的に興味深い二つ目の点は、籤で占うというのは、意識自体と同じく、比喩に基づいていることだ。第一部第二章の用語を使えば、表だって表現されない神の命令は語彙的に広げられるべき〈被比喩語〉を構成し、〈比喩語〉は、棒とか豆とか石などの一対あるいはいくつかの籤だ。〈比喩連想〉は籤につけられた区別のための印や言葉で、それが、うかがいをたてられた神の命令として、〈被比喩語〉に投影される。ここで重要なのは、籤占いのような作為的に引き出された占いは、意識を発達させるのと同じ種類の生成力のある過程を含んではいるが、精神の外で主観と無縁のやり方で行なわれているという点を理解することだ。

前兆占いの文書と同じように、籤占いもその起源は〈二分心〉時代にさかのぼる。籤で占うという記述が最初に見られるのは、前二〇〇〇年紀中頃の法律関係の粘土板だ。しかし、この占いが重要な決定の場で広く行なわれるようになるのは、前二〇〇〇年紀末期になってからのことで、息子たちへの財産の分配（スーサ（*訳注）の事例）や、神殿の特定の職員に対する神殿収入の配分、様々な目的のため、同等の地位にある人々の間での序列の確立などに用いられた。これは現在私たちにとってそうであるような、純粋に実用目的だけのものではなく、つねに神の命令を見出すためのものでもあった。紀元前八三三年頃、アッシリアの新年には、いつも誰か高官の名がつけられた。その名誉を受ける特別な高官は、表面に何人もの高官の名が刻まれた粘土製のサイコロによって選ばれた。そのサイコロの各面には、この面が上になりますようにとアッシュール神に祈る言葉が刻まれていた。(19)この時代以降、多くのアッシリアの文書は、多種多様な籤占いに言及しているが、この占いが意思決定において、どの程度まで広まっていったのか、また普通の人々がより日常的な決定にも用いていたのかは、推定するのは難しい。しかし、ヒッタイト人の間で一般化したのはわかっている。また、旧約聖書に登場する籤占いについては、後の章で触れることにする。

卜占

占いの第三の型で、意識の構造により近いものを、私は「質的卜占」と呼びたい。籤占いは順序を決めるもので、与えられた一組の可能性を階級に従って並べていく。しかし、質的卜占の多くの手法

＊（訳注）　現イラン南西部。バビロニアに隣接したエラム王国の首都。いくつかの王朝の首都となった。ここからハムラビ法典が出土した。

は、物言わぬ神からもっとずっと多くの情報を占いで引き出すようにできている。両者の間にはデジタルとアナログのコンピュータぐらいの違いがある。最初の形態は、前二〇〇〇年紀中頃に書かれた三つの楔形文字の文書によると、水の入った鉢を膝に載せてその中に油を注ぎ、水面や縁に対する油の動きから、平和や繁栄、健康や病気に関する神の意図を読みとるというものだった。ここでは、〈被比喩語〉は神の意図、あるいは神の行動ですらあり、籤占いのようにたんに神の言葉だけではない。〈比喩語〉は水の表面での油の動きで、神の動きと命令はそれに類似している。〈比喩連想〉は油の形や接近具合で、〈投影連想〉は神の決定や行動の概略となる。

メソポタミアでは、卜占はつねに祭儀という位置づけだった。「バル」と呼ばれる特別の神官によって行なわれ、儀式を伴い、神が油その他の媒介物を通して意向を明らかにされるようにという祈りが、まず捧げられる。[20] そして、前一〇〇〇年紀に入ると、バルの手法と技術は、神々の意向を示す驚くばかりに多様な〈比喩語〉に分かれていく。油だけでなく、占い師の膝の上の香炉から立ち昇る煙の動き、[21] 熱したロウを水に落としたときの形、無作為に打ったいくつもの点の作る模様、灰の形や模様も使われ、その後、生贄の動物も対象となった。

生贄の動物の内臓で占うため、内臓占いとでも呼ぶべき占いは、前一〇〇〇年紀の間に、誘発性アナログト占の最も重要な形式になった。もちろん、生贄という発想自体は第二部第二章で見たとおり、幻覚を起こさせる神像に食糧を捧げる行為を起源としている。〈二分心〉の崩壊にともない、神像は幻覚を起こす特性を失ってただの像となったが、今や姿の見えなくなった神に供え物をするという儀式は、様々な生贄の儀式として残った。したがって、油やロウ、煙、その他よりも、動物が神々との意思疎通の重要な媒介物となったのは、驚くことではない。

内臓占いは、〈被比喩語〉が神の話す言葉や行動ではなく、書いたものであるのが明らかな点で他の方法とは違っている。バルはまず、動物の内臓にお告げを「書く」ように、太陽神シャマシュや嵐の神アダドの神に願う。[22] あるいは、この要望を動物が殺される前にその耳にささやく場合もあった。それからバルは、伝統にのっとった手順で動物の内臓（気管、肺、肝臓、胆嚢、そして、コイル状になった腸の配置）を調べ、正常な状態や形や色から逸脱したものを探す。萎縮、肥大、位置のずれ、特別な斑点、その他の異状が、とくに肝臓に見られると、それは比喩的に神の行動につながる神からのお告げだった。内臓占いを扱った文書の数は、どの種類の卜占の文書よりも多く、もっとずっと念入りに研究する価値がある。前二〇〇〇年紀の、ごく初期のじつにおおざっぱな記述から、紀元前二五〇年頃のセレウコス朝（訳注　紀元前三〇五～六四年。セレウコス一世を祖とし、シリア全土を支配した王朝）の膨大なコレクションまで、自己の精神の外から思考を得る手段としての内臓占いの歴史と地域的発達は、粘土板の正しい調査の開始がひたすら待たれる分野だ。とくに興味深いのは、時代が下ると、斑点や変色が、中世の錬金術師が用いたのによく似た秘密めかした専門用語を使って書き記されている点だ。[23] 生贄になった動物の残存物の各部は、「宮殿の扉」「小道」「楔」「堤防」などと呼ばれ、それらの位置や目的を象徴し、何をするのかを読み取るための比喩の世界を作り上げている。後期の粘土板の中には、コイル状になった腸の配置図とその配置の意味を載せたものまである。粘土やブロンズで作られた肝臓と肺の模型が、精巧なものも粗雑なものも各地の発掘現場で出土している。その一部は指導用に使われたのかもしれない。しかし、生の臓器自体が神のお告げの証拠として王に差し出されることもあったのだから、そのような模

型も、実際の観察結果を報告するための、あまり直截的でない方法として用いられていたかもしれない。(24)

このような占い行為全般の持つ、比喩としての性質を思い出していただきたい。というのは、ここでの実際の働きは、意識の深奥の働きと、レベルこそ違え、よく似ているからだ。肝臓その他の臓器の大きさや形が、神の意図の大きさや形の比喩だということは、ごく単純なレベルで、私たちが意識の中で、比喩となる対象物や行動を「内に含む」比喩空間を作る際にすることと似ている。

自然発生的占い

自然発生的占いが前の三つの型と違うのは、強制されるものではなく、どんな媒体にも拘束されないという点だけだ。この占いは実際のところ、すべての型を一般化したものだ。それ以前のものと同様、神々の命令や意図や目的が〈被比喩語〉で、〈比喩語〉は、たまたまそのときに目に入り、占い手の関心事とかかわりのありそうなものだ。企ての結果や神の意図などは、こうして、占い手が偶然見たり聞いたりした物事から読み解かれる。

読者のみなさんもためしにやってみるとよい。まず、漠然と問題や関心事のことを考える。それから、急に窓の外を見たり、自分の周囲を見回したりして、最初に目に留まったものを選び、そこから、自分の問題に関することを何かしら「読み」出してみる。何も起こらないときもある。しかし、お告げがぱっと頭に浮かぶときもある。私はたった今、執筆していてこれをやったところだ。北側の窓から、たそがれの空に立つテレビのアンテナが目に入った。これは、私があまりに思索的になり、虚空からはかない暗示を拾い上げているというふうに占うこともできる。そうした暗示に正面から取り組むというのであれば、不幸な真実と言わざるをえない。私は再びぼんやりと自分の関心事について考え、歩き回り、突然、助手が器具を組み立てている隣室の床に目をやる。するとそこには、ほつれたワイヤーの端からより合わせた線が数本出ているのが見える。私は、この章における私の課題は、まだ意味の不明瞭な証拠の線や端を、いくつか結びつけることだという判断を下す。そんな具合だ。

私は、この型の占いを、メソポタミアの文献で見つけたことがない。とはいえ、たとえ、後の章で見るように、自然発生的占いが旧約聖書の中で一般的かつ重要だという理由からだけでも、私はこれが広く一般に行なわれていたに違いないという気がする。そして、この方法は、様々な種類の預言者がよく用いる方法として、中世に入ってからも受け継がれていく[25]。

以上、前兆占い、籤占い、卜占、自然発生的占いという占いの四つの主要な型を見てきた。ここで注意したいのは、それらは思考や意思決定が、自己の精神の外部からもたらされる方法だと考えられる点と、それらはこの順番で意識の構造にどんどん近づいているという点だ。これらの占いはすべて〈二分心〉の時代に源があるが、だからといって、本章の始めのほうで述べたとおり、占いが〈二分心〉の崩壊後に初めて決定の重要な媒体となったという推論が弱まるわけではない。

主観性の端緒

今までのところ、雑多な要素から成る本章では、メソポタミアにおける〈二分心〉の崩壊や、人間の精神構造におけるこの変化に対する反応、幻覚の中の声がもはや聞こえなくなったとき、他の方法によって、どうすればよいかを知ろうとする努力などを扱ってきた。しかし、どうすればよいかを知るための、さらなる手段が意識だったということ、そしてそれがこの地球の歴史の中で最初に出現したのは、前二〇〇〇年紀が終わろうとする頃のメソポタミアだったことを示すのは、それよりはるかに難しい。そのおもな理由は、楔形文字はギリシア語やヘブライ語と同じような正確さでの翻訳ができず、次章で試みるのと同じ種類の分析が進められないためだ。意識と〈心の空間〉の、比喩による発達をたどるのに役立ちそうな楔形文字の言葉というのは、また同時に、正確に翻訳するのが極度に難しい言葉でもある。ここできっぱりとお断りしておきたいのだが、前二〇〇〇年紀を通してメソポタミアで起きた精神構造の変化に関する真に完全な研究は、楔形文字の研究が新たな段階を迎えるまで待たねばならない。そのような研究では、後に私たちが「意識ある」と呼ぶ事象を記述するようになる単語が指し示すものの変化や、そうした単語の使用頻度の変化も追いかけられることだろう。たとえば、その一つは「Sha」（そのほかにも「Shab」とも「Shag」とも音訳される）というアッカドの言葉で、根幹の意味は「中に」あるいは「内に」のようだ。都市名の前にこれをつけると、「その都市の中に」という意味になる。人名の前につけると、「その人の中に」という意味になり、これが属性の内面化の始まりかもしれない。

陳腐な言い方で恐縮だが、これらの問題やその他の多くの問題は、後世の調査に委ねるしかない。新しい遺跡が次々に発見され、新しい文献が続々と翻訳されているので、わずか一〇年後でさえ、もっとはっきりしたことがわかっているだろう。本章の観点からデータを見たとすればなおさらだ。現時点で私が明確にできそうなのは、せいぜい、意識の誕生のような心理的変化が実際に起きたのを示す文献をいくつか比較することぐらいだ。比較対照には、書簡や建物の碑文、『ギルガメシュ』の様々な版を用いることにする。

アッシリアと古代バビロニアの書簡の比較

〈二分心〉から主観へと移るこの変化を示すためにここで最初に比較するのは、紀元前七世紀のアッシリアの粘土板に書かれた楔形文字の書簡と、それより一〇〇〇年前の古代バビロニアの王の書簡だ。本人の物も含め、ハムラビの治世に書かれた書簡は、事実を述べ、具体的で、行動本位で、形式的で、命令調で、挨拶抜きだ。受取人に宛てているわけではなく、じつのところ、粘土板自体に宛てたもので、つねに次のような文で始まる。「Aに伝えよ。かく言うのはBである」。それからBがAに言うべき内容が続く。神像から幻覚の声を聞き、続いて象形文字を見て幻覚の声を聞くことから発展した「読む」行為は、〈二分心〉時代の後期には、楔形文字を「聞く」行為になったことは、すでに書いた。それを思い出していただきたい。そういうわけで、粘土板の宛先がこうなっているのだ。

古代バビロニアの書簡の話題は、いつも客観的なものだった。たとえば、ハムラビ王の書簡は（これらはどれも同一人物の手で記されているので、ひょっとすると王自身が書いたのかもしれない)、支配国の王や官吏に向けて書かれ、内容は、これこれの人物を送ってよこせとか、これだけの量の木材をバビロンに送るようにとか(ある場合は「元気な木だけを伐採するように」という指示つき)、穀物と家畜の交換の統制とか、労働者をどこどこに送れとかいうものだ。理由が書かれていることはめったになく、目的にいたっては、まったく書かれない。

シン・イディナムに伝えよ。かく言うのはハムラビである。予はそなたにエヌビ・マルドゥクを予のもとに遣わすよう書いた。しかるに、なぜ彼をよこさぬのか。この粘土板を見たら、予のもとへエヌビ・マルドゥクを参らせよ。夜を日に継いで旅させ、すみやかに到着させよ。[26]

書簡は、これ以上複雑な「思考」や関係に踏み込むことはほとんどない。

もっと興味深い書簡は、バビロンに征服地の偶像数体を持ってこいと命令するものだ。

シン・イディナムに伝えよ。かく言うのはハムラビである。予は今、エムタバルの女神たちを連れ帰らせるために、役人のジキル・イリスとドゥガブの役人ハムラビ・バニをそちらに向かわせている。女神たちをバビロンに連れてくるときは、神殿に安置するのと同じように行列用の船に乗せよ。神殿に仕える女たちも従わせよ。女神の食糧にはヒツジを用意せよ……遅滞なく、すみやかにバビロンに戻ってまいれ。[27]

この書簡からは、古代バビロニアにおける神と人間の日常的かかわりばかりか、神々は旅の途中でも飲食をすると思われている事実がわかっておもしろい。

ハムラビの書簡から目を転じて紀元前七世紀のアッシリアの国家書簡を見ると、背くことのできぬ命令という思いやりのない単調さを離れて、現代とあまり変わらぬ、意識の目覚めた世界に入るようなものだ。それは、豊かで感じやすく、おびえた、貪欲で、思いどおりにならぬ世界だ。書簡は粘土板ではなく人々に宛てられ、おそらく聞かれることはなく、声に出して読み上げなければならなかっただろう。語られる題材は、一〇〇〇年の間に、はるかに広範な人間の営みに及ぶようになった。しかしアッシリアの書簡には、欺瞞と占いといった要素も織り込まれ、治安維持組織による調査、衰退していく儀礼への苦情、病的なまでの恐怖、賄賂、投獄された官吏の哀切な訴えなどが書かれ、そのどれもが、ハムラビ王の世界では知られることも語られることもなく、ありえないものばかりだった。次に挙げるような、皮肉のこもった書簡まである。これは紀元前六七〇年頃、征服したバビロンに同化した反抗的な副官たちにアッシリアの王が送ったものだ。

王より偽バビロニア人に申し渡す。予はつつがなく……。さて、そちたちは（天のご加護あれ）、なんとバビロニア人に変わってしまった。そして予の従僕たちを、そちたちとその主人がでっち上げた罪状（偽りの罪状）で告発し続けている……予によこした書類（中身のない言葉の羅列としつこい要求のみ！）は、もう一度封をして返してやろう。もちろんそちたちは「王は何を送り返してきたのか」と言うだろう。バビロニア人の中から、予の従僕や友たちが手紙をよこしてい

る。予が開封して読むと、見よ、神殿のすばらしさ、罪ある鳥が……[28]

その後は粘土板が破損している。

さらに興味深い違いは、アッシリアの王の描写だ。前二〇〇〇年紀初期のバビロニアの王たちは、自信に満ちて恐れを知らず、おそらくそれほど軍国主義的になる必要もなかっただろう。ところがライオン狩りや、鉤爪をむいた猛獣との組み討ちなどの、迫力のある彫刻で勇壮に宮殿を飾っていた残虐なアッシリアの王たちは、書簡の中では決断力がなくおびえた小心者で、占星術師や占い師に神々との接触を懇願し、いつ、何をすればよいのか尋ねるのだった。王たちは占い師に物乞い呼ばわりされたり、犯した罪が神を怒らせていると言われたりしている。何を着ろとか何を食べろとか、次のお告げがあるまで物を食べるなとか命ぜられている。[29]「天空で何かが起きております。お気づきですか。私としましては、目が離せません。『どのような現象を私は見落としたか、あるいは王に報告し忘れたか。何か王の運命にふさわしくないことに気づき損ねただろうか』と言いながら。……王のおっしゃった日蝕ですが、起きてはおりません。二七日に再び観測し、文書でご報告申し上げます。わが君は誰から不運がもたらされるのを恐れていらっしゃるのでしょうか。私には何一つつかめておりません[30]」

一〇〇〇年離れたこれらの書簡の比較は、私たちがここで問題にしている精神構造の変化をはっきり示しているだろうか。もちろん、このような疑問に対しては、厖大な議論がなしうるだろう。それに調査も必要とされる。内容の分析、構文法の比較対照、代名詞や疑問文や未来形等の用法、そして同時に、アッシリアの書簡では主観を示していると思われ、古代バビロニアのものにはない特定の語などだ。しかし、現段階での知識では楔形文字の徹底的な分析は不可能だ。私が本書で使っている翻訳でさえ、滑らかな英語と馴染み深い構文法を優先する傾向は否めず、完全に信頼することはできない。可能なのは印象に基づく比較だけだが、結果は明白なように思える。つまり、紀元前七世紀の書簡は、それより一〇〇〇年前のハムラビ王のものに比べ、私たちの意識にはるかによく似ている。

時間の空間化

第二の文書比較は、時間の感覚について行なえる。それには建物の碑文を見ればよい。第一部第二章で、意識の本質的な属性の一つは、比喩によって時間を領域に区分可能な空間に変えることだと述べた。この空間化によって、出来事や人物を意識の中に置き、過去、現在、未来の感覚を獲得することができ、その感覚の中で〈物語化〉が可能になる。

意識のこのような特徴が芽生えた時期は紀元前一三〇〇年頃だと、少なくとも多少は自信を持って言うことができる。本章では、前兆占いやト占の発達からそう推論できることを見たばかりだ。しかし、もっと確かな証拠は建物の碑文から得られる。紀元前一三〇〇年以前の典型的な碑文では、王は自分の名前と称号を挙げ、崇拝する神あるいは神々に惜しみなく称賛を贈り、起工の季節と状況を短く述べ、それからその建設作業自体について説明する。紀元前一三〇〇年以後は、その建物ができる直前の出来事を述べるだけでなく、その時点までに王が戦争で立てたあらゆる手柄の概要まで書き連ねてある。そして、それ以後、この情報は、毎年の戦いごとに系統立てて並べられるようになり、ついには詳細な記録形式にまで急速に発展した。前一〇〇〇年紀のアッシリアの支配者の記録は、ほぼ例外なくこの形式をとっている。そうした記録は、事実そのものの詳述を超えてふくらみ続け、動機の叙述、作戦行動の批判、人物の評価などにまで及ぶようになった。そしてさらに、政治的変化、軍事戦略、特定の地域の歴史的解説まで記されるようになった。これらはすべて、意識が創り出された証拠に違いないと私は思う。これらの特徴のどれ一つとして、それ以前の碑文には見られない。

そのうえ、もちろんこれは「歴史」の創造でもある。歴史はまさに、これらの王が残した碑文の発達の中で始まったのだ[31]。歴史の観念は創り出されたものだったと思うと、なんとも奇妙な気分になる。通常、「歴史の父」として名高いヘロドトスが歴史の著述を始めたのは、紀元前五世紀にメソポタミアを広く旅した後だった。彼はこれらのアッシリアの資料から、まさしくこの歴史の観念をつかみ取ったのかもしれない。この仮説で私の興味を引くのは、意識の発達する過程には、ほんの少しずつ違いが生じうることだ。そして、後のギリシアにおける意識の発達にヘロドトスの著作がどんな重要性を持っていたかは、興味深い研究課題になるだろう。しかし、ここで私が最も強調したいのは、意識の特徴である時間の空間化がなければ、歴史は誕生しえないという点だ。

『ギルガメシュ』

さて、最後に、このもっとも有名なアッシリアの文献からの比較に入るとしよう。本来の『ギルガメシュ叙事詩』は、ニネヴェにあるナブ神の神殿の図書館と、アッシリアの王アッシュールバニパルの宮殿の遺跡から発見された、一二枚の番号つきの粘土板だ。紀元前六五〇年頃、王のために、それ以前にあった物語から抜き書きされた。主人公は半神半人のギルガメシュで、父親で先王のエサルハドン（訳注　在位紀元前六八〇〜六六九）が崇拝していた。たしかに、ギルガメシュという名は、メソポタミア史のはるか昔にさかのぼる。そしてほかにも、彼や彼の物語について、何らかの形で触れている粘土板も数多く発見されている。

中でも傑出しているのは、どうやらもっと古い三枚の粘土板で、アッシリアの粘土板のいくつかと類似している。三枚が発見された場所も考古学的な背景も明らかではない。それらは考古学者が発見したのではなく、バグダッドの古美術商から買われたものだった。そのため、年代と由来は疑わしい。内容からみて、私が思うに、ギルガメシュに関するヒッタイト語とフルリ語の粘土板の断片のいくつかと同時代で、紀元前一二〇〇年頃のものかもしれない。通常、これらの粘土板は紀元前一七〇〇年頃のものとされている。しかし、どの年代のものにせよ、この叙事詩を流布させた者の一部が主張するように、紀元前七世紀版のギルガメシュ物語が古代バビロニア時代に由来するなどと考える根拠はまったくない。

本書の興味を引くのは、少数の古い粘土板と、紀元前六五〇年のアッシリア版との間に起きた変化だ。[32] 最も興味深い比較対象は、粘土板Xの中にある。古い版（現在の所在地から「イェール・タブレット」と呼ばれている）では、半神半人のギルガメシュは、普通の人間である友エンキドゥの死を悲しんで、シャマシュ神と対話し、それから女神シドゥリと対話する。後者は「聖なる酒場の女将」と呼ばれる神で、人間には死は避けられないとギルガメシュに教える。これらの会話の中に主観は入っていない。しかし後世のアッシリア版では、シャマシュ神との対話が含まれてさえいないだけでなく、「聖なる酒場の女将」はじつに人間臭く世俗的な言葉で描写されており、人目を気にしてベールすら被っている。意識ある私たちの心にとって、物語は人間味を帯びてきた。後世のアッシリアの粘土板には、ギルガメシュが近づいてくるのを「女将」が目にする箇所がある。そこでは、彼女は遠くを見やりながら自分の心に語りかけ、こう独り言を言う。「この男は人殺しに違いない。どこへ行こうというのだろう」。これは、主観的な思考だ。そしてこのような部分は、古いほうの粘土板にはまったくない。

アッシリアの粘土板の物語は、非常に綿密に（そしてまた非常に美しく）展開していき、友を亡くしたギルガメシュの心の中の主観的な悲しみを明らかにする。次に挙げる文学的な技巧の一つは（少なくとも、破損部分を復原した翻訳者たちによれば）、修辞的な質問を繰り返してギルガメシュの外面的な物腰を描写するものだ。なぜ彼の外見や振る舞いがこれこれなのかと尋ねるので、読み手は、たえずこの主人公の内面の「空間」とアナログの〈私〉を想像できる。

何故《なにゆえ》、汝の心はそれほど悲しいのか、そして何故、汝の顔はそれほど歪んでいるのか。
何故、汝の心は悲嘆に満ちているのか。
そして何故、汝の顔は遠い旅に出た友にでも向けるような表情をしているのか。

この「詩篇」のような関心の在り方は、粘土板Xの古い版にはまったく見られない。もう一人の重要な登場人物は、はるかなる者、ウトナピシュティムという神（訳注　もとは人間の王だったが、大洪水を生き延び、永遠の命を得て神に列せられた）で、粘土板Xの古い版では、ごく短くしか触れられていない。ところが紀元前六五〇年の版では、遠方を見やり、自分の心に語りかけ、質問し、自分自身の結論に至っている。

結論

本章で検証してきた証拠は、分野によって堅固だったり脆弱だったりする。しかし、神々の喪失に関する文献は、メソポタミアの歴史に前代未聞の変化が紛れもなく起きたことを物語っている。実際それは、近代的な信仰姿勢の誕生であり、トゥクルティの時代から前一〇〇〇年紀に入った後までの間に表現されていた信仰の確かさに対する、まさに「詩篇」のような切望を私たちも実感することができる。

突然、様々な種類の占いが隆盛を極め、政治と個人生活の両面で大きな重要性を持ったこともまた、紛れもない歴史的事実だ。そして、これらの占いは、もっと昔から行なわれていたし、前二〇〇〇年紀末にかけて文明がより複雑化するにつれて、〈二分心〉の神々が意思決定のために何らかの補助的な方法を必要とするようになったことを匂わせてさえいるのかもしれないが、文明化した暮らしの中で占いがようやく重要な地位を占め、広く認知されるようになったのは、神々が衰退してからだった。

この当時、神の性質そのものが変わっていったことも、そしてまた、病気や不運を引き起こす、敵意に満ちた悪魔のせいで暗くなった世界が、〈二分心〉の幻聴による意思決定がなくなった後に続く、深く不可逆的な不確かさの表出としてのみ理解できることも、疑いない。

本章の検証で弱いところは、はっきり言うと、意識そのものの証拠だ。様々な年代の楔形文字の粘土板を対象に、疑問の残る翻訳を頼りにした隙間だらけの比較をすることには、どこか満足できないものがある。私たちが求めているのは、主観的な〈心の空間〉とこの空間が意思決定にあたって果たす機能が発達する様子をもっと注意深く眺められる連続した文献を、じかに見ることだ。この発達こそ、二、三世紀後のギリシアで起きる現象であり、次はその分析に取りかかるとしよう。

第5章　ギリシアの知的意識

それは「ドーリア人の侵入」と呼ばれてきた。だが古典学者に言わせれば、呼び名は何とでもつけられたはずだということになるだろう。私たちの知識は手探り状態のものにすぎず、このような歴史の具体的事例を包む闇はあまりにも深いからだ。それでも、異なる古代遺跡から出土した陶器の意匠に連続性が見られることから、これを数少ないロウソクの光と頼み、この広漠とした沈黙の闇に足を踏み出せば、紀元前一二〇〇年から紀元前一〇〇〇年にかけて続いた民族の移動と退去の複雑な動きのおおまかな輪郭がおぼろげながらも浮かび上がってくる。[1] この動きがあったことだけは間違いない。

残りは推論だ。いわゆるドーリア人という民族が何者だったかさえはっきりしない。私は第二部第三章で、ドーリア人の侵入による混乱の事の起こりはテラ島の噴火とその余波のせいだったかもしれないと述べた。口承文学の伝統が終わる時代に生きたトゥキュディデス（訳注　紀元前四六〇?～四〇〇?　ギリシアの歴史家）はこう述べている。「民族の移動は頻繁に起きた。他民族が大挙して侵入すると、いくつもの民族があっさりと故郷を捨てた」。かつてはアガメムノンと彼の神々に忠実だった各地の王宮も村も、〈二分心〉の他の民族に略奪され、焼き払われた。侵略者たちは、訓戒を与える自らの幻覚に従って行動していたので、おそらく先住民と意思を疎通することも、彼らに同情することもできなかったのだろう。生き残った者は奴隷か難民となり、難民となった者は他民族を征服するか死ぬかのどちらかだった。一番確信の持てる事柄も否定的な内容だ。というのも、いたるところでかくもすばらしい均一性をもってミケーネ世界が生み出してきたもの――神業のごとき整然たる宮殿や要塞の重厚な石造建築、繊細な透明感のある、流動性に満ちたフレスコ画、意匠を凝らした副葬品が納められていた竪穴式墳墓、メガロン形式の住居（訳注　炉のある主室、前室、ポーチからなる、古代ギリシアの住居）、テラコッタの偶像や小像、延べ金のデスマスク、青銅製品や象牙細工、独特の陶器――これらすべてが途絶え、以後二度と見られなくなってしまったのだ。

この文明の崩壊状態は、ギリシアで主観的意識が育つ苦い土壌となる。そしてここでは、よろめきながら惰性で進み、曖昧模糊とした悪魔の支配する意識の世界へ迷い込んでいったアッシリアの巨大都市群との違いが重要だ。アッシリアとは対照的に、ミケーネでは神に支配されたもっと小規模な都市群が緩やかな分散型の社会体制を作り上げていた。そこで、〈二分心〉が崩壊すると社会全体が崩壊し、それまで以上に散り散りになった。

こうした政治的混乱がもたらす試練に傲然《ごうぜん》と応じたのが偉大な叙事詩であり、難民の野営地を転々とする吟じ手《アオイドス》が詠唱する長大な物語が、失われた心の拠り所を取り戻そうとする新たな流民に、離散前の過去との熱烈な一体感を呼び起こしたことは十分に考えられる。詩とは、未発達な心の中で溺れかかっている人間が取りすがる筏《いかだ》なのだ。そのため、このような独特の要因、つまり荒廃した社会の混乱状態の中で詩の持つこのような意義によって、ギリシアの意識は異彩を放ち、今なお私たちの世界を啓蒙する輝かしい知性の光となった。

本章では、現存するギリシア古典文学を巡る旅にみなさんをご案内したい。残念ながらテキストはわずかしかない。『イーリアス』を手始めに、『オデュッセイア』、ヘシオドスの作とされるボイオティアの農民生活を歌った叙事詩、さらに紀元前七世紀とやや後代の抒情詩（訳注　リラ（竪琴）に合わせて歌う詩歌）やエレゲイア詩（訳注　アウロス（笛）の伴奏で語る詩歌で、長短短格の、叙事詩に近い韻律を持つ）の断片を、年代順に見ていこう。そうしたところで、私たちが通り過ぎるギリシア文学の全景を網羅したことにはならない。その仕事はギリシア古典詩に関する優れた歴史研究に譲るとして、私は、本書が提唱する意識の仮説という観点からとくに興味深いところを道々選んで、紹介していくことにする。

しかし、旅の前に、二、三下検分をしなければいけない。とくに『イーリアス』に出てくる心らしきものを指す用語についてもっと徹底的に分析しなければならない。

『イーリアス』を通して後代を展望する

私は前に、『イーリアス』は〈二分心〉の過去に直接開かれた窓だと述べた。ここでは、その窓の反対側に立って、怒りへの賛歌であるこの神秘的な一大叙事詩を、それまでの伝統的な口承文学の終点ではなく、むしろ来るべき新しい精神構造の始点と捉え、意識が存在するはるかな未来をのぞいてみることにしよう。

第一部第三章で見てきたように、後期ギリシア語では意識機能の諸相を表す単語が、『イーリアス』

ではもっと具体的で身体的なものを表す。しかし、このような単語が後に精神的な意味を持つようになるという事実自体、それらがギリシア人の意識の発達の経緯を理解する上で何らかのカギとなりうることを示唆している。

ここで取り上げる単語は七つある。「精神」「霊」「魂」など、様々に訳される「thumos」「phrenes」「noos」「psyche」、さらに、しばしば「心臓《ハート》」と訳され、ときに「精神」や「霊」とも訳される「kradie」「ker」「etor」だ。これら七語のどれであれ、「精神」やその類の言葉に訳すのは完全な間違いであり、『イーリアス』の中にいかなる根拠も見出せない。これらの単語は、単純明快に、環境や身体の客観的な部分として考えるべきなのだ。これらの用語については、ほどなく詳細に論じる。

さて、まず問題なのは、そもそもこのようなものがなぜこの叙事詩の中に登場するのかということだ。すでに強調したとおり、作中人物の行動にきっかけを与えるのはおもに神の声であって、「thumos」「phrenes」「etor」などではない。これらはまったく余分だ。それどころか、これらはしばしば〈二分心〉の二つ側の間に打ち込まれた楔《くさび》のように、神と人間の単純な命令・服従関係の邪魔になっているように思われる。それではどうしてこれらは存在するのか。

〈二分心〉の崩壊が始まるとどうなるか、もっと詳しく見てみよう。第一部第四章で、〈二分心〉を持つ人間の場合も現代の統合失調症患者の場合も、幻聴が起こる生理的なきっかけは、意思決定や葛藤によるストレスであることがわかった。ところが、このような社会の混乱期には、神の声がますます不十分で抑制されたものになってくるので、幻聴を引き起こすのに必要なストレスの値は高くなると考えられる。

そこで、〈二分心〉の精神構造が縮小し始めるにつれて、新奇な状況での意思決定ストレスは以前にも増して大きなものとなり、神の幻聴が起きるまでにかかるストレスはますます重く長引くようにならざるをえなかったに違いない。ストレスが高じると様々な生理作用も起きる。血管が収縮して身体が火照ったり、呼吸が急に激しくなったり、鼓動が速まったり乱れたりする。このような生理的な反応を『イーリアス』ではそれぞれ「thumos」「phrenes」「kradie」と呼んでいる。以上がこれらの単語の意味するところであって、心やその類のことを意味しているのではない。神の声が徐々に聞こえにくくなるにつれて、高まる一方のストレスに対する体内の反応刺激は、人間の次の行動がどんなものであれ、その行動とますます結びつきを強め、ついには行動そのものを生起させるように見える、神のごとき機能も担うようになる。

このような一連の推測が正しいことを裏づける証拠は、『イーリアス』自体の中に見つけられる。冒頭、人間たちの王でありながら神々の奴隷であるアガメムノンは幻覚の声を聞き、アキレウスが戦利品として捕虜にし愛妾にした紅顔のブリセイスを横取りする。それに対するアキレウスの反応は「etor」で始まる。これは思うに、腸《はらわた》が痛む状態だろう。「etor」は、アキレウスが葛藤している場所で、そこで彼は、たった今感じている「thumos（怒りという内面の感覚）」に任せて、横取りした王を討ち果たすか、思いとどまるべきか、心が「mermerizo（二つの部分）」に引き裂かれる。ますます頭に血が上り、腹の痛みが強まる中、無敵の剣に手をかけてアキレウスが逡巡していると、ようやくストレスが閾値を超え、すさまじいばかりに輝く女神アテネの幻影が現れる。そして、アテネは行動の決定権を握り（第一歌一八八以降）、アキレウスに何をなすべきかを告げる。

ここで私が言いたいのは、真の〈二分心〉時代には、このような内面の感覚がどこまで激しくどこまで多岐にわたっていたかは、あまり明らかではないし、そうした感覚にはきちんとした呼び名もなかった、ということだ。最初の数世代の吟じ手《アオイドス》たちの口から紡ぎ出された口承叙事詩、初期『イーリアス』なるものが存在したとしても、その中では、神の声が聞こえるまでの待ち時間も「etor」も「thumos」も存在しなかったと考えられる。こんなふうにこれらの言葉を使用したり、後述のようにその使用頻度が増えたりするのは、精神構造の変化の表れで、そうした変化とはすなわち神と人間の間に楔が打ち込まれることであり、その結果、意識が生まれたのだろう。

意識発達前のヒュポスタシス

後に意識の機能らしきものを意味するようになる、これら心に関する用語を、「意識発達前のヒュポスタシス」と呼んでよいだろう。「ヒュポスタシス」とはギリシア語で「何かを下支えする基《もとい》にさせられたもの」の意味だ。もはや行動を生み出すほかの原因がはっきりしない場合、意識発達前のヒュポスタシスがその原因と見なされる。新奇な状況で、神々がいなければ、人間に行動を起こさせるのは、本人ではなく意識発達前のヒュポスタシスだ。したがって意識発達前のヒュポスタシスは、〈二分心〉から主観的意識への過渡期に出現した、反応と責任の中枢と言える。これから紀元前八五〇年頃から紀元前六〇〇年頃までのテキストをたどっていくにつれて、これらの用語の使用頻度や意味が徐々に変化して、紀元前六世紀にはそれぞれの用語の指し示す内容が、今日なら主観的な意識ある心と呼ぶようなものへと一つにまとまっていく過程が見て取れるだろう。[2]

ここで、意識発達前のヒュポスタシスがこうして時間の流れに沿って発達していく様子をおおまかに四段階に分け、今述べたことを、もっとわかりやすい形に読み替えて敷衍してみたい。

第一期　**客観的段階**　これらの用語が、たんなる外部からの観察結果を述べるにとどまっていた〈二分心〉時代の段階。

第二期　**内面的段階**　これらの用語が、体の内部のこと、とりわけ体内の特定の感覚を意味するようになった段階。

第三期　**主観的段階**　これらの用語が、いわゆる「心的」過程を指す段階。当初は行動の原因と思われる内的刺激を意味していたものが、その後、比喩の形で行動が起きうる内的空間を表わすようになった。

第四期　**統合的段階**　様々なヒュポスタシスが合体して、意識ある一つの自己を形成し、内観できるようになる段階。

おおげさかもしれないが、四段階に分けて見せたのは、これらの段階の推移に重要な心理学的差異があることに注目していただきたかったからだ。

第一期から第二期への移行は、〈二分心〉崩壊期の初めに起きた。神々や、神々が幻覚の声を通して与える指示が、もはや存在しなくなったり不十分になったりしたためだ。神々の適切な決定がないためにストレスがたまり、ストレスにつきものの諸々の心理作用が高まり、ついにはそれまで外部からの知覚にしか使わなかった用語を、それらの心理作用に当てはめて分類するようになる。

第二期から第三期への移行は、もっとずっと複雑で、また、はるかに興味深い。この移行は、第一部第二章で述べたように、比喩の〈投影連想〉には新しいものを生み出す能力があるせいだ。その章で私は、四つの部分からなる比喩の過程を概説した。〈被比喩語〉と呼ばれる馴染みの薄い言葉があって、それを説明しなければいけないとき、何らかの点で〈被比喩語〉と似ている、もっと一般的な言葉〈比喩語〉を当てはめる。たいてい〈比喩語〉には、それを聞いただけで連想されるものがある。それを私は〈比喩連想〉と呼んだが、今度はその〈比喩連想〉が逆に投影されて、もとの〈被比喩語〉から連想されるものとなる。この新しい連想を〈投影連想〉と呼ぶ。このような〈投影連想〉は、〈被比喩語〉と新たな連想の絆を結ぶという意味で、新たなものを生み出す能力があると言える。そして、こんなふうにして私たちは、内観の対象とする種類の「空間」、意識に必要な基盤となる「空間」を生み出すことができる。じつはこれは、まもなく見るように単純きわまりないことだ。

そして、最終的に個々のヒュポスタシスが第四期の統一された意識へと統合される過程も、他の過程とは異なっている。「thumos」や「phrenes」などの用語の第三期・主観的段階の意味が確立するにつれて、体内の様々な感覚における当初の解剖学的根拠が薄れ、そのため、内面の感覚が混同され、たとえば「器」や「人間」のような、共有の〈比喩語〉を基盤にして統合が起こると私は考える。だが、このような意識の統合が進んだ要因として、紀元前七世紀にいわゆる「興味関心の世俗化」が起き、その結果、個人差を認識するようになったことも挙げられるかもしれない。この過程の結果、自己という新しい概念が誕生するに至ったからだ。

このような事柄の証拠をテキストで見ていく前に、この四段階の枠組みに当てはめて、意識発達前のヒュポスタシスとそれらの『イーリアス』での意味についてもっと詳しく検討してみよう。『イーリアス』の中で重要なものから順次取り上げていく。

「thumos」

この単語は、『イーリアス』全体でもずば抜けてよく使われる重要なヒュポスタシスで、使用頻度は他のヒュポスタシスの三倍にも達する。もともと客観的段階の第一期には、「thumos」は外部から知覚されるままの「活動」を意味するだけで、内面的な意味は皆無だったと私は考える。このミケーネ文明の用法は、『イーリアス』で頻繁に登場する。とくに戦闘場面で、戦士が槍で急所を狙い、相手の戦士の「thumos」すなわち「活動」を止める場合に使われる。

第二期・内面的段階に入るのは、アキレウスの怒りで見たように、幻聴が聞こえるまでのストレスの閾値がだんだん高くなってきた〈二分心〉の崩壊期に、ストレスのかかる新奇な状況に遭遇したときだ。その場合「thumos」は、環境からの危機に反応して湧き起こった体内の感覚の高まりを指す。私に言わせれば、それは現代生理学ではお馴染みの刺激のパターン、いわゆる交感神経系のストレス反応（緊急反応）であり、副腎からのアドレナリンとノルアドレナリンの放出作用だった。これに伴い、横紋筋や心臓の血管が拡張し、横紋筋が盛んに震え、血圧が急上昇する。さらに腹部臓器や皮膚の血管が収縮し、平滑筋が弛緩する。肝臓から血液中に血糖が送り出され、エネルギーが急に高まり、瞳孔が拡大し、知覚に変化が起こりうる。当時はこの複雑な変化が、危機的状況でのとりわけ激しい行動に先立つ、内面の感覚のパターンだった。そんなことを繰り返すうちに、感覚のパターンが行動そのものを表す用語の役目をするようになる。以後、戦闘中の戦士などに力を与える存在が「thumos」となる。『イーリアス』に出てくる「thumos」はすべて内面の感覚を表しており、この解釈と一致している。

さて、重要な第三期・主観的段階への移行は、すでに『イーリアス』でも始まっているが、あまり目立ちはしない。この用例は、「thumos」を「器」のようなものとして言外に匂わす比喩に見られる。誰かの「thumos」に「menos（活力）」を「入れる」というくだりが数箇所ある（第一六歌五～八、第一七歌四五一、第二二歌三一二）。「thumos」は暗に擬人化される。戦いたくてうずうずしているのはトロイ軍の勇士アイアースではなくアイアースの「thumos」だし（第一三歌七三）、喜ぶのはトロイア軍の名将アイネイアスではなくアイネイアスの「thumos」だ（第一三歌四九四。第一四歌一五六も参照のこと）。人間を行動に「駆り立てる」のが神でない場合、「thumos」が最も頻繁にその役を担う。そして「thumos」がまるで別の人間であるかのように、人は自分の「thumos」に語りかけたり（第一一歌四〇三）、自分が言うべきことを「thumos」から聞いたり（第七歌六八）、神のように「thumos」に答えさせたりしている（第九歌七〇二）。

このような比喩はすべてきわめて重要だ。循環系や筋肉が大がかりな変化を起こしているという内面の感覚を、力を込めうる一つの「もの」と表現するのは、想像上の「空間」を生み出すことであり、ここではいつも胸の中に想定されるこの「空間」は、現代の意識における〈心の空間〉の前身となる。そのような感覚の働きを別の人間の働きや、用例は少ないが神々にたとえるのは、後にアナログの〈私〉となる比喩の過程を始めることだ。

「phrenes」

『イーリアス』で二番目によく登場するヒュポスタシスは「phrenes」だ。第一期・客観的段階における起源は、「thumos」ほどはっきりしないが、ほぼ例外なく複数で使われることから、「phrenes」は客観的に肺を指し、また、「phrasis（発話）」に関係があったのかもしれない。

第二期・内面的段階になると、「phrenes」は呼吸の変化と関連した一過性の感覚のパターンを意味するようになる。この感覚は、横隔膜や胸郭の肋間筋から生じたり、気管支の内腔を調節し、それによって息の流れに対する抵抗を調節する平滑筋から生じたりする。こうした体の働きを司るのは交感神経系だ。様々な種類の外界の刺激に対し、呼吸がどれほど敏感に反応するか思い起こしてほしい。いきなり刺激を受けると、私たちは「はっと息を呑む」。すすり泣いたり笑ったりすると、横隔膜や胸郭によって体内が刺激されるのがはっきりわかる。活発な運動をしたり興奮したりすると、呼吸が深く速くなり、やはり体内が刺激される。快感や不快感を催すと、普通、呼吸量が多くなる。一瞬何かに注目することと、呼吸が一部あるいは完全に抑制されることとは、明らかに相関関係がある。驚くと呼吸は速まり、不規則になる。

呼吸の速さのほかに、一回の呼吸に占める呼気・吸気の時間比率にも特有の変化が見られる。それを調べるのには、呼吸一回当たりの吸気時間比率を測定するのが一番良い。およその値は、発話で一六パーセント、笑いで二三パーセント、頭脳労働に集中している場合は三〇パーセント、休憩中は四三パーセント、興奮しているときは六〇パーセント以上、不思議な場面や驚くべき場面を想像している場合は七一パーセント、不意の恐怖に襲われたときは七五パーセントとなる。[3]

ここで私が言いたいのは、「phrenes」つまり「呼吸器官」は、私たちの一挙一動を識別できる形にして克明に伝えていると、ほぼ見なしうるということだ。今日の意識ある心よりも、刺激に対して反応するだけの、意識発達前の心の中でのほうが、行動を映し出すこの体内の鏡はずっと大きな存在だったと考えることは少なくとも可能だろう。その鏡が映す体内の刺激パターンの変化を考えると、意識への移行期に「phrenes」がなぜここまで重要なのか理解できるし、また、本章で検証している叙事詩の中で「phrenes」にはなぜこれほど多くの機能的に異なる用途があるのかも納得できる。

『イーリアス』で、「phrenes」はたんに「肺」と訳せる場合がよくある。アガメムノンの「phrenes」は憤怒の念に黒々とふくれ上がる（第一歌一〇三）とあれば、憤怒が高まるにつれてアガメムノンが息を深く吸い込んでいく様子が目に浮かんでくる。アキレウスの御者アウトメドンは哀悼に沈む「phrenes」に勇気と力をみなぎらせる。すなわち深く息を吸い込む（第一七歌四九九）。おびえた仔鹿が走り疲れて立ち止まるときには「phrenes」には力がなくなっている。つまり、息を切らしている（第四歌二四五）。泣いていると悲しみが「phrenes」「へ忍び込む」（第一歌三六二、第八歌一二四）。また、呼吸器官の「phrenes」は恐れ（第一〇歌一〇）や喜び（第九歌一八六）を「抱く」ことができる。このような表現でさえいくぶん比喩的であり、そのため、「phrenes」に器のような空間を連想させる。

はっきり第三期のものとわかるような、〈心の空間〉という意味の用例はごくわずかで、「phrenes」が情報を「持っている」（そして、ことによると「保持している」）と言われる場合だ。この情報は、あるときは神からもたらされ（第一歌五五）、またあるときは他の人間から得られる（第一歌二九七）。

すでに心理学実験で実証済みなのだが、ある対象を感覚的に経験し、認知し、それに関連づけられた名前を想起するだけでも、それと同時にとった呼吸作用の記録にそのすべてが表れる。(4) このように、ある体内の感覚が認知や想起といった機能と最初に結びつけられた場合、その体内の感覚の在りかが「phrenes」であるとされることは、驚くにあたらない。「phrenes」が出来事を認知できるということになれば（第二二歌二九六）、人格を持った「phrenes」という比喩、つまり「人格」の〈投影連想〉を創り出すことになる。すなわち空間で行動できる存在が、逆に「phrenes」に投影され、その結果「phrenes」は比喩的な空間となり、比喩的な意味で人間としてのその他の活動が繰り広げられるようになる。同様に、人格を持った人間のように、人間の「phrenes」が他の人間（第七歌一二〇）や神（第四歌一〇四）にさえ「説得される」場合も起こりうる。「phrenes」は神のように「話す」ことさえできるのかもしれない。たとえば、アガメムノンは、無分別な「phrenes」の言葉に従ったと詫びる（第九歌一一九）。このような用例は『イーリアス』ではきわめて稀だが、その後二世紀をかけて意識へと発達するものの原型を指し示している。

「kradie」

後に「kardia」と綴られるようになり、私たちにとって馴染み深い「cardiac（心臓の）」という形容詞を生んだこの用語は、ほかのヒュポスタシスに比べると、さほど重要でもないし謎めいてもいない。これは心臓を指し示す言葉で、事実、今でも使われている最も一般的なヒュポスタシスだ。二〇世紀に生きる私たちが誠実でありたいと望むとき、意識からではなくやはり心臓《ハート》から物を言う。最も深い考えを抱き、最も自分に近しい信念を持つのは、心臓《ハート》においてだし、愛するのも心臓《ハート》の役どころとなっている。「phrenes（肺）」が「kradie」のように、ヒュポスタシスとしての役割を今日まで保ち続けることはなかったのは興味深い。

もともとこの「kradie」はたんなる「震え」を意味し、「ばたつかせる」という意味の動詞「kroteo」から派生したのではないか。古代ギリシア語で書かれた文章のくだりには、「震える枝」という意味でも「kradie」が登場する。その後「ドーリア人の侵入」の時代に起きた第二期の内面化の段階に、外部から目で見え、手で感じられる震えは、外界の状況に反応する心臓の鼓動という体内の感覚を指す名称となる。『イーリアス』で見られるのは、ほぼ例外なくこの用法だ。この段階ではまだ何であれ心臓《ハート》で信じる者はいない。

ここでも思い出していただきたいのだが、私たちがどう世界を知覚するかによって心臓がいかに敏感に反応するかを示す現代の文献はじつに幅広い。呼吸や交感神経系の活動のように、心臓系は環境の特定の側面にきわめて敏感に反応する。最近の専門家の少なくとも一人は、目が見るための感覚器であるように、心臓は不安のための特殊な感覚器だとする「心臓という心」という概念を打ち出している。[5] この見解によると、不安とは、意識ある私たちが不安を言い表すために使う詩的な対応表現などではなく、環境を読みとって不安を引き起こす潜在力を探す心臓組織の感覚神経末梢部で起こる内なる触感なのだ。

この概念は、今のところ疑問の余地があるものの、ホメロスの作品の心理を解釈するには打ってつけだ。『イーリアス』に出てくる臆病者とはこわがっている人ではなく、「kradie」が早鐘のように打つ人（第一三歌二八二）のことをいう。臆病を直すには、「kradie」の中にアテネに力強さを「込めて」もらう（第二歌四五二）か、アポロンに大胆さを「込めて」もらう（第二一歌五四七）かするしかない。器の〈比喩語〉はこうして心臓の中に「空間」を構築しており、後に人間はその「空間」の中で信じたり感じたり、深く物思いに耽ったりできるようになる。

「etor」

文献学者はたいてい「kradie」も「etor」も「心臓」と訳す。単語に同義語が存在しうるのは確かだが、感覚や行動力の所在を特定の場所に定めるときのような重要な場合、複数の同義語は存在しないと私は直感的に考える。そして、古代ギリシア人にとってこれらの用語はそれぞれ異なる場所や感覚を表すものでなければならなかったと主張したい。テキストで用語がはっきりと区別されている場合さえある（第二〇歌一六九）。したがって、多少乱暴な論理だが、「etor」は第一期で名詞「etron（腹）」から派生し、第二期に内面化され、胃腸、とくに胃の感覚になったのではないか。事実その証捩さえも『イーリアス』に見つかる。それは「etor」を満足させるために食べ物や飲み物をとると明確に述べられている場面だ[6]（第一九歌三〇七）。この解釈は、他の場面、たとえば前線で戦士が腹を切られて「etor」つまり「臓腑」を失うような場面でもよく当てはまる（第五章二一五）。

だがもっと重要なのは、「etor」が精神機能の刺激領域を提供する点だ。人間の置かれている状況に対して胃腸が幅広い反応を示すことは知られている。悪い知らせを受け取ると鉛を呑んだような気分になったり、危うく自動車事故に遭いそうになったときみぞおちに痙攣が走ったりするのは、誰もが経験している。腸はもっと軽微な感情の刺激にも同様の反応を示すので、このような反応はX線写真を撮れば一目でわかる[7]。不快な刺激では胃の収縮や蠕動運動が止まり、不快感が増すと、逆向きの動きすら起こりうる。胃液の分泌作用も感情的経験の影響をきわめて受けやすい。胃は実際、体の中で際立って敏感に反応する器官の一つで、ほぼすべての感情や感覚に対して痙攣、嘔吐、収縮、胃液の分泌作用で反応する。胃腸系の病気がまっさきに心身症と見なされたのも、このためだった。

そのため、「etor」が表していたのはこの種の胃腸の感覚だった可能性が高い。トロイア一の勇士ヘクトルの妻アンドロマケは義母へカベのうめき声を聞くと、「etor」が喉元まで込み上げ、今にも嘔吐しそうになる[8]（第二二歌四五二）。トロイアの王子リュカオンの命乞いをアキレウスがあざ笑うと、「萎えてしま」って力が抜けるのは、リュカオンの膝と「etor」だ（第二一歌一一四）。今の私たちなら、リュカオンは腹の底で虚脱感に襲われた、と表現するだろう。また、神々が自ら戦いに加わる場面で、大喜びして哄笑するのは、ゼウスの「etor」だ。今ならさしずめ、腹を抱えて笑う、と言うところだ（第二一歌三八九）。

他のヒュポスタシスと違って、「etor」は器の比喩としては使われない。おそらく、胃にはすでに食べ物が入っているからだろう。やがてわかるように、まさにこのような理由から、「etor」は後世の文学で意識のある精神構造の重要な部分になるまでに至らなかった。

意識発達前のヒュポスタシスというテーマで論じているこのような事柄が、心身症の理論とかなり関連しているのは、医学に詳しい読者にとっては自明のことと思う。「thumos」「phrenes」「kradie」「etor」で、心身症の影響を受ける四大器官を網羅したわけだ。そしてこの四つが意識の土台、つまり意識化の原初的な部分の類型を形成している事実は、医学の理論において重要な意義がある。

「ker」は、軽く触れるだけにとどめよう。というのもこの意識の話で「ker」が果たす役割はしだいに小さくなるし、その由来や意味が今一つはっきりしないからだ。「ker」は「cheir（手）」から派生した可能性があり、次いで身体的な表現に変化して震える手先や手足という意味になったのかもしれないが、同じ語族の中の異なる言語で「kardia」と同根の単語から派生した可能性のほうが大きい。たとえば、「phrenes（肺）」が、鼓動する「ker」の近くにある場所に、戦士が傷を負う（第一六歌四八一）。これを見ると、疑いの余地はなくなる。「ker」はほとんどいつも悲嘆の器官として使われ、重要さは限られている。

しかし、次のヒュポスタシスはこの上なく重要だ。『イーリアス』の中で稀少な用語と即座に断言できる。あまりにも稀なので、後世の吟じ手《アオイドス》がつけ加えたのではないかと疑いたくなるほどだ。ところが、この用語は『イーリアス』の中ではそんな小さな萌芽でありながら、まもなく私たちのテーマの中心的存在へと変貌する。次はそんな「noos」について述べよう。

「noos」

これまで論じてきたのは、明白で主要な体内の感覚であり、これらの感覚は混乱時や危機において初めて名称で呼ぶ必要が生じ、客観的な外界の知覚にちなんで命名された。「noeo（見る）」から派生した「noos」は、知覚作用そのものだ。この単語までたどり着いた私たちは、いよいよ知的な旅の佳境に入った。

というのも、第一部で見たように、私たちの意識ある生活を叙述するのに使う用語の大多数は、視覚的なものだからだ。私たちは心の「目」を用いて答えを「見てとる」。その答えは「輝かしい」ものの、「ぼんやりした」ものなど様々だろう。視覚は卓越した遠隔受容器だ。他の感覚がとうてい真似のできぬやり方で、空間を感じ取る。そして、すでに見たように、その空間的特性こそが意識の土台であり骨格なのだ。

蛇足ながら、視覚に対応するヒュポスタシスが存在するのに、聴覚に対応するヒュポスタシスが存在しないことを考えてみるとおもしろい。今日の私たちでさえ、心の目で見ることはあっても、心の耳で聞くことはあまりない。また、聡明な頭脳のことを「bright（明るい）」とは言っても、「loud（音・声が大きい）」とは言わない。これはおそらく、聞くことは〈二分心〉の本質だったので、その性質上、第一部第四章で述べたように視覚とは異なる点があるからだろう。意識の出現は、ある漠然として意味で、聴覚的な心から視覚的な心への転換と解釈できる。

この転換は最初に『イーリアス』でいささか断続的に見られる。「noos」という用語のミケーネ文明における客観的起源は、見ることにまつわる客観的表現、つまり「視野」「見物《みもの》」の意の「noos」だ。戦士が、白兵戦に勝る「noos（見せ場）」はないと言って部下を戦闘に駆り立てる場面（第一五歌五一〇）や、ゼウスがヘクトルを「noos（視野）」の内にとどめおいて守る場面（第一五歌四六一）がそうだ。

しかし、「noos」の内面化という第二期も、『イーリアス』にははっきりと表れている。「noos」の在りかは胸だ（第三歌六三）。新しい役割を担う際に「noos」が目の中に据えられていないことが、私たちにはなんとも奇妙に思われる。事実「noos」は、「恐れを知らない」（第三歌六三）や「力強い」（第一六歌六八八）といった、むしろ「thumos」にふさわしい語句で形容されている。また、オデュッセウスは、アカイア勢に対し、アガメムノンの内なる「noos」がどんな状態なのかがまだわかっていないと訴え、彼らを説得して船を出させないようにする（第二歌一九二）。そして、冒頭のエピソードではじつに現代的と思える用例が登場する。テティスが泣いている息子のアキレウスを慰め、こう尋ねる。「なぜ悲しみがあなたの『phrenes』に襲ってきたのです？　『noos』に隠しておかず、私にもわかるように話しておくれ」[9]（第一歌三六三）。これ以外『イーリアス』に主観化の用例は見当たらない。誰も自分の「noos」ではいかなる決断も下さない。「noos」では思考しないし、記憶すら行なわない。思考や記憶は、神々と呼ばれる右側頭葉の仕組みが作り出す声の中に、依然存在している。

このように、視覚を、見る行為が「納め」られている器として内面化する原因を厳密に突き止めるには、ここで私たちが取り組みうるよりももっとずっと入念な研究が必要だろう。体内の主要な感覚が内面化するときに早い段階で一般化が起きたと私は考えるが、この視覚の内面化も、そうした一般化にすぎないのかもしれない。あるいは、第二部第三章で述べたように、難民が混ざり合ったときに外見上の違いに気がつき、そこからこの視覚的なヒュポスタシスが必要になったのかもしれない。視覚的ヒュポスタシスは人により異なり、その結果、人はそれぞれ異なる物の見方をする。

「psyche」

そして、いよいよ最後に、心理学（psychology）という名称の由来となった言葉を見てみよう。おそらくこの言葉は「psychein（呼吸をする）」から派生し、『イーリアス』の中でのおもな用法では内面化されて生命を表すようになった。ほとんどの場合「psyche」は、今日の「life（生命）」とまったく同じ用法で使われているようだが、これが大きな誤解を招きかねない。というのも私たちにとって「life」には、一定の期間、すなわち様々な出来事や成長に彩られた、ある人物の誕生から死までの期間という意味もあるからだ。『イーリアス』にこの種の意味はまったく登場しない。槍が戦士の心臓に刺さり、戦士の「psyche」が消えてなくなったり（第五歌二九六）、破壊されたり（第二二歌三二五）、あるいは「psyche」がたんに戦士のもとを離れたり（第一六歌四五三）、咳《せき》となって口から吐き出されたり（第九歌四〇九）、血となって傷口から流れ出たり（第一四歌五一八、第一六歌五〇五）するとき、時間や終焉を匂わせるものはいっさいない。第二三歌の一部に「psyche」の異なる意味が登場するが、それについては本章の終わりで論じる。しかし一般的に「psyche」の意味は、奪い去ることが可能な属性にすぎず、兵士が戦死する同様の場面で、「thumos（活動）」が奪い去られるのと似ている。ちなみに、両語はしばしば対にして使われる。

このような用語を理解しようとする場合、意識を持つ私たちはすぐにそれらに空間的な意味合いを持たせてしまうが、それは控えなければならない。当時はまだ、そうした意味合いはなかったのだ。ある意味、「psyche」はこのような意識発達前のヒュポスタシスの中で最も原初的なものだ。「psyche」はもっぱら、人間や動物と呼ばれる物理的存在における呼吸や出血などの属性であり、槍で急所を突くことによって、賞品のように人間から剥奪できる（第二二歌一六一）ものだ。そして、本章の最後で論じる例外はあるにせよ、一般的には、『イーリアス』の中の「psyche」のおもな用法はそれ以上発展しない。自分の「psyche」の中で何かを見たり、決心したり、考えたり、わかったり、恐れたり、思い出したりする者などけっしていない。

以上七つが体内にあると考えられる名詞だ。これらは、文学的比喩によって、つまり器や人格にたとえられることによって、空間的・行動的特性を獲得し、それが後世の文献でアナログの〈私〉を伴う統一された〈心の空間〉へと発達する。そして、それを私たちは意識と呼ぶようになった。しかし、『イーリアス』にその起源をたどれることを指摘するにあたり、思い出していただきたいのだが、この叙事詩で繰り広げられるおもな行動は全体として、第一部第三章で主張したように、神意に左右され、無意識になされる。このような意識発達前のヒュポスタシスは、いかなる重要な決定にも関与しない。しかし、厳然とそこに存在し、補助的な役割を果たしている。あたかも後世の統一された意識ある心が『イーリアス』にたしかに存在し、七つの別個の実体として機能し始めているかのようだ。その実体は、それぞれわずかに異なる機能を持ち、互いに区別されているのだろうが、今日の私たちにはほとんど見分けがつかない。

『オデュッセイア』の智謀

『イーリアス』の次は『オデュッセイア』だ。この二篇の詩を立て続けに読んだばかりの者なら誰しも、両者の間の精神構造の壮大な飛躍に目を見張る。この二大叙事詩がホメロスという一人の人物によって書き留められた、いや、創作されたとさえ考えたがる学者は、もちろん今でも存在する。『イーリアス』は青年期に、『オデュッセイア』は円熟期に作られたとする説だ。だが、『オデュッセイア』は『イーリアス』よりも少なくとも一世紀以上後の作品で、後者と同様、一人の人物というよりも吟じ手《アオイドス》たちの間で受け継がれて作られたと考えるほうが理にかなっていると私は思う。

しかし、『イーリアス』と違って『オデュッセイア』は一篇の叙事詩ではなく、複数の叙事詩をつなぎ合わせたものだ。もともとの叙事詩にはおそらくそれぞれ異なる主人公がいて、後代にオデュッセウスに集約されたのだろう。なぜそうなったかを解明するのは難しくない。オデュッセウスは、少なくともギリシアの一部の地方では、被征服民に活路を開いてやった一種のカルトの本尊となっていた。彼は「智謀に長けたオデュッセウス」とたたえられ、後世の吟じ手《アオイドス》たちがそれを『イーリアス』

に織り込み、聴衆が『オデュッセイア』を連想するように仕向けたのかもしれない。紀元前一〇〇〇年以後で間違いなく紀元前八〇〇年以前のある特定の時期に、オデュッセウスに対して重要な奉納が行なわれたことを、考古学的証拠が物語っている。[10]奉納品は件のカルトと奇しくも縁のある青銅の三脚釜だったこともあった。このような品は以前なら神に捧げられていたものだ。イタケー島（訳注　オデュッセウスの故郷とされる、ギリシア西方、イオニア地方の島）では遅くとも紀元前九世紀からオデュッセウスをたたえる競技会が催された。折しもそれはイタケー島がコリントからの新たな侵略によって再び蹂躪《じゅうりん》されようとしていた時期だった。一言で言えば、智謀に長けたオデュッセウスは、神力が弱まり荒廃した世界で生きる術を知っている、新しい精神構造を持った英雄なのだ。

『オデュッセイア』はこれを第一歌冒頭五番目の単語「polutropon（紆余曲折のある）」ではっきりと告げる。『オデュッセイア』は回り道の旅だ。それは狡猾さの発見であり、策略の発明と賛美だ。『オデュッセイア』は、不正直とごまかしと言い逃れ、変貌と認知、薬と忘却を謳い、異国にいる人々を謳い、物語の中の物語、人間の中の人間を謳う。

『イーリアス』とは驚くほど対照的だ。言葉、行為、登場人物のすべてにおいて、『オデュッセイア』は、新しくてそれまでとは異なる者が棲む、新しくてそれまでとは異なる世界を描き出している。『イーリアス』の〈二分心〉の神々は、『オデュッセイア』になると守勢に回り、弱体化した。神々は『イーリアス』でよりももっと変装するようになり、魔法の杖にすがりさえする。自明のことながら〈二分心〉が行動を導くことは少なくなった。神々の出番は減り、消えゆく亡霊のように互いに話を交わすことが多くなった。しかも冗漫はなはだしい調子で。主導権が神々の手を離れ、神々に対抗する形すらとりながら、意識を増す人間の登場人物たちの手へと移っていく。とはいえ、絶対的権力を失いつつも、リア王のように正義への関心を抱くようになったゼウスの監督下ではあるのだが。〈二分心〉の崩壊を裏打ちする予言者や前兆も頻繁に登場する。半神、人間性を失わせる魔法使い、一つ目の巨人、セイレーンは、数世紀前にアッシリアの浅浮き彫りに登場して〈二分心〉の崩壊を特徴づけていた精霊《ジン》を想起させる。これらは精神構造の重大な変容を示す証拠だ。そして故郷にたどり着けない放浪の旅、誘拐されたり奴隷にされたりする境遇、隠されたもの、奪還したものという『オデュッセイア』の壮大なテーマが、ギリシアに初めて主観的意識が芽生えた時期に起きた、ドーリア人の侵入に続く社会の崩壊を反映していることは確かだ。

技術的には、まず注目すべきは意識発達前のヒュポスタシスの使用頻度だ。そのようなデータは『イーリアス』と『オデュッセイア』の用語索引から容易にまとめることができ、その結果は、「phrenes」「noos」「psyche」の使用頻度が明らかに増加し、「thumos」のそれが激減したことを端的に表している。もちろん『イーリアス』に比べて『オデュッセイア』で「thumos」の使用が減少しているのは、叙事詩の内容によると主張することもできるが、それは論点のはぐらかしにすぎない。なぜならテーマの変化そのものが、人間の性質自体におけるこのような変遷の一端にほかならないからだ。「thumos」以外のヒュポスタシスは受動的だ。「thumos」は新奇な状況で交感神経系がアドレナリンを放出して緊急反応することであり、これは受け身とは正反対のヒュポスタシスだ。突然のエネルギーの高まりというこの〈被比喩語〉の周りに構築されうる類の比喩は、問題解決に貢献できる受動的な視覚的比喩ではない。

「thumos」とは対照的に、この時代には「phrenes」の使用頻度が二倍に、「noos」と「psyche」のそれは三倍に増えている。ここでまた、このような言葉の使用が増えたのは主題の変化の表れにほかならないと主張できるだろう。そして、まさにその点が肝心だ。詩は、客観的に外面の出来事を描写していたものが主観化し、個人的な意識を表現するものへと変貌していったのだ。

しかし、注目すべきは言葉の使用頻度ばかりではない。本書の関心は単語固有の意味の変遷と、そうした意味を表すのに使われる〈比喩語〉にも向けられている。神々が人間の営みに指図することが少なくなるにつれて、意識発達前のヒュポスタシスが神の役目を一部肩代わりし、神々を意識へと近づけていく。「thumos」は使用頻度こそ減ったものの、依然として最もよく使われるヒュポスタシスだ。だが、機能がそれまでと異なっている。「thumos」は第三期の主観的段階に到達し、別の人格のようになっている。オデュッセウスの息子テレマコスのもとへ帰るようにブタ飼いのエウマイオスに「命じる」のはエウマイオスの「thumos」だ（第一六歌四六六）。『イーリアス』なら神が話しかけるところだろう。『イーリアス』では、神は「memos（活力）」を「thumos」という「器」に「入れる」ことができた。しかし『オデュッセイア』では認識をそっくりそこに「入れる」ことができる。年老いた乳母エウリュクレイアが変装しているオデュッセウスを傷跡から本人だと認識するのは、神が彼女の「thumos」にその認識を「入れた」からだ（第一九歌四八五）。（エウリュクレイアは、認識はあるが記憶がないことに注意）。そしてオデュッセウスの妻ペネロペイアの召使たちは彼女の息子の出発を「thumos」で知っている（第四歌七三〇）。

「phrenes」も第三期の空間的特性を獲得している。未来に起こりそうな出来事の描写さえも「phrenes」の中に入れうる。たとえば、テレマコスが、母の求婚者たちから武器を取り上げる口実として、求婚者たちの間で喧嘩が起きることに対する恐れを半神半人《ダイモン》（少なくとも『イーリアス』なら神が登場するはずのところだ）によって「phrenes」に入れられたと主張するように言われる。（第一九歌一〇）。『イーリアス』には隠し事がない。しかし、『オデュッセイア』にはたくさんあり、それが「phrenes」の中に「納められ」ている（第一六歌四五九）。『イーリアス』では意識発達前のヒュポスタシスの所在がほとんどいつもはっきりしているのに対して、『オデュッセイア』ではヒュポスタシスが徐々に比喩的性格を強め、解剖学的差異を曖昧にしていく。「thumos」の所在でさえ、ある時点で「phrenes」の内になる（第二二歌三八）。

しかし、「phrenes」、すなわちもともと肺を指し、その後呼吸の複雑な感覚を指すようになった言葉にはもう一つ、もっと重要な用法がある。そしてそれは、道徳の萌芽に見られる。『イーリアス』に出てくる、神々の操り人形である人間は、道徳的判断ができない。善も悪も存在しない。しかし、『オデュッセイア』でアガメムノンの妻クリュタイムネストラが夫のいとこ、アイギストスの誘惑に抵抗できるのは、彼女の「phrenes」が「agathai」だからだ。「agathai」は「神に見紛う」という意味だが、この意味を持たせるような語源があったのかもしれない。別のくだりで、神々への供犠をブタ飼いのエウマイオスに思い出させたのは、彼の「agathai（神性）」、すなわち善良な「phrenes」だ（第一四歌四二一）。同様に夫オデュッセイアの留守中ペネロペイアが貞節と忠誠を貫くのは、「agathai」すなわち善良な「phrenes」のおかげだ（第一二歌一九四）。それでも「agathe」なのはまだ人間ペネロペイアではなく、彼女の肺の中の比喩空間にすぎない。

他の意識発達前のヒュポスタシスも似たり寄ったりだ。オデュッセウスが難破し、嵐の海に投げ出されるとき、破滅の警告は彼の「kradie」、つまり早鐘打つ心臓から「聞こえて」くる（第五歌三八九）。求婚者たちの殺害計画を立てるのは、オデュッセウスの「ker」、つまりここでも、震える心臓あるいはことによると震える手だ（第一八歌三四四）。『イーリアス』ならこうしたことは神々が語ったはずだ。「noos」はもっと頻繁に登場するが、用法が変わっていない場合もある。しかし客観化の第三期に入っていることのほうが多い。ある場面でオデュッセウスはアテネを欺きつつ（『イーリアス』では考えられないことだ）、「noos」でたえず奸計を巡らせながらアテネと対面する（第一三歌二五五）。あるいは「noos」が人格を持つ人間のように、喜んだり（第八歌七八）、冷酷だったり（第一八歌三八一）、魔法にかからないようにしたり（第一〇歌三二九）、世の中を知っていたりする（第一歌三）。「psyche」はここでもたいてい「life（生命）」を意味するが、限られた期間という語感が加味されているのかもしれない。この用語のきわめて重要な例外的用法は、後に述べることにする。

『オデュッセイア』では主観的意識へと発展する過程が、意識発達前のヒュポスタシスの使用頻度増加や空間的内面化、人格化に見られるだけでなく、叙事詩に登場する出来事や、登場人物たちの人間模様の中にいっそう明確に見て取れる。先に述べた手練や智謀が強調されている点もその一端だ。『イーリアス』では、時間は出てくるにしても、整合性に欠ける曖昧模糊とした形で扱われている。

しかし『オデュッセイア』では、「始まる」「躊躇する」「すばやく」「持ちこたえる」などのような時間にかかわる単語が使われ、時間の空間化が進み、未来への言及も盛んに行なわれるようになってくる。また、具体的な用語に対する抽象的な用語の割合も増え、英語で言えば接尾辞「ness」で終わる名詞の増加が目立つ。当然のことながらそれとともに、直喩が著しく減少している。あまり必要でなくなったのだ。オデュッセウスが自分自身について語る回数も表現方法も、『イーリアス』での自己への言及の用例とはすっかり異なる水準にまで達している。これらすべてが新しい精神構造の発達と関連がある。

文学史にそびえ立つ一大叙事詩への導入として、ここまでやむをえず手短に語ってきたが、最後に一つの謎を示して締めくくりたい。その謎とは、物語全体が、私たちの関心事そのものの神話になっていることだ。『オデュッセイア』は、〈二分心〉が崩壊する中で生み出されつつあった自己を目指しての航海の物語、アイデンティティの物語なのだ。私はここで次のような深遠な問題に答えているなどとおこがましいことを言うつもりはない。なぜ『オデュッセイア』はアイデンティティの物語とならねばならないのか。吟じ手《アオイドス》を通してこの叙事詩を詠唱している、右側頭葉の思考パターンであるムーサたちが、なぜよりによって自らの凋落を、自らが姿を消して主観的思考に取って代わられるありさまを物語り、自らの歌という行為そのものを圧倒することになる新しい精神構造の台頭をたたえねばならないのか。なにしろ実際、そうしているように思われるのだから。

私は答えているのではなく、こう主張しているのだ（自分でもなかなか信じ難いのだが）――意識への大きな飛躍の比喩として明確に捉えることができる、この非常にパターン化された伝説はすべて、自らの行動の意味を意識している詩人たちによって、創作され企画されまとめ上げられたものではなかった、と。それはあたかも〈二分心〉を持つ人間の神的側面が人間的側面より先に、言い換えれば、脳の右半球が左半球より先に、意識に近づいているかのようだ。それ自体が意識へ向かう一種の駆動力かもしれないような叙事詩を意識のない人間がどうして創りえるだろうか、と揶揄《やゆ》するような反語的言い方をする向きもあるだろう。だが、もし仮に先述の仮説を信じれば、やはり同じように強烈な反語的言い方で、こう応じられる。意識ある人間がどうしてそんな叙事詩を創りえただろう、と。すると、やはりこの問いに対しても黙り込むしかない。私たちはどちらの問いにも答えようがない。

だが実際、私の主張どおりなのだ。そして、漂白する英雄が、初めは〈二分心〉を持つ人間として美しい女神カリュプソの囚われ人となり異郷の海岸で泣きくれていたが、その後、半神半人が出没し、試練あり手管ありの世界を紆余曲折しながら前進し、やっと故国にたどり着いたかと思うとそこには妻の求婚者たちが詰めかけていて、その無頼漢ども相手に不敵な雄叫びを上げる――夢心地から変装を経て認知に至り、海から陸へ、東から西へ、敗北の身の上から特権の境遇へと、この一連の物語は展開する。それにともない、長大な詩全体が、主観的アイデンティティに向かって遍歴し、ついには幻覚の虜となっていた過去から脱却し、アイデンティティの認識を高らかに歌い上げる波乱に富んだ苦難の旅《オデュッセイア》となっている。神の言いなりのジゴロから、流血の殺戮を果たしてわが家の炉辺に君臨するライオンへと変身したとき、一介のオデュッセウスはかの有名な「オデュッセウス」に生まれ変わる。

愚かなペルセース

年代的に次の一群の詩はいくつかざっと見るだけにとどめよう。その中にはいわゆる『ホメロス賛歌』があるが、そのほとんどは、ずっと後代の作であることが判明している。また、紀元前八世紀にアテネ北西のボイオティアで生まれた詩もあり、かつてはその多くがヘシオドスという、人々の崇拝の対象だった人物の作とされていた。現存するテキストはあいにく、明らかに出典の異なる詩が混ざり合ったもので、杜撰《ずさん》に手が入れられている。そのほとんどは本書の目的に貢献できるものではない。しばしば冗長な語り口で神々の系譜をまとめた『神統記』は、たいてい『オデュッセイア』の後まもなくの作品と推定されているが、ヒュポスタシスは少なくなり発達もしていない。『神統記』の関心が神々の私的な生活へ向いているのは、神々が沈黙するようになった結果かもしれず、これまたドーリア人の侵入以前の黄金時代に対するノスタルジアの表れである点に、おもに興味をそそられる。

だが、それよりはるかに興味深いのは、『労働と日々』(11)として知られ、ヘシオドスの作とされるテキストが提起する魅惑的な問題だ。この作品は、明らかに種々雑多なものの寄せ集めであり、ボイオティアの農夫、それも赤貧洗うがごとき農夫版「ヒツジ飼いの暦」(訳注　ヒツジ飼いのために、天候その他の予測をまとめた暦だが、あまり当てにならない)なのだ。その作品世界は、ホメロスの叙事詩の世界とは遠くかけ離れている。登場するのは、神々の命に従いながら壮大な物語全篇を通して活躍する英雄ではなく、神々の教えに従うかどうかもわからない田舎者、その田舎者に対し、農事の勤しみ方や日の吉凶、それにたいへん興味深い新しい正義感が説かれている。

一見すると、みすぼらしい農民生活のこまごました内容ともう過去のものとなった黄金時代へのノスタルジアのごた混ぜであるこの詩は、ただの農夫の手になる作品にすぎず、学者たちがその作者をヘシオドスと考えているだけではないか。ヘシオドスは弟のペルセースを、父の農場の遺産分配裁判で不正を働いたと罵《ののし》っているはずなのだが、奇妙なことにその弟に対し、道徳から結婚、果ては奴隷の扱い方から作付けや下水処理の問題に至るまで、あらゆる事柄について忠告を行なっている。以下のような内容が満載されているのだ。

愚かなるペルセースよ！　神々が人間にお定めになった仕事に勤しむのだ、苦悩で張り裂けんばかりの「thumos」を抱えて、妻子とともに隣人の間を回って食い扶持を求めるような憂き目に遭わぬために（三九七行以降）。

ほとんどの学者は、『労働と日々』を少なくともこのようなものだと考えている。しかし、少なくとももう一つ別の解釈がありうる。つまり、叙事詩の古い部分を実際書いたのは、詩の中でいっさい触れられていないヘシオドスではなく、愚かなペルセース本人にほかならないのではないか。そして、叙事詩のこのような主要部分は、神の〈二分心〉の声が何をなすべきかペルセースに教える訓戒なのだ。そんなはずはないと驚く向きには、統合失調症患者のことを思い出していただきたい。彼らのうちには、同じように権威者の批判的な声がたえず訓戒してくるのを一日中聞いている者がいる。

『労働と日々』は誰かが「書いた」と言うべきではないのかもしれない。この叙事詩は筆記者が「書き取らされた」公算が大きい。ペルセースと同時代のイスラエルの牧夫アモスが授かった〈二分心〉の訓戒がそうであったように。さらに、この叙事詩がそれより前に作られた版の校訂版だ、とも言うべきだったかもしれない。そして、重要な三七～三九行目（訳注 ペルセースが賄賂を使って遺産分配の裁判を有利に進めたことへの非難のくだり）に込められた抗議は、（プルタルコスが指摘して以来、誰もが六五四～六六二行は加筆されたものだとしているのと同様に）後からつけ加えられたのだ。そのうえ、このようなくだりは、もともと〈二分心〉が、ペルセースのあまりにも主観的でそのため（当時は）得にならぬ行為をなんとか抑制しようとしたことに言及した可能性もある。

『労働と日々』に見られる意識発達前のヒュポスタシスは、『オデュッセイア』とほぼ同じ頻度で登場する。「thumos」が最も多用されており、一八箇所出てくるうちのほぼ半分は、たんなる第二期の、ある活動に対する内面の衝動や、喜びあるいは悲しみの所在を指す。しかしその残りは第三期の空間を表し、その中に情報（二七行）、忠告（二九七行、四九一行）、光景（二九六行）、愚痴（四九九行）を「入れる」「保持する」「しまい込む」ことができる。「phrenes」も戸棚に似ている。そこには詩の中でたえず与えられる忠告（一〇七行、二七四行）を納め、愚かなペルセースが戸を開けてはそれらをよくよく「眺める」ことになっている（六八八行）。「kradie」にはただの「器」以上の、「人格」という〈比喩語〉としての性質があり、慈悲深かったり（三四〇行）、いら立ったり（四五一行）、好き嫌いをしたり（六八一行）できる。しかし「psyche」（六八六行）や「etor」（三六〇行、五九三行）は未発達のままで、それぞれ「生命」と「腹」を指すだけだ。『労働と日々』に出てくる「noos」はおもしろい。なぜなら四つの用例すべてで道徳的行為について述べている人に似ているからだ。二つの用例（六七行、七一四行）では、「noos」に羞恥心があったりなかったりするし、別の用例（二六〇行）では「noos」が「adikon」、つまり正しく指示監督されていない状態にある。適切な研究がなされれば、「dike」という用語の具体的な発達の詳細がわかるだろう。そのもとの意味は、「指さす」ことで（そこから、「指」という「digit」のもともとの意味が派生した）、『イーリアス』では、何をなすべきか指摘するという意味であり、一番簡潔に訳せば「指示」となる。ゼウスの子でリュキエ勢の長、サルペドンは自らの「dike」によってリュキエの国（訳注　現小アジア南西部にあった古代の地方）を守った（『イーリアス』第一六歌五四二）。しかし、『労働と日々』になると、「dike」は「神に授かった正しい指示」、つまり「正義」という意味を持つようになる。これは、神の声の代わりなのかもしれない[12]。後代のギリシアの文献から私たちがおおよそ知っているような「dike」すなわち「正義」を、ここで初めて実行するのは、いまや空間化された時間の子である無言のゼウスという存在だ（たとえば二六七行以降を参照のこと）。一人の邪《よこしま》な人間のために町全体が苦しむ（二四〇行）とは、正邪と無縁の『イーリアス』の世界からなんとかけ離れていることだろう。

私たちの正義感は、時間の感覚を拠り所としている。正義は意識あっての現象だ。なぜなら、空間に連続的に展開された時間が正義の本質だからだ。そして、そのような時間の展開は、時間の空間的比喩が成立して初めて可能となる。このように空間化が進んだ用例は多い。あるとき暴力を振るえば、やがて罰せられる（二四五行、二四六行）。善への道のりは長く険しい（二九〇行）。善良な人間とは、どうすれば後のためになるか見通せる人間だ（二九四行）。わずかなものでも積み重ねれば、やがて大きなものになる（三六二行）。労働に労働を重ね、たゆみなく働かなければ富を手にできない（三八二行）。このような考え方は、時間の前後を比喩にして空間的な連続性を構築しなければ、成立不可能だ。この意識の基本的骨組みは、紀元前一三〇〇年にアッシリアの建物の碑文で生まれ（前章を参照のこと）、それ以来じつに長い道のりをかけてここまでたどり着いた。

時間と正義に関するこの新しい感覚が、「興味関心の世俗化」とでも呼べるものといかに密接に結びついているかを理解することが、この際重要となる。私の言う「興味関心の世俗化」とは、暮らしを立てるという日々の問題、すなわち、偉大な神によって創造されたそれまでの叙事詩とはまったく無縁の世界へと関心が移ったということだ。作品自体が神の霊感を得て創られたものであろうと、大多数の学者が考えるようにヘシオドスが弟ペルセースに向かってむっつりしながらも懇々と諭した忠告の書であろうと、『労働と日々』は人間の関心の対象にとって劇的な転換点となっている。人間味のない壮大な物語の代わりに、私たちは事細かな人間的表現を手にした。時のない過去の代わりに、私たちは、過去と未来の間に楔のように打ち込まれた現在という生き生きした表現を手にした。そしてその現在とは無慈悲な荒涼たるもので、それがドーリア人の侵入以後の田園の現実を物語っている。その現実とは、人々がけち臭い喧嘩に明け暮れ、土地を耕し生計を立てることに汲々とする一方で、その周辺には、〈二分心〉のミケーネ世界という大いなる黄金郷に対する懐旧の情が見え隠れしている。なぜならミケーネの民は、……半神と呼ばれる英雄たちの神に見紛う民族にして、我らの先代の民族であり、彼らは広大無辺なる地上にあって、並ぶ者のないほどまでに法を守り、正義を貫いた（一五八行以降）。

紀元前七〇〇～六〇〇年の抒情詩とエレゲイア詩

私は、『労働と日々』をもってギリシアの意識が完成に近づいている、ともう少しで書くところだった。だが、これは非常に誤解を招きやすい比喩だ。意識とは、組み立てたり、作ったり、形を与えたりして、完成したものになる、と誤解されかねないからだ。しかし、完成した意識などというものは存在しない。

今まで私が指摘したかったのは、時間に空間性を持たせる基本的比喩や、精神的空間の中の人格のような内面的ヒュポスタシスの基本的比喩が誕生し、日常生活の導き手や後見人の役目を果たすようになったことだ。

このような意識の発達に水を注すように、それに続く紀元前七世紀のギリシアの詩には、期待外れの感がある。だがそれは、そうしたエレゲイア詩や抒情詩の詩人たちのほとんどが時間の荒波に呑まれてしまったからだ。少なくとも十数行の詩句が現存する詩人だけを取り上げるなら、検討の対象はわずか七人しかいない。

彼らについてまず断っておく必要がある。私たちから見れば、彼らはただの詩人ではない。ひとまとめにして眺めると、彼らは、王に召されて論争を鎮め、軍を指揮した、当時のイスラエルの預言者、すなわち民を導く聖なる指導者のようなものであり、また、当時の部族文化の呪術師《シャーマン》に似た役目も果たしていた。紀元前七世紀初頭には、彼らの作品はおそらくまだ神聖な踊りに結びつけられていた。だが、しだいに踊りや宗教的雰囲気が失われて世俗化し、竪琴や笛の音色に合わせて詠唱されるようになる。とはいえこのような芸術面の変化は、はるかに重要な変化とたまたま同時に起きたものにすぎない。

『労働と日々』は現在を表現した。新しい詩歌はその現在において人格を持つ人間を表現する。特定の個人と、その個人が他者とどのように異なるのかを表現する。そしてその違いを賛美する。このような表現の変化の中に、私たちは、今までの意識発達前のヒュポスタシスが進歩しながら充実し、拡張し、意識という〈心の空間〉へと変貌した足跡をたどることができる。

紀元前七世紀の初めには、ピンダロス（訳注　紀元前五二二？～四四〇？　ギリシアの抒情詩人）によれば酒宴の歌の創始者であるテルパンドロス（訳注　紀元前七世紀のレスボス島出身の音楽家、詩人）がいる。テルパンドロス作で現存する一三詩行のうちの一行は歳月を越えて歌いかけてくる。

おお、「phrenes」よ！　私のもとに来て、彼方まで力を振るう神について歌っておくれ[13]。

このくだりは興味深い。ここで言う「神」はアポロンだ。だが注目すべきは、詩そのものは失われた神を懐かしむ詩であるはずなのだが、その一方で詩を創作するよう祈願している対象は神でも詩神ムーサでもない点だ。『オデュッセイア』では神が歌を「phrenes」に入れると、吟遊詩人はまるで楽譜を読んでいるかのように、歌を口ずさむ（第二二歌三四七）。ところがテルパンドロスの場合、神の声が聞こえないので、歌を作るよう請い願う相手は自分の「phrenes」となり、まるで「phrenes」が神であるかのような様相を呈す。私が思うに、神性を帯びた「phrenes」が存在しうる空間の〈投影連想〉を伴うこの暗黙の比喩は、意識という、アナログの〈私〉を伴う〈心の空間〉を生み出すところまで、ずいぶん近づいている。

七世紀のこのような変化は、前述のような言葉の用法に限らず主題についてもはっきり見てとれる。というのも『労働と日々』で始まった作品内容の世俗化・個人化の傾向が、七世紀中葉になると、パロス島のさすらいの傭兵詩人アルキロコス（訳注　紀元前七世紀なかばに活躍したギリシアの詩人。最初の抒情詩人とされる）による怒りのイアンボス（訳注　アウロス（笛）の伴奏で語る詩歌で、短長格を基本とし、日常会話に近い）の詩で、一挙に高まったからだ。墓碑によれば、アルキロコスこそ「まずは辛辣な詩神をヘビの毒に浸し、それから静かなヘリコン山（訳注　ボイオティア地方の山。詩人の霊感の泉とされる二つの泉がある。詩想の源泉のことも指す）を血に染めた」人物だった。これは罵詈雑言に満ちた自分のイアンボスの力でアルキロコスが自殺を促すことができたという話を指している[14]（訳注　アルキロコスは、自分との婚約を破棄した娘とその父を自殺に追いやったと伝えられている）。こんなふうに、個人的な復讐を行なったり、個人的な好みを述べたりするために詩歌を利用することさえ、前代未聞だった。しかも、こうした詩の断片の中には現代の内省的な意識に非常に近いものもあるから、アルキロコスの作品のほとんどが散逸したおかげで、古典文学史でも最大級の空白ができてしまった。

神々の声はアルキロコスにはけっして聞こえなかったが、それでもやはり神々は世界を支配していた。「勝利の行方は神々に委ねられている」（断片五五）。そしてヒュポスタシスも健在だ。飲酒の悪影響（断片七七）や老齢の悪影響（断片九四）は「phrenes」に現れる。アルキロコスが窮地に陥っているとき、ほかならぬ「thumos」が弱い戦士のように倒され、「顔を上げて敵に対し自分を守る」よう命ぜられる（断片六六）。アルキロコスは自分の「thumos」に対し、別の人間に対するように話しかける。この言外の比喩と、空間や、自己に「観察される」「自己」という、その〈投影連想〉は、次世紀の意識へと向かうさらなる一歩となる。

年代からすると次に来るのは、やはり兵士で詩人だったテュルタイオス（訳注　紀元前七世紀のギリシアの詩人）とカリーノス（訳注　紀元前七世紀のギリシアの詩人）だ。二人の現存する断片はあまり興味深いものではない。一番よく使われているヒュポスタシスは「thumos」で、二人は戦闘で物怖じしない「thumos」を保ち続けるよう鼓舞することぐらいしかしない。

そして紀元前六三〇年頃になると今度は、それまでとは毛色の違う二人の詩人が登場する。アルクマーン（訳注　紀元前七世紀のスパルタの詩人）とミムネルモス（訳注　紀元前七世紀後半のギリシアのエレゲイア詩人）だ。彼らは何も鼓舞しないで、主観的な自分の感情をかつてないやり方でひたすら賛美する。アルクマーンは「他人の『noos』を伝える者などいるだろうか」と疑問を呈し（断片五五）、明白な〈投影連想〉の結果を伴う出来事として「noos」の比喩を生み出している。そしてミムネルモスは、心配事が自分の「thumos」をどんどん衰弱させる（断片二）、「悲しみが『thumos』に込み上げる」と言って不満を漏らす（断片二）。これらは、ホメロスの叙事詩の単純なヒュポスタシスと比べれば、隔世の感がある。

新しい時代の到来を感じさせるこの世紀の末には、アルカイオス（訳注　紀元前六〇〇年頃のギリシアの抒情詩人）の詩と、プラトンが一〇番目のムーサ（訳注　学問・芸術を司るムーサは九人いる）とたたえた男性的才媛サッポー（訳注　紀元前六〇〇年頃のギリシアの抒情詩人）の率直で情熱的な愛の詩が登場する。レスボス島出身のこれら二人の詩人はともに、「thumos」と「phrenes」について紋切り型のことを言っており、この二つの語をほぼ等しい割合で使っている。サッポーは「theloi」すなわち「thumos」の配置についてさえも歌っている。「theloi」は今日では私たちの欲望や意志となる（断片三六：三）。またサッポーは、ロマンチックな現代感覚の愛を実質的に創造した。愛の苦しみで彼女の「thumos」は締めつけられる（断片四三）。愛は、ハリケーンがオークの木を揺さぶるように、彼女の「phrenes」を揺さぶる（断片五四）。

だが、それよりも重要なのは「noema」という用語が発達したことだ。紀元前七世紀後半までに「noema」が、今で言う思考や願望、意図などを合わせた意味を表すようになり、「thumos」の「theloi」の仲間に加わったのは明らかだ。アルカイオスは「ゼウスが私たちの『noema』を成し遂げてくだされば」と言う（断片四三）。彼はある話し手を、「自分の『noema』をけっしてごまかす（言い訳する）ことがない」と描写する（断片一四四）。この単語はサッポーの現存する断片の中で三度使われている。愛する人々に対して「私の『noema』はけっして変わらない」（断片一四）。自分の「『noema』は子供の怒りに対してあまり優しくなれない」（断片三五）。そして「どうすればよいのかわからない。私の『noemata』は二つに引き裂かれる……」（断片五二）という不満の中で。ヒュポスタシスにされて一つの思考に結実する、想像上の内面的比喩という存在が、これによって強調される。人類は愛によって内観することを教えられているのだ。そして、サッポーの詩にはもう一つ別の言葉「sunoida」も登場する。語源をたどれば、この言葉が「ともに知る」という意味を持つことがわかる。そしてそれをラテン語化したとき「conscious（意識のある）」という言葉になる（断片一五）。

このように、ここに挙げた紀元前七世紀の七人の詩人に、著しい発達が見てとれる。つまり、主題が好戦的な奨励の言葉から個人的な愛の表現へと変化するにつれて、精神的なヒュポスタシスの用法やその文脈が、主観的意識として今日考えられているものにぐっと近づいてくるのだ。

この時代は歴史の流れの暗部だ。そして七人の詩人たちのわずかな断片が、今に残る紀元前七世紀の水面に浮かんで揺れているだけだが、じつはこの七人の詩人は、私たちが意識と呼んでいる新しい精神構造の発達を助けた詩人たちが、当時数多く存在していたことを示していると考えて間違いあるまい。

ソロンの心

この七人の詩人が時代を象徴しているはずがないと、私がことさらに思ってしまうのは、すぐ次に登場する、私たちにはお馴染みの詩人が、この七人とは驚くほど異なっているからだ。彼は、ギリシアの哲人の中における明けの明星であり、私たちの知るかぎりでは、人間の正義という観念を単独で実質的に完成させた人物なのだ。その名は、アテネのソロン。タレス（訳注　紀元前六二〇？～五五五？　ギリシアの哲学者）、アナクシマンドロス（訳注　紀元前六一一？～五四七。ギリシアの哲学者）、ピタゴラス（訳注　紀元前五八〇？～五〇〇？　ギリシアの哲学者でかつ数学者）を輩出した偉大なる紀元前六世紀の初頭に彼は登場する。紀元前六世紀と言えば、現代に似通った思考法で物を考える人々が初めて現れ、私たちがやっと親近感を抱けるようになる世紀だ。

卓越したギリシア文化がたちまちのうちに開花したことには驚嘆する。そしてこの偉大な時代の端緒となったソロンは、「noos」という単語の用法ただ一点だけをとっても驚嘆に値する。この単語は今まで見てきたどの詩人もめったに使わなかった。ところが、今日まで生き残ったわずか二八〇行（ほど）の中で、ソロンは「noos」を八回使っている。これは、一万語当たりに換算して四四回というきわめて高い使用頻度だ。これは時代が第四期に到達し、いくつかのヒュポスタシスが一語に統合されつつあったことを示している。「thumos」はたった二回、「phrenes」と「etor」はそれぞれ一回しか使われていない。

だが、それだけではない。ソロンは「noos」を用いて、主観的な意識ある心についての史上初の本格的な文章を書いている。彼は、「noos」が「artios」でない人々について語る（「artios」とは「無傷の」「健全な」という意味だ）（断片六）。認識について語るのはなんと難しいことか。悪い指導者は「noos」が邪《よこしま》なのだ（断片四）。ホメロスの「noos」は道徳的な修飾語を取ることはできなかった。四二歳ぐらいで「人間の『noos』は万事に熟達している」。この「noos」が人間の視覚的な知覚ではないことは確かだ。そして五〇代の人間は「『noos』と舌が最高の水準」にある（断片二七）。

個人の責任が実際にどう生まれたかについて述べた断片もあり、そこでソロンは同胞のアテネ市民に対し、自分の不幸を神々のせいにするな、己を責めよ、と警告する。『イーリアス』の精神とは雲泥の差だ。そしてこう言い添える。

あなた方はみなキツネのような足取りで歩く。あなた方の「noos」はみな「chaunos（節穴だらけで、海綿のようにふにゃふにゃで、粗い木目のよう）」なのだ。なぜならあなた方は、相手の言い回しや話のめまぐるしい展開にばかり気を取られて、相手の行ないにはけっして目を向けないからだ（断片一〇）。

アキレウスも狡猾なオデュッセウスも、愚かなペルセースでさえも（あるいは兄ヘシオドスにしても）、この警句を「理解する」ことはできなかっただろう。

意識と道徳は一体となって発達する。というのも、神々がいなければ、人間は行動の結果を意識し、それに基づく道徳に従って何をなすべきかを知らねばならないからだ。『労働と日々』の「dike（正義）」が、ソロンの中でよりいっそうの発達を遂げる。今や統治するにあたっては、道徳的権利と力をうまく合わせてやらねばならない（断片三六）。そして道徳的権利が法や合法的活動の基礎となる。

ときにソロンのものと言われる戒めはほかにもある。「万事において中庸」を説く警句がそうだが、本題にもっと関連のある警句は、かの有名な「汝自身を知れ」だ。これはソロンの言葉とされることが多いが、当時の別の人物が言った言葉かもしれない。これもまたホメロスの英雄たちには考えられぬ言葉だ。どうして人は自分自身を知りえようか。まず自らが自分の活動や感情を想起し、アナログの〈私〉といっしょにそれを眺め、概念化し、特徴ごとに類別し、〈物語化〉して、自分がどういう行動をとりそうなのかを知る。人は想像上の「空間」にいるものとして「自分自身」を「見る」必要がある。じつのところ、これは、前のほうの章で触れた自己幻視というものだ。

だとすれば、私たちはいきなり現代の主観の時代に入ったことになる。惜しむらくは、紀元前七世紀の文献が寸断され、わずかしか残っていない点だ。そのために、ソロンをギリシアの伝統の一部にすぎないと見なした場合、彼の中でほぼ完全な形の主観的意識が出現したというこの事実がほとんど信じがたいものになっている。もっともソロンにまつわる言い伝えはたくさんある。その中には、ソロンが広く旅し、小アジアの国々を訪れてからアテネに戻って生涯そこで暮らし、詩のほとんどを書いた、というものも残っている。したがって、ソロンが「noos」という言葉をそれまでとは違った形で使い、この用語を具体化して意識という想像上の〈心の空間〉に仕立て上げたのは、ギリシアより進んでいた小アジアの国々の影響によるものだったと考えることは十分可能だろう。

ソロンは時の政治指導者だったこともあって、意識の扱い手の概念はギリシアにしっかり確立された。彼は、「noos」と呼ばれる〈心の空間〉を持っており、その「noos」の中ではアナログの自分が、配下の市民にとってどんな行ないが「dike（正しい）」かを〈物語化〉することができる。いったんこれが確立されれば、つまりソロンの格言のように、人間が「己を知る」ことができるようになる。並列可能な〈心の空間〉の中に「いろいろな時間」を一つにまとめて納め、「noos」の「目」を使って自分や自分の世界の中を「見る」ことが可能になれば、神々の声は、少なくとも日常生活には必要なくなる。神々の声は、追いやられ、神殿と呼ばれる特別な場所や巫女と呼ばれる特別な人の中に押し込められてしまった。そして、ほかのヒュポスタシスの機能を吸収し、新しく統一された「nous」(綴りが変わった)が成功を収めたことは、後世の文献があまねく証明しているし、行動や社会の再編成が如実に物語っている。

だが私たちは、やや先走りすぎたようだ。というのも紀元前六世紀というこの重要な世紀にはもう一つ発達した用語があって、将来非常に複雑な問題を呈することになるからだ。それは古くから使われていた単語「psyche」で、これが思いがけぬ新しい用法を獲得する。やがて「psyche」は「nous」と肩を並べ、ついで「nous」と交換可能となる。それと同時に、「psyche」は、第一部の冒頭でまやかしとして取り上げたあの意識の意識を生じさせる。さらに、私に言わせれば、この新しい概念は、ギリシアとエジプトの文化が出会った結果の文明の所産なのだ。

魂の創出

「psyche」は一連のヒュポスタシスの中でも最後に内に「空間」を獲得した。これは、思うに、時間の意識的空間化が進み、人間の生命が、たんに息や血という意味ではなく時間枠で捉えられるようになってようやく、「psyche(生きていること)」が器の比喩になったからだ。しかし、「psyche」が魂という概念へたどり着く過程は、まったく定かではない。

というのも、「psyche」の場合、他のヒュポスタシスに比べて混乱した用法が多く、その混乱ぶりから、時間の順にたどることなど一見不可能に思えるからだ。本来の用法ではいつも「生命」を表していたことは、先に述べた通りだ。たとえば、ホメロスの叙事詩の後に登場したテュルタイオスは、その意味で「psyche」を使っているし（断片一〇、一一）、アルカイオスにしてもそうだ（断片七七B）。紀元前五世紀になってもやはり、エウリピデス（訳注　紀元前四八四?～四〇六。ギリシアの悲劇作家）は「生命へ執着する」という意味で、「自分の『psyche』を好む」という詩句を使っている（『アウリスのイピゲネイア』、一三八五）。アリストテレス学派の著述の一部にも「生命」という意味で「psyche」が使われているし、この語法は新約聖書の大半にさえ用いられている。「私は良きヒツジ飼いである。良きヒツジ飼いはヒツジのために『psyche』を捨てる」（「ヨハネによる福音書」第一〇章一一節）。イエス・キリストの念頭にあったのは、「心」や「魂」ではなかった。

ところが、『イーリアス』第二三歌の冒頭に出てくるアキレウスの夢では、死んだパトロクロスの「psyche」がアキレウスを訪れ、アキレウスが抱き締めようとすると何やらつぶやきながら地下に消えてしまう。『オデュッセイア』第一一歌と第二四歌の、冥府での身の毛のよだつ場面でも、同じ形で「psyche」が使われている。これらの用例の「psyche」は、『イーリアス』『オデュッセイア』の他の部分で使われている意味とはほぼ正反対の意味を持っている。生命ではなく、生命が終わった後に存在するものの意味だ。戦闘で血管から流れ出るものではなく、冥府へ旅立つ「魂」や「霊」の意であって、これは、紀元前五世紀頃にピンダロスが登場するまで、ギリシアの文献では他に耳にしたことのない概念だ。ホメロスとピンダロスの間にあたる紀元前八世紀と七世紀に登場する作家たちの作品でも、私たちがこれまで見てきた範囲では、「psyche」が「魂」や「霊」であることは一度もなく、いつも「生命」や「生きていること」といった本来の意味を表している。

そこで、どれだけ語源に無理を強いてみても、「psyche」の、かたや「生命」、かたや「死」に関連する二つの語義の不協和音を消し、両者を調和させることはできない。とすれば、ホメロスの作品に見られるこの不整合箇所は、叙事詩が作られたとされる時代よりもずっと後の時代につけ加えられたと考えるのが妥当だろう。じつのところ、この点には、本書で論じうるよりもずっと豊富な根拠をもとに、大多数の専門家が確信を持っている。このような「psyche」の意味は、ピンダロスに至って初めて登場するので、冥府やそこの闇の中に暮らす死者の魂のくだりは、ピンダロスの少し前の時代、紀元前六世紀のある時点で、ホメロスの叙事詩に加筆されたと考えてまず間違いないだろう。

そうなると、これほど大きな違いのある「psyche」の概念が、なぜ、どのようにして生まれたか、という問題が生じる。ここで論点をはっきりさせておくと、生命を表す古くからの言葉が、死後も生き残るものも指すようになったことと、残ったものが肉体から遊離することのみが問題なのだ。これまでの章で見てきたように、実際に死後も何かが生き残ることは疑いようがない。〈二分心〉の仮説によると、権威のある人物の幻覚は死後も日常茶飯のものとして続く。だからこそ、死後も亡骸《なきがら》に食事を供えたり、身の周りの物をいっしょに埋葬したりする風習は、ほぼ普遍的なのだ。

私は心底納得のいく答えを示すことはできないが、それでも「psyche」の意味の変遷には、多くの伝説で彩られた古代の偉人ピタゴラスの影響が見られることは確かだ。紀元前六世紀中葉に活躍したピタゴラスは、ソロンのように小アジア諸国や、特筆に値するのだがエジプトも旅したと考えられている。帰郷後、彼は、イタリア南部のクロトナに一種の神秘主義の秘密結社を設立した。一派は、数学教育を実践し、菜食主義を奨励し、物事を書き留めることが誤謬のもとになると考え、文字の使用を禁止した。非常に間接的ではあるが後世の著述家が伝えた資料によると、彼らの教えの中には、魂の転生についての教義があった。死後、人間の魂は、生まれたばかりの人間や動物の体に入り込み、また新たな一生を送る。

ピタゴラスがエジプトでこの教えを学んだとするヘロドトスの見解は、一笑に付されてきた。しかし〈二分心〉の仮説に理解を示す者なら、エジプトの思想に魂の転生の起源をたどることは難しくない。私の考えでは、ギリシア人が「バー」の機能を誤解したことが発端となった。「バー」は、第二部第二章で見たように「カー（死後の幻聴の声）」が肉体化した仮の姿を指すことが多かった（「神」以外に相当する言葉は存在せず、「神」を当てはめるのは明らかに不適切だった）し、「バー」に対応する言葉もなかった。もちろん有形の肉体から肉体へと移り変わる「生命」に対応する言葉もなかった。そこで「psyche」がその相当語としての役割を負わされることになった。魂の転生に関するピタゴラスの教えを述べたものには、すべてこの新しい意味で「psyche」が使われており、エジプトでは幻聴の声が肉体から肉体へ移り変わることが可能だったように、一つの肉体を離れ別の肉体へと乗り移ることのできる魂として用いられている。

さて、これで当の問題が解決したわけではない。というのも、ピタゴラスの「psyche」は、黄泉の国で泣き悲しんだり、力を取り戻すために熱き血潮をすすったりする、活力なき死者の魂――第一一歌として『オデュッセイア』に書き加えられた生命感あふれる場面――とは無縁だからだ。それでも、ピタゴラスの「psyche」は、この『オデュッセイア』の霊といくぶん似ており、死んだ瞬間肉体から離れる人間の何か一部を指している。そして、冥府における「psyche」の姿は、埋葬された死者に対する古代ギリシアの見方とピタゴラスの教えが混ざり合ったものかもしれない。

紀元前六世紀のこの興味深い展開は、すべて心理学にとってきわめて重要な意味を持っている。なぜなら、一つの語彙全体の中では、いつもおびただしい数の言葉同士の緊張関係が存在し、語彙全体のバランスをとっているので、「psyche」の意味が歪曲されて「生命」の意から「魂」の意へと変化するにともない、その歪みのバランスをとるために新たな意味の変化が起きたからだ。それまで「soma」という言葉は、「遺体」や「死んだ状態」、つまり「生きていること」を指す「psyche」とは反対の意味を表していた。それが今や、「psyche」が「魂」を意味するようになると、「soma」は、「psyche」の反対語という性格に引きずられて、「肉体」を意味するようになる。こうして、魂と肉体は分離したものと考える二元論が誕生した。

ところが、変化はこれにとどまらなかった。紀元前五〇〇年頃のピンダロスやヘラクレイトスらの間で、「psyche」と「nous」の概念が融合し始める。こうして、意識ある主観的な〈心の空間〉と意識ある自己が、形而下的な肉体に対立する概念となる。「psyche」と「soma」の摩訶不思議な二項対立にまつわる新たなカルトがいくつも勃興する。この二項対立によって、新たな意識経験が呼び覚まされ、その経験の説明もつくように思われ、その結果、意識経験の存在自体が揺るぎないものになっていく。意識ある「psyche」は、墓の中に閉じ込められるように肉体の中に囚われる。意識ある「psyche」は、驚異に目を見張る人々の論争の対象となる。「psyche」はどこにあるのか。肉体の内外でその所在はまちまちだ。何でできているのか。水（タレス）、血、空気（アナクシメネス（訳注　紀元前？～五〇〇？　ギリシアの哲学者））、息（クセノファネス（訳注　紀元前五七〇？～四八〇？　ギリシアの哲学者、詩人））、火（ヘラクレイトス）などなど。このように、「psyche」の学問はすべて怪しげな問題の泥沼から始まった。

その結果、意識の問題の中でも難問である二元論は、長い苦難の歴史を歩み始める。二元論は、プラトンの思想世界で確固たる地位を固め、グノーシス主義の洗礼を受けておもな宗教に入り込み、さらにデカルトの傲慢《ごうまん》な断言を受けて、現代心理学では大きな偽りのジレンマの一つとなっている。

本章は、長くて専門的な内容だったが、一つの比喩に要約できる。初めに私たちが注目したのは考古学者だった。彼らは、ドーリア人の侵入の時期に作られた陶器の破片から積年の埃《ほこり》を払って、遺跡どうしの連続性と変化を明らかにし、その結果、一連の複雑な民族移動が起きていたことを証明できた。ある意味で私たちは、本章全篇にわたって言語に関して彼らと同じ作業を行なってきた。ばらばらになった語彙の破片、それもある種の精神機能を指し示すようになった言葉を取り上げ、順次テキストの文脈にそって検討しながら、ギリシアでドーリア人の侵入に続く暗黒時代に、一連の複雑で大がかりな精神構造の変化が起きていたことを証明しようと試みた。

この変化がただの言葉の変化にすぎないと考えてほしくない。言葉の変化は概念の変化であり、概念の変化は行動様式の変化なのだ。宗教、政治、さらには科学の歴史全体が、そのことを声高に物語っている。「魂」「自由」「真実」といった言葉がなければ、もはや神の操り人形ではない「人間らしさ」の生誕劇は、違った役柄が続々と登場し、違った山場を迎えたことだろう。意識発達前のヒュポスタシスと名づけた言葉にしても同じで、それらは比喩を生み出す過程によって、この数世紀を通して、統合され、意識の操り手となった。

ギリシアの意識についての話で私が言いたかったことは、これでひとまず語り終えた。もっと話そうと思えば話すこともできる。刺激とは結びつかない「nous」と「psyche」という二つのヒュポスタシスが他のヒュポスタシスの影を薄くしていった過程や、後世のパルメニデス（訳注　紀元前五一五？～四四五？　イタリア生まれのギリシアの哲学者）やデモクリトス（訳注　紀元前四六〇？～三七〇。ギリシアの哲学者）といった哲学者の間で、両者がほぼ交換可能な言葉として扱われるようになった過程について。それから、「ロゴス」や真善美の形相が編み出され、「nous」と「psyche」の比喩が新たな深みを帯びるに至った経緯について。

だが、その話は後日に譲ろう。魂のうさん臭い構造はさておき、ギリシアの意識ある主観的心は、歌や詩から生まれた。この心は、そこから固有の歴史的変遷を遂げ、ソクラテスの〈物語化〉による内観へ、アリストテレスによる空間化された分類・分析へつながり、さらに、そこからヘブライ思想、ヘレニズム思想、ローマ思想へと発展する。そしてそれに続き、ギリシアの意識ある主観的心のおかげで、二度ともとへは戻れぬ世界の歴史が始まったのだ。

第6章　ハビルの道徳意識

意識の発達が見られる第三の広大な領域が、群を抜いて興味深く深遠なものであることは間違いない。前二〇〇〇年紀なかばから末にかけて、固定した「ディラ（牧草地）」を持たず、明確な社会組織もない半遊牧の民が中東全域に散在していた。その中にはテラ島の噴火による災害とそれに続く恐るべきドーリア人の侵入を逃れてきた難民もいた。ある楔《くさび》形文字の碑には、レバノンを経由して続々と難民が押し寄せてきたことが明確に記されている。ほかにもアッシリア人の侵入を逃れてきた難民がいただろうし、その後も北から新たにやって来た侵入者によってヒッタイト帝国が滅ぼされると、その難民もこれに加わった。また、神々をそう簡単に沈黙させることができず、なかなか〈二分心〉を捨てられぬ町の人間もいたかもしれない。彼らは仮に殺されずに済んだとしても、篩《ふるい》にかけられるように荒野へ散っていったことだろう。

こうして様々な出自の人が行き当たりばったりの離合集散を繰り返し、ある者は滅び、またある者は不安定な部族へとまとまっていった。定住の進んだ民の土地を襲撃する者たちもあれば、砂漠の泉を巡って争う者たちもいた。ときに、疲れきった野生動物のように捕らえられて捕獲者たちの言いなりになった者たちもいたかもしれない。あるいは飢えの苦しみに耐えかねて、パンや穀物の種と引き換えに自らの生殺与奪権を進んで与えた者たちもいただろう。これについては、ヌジ（訳注　イラクのチグリス川東の地域）で発掘された紀元前一五世紀頃の粘土板に記録があり、同様の記述が「創世記」第四七章一八～二六節にも見られる。はっきり聞こえることが少なくなった〈二分心〉の声に、なおも従おうとする者や、よそへ出ていく勇気もないまま定住地の周縁にしがみつき、ヒツジやラクダの飼育者となった者もいれば、定住の進んだ民に溶け込もうと努力してみたものの不首尾に終わり、非情な者だけが生き残ることを許される広い砂漠へと飛び出した者もいた。彼らは幻影や神のうしろ姿、新しい町、約束の土地を追い求めて、心もとない旅に出たのかもしれない。

安定した都市国家にとって、こうした難民は、砂漠の荒地に住まう向こう見ずの流れ者だった。都市の住民は、彼らをひとくくりに強盗や宿無しと考えた。実際、そうであることもしばしばで、哀れな宿無しとして、栽培者が鼻にもかけない出来損ないのぶどうを一人で夜陰に紛れて盗むし、家畜や農作物を狙って部族ぐるみで都市周辺を襲ったりもした。今も遊牧の民ベドウィンがときおりするのと、ちょうど同じだ。アッカド語、すなわちバビロンの言葉で放浪者を「ハビル」と言い、楔形文字の粘土板では彼ら砂漠の難民のことがそう呼ばれている。(1) そして「ハビル」という言葉は、砂漠の空気の中で軟化し、「ヘブライ」となった。

後のハビル、つまりヘブライ人となる人々の物語、いや想像の物語は、旧約聖書として現代に伝わっている。歴史や語り、歌、説教、物語から成るこの堂々たる一大集成が、その壮大な概要をなぞってみると、〈二分心〉が失われ、前一〇〇〇年紀に主観性がそれに取って代わった様子の記録になっていることを、本章のテーマとして論じてみたい。

とはいえ、私たちの行く手には、由来の大問題がただちに現れる。なぜなら、旧約聖書のほとんど、とくに本章のテーマにとって重要な最初のいくつかの書は、広く知られているとおり、紀元前七世紀から五世紀にかけて創作された作り話だからだ。旧約聖書は、様々な時代や土地から集められた色鮮やかな糸を見事により合わせて作った作品だ。[2] たとえば「創世記」の第一章と第二章では異なる創世神話が語られている。ノアの洪水の物語は、古代シュメールの碑文を一神教的に焼き直したものだ。[3] ヤコブ（訳注　神と格闘して「神の勝者」を意味するイスラエルの名を授かった人物。彼の一二人の息子はイスラエル一二部族の祖となった）の物語は、紀元前一〇〇〇年以前にさかのぼることも十分ありうるが、その直後に登場し、ヤコブの息子とされるヨセフが活躍した時代は、少なくともそれより五〇〇年後だ。[4] すべては、ヨシヤ王（訳注　紀元前六四〇？～六〇九？　ユダの王）が神殿を清め、そこに残っていた〈二分心〉の儀式を根こそぎにするように命じた後、紀元前六二一年にエルサレムで「申命記」の原稿が発見されたことから始まった。そして、ハビルの歴史は、思いがけず莫大な遺産を得た遊牧民のように、独自とは言えぬものも混じった豪華な衣装を身につけ、いっさいを想像上のご先祖と帯でひとくくりにした。というわけで、はたしてこのように雑多な素材を、何であれ心を論ずる仮説の証拠として利用できるのかという疑問が出てくる。

「アモス書」と「コヘレトの言葉」の比較

まず、こうした懐疑的な意見から片づけるとしよう。すでに述べたとおり、旧約聖書に収められた書のほとんどは、様々な時代の様々な素材をより合わせて作られたものだ。だが中には、寄せ集めではなく、ほとんどすべてが一つの素材から作られているという意味で「純粋」と言えるものがある。そこに書かれていることはほぼそのとおりなので、成立時期を正確に特定できる。さしあたっては、こうした書だけを取り上げることにして、その中で最古の書と最新の書を比べれば、かなり信頼できる比較を行なえるし、何らかの証拠が得られるはずだ。こうした「純粋」な書の中で、最も古いのが紀元前八世紀に成立した「アモス書」（訳注　アモスは前八世紀頃に活躍したユダ王国の預言者）、そして最も新しいのが紀元前二世紀に成立した「コヘレトの言葉」（訳注　前二五〇年～二五年頃に成立した。「ダビデの子（ソロモン）、コヘレトが書いた」と本文中に記されているが、著者は不詳）だ。どちらも短いので、本書を読み進める前に紐解いておかれるとよい。そうすれば、ほぼ〈二分心〉状態にある人間と主観的意識を備えた人間の違いを、自らしっかりと実感できるだろう。

というのも、この証拠がものの見事に本書の仮説と一致するのだ。「アモス書」はほぼ純粋な〈二分心〉の語りで、砂漠に住む無知な牧夫が聞いた声を筆記者に書き取らせたものだ。対照的に、「コヘレトの言葉」には神に触れている箇所はほとんどなく、まして教養ある著者に神が語りかけることは皆無と言ってよい。そして神へのわずかな言及でさえ、この壮麗な作品を聖典に加えるために後の時代につけ足されたものだと考える学者もいる。

「アモス書」には、「心」や「思考」「感覚」「理解」といった類のものを表す言葉はいっさいない。アモスはけっして自分の心では考えない。彼にはできないのだ。思考とはどのようなものか、アモスには知りようもなかっただろう。彼が自分について言及することは数えるほどしかなく、そのときの彼はぶっきらぼうで、無条件に様々なことを教える。彼は預言者ではなく、「いちじく桑を栽培する者」にすぎない。話す前に意識的に考えることをしない。それどころか、私たちのようなやり方で考えることはまったくない。彼は自分で考える必要がない。自分の〈二分心〉の声が話しだそうとする気配を察すると、周りの者を「主はこう言われる」という言葉で黙らせる。それから、おそらく自分自身も理解していないであろう怒りに満ちた力強い言葉を続ける。

「コヘレトの言葉」は、これらすべての点で正反対だ。彼は、ヒュポスタシスの心の〈投影連想〉で、できるだけ深く物事を考える。「なんという空しさ、すべては空しい」（第一章二節）（訳注　本章では聖書の訳は、おおむね日本聖書教会の『新共同訳聖書』に準拠した。著者は欽定英訳聖書を用いているようで、『新共同訳聖書』とは内容や節の番号が一致しない場合がある）、あるいは、知恵が愚かさに勝ることを「見て取る」（第二章一三節）などと言えるのは、真に主観的な人間をおいてほかにあるだろうか。そのように「見て取る」には、心の空間を俯瞰することのできるアナログの〈私〉が必要だ。そして有名な第三章の「何事にも時があり、天の下の出来事にはすべて定められた時がある……」とは、時間の空間化にほかならない。時間が心の空間の中に広がっていく。これは第一部第二章で見てきたとおり、意識の最たる特徴だ。コヘレトは考え、熟考し、たえず、あるものを別のものと比較し、そうしながら鮮やかな比喩を作り出す。アモスは表面的な占いを使うが、コヘレトは一度もそうしない。アモスは断固として正当で、絶対的確信に満ち、気高くもぶしつけで、アキレウスやハムラビと同じ無意識の修辞法を駆使して、猛り狂う神の言葉を伝える。コヘレトはきっと、心を許せる最高の友人にふさわしい人だろう。人間的に成熟していて、思いやりがあり、気遣いを見せ、ためらいがちで、アモスにはとうてい不可能なやり方で人生全般を見渡す。

このように、この二つの書は、旧約聖書の両極を成している。これ以外にも、初期の書と後期の書、あるいは同じ書の中でも早い時期と遅い時期に書かれた部分を用いて同様の比較を行なうことができる。すると、ことごとく同じパターンが現れる。〈二分心〉の仮説を抜きにこの現象を説明することは難しい。

モーセ五書に関する考察

旧約聖書の最初に並ぶとりわけすばらしいモーセ五書（訳注　旧約聖書最初の「創世記」「出エジプト記」「レビ記」「民数記」「申命記」の五書を指す）の物語は、私たちにとってあまりにも馴染み深いものなので、これらの物語を初心に返ってあるがままに読むことはほとんど不可能だ。それどころか、そうしようとすると、自分がいかなる宗教的背景を持っていようと、他人が心の奥底で大切にしている価値観を冒瀆《ぼうとく》するまではいかないまでも、少なくともそれに対して無礼を働いているような気分になる。そのように無礼な行ないは、もちろん私の本意とするところではないが、これらのすばらしい物語を、信仰心を離れた醒めた読み方をすることによって初めて、〈二分心〉の崩壊の結果生じた精神の苦闘の深刻さを正しく理解することができるのだ。

これらの書はなぜ編纂されたのだろう。まず理解しておかねばならないのは、当時、「申命記」を中心に五書がまとめられる原動力となっていたのは、主観的意識を持つようになった民族が、失われた〈二分心〉を懐かしみ、悲嘆する心情だったという点だ。これこそ宗教の真髄だ。そして五書が編纂された時期は、具体的にはヤハウェの声が、紛うかたなくはっきりと頻繁に聞こえることがなくなってきた時期と重なっていた。旧約聖書の起源がどのようなものであれ、物語自体が人の手によって編まれたものである以上、そこには〈二分心〉がしだいに失われていく紀元前九世紀から五世紀にかけての人間の心のありようが反映されている。

「エロヒム」　「創世記」第一章全体を支配する、エロヒム（訳注　ヘブライ人の神で、旧約聖書中で使われる神の呼称の一つ）という非常に重要な単語についても考察を行ないたい。この言葉は通常「神」のように単数形に訳されているが、これは誤りだ。「エロヒム」は複数形なのだ。この単語は、集合名詞として単数形の動詞で受ける場合もあれば、通常の複数名詞として複数形の動詞で受ける場合もある。「強力である」という意味の言葉から派生したもので、もっとふさわしい訳は、「偉大な者たち」「傑出した者たち」「君主たち」「裁き人たち」「全能の者たち」などとなるだろう。

本書の観点からすれば、エロヒムが、〈二分心〉の人間の幻聴や幻視を意味する一般的な言葉であることは明らかだ。つまり「創世記」第一章の創世神話は、主観性の萌芽期における〈二分心〉の声を合理化したものだ。「初めに、声は天地を創造した」と解釈するならば（訳注　「創世記」の冒頭は、通常「初めに、神は天地を創造された」と解釈されている）、この創世神話は古代〈二分心〉文明に固有の、より普遍的な神話となる。

「あるという者」　モーセの五書の物語が編纂されたと考えられている歴史上の時点では、かつて存在していたであろう大勢のエロヒムのうち、ほんの一握りが残るだけとなっていた。その中で最も重要なのがヤハウェと呼ばれるもので、様々な訳語が考えられる中、多くの場合は「あるという者」と翻訳されている[5]（訳注　日本語版の聖書では「主」と訳されている）。預言者が登場する主観性への移行期が近づくにつれ、ハビルのある特定の集団は、「あるという者」の声だけに従うようになり、エロヒムの創世神話を、「あるという者」を唯一真実の「エロアハ（訳注　エロヒムの単数形）」とする、ずっと温かみのある人間的な物語に書き直した。そしてこれが、「創世記」第二章四節以降に書かれる創世神話となっている。これら二つの創世神話は、その後ほかの様々な出典に由来する要素と混ざり合い、聖書の最初の五書を形作った。

他のエロヒムのことは、旧約聖書の古い部分を通してときおり触れられている。その中で最も重要なのはバアル（訳注　カナン人が崇拝していた神で、普通、暴風雨や豊穣の神を指す）で、通常「所有者」と訳される。当時のカナンには大勢の「所有者」がいた。今も、多くのカトリックの町にその町独自の聖母マリアがいるように、一つの村に一人の「所有者」がおり、なおかつそれらはみな同一のバアルだった。

「失楽園」　人間の堕落の物語と、この物語を〈二分心〉の崩壊の神話と捉えられることに関しても考察が可能だろう。ヘブライ語で「悪賢い」あるいは「嘘つきの」という意味の「アルム」という言葉が、意識ある主観的な単語であることは間違いない。この言葉は、旧約聖書全体を通じてわずか三、四回しか登場せず、誘惑のもとを描写するために用いられている。ご記憶のとおり、人を欺く能力は意識の特徴の一つだ。ヘビは約束する。「［おまえは］エロヒムのように善悪を知るものとなる」（「創世記」第三章五節）。これは、主観的意識のある人間だけに可能なことだ。そしてヘビにそそのかされた最初の人間たちが知識の木の実を食べたところ、突然「二人の目は開けた」、つまり彼らの比喩的な〈心の空間〉の中でアナログの目が開き、「そして彼らは自分たちが裸であることを知った」（「創世記」第三章七節）。彼らは自分の姿が見えるようになり、第三者が見るように自分自身を見て、〈物語化〉をするようになる。(6) そして、それゆえに彼らの悲しみは「大きなものとなり」（「創世記」第三章一六節）、彼らは、「あるという者」を、もう一人の人間のように目にして言葉を交わすことができたエデンの園を追放される。

〈二分心〉の崩壊と意識の誕生を〈物語化〉したものとして、この物語は、前章で論じた『オデュッセイア』と合理的に対比されなくてはならない。だが、両者が呈示する問題点は類似しており、堕落の物語の未知なる創作法に対しても私たちはやはり畏怖の念を覚えてしかるべきだろう。

「預言する預言者たち《ナビイム》」　ヘブライ語の「ナビ」[7]という言葉は、紛らわしいことに「預言者」を意味するギリシア語の名詞に翻訳されたため、興味深くはあるが非常に厄介なことになってしまった。「預言する」という言葉は、現代では「未来を予言する」という意味で用いられるが、「ナバ（預言する）」という動詞には、本来そのような意味はない。「ナバ」を行なうのが「ナビイム（預言者たち）」（ナビの複数形）だ。これらの言葉は時間ではなく、むしろ「流れ」や「明るくなる」という単語と同じ起源の一群の言葉から派生している。つまり、ナビイムとは比喩的に、言葉や幻とともに前方へ流れていく者、あるいは言葉や幻がよどみなく湧き上がる者と考えられるだろう。彼らは主観的性質と〈二分心〉の資質を併せ持つ移行段階の人々だ。そしてひとたび明るい奔流が解き放たれて呼び声が訪れると、まったく疑うことを知らなくても（「アモス書」第七章一四、一五節）、どれほど自分には価値がないと感じていても（「出エジプト記」第三章一一節、「イザヤ書」第六章、「エレミヤ書」第一章六節）、とき に自分が聞いたことにどれほど疑いを感じていようと（「エレミヤ書」第二〇章七節〜一〇節）、自分が聞いた〈二分心〉のメッセージを伝えなくてはならない。〈二分心〉の声が聞こえ始めるとき、「ナビイム」はどのように感じるものなのだろうか。「唇に燃える炭火が触れた」ような感じがし（「イザヤ書」第六章七節）、その言葉は「骨の中に閉じ込められて火のように燃え上がり」、「押さえつけて」はおけない（「エレミヤ書」第二〇章九節）。その火は、神の言葉を先へ押し流すことによってしか消すことができない。

ナビイムの物語は二通りの語り方が考えられる。一つは、彼らが初期にどういう役割を果たし、彼らの指導権が人々にどのように受容されたかから始めて、紀元前四世紀頃に彼らが虐殺され、完膚なきまでに弾圧されるまでを外側からなぞる方法だ。だが、本書の仮説を裏づける証拠としていっそう意義深いのは、内的視点から物事を見る方法、すなわち〈二分心〉の経験そのものにおける変遷を見る方法だ。こうした変遷とは、まず視覚的要素がしだいに失われ、耳にする声が人ごとに食い違うようになり、一人の人間が聞く声の間でも矛盾が増大し、ついにエロヒムの声が歴史から消える過程を指す。これらを順番に取り上げていくとしよう。

視覚的要素の喪失

真の〈二分心〉時代には、幻聴には視覚的な要素がつきものだった。幻視そのものが起きる場合もあれば、人が面と向かって耳を傾ける像がそうした要素となる場合もあった。視覚的要素のありようと、それがかかわってくる頻度は文化ごとに異なっており、それは幻覚作用のある像を持つ文化と持たぬ文化があることからもわかる。

年代的にじつに多様な起源を持つことだけからでも、モーセ五書が視覚的要素の喪失を一貫して継続的に描き出している事実には驚かされる。最初、「あるという者」は目に見える肉体を持った存在で、被造物の生き写しだ。彼は涼しい時間にエデンの園を散歩し、自らが創り出したばかりのアダムに話しかける。カインとアベル（訳注　アダムとイヴから生まれた兄弟。兄カインは自分の捧げものが神に顧みられなかったことを怒って弟アベルを殺す）が献げ物をしたとき、「あるという者」はその場にいて目で見ることのできる存在だった。ノアの箱舟の扉をその手で閉め、シケム（訳注　現イスラエル北西部エフライム丘陵地帯にある古代カナンの町）やベテル（訳注　現イスラエル、エルサレムの北二〇キロメートルほどにある地。「神の家」の意味）やヘブロン（訳注　現ヨルダン西部ユダヤ山地の町）でアブラハム（訳注　すべてのユダヤ人とアラブ人の系譜上の祖。老妻サラとのあいだにイサクを授かり、イサクの息子ヤコブはイスラエル民族の祖となった）と話し合い、ヤコブとチンピラよろしく一晩中格闘する。

だが、モーセの時代になると視覚的要素の性質は一変している。「あるという者」が、「人がその友と語るように、顔と顔を合わせてモーセに語られた」（「出エジプト記」第三三章一一節）のは一回だけだ。モーセと七〇人の長老たち全員が、彼方のサファイアのような敷石の上に立つ「あるという者」を見るという集団幻覚の場面がもう一度だけある（「出エジプト記」第二四章九、一〇節）。だが、それ以外では、幻覚の中での「あるという者」との出会いの場面に以前ほどの親密さは見られない。「あるという者」は燃える柴、雲、あるいは巨大な炎の柱となって姿を現す。そして〈二分心〉の視覚的な経験が濃い闇の中へ後退するとき、雷鳴と稲光と立ちこめる黒雲が近寄りがたいシナイ山（訳注　シナイ半島にある山。モーセはここで神から十戒を授かったと言われている）の頂に集まり、私たちは旧約聖書全体を通じて最も偉大な教えに近づいていく。すなわち、エロヒムのうちの最後の者が幻覚作用を起こす力を失い、残り少ない半〈二分心〉の人間の神経組織の中だけにある余人には聞こえ難い声でなくなり、石板に書かれた文字に変わるとき、彼は律法という不変のものと化し、誰でも近づくことができるもの、王にもヒツジ飼いにも、万人に平等にかかわるもの、普遍的で超越的なものとなる。

モーセ自身は、光り輝くとされるものから顔を隠して、この視覚的性質の喪失に反応する。それ以外にも、モーセの〈二分心〉の声そのものがモーセに向かい、視覚的な幻覚の要素の喪失を次のように語って合理化する。「人はわたしを見て、なお生きていることはできない……わたしはあなたをその岩の裂け目に入れ、わたしが通り過ぎるまで、わたしの手であなたを覆う。わたしが手を離すとき、あなたはわたしの後ろを見るが、わたしの顔は見えない」（「出エジプト記」第三三章二〇節〜二三節）

金の子牛のような、もっと一般的な、幻覚作用を引き起こす像の代用品として、文字の書かれた石板を収める、「契約の箱」と呼ばれる入れ物の概念が誕生したという事実も、同じことをよく表している。〈二分心〉の声の衰退期における文字の重要性は計り知れぬほど大きい。かつて語られなければならなかった言葉はもはや聞こえなくなり、視覚的に捉えられるように石に刻まれた。

モーセ五書の後、〈二分心〉の声はさらに稀になる。「申命記」の記述者は、モーセのように「『あるという者』が顔と顔を合わせる」預言者《ナビ》はもはやいないと語る（「申命記」第三四章一〇節）が、これは〈二分心〉の喪失を意味している。声は以前のように頻繁に聞こえることはなくなり、対話の形式は失われていく。ヨシュア（訳注　モーセの後継者で、イスラエルの民を約束の地カナンへ導いた）は声と対話するよりも、一方的に語りかけられることのほうが多い。そして彼は〈二分心〉と主観のはざまにあるので、決定を下すために占いに頼らなくてはならない。

人々の間の食い違い

〈二分心〉の時代には、社会の厳格なヒエラルキーや地理的に境界を定められた居住区域、ジッグラト、神殿、像、住民に共通の生い立ちなどがすべて相まって、様々な人が耳にする〈二分心〉の声は安定したヒエラルキーにまとめ上げられた。誰の〈二分心〉の声が正しいかは、このヒエラルキーによってただちに決定され、どの神が語っているかを認識する合図を誰もが知っており、神官たちがそれを補強した。

　だが、〈二分心〉が崩壊したとき、それもとりわけ「出エジプト記」に書かれているようにかつて〈二分心〉を持っていた民族が遊牧民となったとき、こうした声は、人ごとに異なる事柄を語り始め、誰の声を権威あるものとすべきかという問題は非常に厄介になる。この種の問題に触れているのが、「民数記」第一二章一、二節だろう。ミリアム（訳注　モーセの姉の預言者）とアロン（訳注　モーセの兄で、ユダヤ初の祭司長）とモーセが三人とも「あるという者」の声を聞くが、どの声が一番信頼できるかわからない。

　だが、これより後の書では、問題ははるかに深刻になる。とくに、残存する〈二分心〉の声どうしで起こる争いは熾烈だ。ヨアシュ（訳注　ユダの王。在位紀元前八三七?～七九八?）は「所有者《バアル》」のものと思われる〈二分心〉の声を聞き、バアルのために祭壇を築く。だが、その息子ギデオン（訳注　イスラエルの士師。イスラエルをミディアン人から解放する）は「あるという者」のものと思われる声を聞く。「あるという者」は、彼の父親がバアルのために築いた祭壇を壊し、新たに自分を祀る祭壇を築くように命じる（「士師記」第六章二五、二六節）。残存するエロヒムの嫉妬は、社会的混乱が招く直接の、避けがたい結果だ。

　このように、混乱した崩壊期に〈二分心〉の声と声の間で不協和音が生まれたせいで、どの声が正当かを判断するための徴《しるし》、つまり魔術的証拠が重んじられるようになる。そのためモーセは自分の使命を魔術によってつねに証明することを強いられる。もちろん、こうした徴《しるし》は、紀元後も一〇〇〇年紀を通じて求められ続け、現在にさえ至っている。今日でも、聖人に叙せられるには奇跡を起こすことが必要とされているが、それは、モーセの杖が幻覚によってヘビに変わり、またもとに戻ったり、健康な手が重い皮膚病にかかり、もとどおりになったりする（「出エジプト記」第四章一～七節）時代と、まったく同じ道理による。

現代人にも魔術や奇術の類を楽しむ一面があり、それはこのような徴《しるし》を求める気持ちの名残りなのかもしれない。私たちは心のどこかで、魔術師のことを、ひょっとしたら〈二分心〉の権威を持つ者かもしれないと考えるスリルを楽しんでいるのだろうか。

では、もし何の徴《しるし》も現れないときは、どうなるだろう。紀元前七世紀、これは、イスラエルの不正の壁の前で嘆く、無学の預言者エレミヤ（訳注　紀元前六二六年～五八六年頃に活躍したユダヤ王国末期の預言者）にとってとりわけ深刻な問題だった。彼は「あるという者」の徴《しるし》を得て（第一章九節、第二五章一七節）、骨の中に閉じ込められて燃え上がる火のような「あるという者」の言葉をひっきりなしに聞き、「あるという者」に遣わされた（第二三章二一節、三二節ほか）にもかかわらず、依然として確信が持てない。誰の声が正しい声なのか。「あなたはわたしを裏切り」と不信にかられたエレミヤは、彼の〈二分心〉の声に言い返す（第一五章一八節）。だが、この点に関して、断固たる答えが返ってくる。その声は、エレミヤの合理的な意識が認めていた権威を打ち砕き、エレミヤに自分以外の声をことごとく非難するよう命じる。第二八章は顕著な例だ。預言者ハナンヤ（訳注　エレミヤに糾弾された預言者）とエレミヤとの間で、どちらの〈二分心〉の声が正しいかを巡り、いささか馬鹿馬鹿しい争いが繰り広げられる。そして、その二か月後にハナンヤが死ぬが、どちらを選ぶべきかという徴《しるし》はそれだけだ。エレミヤが死んでいたら、私たちはおそらく「エレミヤ書」ではなく「ハナンヤ書」を読むことになっていただろう。

人々の内なる食い違い

安定した声をもたらし、その認知を可能にする社会的ヒエラルキーが不在の状態では、〈二分心〉の声は、異なる人間の間だけでなく、一人の人間の内でも食い違いを見せるようになる。とりわけモーセ五書ではその傾向が著しい。〈二分心〉の声はしばしば、権威に疑問を投げかけられた暴君に負けず劣らず狭量で、地団太を踏む駄々っ子のような態度を見せる。「わたしは恵もうとするものを恵み、憐れもうとするものを憐れむ」（「出エジプト記」第三三章一九節）。美徳や正義はまったく顧みられない。それゆえ、「あるという者」はカインよりアベルを贔屓《ひいき》し、ユダ（訳注　ヤコブの第四子）の長男エルを嫌って殺し、アブラハムに息子をもうけるよう命じておきながら、後になってその子を殺すよう命じる。今日、犯罪傾向のある精神異常者もそうした「命令」に踊らされているのかもしれない。同様に、モーセの〈二分心〉の声も、何の根拠もなく、突然モーセを殺そうという衝動に駆られた可能性がある（「出エジプト記」第四章二四節）。

これと同じ矛盾は、非イスラエル人の預言者バラム（訳注　ユーフラテス川ほとりにあるペトル出身の預言者）にも見られる。彼の〈二分心〉の声は最初、モアブ（訳注　モアブ人はロトの子孫。イスラエル人とたえず反目している）の長たちと行ってはならないと告げ（「民数記」第二二章一二節）、それからその言葉を翻す（第二二章二〇節）。そしてその言葉にバラムが従うと激怒する。その後、姿や声を伴う幻覚がバラムを殺そうと現れ、その行く手を阻む。だが、その後でこの幻覚もまた自らの命令を覆す（「民数記」第二二章三五節）。それ以外にも、自らに災いを招くような例に、ある預言者が自らを罰しようとする幻覚の声に従い、隣人に自分を打たせようとする場面がある

（「列王記上」第二〇章三五〜三八節）。それから、「ユダからやって来た預言者」を〈二分心〉の声が町から追い出し、飢え死にさせようとした例もある（「列王記上」第一三章九〜一七節）。こうした矛盾する声は、第一部第四章で取り上げた、統合失調症患者が聞く声に近いものがある。

神々による占い

おそらくはサイコロや骨や豆を放って決断を下す「ゴラル」の占いは、旧約聖書のおおかたの背後に見られる。本書の第二部第四章で見たとおり、それはアナログの神を作る行為だ。「ゴラル」は比喩によって神の言葉となり、どの土地をどの民のものとするか、何をするか、誰を倒すかを決める拠り所にされ、かつての〈二分心〉の権威に取って代わっていった。すでに述べたとおり、人間が主観的意識の時代に入ってだいぶ時間がたつまで、偶然という概念が存在しなかったことを理解しておくと、占いという行為がどれほどの権威を持っていたかを正しく評価する上で役立つ。

だが、それ以上に興味深いのは、直接の感覚上の経験から自然発生的占いが生まれ、それが最終的に主観的な意識ある心となったことだ。ここで興味深いのは、それが〈二分心〉の人間の側からではなく、〈二分心〉の声そのものから生まれている点だ。

だとすれば、ここにも〈二分心〉の声の不確かさが現れていることになる。〈二分心〉の声も人間と同様、占いに頼り、呼び水やきっかけを必要とするのだ。紀元前九世紀、預言者の一人の声がアハブ王（訳注　紀元前八六九？〜八五〇？　イスラエルの王）の前で、どのように軍を殲滅《せんめつ》させられるかを二本の角による比喩を用いて占っている（「列王記上」第二二章一一節）。エレミヤの〈二分心〉の声は、エレミヤ自身が眺めているものを何度か利用して、何と言うべきか占う。エレミヤが、煮えたぎる鍋が風に吹かれて北からこちらへ傾いているのを目にすると、「あるという者」はそれを、風にあおられる火のように、立ちふさがるものをことごとく焼き尽くす、北からの災いの襲来になぞらえた（「エレミヤ書」第一章一三～一五節）。エレミヤが、良いいちじくと悪いいちじくの盛られた二つの籠《かご》を見ると、彼の脳の右半球は「あるという者」に良い民と悪い民の選別について語らせる（「エレミヤ書」第二四章一～一〇節）。また、アモスは造り手が下げ振りを使って城壁がまっすぐかどうかを点検しているのを見ると、彼の心は造り手が「あるという者」であるかのような幻覚に囚われ、下げ振りによる点検を、正しい行ないをしているかどうかで民を裁くことになぞらえる（「アモス書」第七章八節）。

自然発生的占いが神々によって行なわれるとき（けっきょく、神はほかの方法で占うことができない）はとくに、だじゃれが類推の「種となる」こともある。たとえば、アモスが夏の果物が盛られた籠を立ち止まって見ていると、彼の〈二分心〉の声は、ヘブライ語の「カイツ（夏の果実）」をもじって「ケーツ（最後）」としゃれ、イスラエルの「最後」について話し始める（「アモス書」第八章一、二節）。また、エレミヤが「シャーケード（アーモンドの枝）」を見ると、〈二分心〉の声は、それが彼を「ショーケード（見張る）」だろうとしゃれる。「アーモンドの枝」と「見張る」というヘブライ語が似ているからだ（「エレミヤ書」第一章一一、一二節）。

「サムエル記上」

「サムエル記上」（訳注　サムエルはユダヤの預言者。幼くして神の声を聞き、長じては宗教的指導者、政治的民族的指導者として活躍した）は、こうした点すべてに関してとくに示唆に富む記録で、この書を読むと、人間がしだいに意識を持つようになる前一〇〇〇年紀に、〈二分心〉と主観がせめぎ合う世界がどのようなものだったのか実感できる。文学史上最初の悲劇の書かもしれないこの「サムエル記上」の興味をそそる各章を通して、意識構造の変貌がほぼ余すところなく描き出されている。かなり衰退した〈二分心〉は、野蛮な預言者《ナビィム》たちの集団に象徴されている。本章の冒頭で触れたように、籾殻《もみがら》のように篩《ふる》い落とされたハビルの〈二分心〉人間たちは、町の外にある高地を徘徊し、身の内から聞こえてくる声、それでいて本人は外からのものと信じている声の内容を口に出し、その声に答え、楽《がく》や太鼓を利用して興奮を増す。

〈二分心〉の資質をなかば備えた少年サムエルは、声を聞いて眠りから覚め、声の主が「あるという者」であることを教えられる。サムエルは幼少時に老祭司エリに励まされ、その導きを受けて〈二分心〉状態に達し、その後ダンからベエル・シェバに至る（＊訳注）土地のすべての人に、「あるという者」の言葉の媒介者として認められる。そんなサムエルでさえ、ときには自分の引き裂かれた服を見て占ったように（「サムエル記上」第一五章二七〜二九節）、占いに従わなくてはならない。

サムエルに次いで〈二分心〉の資質を備えているのはダビデ（訳注　古代イスラエル二代目の王、近隣諸国を併合征服してイスラエルを統一した）だ。サムエルは〈二分心〉の声に従い、ベツレヘムの住人エッサイの息子全員の中からダビデを選び出す。しかしダビデの〈二分心〉は、「あるという者」の簡潔で鋭い「行け」という命令だけが聞こえる程度のものだった。アキシュ（訳注　古代パレスチナにあったペリシテ人の町ガトの王）を欺く能力がある（第二一章一三節）ことから、ダビデが主観的意識を持っていたことは明らかだ。次がヨナタン（訳注　サウルの子でダビデの親友）で、彼は主観的意識を持っていたので父親を欺くことができたが、軍事上の決断を下すにあたっては誰かが最初に発する言葉による占いに頼らざるをえない（第一四章八〜一三節）。この時代に偶像がありふれたものだったことは、ダビデにまつわるエピソードからわかる。ダビデは自分が寝ていると見せかけるため、等身大の「像」としか思われぬものの頭にヤギの毛をつけて寝床に置いたことが、さりげなく触れられている（第一九章一三節）。ダビデの家にこうした偶像があたりまえのように置かれていることから、現在では聖書から削除されているが、当時は幻覚状態を引き起こす、ある種の儀式が広く行なわれていたことがうかがわれる。

そして最後が主観的意識を持つサウル（訳注　サムエルに見出され、古代イスラエル初代王となった人物）だ。田舎育ちの長身の青年サウルは、サムエルの〈二分心〉の声の不合理な命令により、戸惑いながらも政治の舞台に唐突に登場させられる。サウルは、野蛮な預言者《ナビイム》たちの群に加わり、〈二分心〉を得ようと努め、激しい太鼓のリズムや琴の音に合わせているうちに、ついに自分にも神々の声が聞こえると感じるようになる（第一〇章五節）。だが、サムエルの言葉を裏づける三つの徴《しるし》があったとはいえ、それらの声はサウルの意識にはまったく納得がいかないことだったので、サウルは運命から逃れようとする。主観的意識を持つサウルは、どうするべきかを必死に模索する。無責任にもサムエルが約束の日に訪れず、イスラエルの人々が洞窟に身を隠し、ペリシテ軍がサウルと戦うために続々と集結するという新たな危機的状況に直面すると、サウルは「焼き尽くす捧げ物」によって声に語らせようとする（第一三章一〇節）が、遅れてやって来たサムエルから愚か者呼ばわりされる。そしてサウルは、一度としてその声を聞いたた

＊（訳注）ダンはカナン北部の町、ベエル・シェバはネゲブの砂漠の北端の町。「ダンからベエル・シェバに至る」は、北から南まで古代イスラエル全土を指す慣用句。

めしのない「あるという者」のために祭壇を築き、託宣を求めるが、答えは返ってこなかった（第一四章三七節）。なぜ、神はサウルに語りかけてくれないのか。サウルは、神の沈黙の原因を作ったと思われる犯人を占い、その結果が自分の息子と出ても、あくまでも占いに忠実に従い、息子に死なねばならないと命ずる。だが、占いさえもが間違っていたに違いない。なぜなら、イスラエルの民は占いの結果に反発し、死刑の執行を拒んだからだ（〈二分心〉の時代には考えられないことだ）。それに、サウルはサムエルの原始的な幻覚に比べ、敵に対してあまりにも意識的に寛容だ。そして、ダビデと、息子ヨナタンのダビデに対する愛情に対する嫉妬心が耐え難いまでになると、突然サウルの意識ある心は消え、サウルは〈二分心〉となり、服を脱ぎ捨て、高地にいる〈二分心〉の男たちと預言を行なう状態になる（第一九章二三、二四節）。だが、その後こうしたナビイムがサウルに何をするべきかを教えることができないと、彼らを他の〈二分心〉の魔術師らとともに町から追放し（第二八章三節）、夢や水晶玉（もし「ウリム」をそう訳してよいのなら、だが）の中に神の託宣を求める（第二八章六節）。そして絶望に駆られたサウルは、残された意識を振り絞り、主観的な人間だけにできること、つまり変装をして、夜の闇に紛れて最後の頼みの綱であるエン・ドル（訳注　イスラエル北部、タボル山付近の地）の口寄せ女、正確にはその女の口を借りて語る〈二分心〉の声に相談に行く。意識あるサウルは混乱して女の前にひれ伏し、どうしたらよいのかわからないと訴える。すると、口寄せ女の口から、死んだサムエルのものとサウルには思える声が聞こえてくる。その声は、サウルの死とイスラエルの敗北を預言する（第二八章一九節）。その後、ペリシテ軍によってイスラエル軍の残党のほとんどが捕らえられ、サウルの息子たちが殺され、希望がことごとく打ち砕かれると、サウルは主観的行為の中で最も恐ろしいことをする。歴史に初めて記録された行為、すなわち自殺を図るのだ。その直後、サウルの従卒が後を追い、二人目の自殺者となる。

この物語が実際に起きた時代は紀元前一一世紀、記録された時代は紀元前六世紀なので、「サムエル記上」に描かれている人間心理は、紀元前八世紀頃のものを反映しているのではないだろうか。

ハビルの偶像

〈二分心〉時代の遺物には、幻覚作用を生じさせる像があり、旧約聖書全般にわたってそれについての言及が見られる。このような文明化の後期には当然予想されるように、像には多くの種類がある。偶像を指す言葉には、イザヤが用いた「エリール」、あるいは柱や祭壇の上に置かれるものなら何でも指す「マッツァバ」といった一般的な用語があるが、もっと興味深いのは、より具体的な単語だ。

様々な偶像の中で、最も重要なのは「ツェレム」だ。これは鋳物の像で、たいてい彫刻の道具で仕上げを施されており、金製や銀製のものが多い。貨幣を溶かしたもの（「士師記」第一七章四節）、宝飾品を溶かしたもの（「出エジプト記」第三二章四節）から作られ、ときに高価な衣服をまとわせることもあった（「エゼキエル書」第一六章一八節）。イザヤは、紀元前七〇〇年頃のユダ王国で偶像が作られる様子を侮蔑的な調子で書き記している（「イザヤ書」第四四章一二節）。これらは動物や人間をかたどった像と考えられる。「ツェレム」は、高い台や背の高い祭壇の上に置かれた（「歴代誌下」第一四章三節）頭像だけの場合もあれば、ネブカドネザル王（訳注　紀元前六〇五～五六二。バビロニアの王）が高さ三〇メートル近い柱の上に置いた巨大な金の像（「ダニエル書」第三章一節）のようなものもあったが、「アシェラ」の中に置かれることが一般的だったようだ。「アシェラ」は美しい布を吊るした木造の祭壇の一種と思われる。欽定英訳聖書の学者たちはこれを「groves（木立）」と訳した。

次に重要と思われるのが「ペセル」と呼ばれる彫像だ。「ペセル」については、ほとんど知られていない。おそらく木彫りの像で、サウル軍を敗走させたペリシテ軍が拝んでいた「アツァブ」と同じものだろう。サウルが自決し、イスラエルが敗れた後、ペリシテ人がまっさきに勝利を伝えたのが「アツァビム」（訳注 「アツァブ」の複数形）で、その次が仲間の民だった（「サムエル記上」第三一章九節、「歴代誌上」第一〇章九節）。これらの偶像が金色や銀色に塗られていたことは「詩篇」に何回か言及されていることからわかる。また木製だったことは、ペリシテ人たちに報復したダビデが偶像を燃やした事実からうかがえる（「サムエル記下」第五章二一節）。このほかに、「ハンマニーム」と呼ばれる一種の太陽の偶像もあったが、それがどのような形だったかはわかっていない。これも高い台の上に置かれていたようだ。「レビ書」（第二六章三〇節）と「イザヤ書」（第二七章九節）と「エゼキエル書」（第六章六節）に、そうした台を打ち砕くようにと命じている記録がある。

最も重要ではないにせよ、最も一般に普及していたかもしれない、幻覚作用を起こさせる偶像は「テレプ」だ。「テレプ」には人に語りかける力があったようだ。私たちは、それを自分で確かめることができる。聖書には、バビロンの王があるとき、いくつかの「テレプ」に意見を求めたという記録がある（「エゼキエル書」第二一章二一節）。また、ラケル（訳注 ヤコブの妻でヨセフとベニヤミンの母）が腹を立てている父親のもとから大切な守り神の「テラピーム」（ヘブライ語で「テレプ」の複数形）をこっそり盗んで隠しておくことができたことから、「テレプ」が小さな像だった場合もあることがわかる（「創世記」第三一章一九節）。「テレプ」が眠っているダビデの身代わりにされたこともあった（「サムエル記上」第一九章一三節）ため、人間と同じ大きさだった場合もあると考えられる。すでに見たとおり、ダビデの身代わりとされた人形に関する言及が非常にさりげなく行なわれていることから、これらの「テラピーム」が身分の高い者たちの家ではごくありふれたものだったように思える。だが、高地では、こうした偶像は稀で、珍重されたに違いない。「士師記」に登場するミカという男は、「ツェレム」と「ペセル」と「テレプ」と「エフォド」が収められたエロヒムの家を建てた。「エフォド」とは、通常は儀式用の豪華な衣服を指す。偶像に見立てるため衣装を何らかの骨組みにかけたのかもしれない。ミカは、それらを自分のエロヒムと呼ぶが、その後ダンの子供たちに盗まれてしまう（「士師記」第一七、一八章）。紀元前六四一年にヨシヤ王がこれらの偶像を一つ残らず破壊して（「歴代誌下」第三四章三～七節）しまわなかったならば、ヘブライ人がこうした幻覚作用を起こさせる偶像を所有していたことを示す考古学的証拠はもっとたくさん残っていただろう。

〈二分心〉時代のもう一つの名残りは、「オブ」という言葉だ。この単語はしばしば「口寄せ」と訳されている。「男であれ、女であれ、口寄せや霊媒は……必ず死刑に処せられる」と「レビ記」に記されている（「レビ記」第二〇章二七節）。そして、サウルも同様に、イスラエルから口寄せを一人残らず追放している（「サムエル記上」第二八章三節）。「オブ」は人が相談するものだが（「申命記」第一八章一一節）、肉体的な実体を伴わなかったのだろう。つねに魔法使いや魔女の範疇に入れられていることから、旧約聖書の記録者たちには宗教的なものと認められなかった〈二分心〉の声を指していると思われる。この言葉をどう訳すか、翻訳者たちはさんざん頭を悩ませてきた。そして、「ヨブ記」第三二章一九節に出てくるこの言葉に、「革袋」というとんでもない訳語をあてている。いら立つ若者エリフ（訳注　ヨブの第四の友人）が、〈二分心〉の声が聞こえているかのような気分になり、酒で張り裂けんばかりの革袋のように、言葉をあふれさせたくてじりじりしている場面だ。

預言者《ナビイム》たちの最後

この章の冒頭で、前二〇〇〇年紀後半頃の近東における難民の状況と、様々な災難のために故郷を追われて放浪することになった部族について考察した。彼らの中には、〈二分心〉のまま主観的意識へ移行できずにいた者もいたに違いない。旧約聖書中の歴史書が編纂され、紀元前六世紀か五世紀頃に一つの物語へとまとめられる過程で、非常に多くの部分が削除されたことだろう。そして、消失した情報の中でとくに私たちが必要としているのは、このような〈二分心〉人間の最後の共同体に何が起きたかを明確に記した記録だ。旧約聖書のそこかしこに彼らの記録が散見され、これまで歴史家にほとんど顧みられることのなかったこれらの時代の、もう一つの未知なる世界を不意に垣間見させてくれる。

〈二分心〉の人たちの集団が、ユダヤ王国の滅亡まで存続していたことは確かだ。だが、彼らがほかの部族とつながりがあったかどうか、あるいは、神々という形で現れる彼らの幻聴に何らかの体系があったかどうかは、わからない。彼らはしばしば「ナビイムの息子たち」と呼ばれた。そこから、この時代まで命脈を保ってきた〈二分心〉の型には、遺伝的要因が強力に作用していたらしいことがわかる。それは現在、統合失調症の一因となっている遺伝的要因と同じものだと私は考える。

王たちは追い詰められると彼らに助言を求めた。紀元前八三五年、イスラエルの王アハブは、家畜を駆り集めるかのように四〇〇人ものナビイムを招集し、騒ぎ立てる彼らの声に耳を傾けた（「列王記上」第二二章六節）。その後、アハブ王が正装して、ユダの王とともにサマリアの城門の入口にある玉座に腰を下ろし、これら数百人もの哀れな〈二分心〉の人たちを連れてこさせた。彼らは、病院に収容された統合失調症患者もかくやと思われる様子で、熱弁を振るい、互いにそれを真似ていた（「列王記上」第二二章一〇節）。

どのような運命がナビイムを待ち受けていたのだろう。彼らは、ときに害獣のように追われ、皆殺しにされた。「列王記上」一八章四節は、紀元前九世紀に行なわれたこの種の虐殺を示唆しているようだ。正確な数は不明だが、非常に大勢の中からオバドヤ（訳注　預言者の一人）が一〇〇人のナビイムを救い出し、洞窟にかくまい、虐殺が終わるまでパンと水を運んだとある。このような虐殺は、預言者エリヤによって数年後にもう一度行なわれた（「列王記」第一八章四〇節）。

その後、こうした〈二分心〉の集団に関する記録は途絶える。それからさらに数百年間を生き延びたのは個々のナビイムだけだった。彼らの声は、自分たちのほかに幻聴を聞く大勢のナビイムの援護を必要としない。彼らは、主観的なところがありながら、依然として〈二分心〉の声も聞く。彼らはみな高名なナビイムで、彼らが伝える〈二分心〉のメッセージの一部はすでに取り上げた。いちじく桑の栽培者アモス、バビロンの捕囚であることを象徴する軛《くびき》を首にかけおぼつかない足取りで村から村へとさまようエレミヤ、雲の中を移動する車輪の上にそびえる王座を見たエゼキエル、預言者イザヤのために宗教的苦しみを味わうことになるナビイム。ここに挙げたナビイムは、もちろん、その

〈二分心〉の声の内容が「申命記」と最も一貫性が高いと思われる、あまたのナビイムの一部を代表しているにすぎない。そしてその後、現実に声が聞こえることはまずなくなった。

彼らに取って代わったのは、道徳上の指導者たちが練りあげた主観的思考だ。人々はなおも幻覚を目にし、得体の知れぬ声を聞いていたかもしれない。だが、コヘレトやエズラ（訳注　バビロン捕囚から帰還した人々を導いた祭司）が求めるのは知恵であって神ではない。彼らは律法を学ぶ。彼らは荒野にさまよい出て「ヤハウェを求め」たりはしない。紀元前四〇〇年までに〈二分心〉の預言は消滅する。「ナビイムはみな、自分の幻のゆえに恥を受ける」。わが子が預言しているところや〈二分心〉の声と対話しているところを見つけたならば、親はその場で子を殺さなくてはならない(8)（「ゼカリヤ書」第一三章三、四節）。これは厳しい掟だ。もし実行されたなら、それは人類の遺伝子プールを主観性へと移行させる進化的淘汰となる。

なぜ、ユダヤ人のバビロン捕囚後、預言が衰退してしまったのか、学者たちは長い間論じ合ってきた。ナビイムが使命をまっとうして、もはや必要とされなくなったという説もあれば、預言がカルトに堕落する危険があったからだという説もある。また、この頃には、誕生から死まで、他国に見られぬほどまでに前兆に拘束されるようになっていたバビロン人の影響で、イスラエル人が堕落したからだとする説もある。どの意見にもそれぞれ一理あるが、預言の衰退は、世界中で同時進行していたもっと普遍的な現象、すなわち〈二分心〉の消失という現象の一部と考えるほうが私には明快に思える。

一度こうした観点から旧約聖書全体を読み返すと、旧約聖書全書の連なりが、私たち人類の主観的意識誕生の痛みを描いた壮大で、すばらしい記録に思えてくる。この決定的に重要な出来事を記録した文献で、旧約聖書ほど詳しく充実したものはほかにない。中国の文献は、孔子の教えを記した『論語』によって主観性の世界へ飛び込んでおり、それ以前にはほとんど何もない。インドでは〈二分心〉の『ヴェーダ』（訳注　インド最古の宗教文献。バラモン教の根本聖典で、紀元前一五〇〇年頃インド北西部に移住したアーリア民族の自然神に捧げた賛美に起源を発する）から超主観的な『ウパニシャッド』（訳注　インド哲学の源流である奥義書。宇宙の根本原理と個人の自我の一致などを説く）へと一足飛びの変貌を遂げたが、そのどちらの作品も、その内容は成立時期を忠実に反映していない。『イーリアス』から『オデュッセイア』、そしてサッポーやソロンの断片を経てプラトンに至る、飛び石のようなギリシアの文献は、聖書に次ぐ優れた記録だが、それでもあまりに不完全だ。そして、エジプトには文献と呼べるものはほとんどない。

一方、旧約聖書は、正確性という歴史学上の大問題による制約を受けてはいるが、それでも〈二分心〉から主観性への移行期がどのようなものであったかを知る上で、比類なく豊かな情報源であることに変わりはない。旧約聖書とは本質的に、〈二分心〉が失われ、残存するエロヒムが緩やかに沈黙の中へと後退し、それに続いて混乱と悲劇的暴力が起こり、預言者たちの中に神の声を再び得ようと空しく探したあげく、ついに道徳規範にその代用物が見出されるまでを描いた物語なのだ。

だが、人間の心はかつての無意識な在り方に相変わらずつきまとわれている。心は失われた権威を忘れることができない。そしてこの思慕の念、神の意志とはからいを求める心の底からの切ない憧れは、いまだ消え去ることがない。

涸れた谷に鹿が水を求めるように
神よ、わたしの魂はあなたを求める
神に、命の神に、わたしの魂は渇く
いつ御前に出て、神の御顔を仰ぐことができるのか。

——「詩篇」第四二篇

第 三 部

〈二分心〉の名残り

第1章　失われた権威を求めて

ついに私たちはここまで来た。これでようやく、人類の歴史を正しく振り返り、そのほんとうの意味を見定めることができる。過去三〇〇〇年を特徴づける重要な変化の一端を、古い時代の精神構造の名残りとして捉えることができる。私たちは、できるだけ長い目で歴史を眺める必要がある。進化の全背景に照らして人間の理解を試みなければならない。人類が築いてきた過去の文明も、現代の文明も、山並みのところどころに突き出た峰にすぎない。個々の峰から遠く離れるよう努めて初めて、山並み全体の輪郭が見えてくる。そういう視点に立てば、〈二分心〉から意識への移行ほどの重大な変化の過程では、一〇〇〇年という単位も瞬く間のことにすぎない。

見方によっては私たちは、二〇〇〇年紀が終わろうとする今もなお、新しい精神構造への移行のまっただなかにあると言える。そして私たちの周りには、そう遠くない〈二分心〉の時代を偲ばせるものがたくさん残っている。現代社会にも神の家がある。そこで人の誕生が記録され、人としての在り方が決まり、結婚式や埋葬が執り行なわれ、人は罪を告白して神の許しを請う。私たちの法律が拠り所とする価値観は、神の教えと合致しているからこそ意味や強制力を持つ。国家が掲げる標語や、国をたたえる賛歌は、神への呼びかけの形をとることが多い。王や大統領、裁判官や役人は、就任にあたって今はもう物言わぬ神に誓いを立てるが、その誓いの文言は、神の言葉を最後に聞いた人々の記録から取っている。

〈二分心〉の名残りをひときわ色濃くとどめるとりわけ大切なものと言えば、複雑な美しさを備えた多種多様な宗教の伝統だろう。社会一般の歴史を紐解いても、ごく平凡な個人の人生を振り返っても、宗教がきわめて重要な役割を果たしていることは、どんな視点から見てももちろん客観的に明らかだ。たとえ科学が、この自明の理を認めるのにしばしば抵抗を覚えようとも、その重要性は変わらない。現に、一七世紀の科学革命以来、目に見える物質と合理性を重んじる科学が、暗に宗教を否定するかのような事実を繰り返し示してきたにもかかわらず、概して人類は自分たちより偉大で完全に異質なものと何らかの人間的なつながりを持ちたいという強い思いを捨てることがなかったし、今も捨てていない。いや、捨てられないのかもしれない。脳の左半球の領分をことごとく凌駕する力と知性を持った大いなる神秘と、どうしても結びついていたいのだ。必然的に漠として捉えがたい存在、畏れと驚きをもって近づき、かつ感じ、明確な概念でつかむのではなく言葉もないままにただひたすら崇める対象、現代の信心深い人々にしてみれば、左半球で言語化できるものではなく、本物の感覚として伝わってくるもの、つまり現代にあっては言葉で表さないほうがありありと感じられるもの、悩み苦しみのどん底に沈んでいるとき、誰一人免れえぬ、自己と人知を超えた力のパターンを、人は求めてやまない。三〇〇〇年前、意思決定というはるかにささやかな悩みからでさえ生まれた、その関係に、人は強い憧れを感じる。

今ここで宗教について語ろうと思えば、いくらでも語ることができる――いくらでも。徹底的に論じれば、なぜイエス・キリストがユダヤ教を改革しようとしたのかも明らかにできるだろう。けっきょく、〈二分心〉の人間ではなく、意識ある人間のための新しい宗教が必要だったのだ。意識ある新しい人間は、モーセの十戒によって外から行動を規定されるのではなく、内側から行ないを改めなければならない。今や罪も意識的に願って犯す行為、贖罪も意識的に悔い改める行為となり、十戒に背けば罪、神殿に捧げ物をしたり共同体から罰を受けたりすれば贖罪と、自動的に外側から決まるのではなくなった。回復すべき神の国は、実体を伴うものから、心に思い描くものに変わった。文字どおりの神の国ではなく比喩の上での神の国に、外側に広がるのではなく「内なる」存在になった。だが、さしものキリスト教も、創始者の意図に忠実であり続けることはない。そうはできないのだ。キリスト教教会もまた、〈二分心〉の時代特有の絶対性への憧れに繰り返し立ち戻り、神の愛《アガペー》という捉えどころのない内なる王国を離れて、自己の外側に目に見えるヒエラルキーを築く方向で発展していく。このヒエラルキーは、奇跡と不謬性《ふびゅうせい》の雲を通して、天国の延長における古き時代の絶対的な権威に至るものだ。〈二分心〉時代の習慣と現代の宗教的儀式の間に様々な類似点があることは、これまでの章でも折に触れて指摘したので、ここではくだくだしく繰り返すまい。

これまた第三部では詳しく取り上げないが、過去三〇〇〇年の非宗教的な展開も、異なる精神構造に由来する。私がここで考えているのは、たとえば、古代ギリシアで発達したロゴスから現代のコンピュータへと至る、論理学と意識的推論の歴史や、諸説がきら星のごとく現れた哲学の華々しい発展、そして、森羅万象の比喩を見つけてそこに意識の上で何らかの親近感を覚え、それによって宇宙の中で居心地の良さを得ようとする哲学の努力だ。また、どうにかして倫理体系を作り上げようとする人間の苦闘や、合理的な意識をもって、かつての神々の意志に代わるものを見出そうとする努力もそうだ。その昔、幻聴の声が持っていた有無を言わせぬ力に、うわべだけでも似通った拘束力を持つものに、私たちは従いたいのだ。さらには、まるで堂々巡りのような変遷を遂げてきた政治体制や、神ならぬ人の手で民を治めようという人間のたどたどしい模索、人々をまとめ上げ、幸福で秩序ある安定した状態に保つという、以前は神々の声のものだった役割を担うための非宗教的な法体系のことも私は考えている。

こうした大きな問題はもちろん注目に値する。しかし、第三部の導入部にあたる本章では、もっと古い時代に目を向けて、重要性は劣るが〈二分心〉の名残りをありありととどめる習慣をいくつか取り上げてみたい。そうした古い時代の現象を解き明かすことで、第一部と第二部で論じ尽くせなかった影の部分に光を投じられると思うからだ。

〈二分心〉の名残りをとどめる現象には、明確な特徴がある。時代をさかのぼって、〈二分心〉が崩壊した時期に近づけば近づくほど、複雑な歴史を背景にその姿がはっきりと浮かび上がることだ。なぜかは明白だろう。意識という新しい精神構造に共通する特徴、たとえば自己言及、〈心の空間〉、〈物語化〉などは、言語が新たに構築されればすぐに発達してもおかしくない。一方、そうした変化の舞台となる文明という大きな器の形を変えるには、気の遠くなるほどの時間がかかる。古い時代の文明で通用していた事物や技法は、そのままの姿で新しい時代に残り、新しい精神構造はその時代遅れの器の中で生きざるをえない。

だが、古い器の中には、「古き権威」とも言うべきものを必死に求める行為も根づいていた。〈二分心〉が崩壊しても、世界はまだ神々に支配されていたと言ってよい。〈二分心〉時代の言葉や掟は、石碑に刻まれ、パピルスに記され、長老たちに語り継がれて依然として生きていた。だが、以前のようにはいかなかった。なぜ神々の声が聞こえなくなったのか。なぜ姿が見えなくなったのか。「詩篇」はその答えを求めて切々と訴える。過去の遺物が残っていようと、お金をもらってお告げを伝える神官が何を言おうと、それだけでは足りない。もっとはっきり実感できるもの、誰にとってもわかりやすく、じかに確かめられるものがほしい。しっかりと納得させてほしいのだ。自分たちは見捨てられたわけではない、神々は沈黙しているだけで死んではいない、今はおぼつかない主観を頼りに、確かさの徴《しるし》を求めて手探りしているが、この闇の向こうには間違いなく確かな世界が広がっているのだ、と。

ゆっくりと潮が退くように、しだいに神々の声が静まり、姿が薄れ、不確かな主観の岸辺に取り残される人の数が増えていくに伴い、絶対的な権威という失われた大海原《おおうなばら》と、なんとかしてつながろうとする様々な手立てが編み出されていった。預言者、詩人、神託者、占い師、偶像崇拝、霊媒、占星術師、霊感を受けた聖人、悪霊の憑依《ひょうい》、タロットカード、ウィジャ盤（訳注　降霊術で用いる占い盤で、アルファベットやYes／Noなどの文字が書かれている）、ローマ教皇、幻覚剤は、いずれも〈二分心〉の名残りであり、〈二分心〉が消えていくにつれていや増す不安の中から生まれてきたものだ。本章と次章では、こうした古い時代における〈二分心〉の痕跡をいくつか詳しく見ていきたい。

神託

〈二分心〉の名残りを最もわかりやすい形で留めていたのは、ほかでもない、〈二分心〉が消えなかった人々だ。中でも注目すべきは、第二部第六章で取り上げた放浪の預言者と、これから説明するように制度として神託を伝えていた者たちだ。現存する楔《くさび》形文字の粘土板によると紀元前七世紀にはアッシリアで神託が行なわれていた。(1) さらに古くは、エジプトのテーベでもアモン神の神託が行なわれていた。だが、制度としての神託が一番よく知られているのは、やはりギリシアだろう。ギリシアの神託は、〈二分心〉が崩壊した後も一〇〇〇年以上の長きにわたって、重要な決定を下すための主要手段だった。現代の歴史家は、耳障りな合理主義を振りかざしてこの事実をうやむやにしようとするのが常だ。それでも神託は、いわば主観が主観のなかった過去とつながって、生命を維持するための臍《へそ》の緒だった。

デルポイの神託

臍の緒の比喩と符合するかのように、神託の地として最も有名なデルポイ（訳注　ギリシア中部フォキスにあった古代ギリシアの都市）のアポロン神殿には、「オンパロス（臍）」と呼ばれる円錐状の奇妙な石があった。石は、地球の中心とされる場所に置かれていた。神殿では、特定の日、時代によっては一年を通して毎日、高位の巫女が一人で、ときには二、三人が交代で、勤めを行なった。わかっているかぎりで、巫女たちを選ぶ特別な基準はなかったようだ（一世紀にプルタルコスが神官を務めていた頃、巫女は貧しい農家の娘だった(2)）。巫女はまず沐浴して身を清め、聖なる泉の水を飲む。それから、アポロン神の聖木である月桂樹を通して神と接触した。意識を持つようになったアッシリアの王が、精霊《ジン》の手でマツカサのような実をこすりつけられている構図を思い出させる。デルポイの巫女が神と通じる際は、月桂樹の枝を手に持つか、（プルタルコスが言うように）月桂樹の葉を焚いて香りを吸い込んだり体に浴びたりするかした。あるいは、（ルキアノス（訳注　一一七?～一八〇。ギリシアの風刺作家）が言い張るように）葉を噛んだのかもしれない。

問いへの答えはたちどころに得られた。巫女が深く考える様子もなければ、途切れ途切れになることもない。巫女が具体的にどのようにして神託を告げたかについては、今なお意見が分かれている(3)。アポロン神が祭祀の折に腰掛けたと言われる三脚台に座っていたとも、地下にある神託室の入口に立っていただけとも言う。ただ、巫女に触れた紀元前五世紀以降の古い文献はすべて、ヘラクレイトスの記述どおり、巫女は「狂える口をもって、身を様々によじりながら」言葉を発したという点で一致している。いわゆる「神懸かり」だ。巫女の口を借りながらも、必ず一人称で王や自由民の問いに答える「アポロン神」は、新たな土地への植民を命じ（現在のイスタンブールはこうして建設された）、どの国が味方か、どの国の統治者が最も優れているかを判じ、どんな法律を制定すべきかを告げ、疫病や飢饉の原因を明らかにし、最善の通商路を定めた。また、新しく広まった礼拝形式や、音楽や美術のうちで、アポロンの御心にかなうのはどれかも言い渡した。そのすべてを、「狂える口」を持った巫女たちが決めたのだった。

じつに驚くべきことではないか。私たちはデルポイの神託について学校の教科書で学ぶようになってから久しいために、それを当然のことと受け止めて深い関心を払おうとしない。だが、考えてもみてほしい。ただの純朴な田舎娘が、いくら訓練を積んだからといって、世界の命運を左右する重大な決定をたちどころに下せる精神状態になれるものだろうか。

合理主義に凝り固まった人々は、そもそも「神懸かり」などありえないとあざ笑うだけだ。現代の霊媒が例外なくペテンと判明するように、この神託なるものも、政治的な、あるいは金銭的な目的のために誰かが巫女を操って、無知な農民の前で演じさせていたにすぎないと、彼らは決めつける。

だが手段を選ばぬ現実政治的と捉えるのは、独断的かそれ以下だ。たしかに、神託の歴史が幕を閉じる頃には多少のごまかしもあっただろう。巫女につき従う神託解釈者《プロペテス》に、袖の下を贈ることもあったかもしれない。だが、それ以前の時代についてはどうだろうか。知性を重んじることにかけては世界史上に類を見なかった文明において、これほど大がかりなペテンを一〇〇〇年にもわたって続けるのは無理だ。どう考えても無理だ。それに、ペテンと捉えたのでは、ローマ時代に至るまで神託への批判が皆無だったことの説明がつかない。また、政治的な嗅覚に優れ、しばしば冷笑的だった、かのプラトンが、デルポイのことを「万人にとっての、宗教の解釈者[4]」と畏敬の念を込めて呼んだ理由もわからない。

別の切り口からの説明もある。いや、実際はきちんとした説明になっていないのだが、今もなお一般向けの書物や、ときに専門書にまで頻繁に顔を出すのが、何らかの化学物質に原因があるとする見方だ。巫女がトランス状態に陥ることに嘘はない、とこの種の説は主張する。ただしそれは、神託室の地底深くにある大地の裂け目から何らかのガスが立ち昇っていて、それを吸ったためだという。しかし、フランスの考古学者がデルポイを発掘した結果、一九〇三年の調査でももっと最近の調査でも、裂け目など存在しないことが明らかになっている[5]。

月桂樹に含まれる成分が精神に作用して、アポロンを感じるのではないかとの説もある。ならば確かめてみようと、私はかなりの量の月桂樹の葉を粉々にしてパイプに詰めて吸ってみたが、少し気分が悪くなっただけで、相も変わらず霊感に満たされることはなかった。葉を一時間以上にわたって噛んでもみたが、アポロンを感じるどころか、悲しいかな自分はジェインズであるという思いが募るばかりだった[6]。外部に原因を求める説がこれほど好まれるのは、神懸かりのような心理学的現象の存在そのものを認めたくない一部の人々の気持ちの表れと言えるだろう。

私はまったく別の視点から説明を試みようと思う。そのために、まず新しい概念を提示したい。

〈二分心〉の一般的パラダイム

意識が薄れる現象には様々な種類があるが、どれも古い精神構造の名残りをとどめていると私は考える。それらの現象をひとくくりにしてみると、背後に共通した「構造」を仮想できる。ここではそれを「〈二分心〉の一般的パラダイム」と呼ぶ。このパラダイムには、次の四つの面がある。

一　「集団内で強制力を持つ共通認識」　集団内で信じられていること、つまり文化全体の合意に基づく期待や掟を指す。これに従って、一つの現象に特定の形が与えられ、その形の中で人々が実行すべき役割が決まる。

二　「誘導」　限られた範囲に注意を集中させて意識を狭めるために、はっきりと儀式化された手順。

三　「トランス」　一と二の両方への反応として現れ、意識の希薄化や喪失、アナログの〈私〉の希薄化や喪失を特徴とする状態。トランス状態になることによって、帰属集団が受容あるいは許容あるいは奨励する役割を果たす。

四　「古き権威」　トランスに入って交信したり結びついたりする相手。普通は神だが、人間の場合もある。後者となるためには、その人間が、トランス状態になる者に対して権威を持つことを本人もその所属する文化も認めている必要がある。また、「集団内で強制力を持つ共通認識」によって、その人間がトランス状態を支配しているとされていることも前提となる。

以上の四つの面は、必ずしも時間に沿った段階を表しているわけではない。たしかに「誘導」の後に「トランス」がくるのが普通ではあるが、「集団内で強制力を持つ共通認識」と「古き権威」は、このパラダイム全般に浸透している。さらに言うと、四つの要素の間には一種のバランスが保たれている。総和が一定になるように、とでも言おうか。どれか一つが弱まったときには、ほかの要素が強くならないと〈二分心〉の現象が起きなくなる。意識が芽生えてからの一〇〇〇年が良い例だろう。

「集団内で強制力を持つ共通認識」がしだいに弱まって（つまり一般の民が「古き権威」を疑う傾向を強めて）いくにつれ、「誘導」がいっそう重視されてその手順も複雑になり、「トランス」そのものも深くなっている。

先ほど、〈二分心〉の一般的パラダイムを「構造」と呼んだのには理由がある。こうした現象を分析すると、論理的な構造が明らかになるとともに、今はまだ突き止められていない脳神経の構造、すなわち、脳の複数の領域間にどんなつながりがあるかも見えてくるからだ。そしてそれは、第一部第五章で示した〈二分心〉のモデルのようなものかもしれない。したがって、第三部で取り上げる現象にはすべて、脳の右半球の機能が何らかの形で関与しており、しかもそれは、意識ある通常の生活を営んでいるときとは違う働きであることが予想できそうだ。そうした現象のうちには、右半球の一部が繰り返し優位に立っているものすらありうる。その現象にかかわる脳神経の仕組みは、九〇〇〇年にわたって〈二分心〉を選んできた自然選択の名残りと考えられる。

〈二分心〉の一般的パラダイムがデルポイの神託に当てはまるのは明らかだ。神託には、手の込んだ「誘導」の儀式や意識が失われる「トランス」がつきものだし、アポロンの「古き権威」が熱烈に求められる。しかし、とくに注目してほしいのは「集団内で強制力を持つ共通認識」、すなわち、集団内で信じられていること、あるいは文化全体の合意に基づく掟や期待の重要性だ。トランスに入る巫女には、同じ文化に属する人々からの圧倒的な期待が集まっていた。この点はいくら強調しても足りない。ギリシア世界はこぞって信じていたのだ。それも、一〇〇〇年近くにわたって。地中海世界の津々浦々から、毎日、多ければ三万五〇〇〇もの人が苦難の末に海路イテアの小港にたどり着き、すぐ上にあるデルポイを目指したと言われる。彼らもまた「誘導」の手順に従って、カスタリアの泉で身を清め、アポロンをはじめとする神々に供物を捧げながら、パルナッソス山の聖道を一歩一歩登っていった。神託の時代も後期になると、アポロン神殿まで約二〇〇メートルのこの聖道には、奉納された彫像が四〇〇〇体以上もひしめいていたという。社会の掟と期待がこれだけ集まれば、神託はもはや信じる対象というより既定の事実に近い。その点を無視しては、巫女の心理状態や、答えの迅速さの説明はつかないのではないか。ラジオの声がスタジオから発せられていることを、見えないからといって疑えないのと同じように、神託はいかなる疑念も差し挟む余地のないものだった。その力の前では、現代心理学も恐れ入るしかあるまい。

神託を可能にする期待感に、自然の風景そのものもつけ加えたい。神託が始まった土地には必ず、強い畏怖の念を呼び起こす景色が広がっている。山並みや険しい峡谷、幻聴を誘うような風や波の音。何かを連想させずにはおかない光のきらめきや眺望——いずれも、日常生活にかかわる分析的な機能より、脳の右半球の活動を促すものと言えないだろうか。前一〇〇〇年紀に入って、〈二分心〉がしだいに消えていくと、畏敬の念をかき立てる美しい土地でないと神々の声が聞こえなくなったのかもしれない。

デルポイの壮大な断崖はまさにそうした条件に当てはまる。周囲には、ぎざぎざとそびえ立つ岩山。その上を海風が唸りをあげて吹きすさび、塩気を含んだ靄《もや》が立ち込める。夢の中にまどろんでいた自然が、おかしな角度に身をよじりながら目を覚まし、そのまま揺らめくオリーブの葉の青い波へ、さらには久遠の時を刻む灰色の海原へと落ち込んでいったかのようだ。

（ただし、現代に生きる私たちは、こうした景色に畏怖を覚える感覚が鈍っている。「内なる」意識の世界に毒され、風景が目まぐるしく移り変わるのに慣れすぎて、自然を受け止める純粋さが曇っているからだ。それに、現代のデルポイは往時とは違う。およそ二万平方メートルにわたって点在する円柱は折れ、屈託のない落書きが目につき、観光客が切るシャッターの音があたりに響く。切り株のように残った白い大理石の上を、無神経なアリがあてもなく這い回る。神霊を帯びた光景とは言い難い。）

そのほかの神託

文化という切り口からデルポイを説明しようとする見方を、強力に裏づける事実がある。当時は文明世界各地で、同じような神託が行なわれていたのだ。デルポイほどの影響力はなかったものの、神託所はほかにもあった。アポロンの神託地としては、ボイオティア地方のプトオス、小アジアのブランキダイやパタラなどが知られている。パタラでは、「誘導」の一環として夜の間、女預言者を神殿に閉じ込め、幻覚に出てくる神と契《ちぎ》らせて霊媒としての能力を高めさせた。(7) クラロスにも大神託所があって、そこに仕える神官たちが神懸かりになって神託を伝える様子を、タキトゥス（訳注　五五？〜一二〇？　ローマの歴史家、政治家）が一世紀に記している。(8) パン神の神託所もアルカディア地方のアカケシオンにあったが、早くにすたれてしまった。(9) 小アジアのエフェソスには、莫大な富で名高い黄金の神託所があり、トランス状態となった宦官《かんがん》たちが女神アルテミスの言葉を伝えていた。(10)（ちなみにギリシア正教会では、今も彼らと同じ様式の衣装を使用している。）爪先立ちで踊る現代バレリーナの尋常ならざるスタイルは、アルテミスの祭壇前での踊りに端を発すると言われる。[11] 日常とかけ離れたものなら何であれ、〈二分心〉の一般的パラダイムを働かせる合図となりうる。

ギリシア西部のドドナではゼウスの声が聞かれていた。ドドナは非常に古い神託地だったに違いない。オデュッセウスがそこを訪れ、故郷のイタケー島に公然と戻るべきか密かに戻るべきかのうかがいを立てているからだ。[12] おそらく当時は、聖なるオークの大木が一本あっただけで、ゼウスの声は葉のそよぎを通じて幻聴されたのだろう。やはりオークの木を崇めていた古代ケルト人のドルイド（神官）たちも、同じ経験をしていたのだろうかと好奇心をくすぐられる。ゼウスの声がじかに聞かれなくなったのは、前五世紀に入ってからにすぎない。以後、ドドナには神殿が建ち、無意識のトランス状態の女司祭が神の言葉を代弁するようになった。[13] これもまた、時とともに〈二分心〉を残す者が減っていったという仮説に当てはまる。

神々の声のみならず、死せる諸王の声も〈二分心〉を通じてまだ聞くことができた。すでに述べたとおり、これが神という概念を生む原因となったのだろう。アルゴス（訳注　ギリシアのペロポネソス半島北東部にあった都。紀元前七世紀に全盛期を迎えた）の王子だった英雄アンピアラオスは、ボイオティアで大地の割れ目に落ちて死んだ（怒れるゼウスに押されたせいと言われる）が、その声は数百年にもわたって割れ目から「聞こえ」、神託請願者の問いに答えていた。しかし、数世紀の時が流れるうちに、やはり「声」は土地の巫女がトランスに入らないと聞こえなくなる。後年には、問いに答えるよりも、おもに夢判じが行なわれるようになっていた。[14]

だが、〈二分心〉の仮説の観点から見ていろいろな意味でとくに興味深いのは、デルポイから三〇キロメートル余り東のレバデイアで聞かれていたトロポニオス（訳注　デルポイのアポロン神殿を建てたと伝えられる建築家。死後、神として祀られた）の神託だ。なぜなら彼の声は、ほかのどの声よりも後まで、神官や巫女を介さずじかに聞くことができたからだ。今でもこの地に立つと、古代の人々が抱いた畏怖の念の一端が感じられる。三つの断崖絶壁がそびえ立ち、厳かな大地からは泉が力強く湧き出し、さらさらと音を立てながら岩だらけの谷間へと落ちていく。谷川の少し上流、川が山の奥深くへと分け入っていくあたりに、かつて大きな岩があった。岩には狭い縦穴が空いていて、穴の底にはオーブンのような小部屋が掘られていた。岩の上には、蓋付き鍋のような形の神殿が穴を覆うようにして建ち、下には地下の峡谷が走っていた。

〈二分心〉の一般的パラダイムにおける集団内の共通認識が持つ強制力が弱まり、幻聴のような現象を信じてそれに頼る気持ちが合理主義に取って代わられていくと、それを埋め合わせるために「誘導」は長く複雑になる。しかも、訓練を受けた巫女だけでなく、神託をうかがう側にまで「誘導」が適用されるようになると、その傾向に拍車がかかる。レバデイアではまさにそのとおりのことが起きた。ローマ帝政期の旅行家パウサニアスは、西暦一五〇年にこの地を訪れて、なんとも手の込んだ「誘導」の儀式を体験し、記録している。[15] まずは数日間、何度も身を清めながら期待を募らせつつ待つ。その間、神が好意的に迎えてくれるかどうかを知るために、繰り返し吉凶が占われる。ある晩不意に連れ出されると、聖なる侍童によって体を洗われて、香油を塗られた。それから、レテ（訳注　黄泉の国を流れる川の名前。この水を飲むと過去をすべて忘れると言われる）の泉の水を飲んで自分が誰かを忘れ（アナログの〈私〉の喪失）、続いて神託の内容を後から思い出せるようにムネモシュネ（訳注　記憶を擬人化したギリシア神話の女神）の泉の水をすすらされた（「後催眠暗示」（訳注　催眠から覚めた後で特定の行動をとるように、催眠中の被験者に暗示を与えること）に似ている）。請願者だけが見ることのできる秘密の神像の礼拝を命じられた後、聖なる亜麻《あま》布を身につけ、聖なる帯を締め、特別の長い靴を履く。さらに幾度か吉凶が占われ、それが吉兆ならようやく神託を受けることが許される。パウサニアスは、穴の入口から無意識のまま梯子《はしご》を下って底に降りた。まもなく、目に見えぬ川の渦に押されるようにして、穴のさらに奥にある聖所に入ると、たちまち神のお告げがはっきり聞こえてきたという。

神託がたどる六つの段階

ギリシア人の精神が、おしなべて〈二分心〉だった状態からおしなべて意識ある状態に移行するにつれ、神託という〈二分心〉時代の名残りとその権威も変化し、ついには、神々の声が途切れ始め、神託はなかなか得られなくなった。私の見るところ、こうした移り変わりには、一つのおおまかなパターンがあり、神託が一〇〇〇年の歴史を通して衰退していく過程は、六つの時代に分けられる。「集団内で強制力を持つ共通認識」が弱くなるとともに、〈二分心〉が消えていく六つの段階と言い換えてもよかろう。

一　「特定地域における神託」　もともとは、たんに特定の条件を満たす土地が神託地となった。具体的には、畏怖の念を抱かせる景色があったり、かつてそこで重要な出来事が起きていたり、波、水、風といった幻聴を誘う音があったりしたために、神託請願者がみな神々の声をじかに「聞く」ことができた場所だ。レバデイアがこの段階にとどまったのは、尋常ならざる「誘導」があったからだろう。

二　「神託者による神託」　ついで、特定の人物や神官しか、その場所で神の声を「聞く」ことができなくなる。

三　「訓練を積んだ神託者による神託」　次は、神託者が長期にわたって訓練を積んだり、手の込んだ「誘導」を行なったりしないと、神の声を「聞く」ことができない時代に入る。この段階までは、神託者は「自分自身のまま」で神の声を伝える。

四　「神懸かりになった神託者による神託」　遅くとも前五世紀にはこの段階に入る。神託者はそれまで以上に訓練を積み、より手の込んだ導入を行なった上で、神懸かりになって狂える口で身をよじりながら神の声を伝える。

五　「神懸かりになった神託者の言葉を解釈して伝える神託」　集団内で強制力を持つ共通認識が弱まると、神託者の言葉が聞き取りにくくなり、そのため、神託者を補助する神官が、自らも「誘導」の手順を経た上で神託者の言葉を解釈して伝えざるをえなくなる。

六　「不安定な神託」　ついにはそれすら難しくなる。神の声はときどきしか聞かれなくなり、神懸かりになった神託者は奇矯《ききょう》な振る舞いをし、解釈も不可能になる。こうして神託の歴史は幕を閉じる。

神託が最後まで生き残った場所はデルポイだった。この事実からもはっきりわかるとおり、主観を持ちながらも神々を懐かしむ黄金時代のギリシア人は、デルポイの神託をこの上なく重んじていた。それも、敵が攻めてくるたびに、ほとんどいつも侵略者側に有利な神託が下されていたのに、だ。紀元前五世紀の初めにはペルシアのクセルクセス一世を、同四世紀にはマケドニアのフィリッポス二世を、それぞれ神託は支持した。ペロポネソス戦争のときでさえ、スパルタの肩を持っている。〈二分心〉の現象には、時代の圧力を超越した途方もない威光があったのだろう。デルポイの神託は、エウリピデスの愛国主義的な悲劇の中で滑稽に描かれて揶揄《やゆ》されるという悲しい運命にも耐えた。

しかし、西暦一世紀を迎える頃にはデルポイも第六段階に入る。〈二分心〉の時代はもはや遠い忘却の彼方に消えようとしており、信心に懐疑が勝っていった。文化全体から認知されていた神託の強制力は、使い果たされて砕け散る。神託がうまくいかぬことがますます増えていった。デルポイでのそうした事例を、西暦六〇年にプルタルコスが記している。あるとき、神託の前に前兆を占ったが凶兆だったため、巫女は気乗りしないままにトランスに入ろうとした。すると巫女は、苦しんでいるかのようなしわがれ声で語り始め、不意に「物言わぬ悪しき霊」に取り憑かれたように見えたかと思うと、金切り声を上げながら扉の方に走っていって倒れた。居合せた者はみな、おつきの神託解釈者《プロペテス》までもが、恐怖のあまりに逃げ去った。巫女は、人々が戻ってきたときには意識を取り戻しかけていたが、数日後に亡くなったという。[16] プルタルコスの親しい友人だった解釈者《プロペテス》が事件を目撃していたらしいので、この話を疑う理由はない。[17]

巫女の錯乱で神託が得られないことがあっても、伝統に飢えたローマ人はギリシア文明に心酔していたため、デルポイの神託を仰ぎ続けた。最後に神託を求めたのは、私と同じ名前のユリアヌス帝（訳注　三三一～三六三。名前の英語読みは「ジュリアン」）だ。ユリアヌス帝は、やはり同名のユリアノス（訳注　日本語表記は違うが英語の綴りは同じ）（幻覚として現れた神々から与えられた啓示を『カルデア神託（*Chaldaean Oracles*）』として記録した人物）を信奉して古代の神々の復興を目指し、古き権威を求めた。その一環として、デルポイも再建しようとした。コンスタンティヌス二世によって神殿が荒されてから三年後の、西暦三六三年のことだった。アポロン神は、まだ残っていた巫女の口を借りて、自分は二度と予言を行なわぬだろうと告げた。実際、そのとおりになる。こうして〈二分心〉は何度目かの終焉を迎えた。

シビュラ

神託の時代は、〈二分心〉が崩壊した後、一〇〇〇年の長きにわたって続いたが、神託がしだいに衰退するにつれ、各地で素人の神託とも言うべきものが現れる。公認の制度としてではなく、特別な訓練を受けてもいない人物が自然に神懸かりになって神の言葉を伝えるのだ。もちろん、頭がおかしいとしか思えない戯言《たわごと》をつぶやく者もいた。ほとんどがそうだったろう。だが、信じざるをえない確かな言葉を語る者がいたことも事実だ。そうした中に、数は不明ながらじつに不思議な能力を持つ一握りの女性たちがいて、「シビュラ（Sibylla）」と呼ばれていた（語源は古代ギリシアのアイオリス方言で、sios（神）＋boule（助言）の意）。紀元前一世紀のローマの学者ウァロは、当時、地中海世界全体で少なくとも一〇人のシビュラがいたと記しているが、もっと遠方の国々にもいたのは間違いない。ある者は、自分のために建てられた山中の神殿で人々に崇められながら、またある者は、石灰岩の洞窟にこもって波の唸り声を聞きながらというように、シビュラは一人で暮らしていたという。最も有名なクマエのシビュラは後者だった。ローマの詩人ウェルギリウスは、紀元前四〇年頃、じきじきにこのシビュラを訪ねていたらしく、アポロン神に取り憑かれた巫女が狂乱しながら神託を伝えるさまを『アエネーイス』の第六歌に記している。

シビュラも神託者と同様、ありとあらゆる問題について相談を受けた。こうした風習は三世紀まで続く。彼女たちは答えの中で熱心に道徳を説いたので、初期キリスト教の教父や、ギリシア語を話す離散ユダヤ人までもが、シビュラを旧約聖書の預言者であるかのように敬ってその言葉に従った。とくに初期のキリスト教教会は、シビュラの預言書（多くは偽書）を楯に取って、自らが奉じる神の正しさを裏づけようとしたほどだ。それから一〇〇〇年の後にもなお、ヴァティカン宮殿のシスティナ礼拝堂では、ミケランジェロが天井の目立つ区画に五人のシビュラを描いている。さらに何世紀も経た後も、ニューイングランド地方のとあるユニテリアン派の日曜学校で、大きな預言書を広げたこのたくましい体つきの女性たちの絵の複製が、いぶかしげな目を向ける少年時代の筆者を見下ろしていた。私たちの諸組織がいかに権威を熱望しているかを物語っている。

やがてシビュラの時代も終わり、神々はもはや生身の人間の体に宿って預言や神託を伝えようとしなくなる。人々は、天国と地上をつなぐ糸をもう一度張り直すための方法を探し始めた。キリスト教、グノーシス主義、新プラトン主義など、新しい宗教が広まった。時間が空間化されたことによって開けた広大な意識の世界と、神を失った人間とを結びつける新たな行動規範も生まれた。ストア学派やエピクロス学派などの規範がそれだ。アッシリアでは占いが高度に発達し、重要な問題を決める公認の制度として政治に大きな役割を果たした。ギリシア文明が神託を通して神々とつながっていたように、ローマ人は鳥占いや内臓占いにすがった。

しかし、これらをもってしても、人知を超えた存在を求める民の願いは満たされない。神託者や預言者が神の声を伝えてくれなくなったとき、人々はそれに代わるものを求めるかのように、〈二分心〉時代に似た偶像を復活させようとした。

第二部でも見たとおり、〈二分心〉時代の大文明では、人々は多種多様な偶像を通して神々の声を聞いていた。ところが、主観的意識に適応する過程で神々の声が聞こえなくなると、こうした像はことごとく忌まわしいものと見なされるようになる。偶像はあらかた破壊された。それ以前にも、〈二分心〉時代後期の王国では嫉妬深い神々の命により、敵対する神や王の像が必ず打ち砕かれて燃やされていた。偶像が神の声を伝えなくなって崇められなくなると、破壊にはいっそう拍車がかかった。ユダ王国のヨシヤ王は、紀元前七世紀に領土内の偶像をすべて打ち壊せと命じている。前一〇〇〇年紀のなかばには、偶像の破壊や、新たな偶像を作る者への呪いの言葉に満ち満ちている。旧約聖書は、偶像崇拝はあちこちでときおり見られる程度で、重きを置かれなくなっていた。

おもしろいことに、当時ごく少数の人々の間で、切り落とした首から神の声を聞くカルトが興った。ヘロドトス（『歴史』第四巻二六節）によると、僻地に住むイッセドネスという民族（訳注　古代スキタイ人の一民族）は、死者の頭に金を被せ、生贄《いけにえ》を捧げて祀っていたという。紀元前三世紀のスパルタ王、クレオメネスは、盟友アルコニデスの首を切って蜂蜜に浸けて保存し、大きな仕事に乗り出す際は決まって助言を仰いだそうだ。エトルリア（訳注　現イタリアのトスカーナ地方付近）から出土した紀元前四世紀の壺には、神託者の首にうかがいを立てる人々が描かれている。[18] アリストテレスが馬鹿にするような口調で紹介している逸話によると、小アジア南西部に住む田舎者のカリア人の首が、切り落とされたあとも「話し」続けていたらしい。[19] だが、残っている記録はこれぐらいのものだ。人間の心に主観的意識がしっかりと根を下ろした後は、偶像を通じて神の声を聞く習慣は稀にしか見られなくなった。

ところが、前一〇〇〇年紀の終わりが近づき、神託があざけりの中で沈黙すると、偶像崇拝が本格的に復活する。落日のギリシアでも、日の出の勢いのローマでも、丘や町を白く彩る神殿には神々の像がひしめくようになった。西暦一世紀を迎える頃には、アテネのいたるところに偶像を見つけて使徒パウロが憤慨するまでになっていた（「使徒言行録」第一七章）。数ページ前、レバディアに関する話で取り上げたパウサニアスも、旅の先々で偶像を目にしたと記している。しかも、およそありとあらゆる種類の像があったという。大理石や象牙でできたもの、金箔や彩色を施したもの、等身大のものもあれば、建物二、三階分にもなる巨大な像もあった。

こうした偶像は礼拝者に「語りかけた」のだろうか。ときには〈二分心〉時代のように神々の声が聞かれることもあったに違いない。だが総じて言えば、すでに主観の時代にあって、そうした現象がたびたび自然に起きたとは思えない。だからこそ、石や象牙でできた神々からお告げを聞く際に、魔術や薬などの人為的な手段に頼る風潮が強まっていったのだろう。ここで歴史は再び、〈二分心〉の一般的パラダイム――集団内で強制力を持つ共通認識、誘導、トランス、古き権威――が支配する時代を迎えることになる。

エジプトでは、激動の他国と違って〈二分心〉と主観との境目が曖昧だが、いわゆる「ヘルメス文《もん》書《じょ》」が作られた。ヘルメス文書はいくつものパピルス文書からなり、様々な「誘導」の手順を解説している。どの手法も、迷いのなかった〈二分心〉時代が終わる頃に編み出されて、意識ある人々の世界に広がったものだ。文書の一つ、『アスクレピオス』(ギリシア神話の医神の名にちなんで命名された)には、薬草、宝石、香料の助けを借りて像に悪霊や天使の霊魂を吹き込み、その像に言葉や預言を語らせる方法が記されている。[20] ほかのパピルス文書にも、たとえば像を中空に作って魔力を持つ名前を書いた金箔を中に封じ込めるなど、像の製造法と、生命を宿らせるための様々な秘儀が示されている。

一世紀には、こうした風習が文明世界の大半に広まっていた。ギリシアでは、公に崇拝されている神像が奇跡の業《わざ》を見せたとの噂が広がり、瞬く間に誰もが信じるに至った。ローマでは皇帝ネロが、陰謀を未然に知らせてくれる小像を崇めている。[21] ローマの著作家アプレイウスは、魔力を持つ神像を所有していたかどで訴えられた。[22] 幻覚を起こす偶像の崇拝は非常に盛んになったため、二世紀には作家のルキアノスが著書『嘘好き(*Philopseudes*)』の中で像への信心を諷刺している。注目すべきは、新プラトン学派のイアンブリコスだ。彼は著書『彫像について(*Peri agalmaton*)』の中で、「偶像が神聖なものであり、神霊に満たされている」ことを証明するため、「テウルギア(降神術)」による不思議の数々を並べ立てた。その結果、キリスト教徒が口を極めて非難したにもかかわらず、こうした偶像の崇拝が大流行する。彼の弟子たちは、偶像を用いて多種多様の前兆を占って名を上げた。ヘカテ女神像を笑わせ、像が手にする松明《たいまつ》を燃え上がらせてみせると豪語する者もいれば、像に生命が宿っているか否かを一目で感じ取れるという者も現れた。三世紀には、白髪の善良なカルタゴ司教キプリアヌスまでもが、「偶像や、奉献された像の中に潜む霊」について不平を述べている。[23] もはや用をなさない神託と預言に代わって、〈二分心〉を呼び戻してくれる方法を人々が求めていた時代に、偶像崇拝はこうして目覚しく復活する。ありとあらゆる種類の像から神のお告げを得たという話が、文明世界のいたるところで聞かれた。

なぜここまで信じることができたのだろう。主観の時代が始まってから、すでにかなりの年月が過ぎている。人間は自らの理性と常識を誇り、偽りの幻聴体験もありうることをようやく理解したにもかかわらず、偶像が本物の神々を宿し、ほんとうに口をきくなどと、どうして本気で考えていたのだろうか。

思い出してほしいのだが、この時代は心と体を別々の存在と見る絶対的な心身二元論にほぼ支配されていた。肉体というものは、天が心、魂、霊、意識（これらすべてが混同されていた）を吹き込んで初めて生命を宿すと考えられていた。当時の様々な新興宗教も、この点では一致している。霊魂を込めれば、肉体のようなはかないものにでも生命が宿る。肉や野菜を一方の端から取り込んで、もう一方の端から悪臭とともに出さなければ生きていけない脆《もろ》い体でも、歳月によって皺が刻まれ、風によってすり減らされ、執拗なまでに病につきまとわれ、タマネギを切るように一瞬で魂と切り離されてしまうような、感覚に惑わされやすく罪深い人間という器でもそうなのだ。だとしたら、偶像のほうがはるかに生命が、それも神聖なる生命が天の計らいで宿りやすいのが道理ではないか。皺のよることのない大理石や、病を知らぬ黄金でできた体は、血を流すことも傷つくこともない完璧な美しさを備えているのだから。こうした考え方は、四世紀の著作家カリストラトゥスの文章からも見て取れる。彼は、象牙と黄金でできたアスクレピオス神像についてこう書いた。

神霊が人間の肉体に降臨し、邪欲に汚されることさえあると認めながら、結果的に一つの悪も生まぬ場合には神霊が宿っていることを信じないというのか。……見るがよい。芸術が像に神を写すと、神像は神そのものにもなり変わるではないか。物質と言えども、神聖なる知性を宿すのだ。(24)

カリストラトゥスも、当時のおおかたの人々も、それを信じていた。

偶像崇拝の流行を裏づける証拠は、現代までもっとはっきり残っていてもおかしくなかった。あいにく、四世紀のコンスタンティヌス帝が、キリスト教に改宗した者たちの軍勢をかつての〈二分心〉の世界に差し向け、目に見える〈二分心〉の名残りを手当たりしだい打ち壊してしまった。ちょうど、その一〇〇〇年前にイスラエルを治めたヨシヤ王と同じだ。〈二分心〉が崩壊してからは、すべての神が嫉妬に満ちていたのだ。

しかし、いくら偶像を破壊しても偶像崇拝の習慣はなくならない。行動を起こすにあたって、何かの権威に頼ることは、この上なく大切なのだ。中世のイタリアやビザンティンでは、呪文をかけた魔除けの偶像が崇められていた。悪名高きテンプル騎士団（訳注　一二世紀初頭、巡礼者保護のためにフランス人騎士たちによってエルサレムに創立されたキリスト教修道会）

は、バフォメットと呼ばれる黄金の頭部像に指示を仰いだなどとして異端裁判にかけられている。中世後期には、偶像からお告げを聞く習慣が盛んになりすぎたため、教皇ヨハネス二二世が一三二六年に大教書を公布し、呪術によって偶像などに悪霊を封じ込めてうかがいを立てる者を非難した。修道院や教会はじつに宗教改革の時代になるまで、奇跡を起こす像を所蔵していることを競って喧伝し、巡礼者（とその供物）を引きつけようとした。

やがて、こうした新〈二分心〉現象とも言うべきものに対する共通認識が、合理主義という白日のもとにさらされてその強制力を失い始めたためか、偶像に生命が宿るという信仰を維持するために、ときおり巧妙な仕掛けが用いられるようになった。[25] 数ある例の一つに、中世イングランドのボクスリー修道院に安置されていた等身大のキリスト磔刑像がある。この像は、告解者の前で目をぐるりと回したり、涙を流したり、口から泡を吹いたりするので有名だったのだが、一六世紀になって「何かの装置と、腐った古い木の棒をつないだ古い操り糸が像の後ろにある」のが暴かれた。[26] だからといって、批判のしすぎはいけない。トリックで像に生命を与えることが、奇跡に飢えた巡礼者をだます手口にしばしば使われたのは事実だが、その一方で、なるべく生きているように見せることで、神霊の宿りやすい像にする狙いもあったのではないか。この問題を扱った一四世紀の文書には、「神の奇跡によって聖なる力が宿る場合、宿りやすい像とそうでない像がある」と記されている。[27] 現代でも、生命ある偶像を崇めている部族があり、彼らはやはり同じような説明をしている。

偶像崇拝は今なお社会をまとめ上げるという本来の機能を果たしている。公園や庭園には、かつての指導者たちをかたどった堂々たる像が花に囲まれてたたずむ。彼らの声を聞ける者はもうほとんど残っていないものの、私たちもしかるべきときには花輪を捧げることがある。規模の大きさこそ違え、ウルのジッグラトの聖所に供物が備えられていたのと同じだ。世界中の教会で、寺院で、神殿で、今も宗教的な像が彫られ、彩色が施され、祈りが捧げられている。アメリカを走る車には、お守りとしてフロントガラスに聖母マリアの小像を下げているものもあるだろう。以前、女子修道院で敬虔な信仰生活を送る十代の少女たちに話を聞いたことがある。彼女たちは真夜中によく礼拝堂に忍び込むらしく、聖母マリア像が口をきくのを「聞き」、唇が動いたり首を垂れたりするのを「見て」狂喜すると語っていた。ときには、像の目から涙があふれるという。いまだにカトリック世界では、イエス・キリストやマリアや聖人の高貴な像を洗い清め、服を着せて花や宝石で飾り、香を焚きしめるところが多い。教会の祭日には、美しく飾り立てた像を人々が担いで鐘の鳴る教会を出発し、町や田舎を練り歩く。その像に特別な食べ物を備えたり、像の前で踊ったり礼をしたりすると、今なお厳かで熱い思いが胸に込み上げる。[28] まだ〈二分心〉の時代だった四〇〇〇年前のメソポタミアでも、同じように神像を担いで練り歩く習慣があった。現代との違いは、偶像が沈黙しているかいないかだけと言っても過言ではない。

第2章　預言者と憑依

前章の神託についての仮説の中で、ある重要な点に私が触れなかったことをきっと読者のみなさんは見逃していないだろう。私は〈二分心〉の一般的パラダイムを〈二分心〉の名残りと呼んだ。しかし、意識の範囲の狭まった、あるいは意識を喪失したトランス状態は、少なくとも神託の第四段階以降については〈二分心〉とまったく同じとは言えない。この段階以後は、神託を告げる者もその言葉も完全に神の側に支配されており、本人は何が起きたのかを後から思い出せない。こうした現象を「憑依《ひょうい》」という。

憑依が突きつける問題は、大昔の神託に限定されない。憑依は現代でも起きているし、歴史を通して起きてきた。新約聖書を見るかぎり、ガリラヤ地方（訳注　現イスラエル北部）では悪霊に取り憑かれることが少しも珍しくなかったようだ。メソポタミアやイスラエル、ギリシアなどを放浪した預言者たちの少なくとも一部は、たんに幻聴で聞いた神の声を伝えていたのではなかったと思われる。預言者の発声器官から神の言葉がじかに聞こえてきて、預言者自身は自分が何かを話していることすら自覚できない上、後になっても何も覚えていないのだ。これを意識の喪失と呼ぶとすると――私はそうするつもりだが——大きな問題に突き当たる。これは意識の喪失ではなく、別の新しい意識に置き換わる現象と言えないだろうか。だが、それはどういう意味なのだろう。あるいは、憑依されたとされる人物の口を借りてしゃべる言語的仕組みには、意識がないのか。第一部第二章で説明したような、〈心の空間〉で〈物語化〉をすることができないのだから。

いずれも、一言では答えられない問いだ。超自然的な霊に取り憑かれるなど、空想の世界の戯言《たわごと》だと片づけるのはたやすい。しかし、この特異な現象が長い歴史を持ち、独特の信仰を育んできたのは事実だ。これを詳しく検討すれば、心理学においても歴史学においても新たな発見が得られるという点を見落としてはならない。けっきょく、意識とその起源についてどんな仮説を立てるにせよ、こうした不可思議な現象を避けて通ることはできない。本書の仮説は、歴史と心を覆う闇の部分をどの説よりも明るく照らし出せると私は考える。旧来の見方にしがみつき、意識は下等な脊椎動物の間に生物の一機能として進化したと捉えていたのでは、憑依の問題にどう斬り込めばよいのかわからない。歴史の観点からも文化の観点からも疎外されてきた憑依の本質に迫るなど、とうてい望めないだろう。意識は「集団内で強制力を持つ共通認識」の要請に従って学習されたものと位置づけて初めて、憑依に取り組むための糸口がつかめる。

心的現象を理解する上でまず大切なのは、それが存在する時代を特定することだ。憑依が初めて現れたのはいつだろうか。

少なくともギリシアにおいては、その答えは明らかだ。『イーリアス』にも『オデュッセイア』にも、ほかの初期の詩にも、憑依はもとより、憑依をわずかにでも匂わせる場面はいっさい出てこない。本格的な〈二分心〉の時代には、「神々」が人間の口を通して語ることなどなかった。ところが、紀元前四世紀に入る頃には、現代人にとって教会がありふれた存在であるように、憑依はあたりまえの出来事となっていた。ギリシア中に散らばる神託者も、民間の預言者も憑依を経験していた。〈二分心〉が消えた後を受けたのが憑依だった。

紀元前四世紀、プラトンは政治に関する対話篇の中で、ソクラテスの口を借りて平然とこう言っている。「神懸かりになった者は真実をたくさん語るが、自分の言っていることの意味を何も理解していない(1)」。まるで、そうした預言者の言葉が毎日アテネの市中で聞かれていたかのようだ。またプラトンは、当時の神託に意識の喪失が見られることもはっきりと認識している。

……なぜなら、預言とは一種の狂気だからだ。デルポイの巫女もドドナの女預言者も、その心の狂ったときにこそ、ヘラス（訳注　古代ギリシア語でギリシアのこと）の国家のためにも個人の暮らしのためにも数々のりっぱなことを成し遂げた。だが、正気のときには、ほとんど何も、あるいはまったく何もしなかったと言ってよい(2)。

その後の数世紀も、憑依と見なされる現象は、正気が消え去ることを意味していた。プラトンの時代から四〇〇年後の西暦一世紀には、アレクサンドリアの哲学者フィロンがこう言い切っている。

彼（預言者）は神の息吹に満たされると意識を失う。思考は消え失せ、魂の砦を離れる。しかし、すでに神霊がその中に入って住まっている。神霊はやがて体中の器官を鳴り響かせて、自らが彼に与える言葉を明瞭に表現させるのだ。[3]

さらに一〇〇年後、ギリシア人弁論家のアリスティデスは、ドドナで神託を伝える女司祭についてこう述べている。

……神霊に取り憑かれるまでは何を言おうとしているのかまったくわからず、正気を取り戻してからは自分が何を語ったのかを思い出せない。つまり、彼女らの言葉を誰もが理解しているのに、本人だけが知らないのだ。[4]

三世紀初頭、新プラトン主義者を代表するイアンブリコスは、こう主張している。神霊に取り憑かれるとは、神性と「一体」となって神と「精気を共有」することであり、「自らの内にあるすべてを理解していながら、正気と運動が消滅している状態なのだ。[5] だとすれば、そのような憑依は厳密に言って〈二分心〉への回帰ではない。一〇〇〇年前にアキレウスは、女神アテネの声を聞いたとき、自分に語られている内容をはっきり理解していた。〈二分心〉とはそういうものだった。

したがって、これこそが問題の核心と言えるだろう。憑依された預言者が語る言葉は、厳密な意味での幻聴ではない。意識があるにせよ、なかばないにせよ、あるいは本格的な〈二分心〉時代のように完全に意識がないにせよ、声はその人間だけに聞こえるのではないのだ。外に向かって語られ、本人以外の複数の人間がそれを聞く。憑依されるのは正常な意識を持つ者に限られ、憑依が起きている間、本人は意識を失っている。どんな理由づけをすれば、この二つの現象、つまり〈二分心〉で聞いていた幻聴と憑依による発話が関連していると言えるだろうか。

私にも確たる答えはない。ただ、次の三つの点において関連が認められはしないだろうか。（一）どちらも社会において同じ機能を果たしている。（二）どちらも同じように、権威ある言葉を伝える。（三）初期の神託についてわずかに明らかになっていることから見て、特定の神託地については、もともとその場に居合せた誰にでも神々の声が聞こえていたのが、しだいに少数の特別な人物が神に取り憑かれる状態へと変化したと考えられる。だとすれば、憑依とは〈二分心〉が姿を変えたもの、〈二分心〉から枝分かれしたものということだけは言えそうだ。誘導の儀式と、集団内で強制力を持つ独特の共通認識と、訓練によって身につけた期待とが相まって、特定の人物の精神が、〈二分心〉の神の側に支配されたように見える状態を生んだのだろう。古い精神構造を呼び戻すためには、しだいに発達してきた意識をこれまで以上に消し去って、人間の側の働きを抑える必要があったのかもしれない。その結果、神の側が発話そのものの主導権を握るようになったのだ。

さて、こういう精神状態のとき、脳の中では何が起きているのだろうか。第一部第五章に示したモデルを踏まえるなら、憑依の最中には両脳半球の優位性のバランスが乱れ、右半球の働きがふだんよりいくらか活発になっていると考えるのが自然だ。では、デルポイの巫女が神懸かりになったときに頭皮に電極をつけたら、右半球、とくに、右の側頭葉のあたりでの脳波の動きが速く（したがって、働きが活発に）なっていて、憑依との相関関係が見出せるだろうか。

おそらく見出せると思う。少なくとも、両半球の優位関係が変化している可能性がある。また、巫女になるための訓練でまず行なうのは、「誘導」の手順がもたらす複雑な刺激を受けて左半球より右半球を多く働かせることだとも考えられる。巫女が顔を歪めたり、狂乱の態となったり、眼振（訳注 規則的・持続的で不随意の眼球の往復運動）を起こしたりするのも、右半球が異常な干渉をするから、もしくは左半球による抑制が解かれて右半球が自由になるからだとすれば説明がつくのではないか(6)。

ここで思い出されるのが、男女の差異だ。今ではよく知られているように、女性の脳は生まれつき男性ほど左右の機能分化が進んでいない。単純に言えば、心的機能が男性ほど左右どちらかの脳半球に偏っていない。女性のほうが広く両方の半球を使っているのだ。こうした特徴は、すでに六歳児の段階で現れる。手で触るだけで物体を識別する作業をさせると、男児は右手より左手を使ったほうがうまくできるのに対し、女児には左右の差が見られない。いわゆる触覚認識が、男児ではすでに右脳に局在しているが、女児では違うということだ(7)。高齢者が左半球に脳卒中や脳出血を起こすと、女性より男性のほうが言語機能を失いやすいのは周知の事実だ。とすれば、女性のほうが右半球に多くの言語機能が残されていると考えられるので、訓練によって神託者になりやすいと言えるのではないか。事実、少なくともヨーロッパ文化圏では、神託者やシビュラのほとんどが女性だった。

誘導による憑依

意識を失った預言者の口を借りて神が言葉を伝えるという公認の神託は、前章でも見たとおり、西暦一世紀に入るとしだいに不安定になって沈黙していった。合理主義に包囲され、非難の矢を浴び、喜劇や諷刺文学からは無礼な攻撃を受けて、ついに陥落したのだった。文化の中に浸透していた習慣が公の場（実際には都市）から締め出されると、その習慣は往々にして私的な場へと追いやられる。その後、秘密の宗派や、秘儀を奉じるカルトへと発展して、社会の批判が及ばぬ独自の共通認識が集団内で強制力を持つようになる。神を呼び寄せて人に取り憑かせる儀式もそうやって生まれた。神託があざけりの中で沈黙すると、人々はそれに代わる権威を必死で探し求めた。やがて、神々を呼び戻して、ほとんど誰の口でもよいから借りてしゃべらせようとする密かな試みが各地で行なわれるようになる。

二世紀には、こうしたカルトが数を増していた。降霊会は神殿で公然と開かれることもあったが、内輪の集まりで行なわれることのほうが多くなっていった。通常は、「ペレスティケ」と呼ばれる術者が、別の人の中に一時的に神を呼び寄せようとする。後者は、「カトコス（神に取り憑かれた者）」、または特殊な言い方で「ドケウス（受容器）」と呼ばれた。今で言う霊媒だ。(8) 首尾良く神を呼び寄せるには、霊媒が純朴で垢《あか》抜けていないほうがよいことがすぐにわかった。これは、憑依について書かれたどんな文献にも共通する条件だ。三世紀初頭に降神術を広める立役者となったイアンブリコスは、霊媒に一番適しているのは「若くて単純な人間」だと記している。思えば、デルポイの巫女となるべく選ばれたのも無学な田舎娘だった。アエデシウスという名の少年は「花輪を身につけて太陽を仰ぎ見るだけで、いかにも霊感に打たれた様子でたちどころに信頼に足る神託を告げることができた」そうで、彼をはじめとする若者たちの記述もその他の文献に見られる。これはおそらく綿密な訓練の賜物だろう。〈二分心〉の神の側に憑依される状態は、学習によって身につける必要がある。このことは、巫女への訓練からも、ロドスのピタゴラスの言葉からも明らかだ。彼は三世紀に、「神々は初めはしぶしぶやって来るが、同じ人間の中に入り込む習慣ができてしまえば、いとも簡単に取り憑くようになる」と述べている。

霊媒が訓練を通して何を身につけたのかと言えば、誘導の儀式に反応して〈二分心〉に近い状態になることだったと私は考える。この点には注目に値する。自転車に乗る練習ならいざ知らず、新しい無意識の精神状態に到達するために、ことによると左右の大脳半球の間にまったく新しい結びつきを作る練習をするなど、私たちには実感が湧きにくいからだ。

すでに実現が難しくなった脳神経の状態を、しかも通常とはまったく異なる状態を身につけようというのだから、神を呼ぶ合図として、常軌を逸するほど特異で非日常的な行為を選ばざるをえなかったのも不思議ではない。

実際、じつに風変わりな儀式が行なわれていた。奇怪なこと、異様なことであれば、何でも試された。香を焚いて体に浴びる、あるいは聖水で沐浴する。魔力を持つ衣をまとい、魔力を持つ帯を締める。奇妙な花輪や不可思議なシンボルを身につける。中世の魔術師のように魔法円の中に立ったり、ファウストがメフィストフェレスの幻を呼び出すときのように秘密の文字の上に立ったりする。エジプトでやられたように、幻視を引き起こすために、ストリキニン（訳注　マチンという植物に含まれる猛毒物）を用いて目を霞ませた。硫黄の火と海水で身を清めるのは、ギリシアで始まった非常に古い方法で、その目的は、崇高なる存在を受け入れられるように「気息霊」を準備することにあると、新プラトン主義者のポルフュリオスは二世紀に述べている。もちろん、こうした儀式が実際に何らかの作用を及ぼしたわけではない。肝心なのは、それによって何かが起きると信じられていたことだ。現代でも、あると信じないかぎり「自由意思」など存在しないのと同じだ。

「神を受け入れる」ときの心の状態は、これまで見てきた別の形の憑依と何ら変わるところはない。通例、霊媒の意識も正常な反応性も、完全に一時停止の状態になるため、誰かがそばについていてやる必要がある。それほどの深いトランスの中で、「神」は過去や未来を明らかにし、問いに答え、物事を決めたという。いにしえのギリシアの神託と同じだ。

神々の答えが間違っていたときはどう言い開きしていたのだろうか。そういう場合は、本物の神ではなく悪しき霊が呼び出されたらしい、あるいは、関係のない霊が邪魔をして霊媒の体に入り込んでしまったようだ、と言えばよい。イアンブリコス自身、アポロンかと思われた神が、じつは死んだ剣闘士の霊にすぎなかったことを暴いたと称している。その後しだいに衰退していく心霊術の文献には、こうした言い訳が繰り返し現れる。

降霊会がうまくいっていないと思えるときには、しばしば術者自身も清めの儀式を経て、幻覚を感じられる状態に入る。すると、もっとはっきり「見える」ようになったり、意識を失った霊媒の言葉が、実際は何も言っていないかもしれないのにはっきり「聞こえる」ようになったりした。霊媒と術者という二重構造は、神託における巫女と神託解釈者《プロペテス》の関係に似ている。霊媒が宙に浮いた、体が伸びた、ふくらんだ、など数々の不思議議が報告されるに至ったのも、こうした霊媒と術者の二重構造があったためだろう。(9)

三世紀の終わりには、突如キリスト教が異教徒の世界に殺到して、権威は我にありと宣言し、異教徒の習慣を次々に取り込んでいった。憑依という概念もその一つだ。ただし、キリスト教が吸収した憑依は、人知の及ばぬ神秘的なものへと姿を変える。イアンブリコスが偶像に神々を呼び寄せる方法を教え、若く無学な霊媒に神性と「一体」となって神と「精気を共有」する秘儀を伝えていたのとほぼ同じ頃、それと張り合う形で、アレクサンドリア司教アタナシオスは、同じことを無学なイエス・キリストについて言い立て始めた。それまでイエスはヤハウェに似た存在と見なされ、その生まれを考えて、半神半人のようなものではなかろうかとされていた。ところがアタナシオスは、イエスがヤハウェと「一体」かつ「同質」であるという、さながら〈二分心〉世界を具現化させたかのような説を唱えて、皇帝コンスタンティヌス一世を説き伏せ、皇帝が召集したニカエア公会議の面々に信じ込ませた。以後、この考え方がキリスト教の正統となっていく。当時のキリスト教教会は、発展を続けながらも諸派に分裂する危険を孕《はら》んでいた。だからこそ、憑依という主観的な現象を大きくふくらませて、客観的な教義に変える必要があったのだろう。そうすることによって、教会こそが「絶対的な」権威であるという主張を、さらに確固たるものにしようとした。アタナシオス派のキリスト教徒にとって、神々は実体を備えた姿でほんとうに戻ってきたのであり、いつかまた再臨するものとなった。おもしろいことに、発展しつつあるキリスト教教会は、デルポイの巫女やシビュラが本物の神と交信していることを疑ってはいなかった。しかし、神を呼び寄せて純朴な少年に取り憑かせるなどという異教の儀式は、どう解釈してもキリスト教に馴染まないため、いかがわしい霊や悪魔の所業と見なした。そんなわけで、中世になって教会が一手に政治権力を握ると、降神術を用いて神を憑依させる集まりは、少なくとも表舞台からは姿を消す。そしてさらに地下深く潜って、妖術や、種々雑多な降霊術へと姿を変え、人々の注意を引くことも稀になっていった。

現代の降神術もまもなく取り上げるが、その前に、降神術による憑依が文化にもたらした副産物にも目を向けるべきだろう。私が「悪しき憑依」と呼ぶ厄介な現象だ。

悪しき憑依

憑依という、じつに奇妙な〈二分心〉の名残りには、もう一つの顔がある。しかも、本章に含まれるほかの現象とははっきり一線を画している。誘導の儀式に反応して、〈二分心〉を取り戻そうとするものではないからだ。それは、ストレスに反応して引き起こされる、一種の病気だ。〈二分心〉時代と同じで、実質的に精神的ストレスが〈二分心〉の一般的パラダイムの中の「誘導」の役割を果たす。その結果として現れる権威も、普通とは違った種類となる。

この違いからは、じつに興味深い問題が浮き彫りになる。私たちがこうした自然発生的な憑依に初めて出会うのは新約聖書であり、そこではギリシア語で「ダイモニゾマイ」と呼ばれている。いわゆる「悪霊憑き」だ。[10] 以来、現在に至るまで、悪しき憑依が起きると、その言葉どおり悪しき体験となることが多い。なぜそうなのかは今のところはっきりしていない。先に（第二部第四章）私は、〈二分心〉の声が聞こえなくなって意思決定者が不在になったことが、「邪悪なるもの」を生んだ原因ではないかと述べた。それが起きたのはメソポタミア、とくにバビロンだった。バビロンと言えば、紀元前六世紀にユダヤ人が強制移住させられた土地だ。イエス・キリストの世界に邪悪なるものが蔓延して、悪霊に憑かれる病が始まったのは、そのせいかもしれない。

しかし、何であれその原因は、個人のレベルで見れば、統合失調症に伴う幻聴のほとんどを悪しきものとしているものと同じはずだ。事実、悪しき憑依と統合失調症の間には、明確な関連性が見てとれる。

悪しき憑依も、統合失調症と同じで、通常何らかの幻聴から始まる。[11] 大きなストレスを継続的に経験すると、往々にして「悪霊」や同様の存在から非難されているような「声」が「聞こえる」。統合失調症と違うのは、おそらく特定の集団や宗教の中で強い強制力を持つ共通認識があるために、その声が第二の人格へと発達することだ。こうなると、憑依された人間は第二の人格を抑えきれなくなって、繰り返しトランスに入るようになる。トランス時には本人の意識が失われ、人格の「悪」の側が主導権を握る。

悪霊に取り憑かれる患者は決まって無学で、たいてい読み書きができない。神霊や悪霊といった存在を例外なく信じ込み、またそう信じる社会で生活している。憑依の発作は、通常、数分から一、二時間ほどで終わる。発作が収まっているときの患者はわりあい正常で、発作時の出来事をほとんど覚えていない。ホラー小説の内容とは裏腹に、悪しき憑依は言葉が主体の現象であって、行動は伴わない。私が調べたかぎりでは、患者が他者に対して犯罪行為に及んだ例はほとんどなかった。取り憑かれた人間は、外へ飛び出していって悪魔のような振る舞いをしたりはしない。ただ悪魔のような言葉を吐くだけだ。

発作を起こした患者は、降神術の霊媒と同じように、たいてい顔を歪めて身をよじる。声は耳障りでしばしばしわがれ、患者はわめいたりうめいたり、野卑な言葉を吐いたりする。その時代の公認の神々を罵《ののし》ることも多い。ほぼ例外なく意識を失い、人格がいつもとは正反対になったように見える。その「人格」は神や悪霊、神霊、死霊、あるいは動物（東洋ではよく「キツネ」が憑く）を名乗り、神殿を建てろ、自分を崇めろ、などと要求したあげく、それがかなわないと患者に痙攣を起こさせる。通例その「人格」は本来の自分を三人称で呼び、自分とは無関係の赤の他人として忌み嫌う。ちょうど、ヤハウェがときに預言者を蔑《さげす》んだり、女神のムーサたちが詩人を見下したりしたのに似ている。(12) 総じてその「人格」は、ふだんの患者よりはるかに賢く抜け目がない。ちょうど、ヤハウェやムーサが預言者や詩人より賢く抜け目がないのに似ている。

統合失調症と同様、悪霊に取り憑かれた患者も人の言いなりになることがある。さらにおもしろいのは、周囲の人間と契約や協定を結ぼうとする場合があることだ。これこれのことをやってくれたら患者の体から出ていく、とその「人格」が約束するのだ。「悪霊」はこの取り決めをきちんと守る。旧約聖書でも、ヤハウェとイスラエルの民との間にときおりよく似た契約が交わされ、それが忠実に守られたのを思い起こさせる。人の言いなりになりやすい点や契約を結びたがる点と何らかの関係があるのか、ストレスから自然に起きる悪しき憑依を治すいわゆる悪魔払いの方法は、新約聖書の時代から今に至るまで変わらない。権威ある人物が、多くの場合は導入の儀式を経た後で、より力の強い神の名を語って悪霊に命じればよい。いわば、〈二分心〉の一般的パラダイムの「古き権威」の座を、「悪霊」に代わって悪魔払い師が占めるわけだ。そもそもこの病気の形を決めた「集団内で強制力を持つ共通認識」が、治療の形をも決める。

悪霊に取り憑かれる人間に年齢の偏りは見られないものの、男女の偏りは時代に応じて明確に現れる。この病が、各文化に特有の期待を反映している証拠と言える。新約聖書の時代、悪霊に憑かれてイエス・キリストやその弟子たちに治してもらう患者は圧倒的に男性が多かった。ところが、中世以降は女性が大多数を占める。「集団内で強制力を持つ共通認識」の影響を裏づけるもう一つの事実は、ときおり集団発生が起きることだ。中世には修道院の修道女たちの間で、一八世紀にはマサチューセッツ州のセーレムで、また一九世紀にはアルプスのサヴォア地方で、そうした事例が報告されている。現代でも同様の現象がときおり見られる。

心の状態がこれほど劇的に変化するとあっては、ここでもやはり脳の中がどうなっているかと考えずにいられない。いったい何が起きているのだろう。先に私は、神託者が誘導によって神懸かりになる場合を考えたときに、優位でないはずの右半球の言語野が活性化しているのではないかと述べた。自然発生的な憑依の場合にもそれが当てはまるのだろうか。また、患者が顔を歪めるのは、脳の右半球が主導権を奪うためだろうか。患者のほとんど（そして神託者やシビュラの大多数）が女性であり、女性の脳機能は（今のところ私たちの文化では）男性ほど左右どちらかに偏っていないという事実には暗示的なところがある。

少なくとも一部の事例では、憑依の開始と同時に体の左側がねじ曲がることが報告されているから、右半球が関与していると言えるかもしれない。二〇世紀初頭に起きたある事件は、その良い例だろう。四七歳の無学な日本人女性が、本人に言わせるとキツネに一日六、七回も取り憑かれ、そのたび体の同じ側に異変が現れたという。以下は、医師たちが見た女性の様子だ。

まず、口の左側と左腕に軽い痙攣が現れた。震えが大きくなると女性はこぶしを握り、自分の左胸を激しくたたき始めた。そこは、これまで同じようにして何度もたたいたためにすでに赤く腫れ上がっている。女性は私にこう言った。「ああ、先生、またあいつがここで、この胸の中で暴れている」。やがて、耳慣れぬ甲高い声が女性の口から吐き出された。「そうとも、俺様はそこにいるさ。この阿呆め、俺様を止められるとでも思っていたのか」。すると今度は女性の声が私たちに話しかけた。「ああ、先生方、どうしましょう、許してください、自分でもどうにもならないんです」

胸をたたき続け、顔の左側を歪めながら……女性はキツネを脅したり、おとなしくしてくれと頼んだりしたが、まもなくキツネは女性の言葉を遮って、もはや考えるのも話をするのもキツネだけとなった。女性は自分からは動けぬ自動人形のようになり、もう何を話しかけられても理解できないようだ。代わりに、敵意をむき出しにしたキツネが答える。一〇分もすると、キツネの話は支離滅裂になってきた。女性が徐々に意識を回復し、ふだんの自分を取り戻してきたのだ。彼女は発作の最初のほうのことは覚えていて、キツネが暴れて申し訳ないと泣いて私たちに詫びた。[13]

だが、こうした事例はこの一件だけで、異変がここまで左側に偏る患者を、今のところ私はほかに知らない。

悪しき憑依の仕組みを脳から解き明かす上で参考になりそうなのが、現代の病気、ジル・ド・ラ・トゥレット症候群だ。[14]「汚言症」と呼ばれることもあるこの奇妙な症候群は、たいてい五歳頃、場合によってはもっと早い時期に発症する。初めのうちは、顔面が繰り返し痙攣するとか、何の脈絡もなく汚い言葉を口走る程度で済む。ところが症状が進むと、ごく普通の会話をしている最中に、いきなり下品で猥らな言葉や神を冒瀆する言葉をとめどなく吐いたり、唸ったりわめいたりして抑えが利かなくなる。さらには、顔のいろいろな箇所のチックや、舌を突き出すなどの症状が現れる。これらは大人になっても続く場合が多く、患者を大いに悩ませる。患者は、自分がときおり下品な言葉を抑えられなくなることが恐ろしく、また恥ずかしく、家に引きこもるようになりやすい。最近聞いた話だが、トゥレット症候群を患う男性が、膀胱の病気のせいでトイレが近いというカムフラージュを考え出したという。実際は、レストランや家でトイレに駆け込むときには、神を冒瀆《ぼうとく》する言葉が喉元までせり上がっていて、それをトイレの壁に向かって吐き出していたのだった。[15]私自身も冒瀆的なことを言わせてもらえるなら、言葉がせり上がってくるこの感覚は、預言者エレミヤの骨の中に閉じ込められた火（第二部第六章を参照のこと）に似ていなくもなかったのではないか。その言葉の意味するところはいくらか（「まったく」ではない）違っていたにせよ、だ。

ここで注目してほしいのは、ストレスによって引き起こされる憑依の初期段階とトゥレット症候群がよく似ていることだ。発症の生理的な仕組みがどちらも同じと思えてならない。つまり、左右の脳半球の正常な力関係が崩れるのではないか。〈二分心〉時代なら幻聴が引き起こされたような状況に置かれると、右半球の言語野が（ことによると大脳基底核からの信号に刺激されて）活発になって、言語機能の主導権を握る。だとすれば、トゥレット症候群の患者のほぼ全員が脳波パターンに異常を示し、中枢神経系に何らかの損傷を受けているのも驚くにはあたらない。また、患者がたいてい左利きであることや（左利きの人の大多数には、脳機能の優位性が左右の半球に混在する）、五歳頃という、脳内に言語の半球優位性が確立されつつある時期に発症するのもうなずける。

以上のことから、人間の神経系について重要な、しかし気がかりな問題が浮かび上がってくる。私は第一部第五章の脳神経モデルが的外れでなかったのは確かだと思う一方で、本書の考察はモデルからどんどん離れている気がするのだ。現代の憑依現象すべてにおいて、右半球の言語中枢が「明瞭な」発話そのものにかかわっているとはまず考えられない。医療の現場で得られた数々の事実から見ても、そうしたことが起こるのはきわめて稀な症例だけだろう。

むしろ、〈二分心〉と現代の憑依とでは、脳内で別のことが起きていると考えたほうがよいかもしれない。前者の場合は、実際に右半球で言葉が形作られて右半球から幻聴が聞こえていたが、後者の場合は、通常どおり左半球で明瞭な言葉が組み立てられて、それを右半球が操っている、あるいは導いているのではないだろうか。言い換えれば、ウェルニッケ野に相当する右半球の領域が、左半球のブローカ野を働かせることによって、トランス状態と人格喪失を引き起こしているのだ。このように、脳内で左右の境界を越えた制御が起きることが、正常な意識を失うという現象の根底にあるのかもしれない。

現代世界での憑依

次は、現代でも行なわれている降霊術に目を向け、それが学習された現象であることをある程度得心のいくように説明したい。私が見つけたうちで一番わかりやすい例がウンバンダだ。ウンバンダは、アフリカ系ブラジル人の間でとりわけ多くの信者を集める宗教であり、目下ブラジルの全人口の半数以上に信奉されている。あらゆる民族の人々から物事を決める手段として信頼されているだけでなく、三世紀以降としては最も大規模に降霊術による憑依を実践している。

では、典型的な「ジラ」の様子をのぞいてみるとしよう。「ジラ」とはウンバンダの会合のことで、「回転」という意味だ。これがいかに適切な命名かは、おいおいわかるだろう。(16) ジラが開かれる場所は、最近では店舗の上の一室や、使われていない車庫などが多い。一〇人前後の霊媒（七割は女性）が、みな儀式のための白い装束を身につけ、控室から部屋に入ってきて祭壇の前に立つ。白い布が掛けられた祭壇には、花やロウソク、キリスト教の聖者の像や絵などが飾られていて、手摺りで仕切られた部屋の反対側には一〇〇人ほどの会衆が詰めかけている。太鼓に合わせて会衆が歌を歌うと、霊媒たちは体を揺らしたり踊ったりし始める。体を揺らすときも踊るときも、必ず反時計回りに回る。つまり、脳の右半球からの運動信号を受けて動いているわけだ。ついで、キリスト教に似た礼拝が行なわれる。再び太鼓が激しく打ち鳴らされ、人々は歌う。すると、霊媒たちはめいめい霊を呼び出し始める。中には、ダルウィーシュ（訳注　イスラム神秘主義教団の修道士のこと。激しく回り踊るなどして法悦状態に入る）のように左回りに回転する霊媒もいて、やはり右半球が刺激されているのがわかる。霊媒は「カヴァロ」と呼ばれるが、これは「馬」という意味で、じつにわかりやすい比喩と言える。特定の霊が降りてきて、カヴァロに乗り移ると考えられているからだ。霊が降りてくると、カヴァロ（霊媒）は頭と胸を交互に突き出して引っ込める動きを見せ、まるでロデオの荒馬のようだ。霊媒の髪は振り乱される。顔は歪み、本章で取り上げた古代の事例を思い起こさせる。体勢は、そのとき取り憑いている霊を彷彿させる形へと変わる。完全に憑依されると、「霊」はしばらく踊ったり、霊同士で挨拶をしたりする。その霊の種類にふさわしい行動を取る場合もある。太鼓がやむと、霊媒は前もって決められた場所に向かい、会衆が「コンスルタ（相談）」のために近づいてくるのを待つ。奇妙なことに、霊媒は待っている間、両腕を体の脇に垂らして手のひらを外側に向けたまま、しきりに指を鳴らす。コンスルタでは、憑依された霊媒が病気や個人的な悩み、家庭内の不和、恋愛など、様々な相談事を持ちかけられ、答えを出す。仕事に就くには、仕事を失わないためには、といった助言もあれば、投資に関する提案もある。相手が学生なら、学校の成績についての相談に乗ることもあるという。

この特異なブラジルの宗教では、霊媒は明らかに学習によって憑依の精神状態を身につけている。

バイロ（地区）の運動場では、憑依の始めと終わりに頭と胸を突き出す例の動きを、子供たちが真似て遊んでいるのを目にすることがある。霊媒になりたいと望む子供がいれば、周囲はそれを後押しし、特別な訓練を受けさせる。田舎娘が、デルポイなどの神託所で巫女になったときと同じだ。訓練については、数あるウンバンダの祭場（サンパウロだけでも四〇〇〇を数える）の中に正規の研修プログラムを実施しているところがあるほどだ。研修では、トランスへの入り方を教えるために、催眠に似た方法をはじめ様々な手法で入門者の意識を朦朧《もうろう》とさせる。また、トランス時に取り憑く可能性のある霊がどう振る舞うかを、霊の種類に応じて身につけさせる。このように憑依霊に種類があることは、じつは重要な意味を持っている。どう重要なのか、それが文化の中でどういう役割を果たしているのかについて、もう少し説明したい。

〈二分心〉の名残りは、空白の〈心の空間〉に存在しているのではない。何の脈絡もなく突然ある文化に現れて、昔の威光だけを頼りに無為にさまよっているわけではないのだ。〈二分心〉の名残りは、いつの時代も文化や下位文化《サブカルチャー》の核心にあって、言葉にできぬ事柄や合理的な説明がつかぬ出来事のもたらす隙間があると、出ていって埋める役割を果たしてきた。それどころか、非合理的ながらも疑いようのない確かな力を帯びて、文化を支え、まとめ上げてきた。そして今度はその文化が土台となって、文化に属する個人の意識の在りようが決まってくる。つまり、比喩の〈自分〉がアナログの〈私〉にどう「知覚される」かや、どのような〈抜粋〉が行なわれるか、〈物語化〉と〈整合化〉にどんな制約が課せられるかが決まっていく。

本章で考察している〈二分心〉の名残りも例外ではない。ウンバンダのように憑依を伴う宗教は、多民族社会で生きる貧しく学もない人々にとって、大きな心の拠り所となっている。彼らは大都市に移住して民族のるつぼの中で根無し草の暮らしをし、政治への発言力もない。こうした雑多な人々を、ウンバンダにあふれる「カリダージ（慈悲）」の精神が慰め、一つにまとめ上げている。注目すべきは、脳神経の回路が特定のパターンをとることで、様々な種類の憑依霊が生まれることだ。これらの霊は、シュメールやバビロンで信仰されていた個人の神を思わせる。より高次の存在との間に立って、とりなしをしてくれるあの神々だ。ウンバンダの霊媒一人ひとりが特定の晩に憑依される霊は一種類で、どの霊も四つのグループのいずれかに属している。このグループを、現れる頻度の高い順に並べると次のようになる。

「カボクロ」　インディオの戦士の霊。仕事を得る、仕事を維持するなど、迅速で思い切った行動を必要とする問題について助言をくれる。

「プレト・ヴェーリョ」　年老いた黒人奴隷の霊。個人的な問題が長引いている場合に答えを出すのを得意とする。

「クリアンサ」　死んだ子供の霊。おどけた助言をくれる。

「エシュ（悪霊）」、女性の場合は「ポンバ・ジラ（「回転する鳩」の意）」　邪悪な異国人の霊。乱暴で強引な解決策を授ける。

以上の四つの主要グループは、信者の民族的多様性を反映して、異なる民族を表している。順に、インディオ、黒人、ブラジル人（子供は「私たちの同類」というわけだ）、ヨーロッパ人だ。請願者との関係も違っていて、それぞれ父親、祖父、兄弟姉妹、他人の関係となる。担当する分野も同じではない。それぞれ、とるべき行動に関するすみやかな決断、個人的な悩みに対する慰めとなる助言、おどけた助言、強引さが必要な解決策だ。ギリシアの神々も、もともとは決断を下す分野によって区別されていたのと同じで、ウンバンダの霊たちも区別されている。四つの特徴が縦横《じゅうおう》に絡み合い、全体が一つのネットワークのように、あるいは比喩が織り成すマトリックスのようになって、人々を結びつけ、彼らを同一文化の中にしっかりと抱き止めている。

これらすべては〈二分心〉の名残りであり、人間が数千年かけて新しい精神構造に適応してきてもなお失われなかったのだと私は思う。

プラトンらが書き記している本物の憑依は、意識のないまま進行するため、これまでずっと演技とは無縁と見なされてきた。しかし、神託者を訓練する過程では、段階に応じてある程度の演技の入り込む余地があったに違いない。ブラジルのウンバンダの場合は明らかにそうだ。年少の入門者はまず遊びの中で憑依を演じることから始め、訓練を積むにつれて、ふだんの自分が言いそうなことと霊の言いそうなこととが区別できるようになる。次に、意識と無意識の間を行き来する状態に入る。ついには、ウェルニッケ野に相当する右半球の領域と、左半球のブローカ野の間に神経の接続ができるためか、全面的な憑依の段階に達し、念願かなって意識を失った状態になる。すると、何が起きたかは思い出せない。ただし、こういう説明が当てはまるのは一部の霊媒だけだ。ウンバンダに限らず、これほど規模の大きい擬似〈二分心〉的な慣習はみなそうだが、演技とトランスの性質や度合いが、同じ人物の中でさえかなりばらつくことも珍しくない。

異言

最後に、誘導による憑依とわずかにつながりの見られる現象を紹介したい。使徒パウロが「異言」と呼んだものだ。意味不明の外国語のような言葉を澱《よど》みなく話しながら、本人も内容を理解できないし、普通は話したことすら覚えていないという現象だ。異言は、原始キリスト教教会の誕生とともに始まったと見られる(17)。一二使徒が集まったところに聖霊が降《くだ》ったとされる出来事のあったときだ。この出来事をもって教会が成立したと考えられているため、教会では復活祭後五〇日目にあたるこの日を聖霊降臨祭という祭日にしている(18)。「使徒言行録」第二章には、おそらく史上初めての異言の模様が記されている。激しい風が吹くような音とともに、炎のような舌が分かれ分かれに現れると、使徒たちは酒に酔ったかのようにめいめい自分たちの知らぬ言葉で語り始めた、とある。

心の状態のこうした変容が、一二使徒のようなれっきとした人々に起きたために、異言はその正当性にお墨つきをもらった格好となった。異言は広まっていく。まもなく初期のキリスト教徒たちは、各地で異言を語り始めた。パウロに至っては、異言を預言と同じ次元で論じているほどだ（「コリントの信徒への手紙一」第一四章二七節、二九節）。パウロ以後も数世紀にわたって異言はときおり流行を見た。〈二分心〉の崩壊とともに失われた権威を探し求める手段の一つとなったのだった。

今でも異言は行なわれている。実践する信者は、神学的に極端に保守的な宗派のみならず、プロテスタント系の主要宗派にまで及ぶ。近年では科学的な研究の対象にもなって、いくつか重要な点が明らかになった。一つは、異言が最初に現れるのは必ず集団の中であること、また、つねに宗教的な儀式の場面であることだ。集団という点を強調したのは、「集団内で強制力を持つ共通認識」が強まらなければ、非常に深いトランスには入れないと思うからだ。異言が起きる前には、「誘導」にあたる手順が先立つ場合が多い。たとえば、気持ちを高ぶらせるような賛美歌を歌った後に、カリスマ性のある指導者が熱い言葉で次のように説く。「自分の言葉が変わるのを感じたら、逆らってはならない。それに身を任せなさい[19]」

信者はこうした会合に繰り返し参加して、ほかの人々が異言を語るのを目にするうち、まずは深いトランス状態に入ることを覚える。その状態では、意識が薄れ、あるいは失われ、外からの刺激に反応しない。信者はほとんど自動的にこの状態に入り、身を揺すり、震わせ、汗をかき、体の一部を引きつらせ、涙を流す。やがて信者は何らかの理由で「身を任せ」られるようになって、明瞭な異言を大きな声で「アリア　アリアリ　イサ、ヴェナ　アミリア　アサリア！[20]」のように語り始める。異言の特徴は、ひとつながりの言葉の終わりが低くうめくような声になることだ。ここにははっきりとしたリズムが響いていて、古代ギリシアの吟じ手《アオイドス》が歌った叙事詩の「長短短」の韻律を思わせる。ホメロスの叙事詩に非常によく似た、強勢の有無の規則的な変化と、上がっていって最後に下がる抑揚は、信じ難いことに、異言を語る者の母国語が何語であっても変わらない。イギリス、ポルトガル、スペイン、インドネシア、アフリカ、マヤなど、どこの人であれ、異言のパターンは同じだ[21]。

異言を語り終えると信者は目を開けて、崇高なる無意識の高みから現実の俗世へとゆっくり戻ってくる。何が起きたかはほとんど覚えていない。しかし、信者はこう告げられる。お前の体に聖霊が降《くだ》ったのだ、神に選ばれ、神に操られる人形になったのだ、と。信者の悩みは希望の中に消え失せ、悲しみの雲間から喜びの光が差す。聖霊はいと高き万物の源泉なのだから、その権威は絶大だ。神がわざわざ卑しき人間の体に入り、その者の舌を通じて御言葉を表してくださった。信者は神になったのだ――たとえ束の間であっても。

これを、宗教的な意味合いを排した無慈悲な白日のもとにさらすと、いささか身も蓋もない言い方になる。たしかに異言はただのでたらめ言葉ではないし、普通の人が真似しようにも、ある程度の構造を持つ発話をこれほど澱みなく続けることはできない。それでいて、異言が言葉としての意味をまったく持たないのも事実だ。誰かが語った異言を録音して、同じ宗教を信仰するほかの人々に聞かせると、めいめいがばらばらの解釈をする。[22] 文化や母国語にかかわらず誰が語ってもリズムを持った言葉になるのは、トランスに入って大脳皮質の制御が弱まるために、皮質下の脳構造が抑制を解かれ、そこからのリズミカルな放電が作用し始めるからとも考えられる。[23]

異言を語る能力は長続きしない。しだいに衰えていく。回数を重ねれば重ねるほど意識的に語ることになって、トランス状態が崩れるからだ。少なくとも、強制力の強い共通認識を持たない高学歴の集団については、初めにカリスマ性のある指導者から教わらなければ異言は起こらない。異言を長く続けたいなら、そして異言の後の至福感を是が非でも得たいと願うなら、権威ある指導者とのつながりを断ってはならない。けっきょく、発話の流れの意識的な制御を、権威ある慈悲深い人物の前で放棄できるかどうかが最大のカギだ。異言を語る人と語ることのできない人に絵画統覚検査（TAT）を受けさせると、その違いがよくわかる。前者のほうが権威ある人物の前で従順になり、その影響を受けやすく、相手に依存する性格なのだ。[24] これはけっして意外な結果ではないだろう。

整理すると、異言が起きるためには以下の要素が不可欠となる。結束の固い集団の中で、強い強制力を持つ共通の宗教が信じられていること、祈りを捧げ、儀式を行ない、意識の範囲を狭めていってトランスに入るという、誘導の手順が存在すること、カリスマ性のある指導者と聖霊とが、絶対的な古き権威を備えていることだ。だとすれば、これにも〈二分心〉の一般的パラダイムが当てはまるのではないか。したがって、異言もまた、〈二分心〉の名残りなのだ。

アリア　アリアアリ　イサ、ヴェナ　アミリア　アサリア
メーニン　アエイデ　テアー　ペーレーイアデオー　アキレーオース
（怒りを歌え、女神よ、ペレウスの子アキレウスの）

異言とギリシア叙事詩（二行目は『イーリアス』の冒頭の一行）を並べたのは、たんに文章に彩りを添えたかったからではない。これには深い意図が込められている。両者を比べることで、次章への橋渡しをしたいのだ。こうした古い時代の文化を探る以上、一つの問題に少なくとも触れぬわけにはいかない。奇妙で、異質で、じつに深遠で、突き詰めると謎に包まれた「詩」の問題に。

第3章　詩と音楽

これまでの章で、本書の仮説の裏づけとして取り上げた資料に詩が多かったのはなぜだろうか。また、読者のおおかたにも覚えがあるだろうが、人はなぜ大きなストレスを抱えているときほど詩を書くのだろう。この密やかな営みへと私たちを導く、目に見えぬ光の正体は何なのか。詩を書いていると、自分でも気づかなかった思いに目を開かれるのはどうしてなのか。詩を書きながら手探りで進むうち、自分の中にすべてを知っているもの、最初からすべてを知っていたものを見出し、太古の人間性とでも思えるものに出会えるのはなぜなのか。

ここまでせっかく段階を踏んで議論を進めてきたのに、本章でその流れをそれ、あまり顧みられていない、あえて取り上げる必要もなさそうなテーマを選ぶのは、無用の回り道に思えるかもしれない。しかし、第三部は第二部までとは違って、各章に前後のつながりがあるわけではない。〈二分心〉の時代から現代に通じるいくつかの道筋を、一つひとつ見ていく構成になっている。それに、いずれわかるだろうが、これまでの章で積み残してきた部分、とくにギリシアの叙事詩に関して説明が足りなかったところを、本章で補う必要があると思うのだ。

単刀直入に私の考えを言おう。最初の詩人は神々だった。詩は〈二分心〉の誕生とともに始まった。古代の精神構造における神の側はたいてい、いやことによるとつねに、韻文で語っていたのだ。少なくともそういう時代があった。つまり、ある時代に生きた人間のほとんどは、頭の中で詩（のようなもの）が組み立てられて語られるのを一日中聞いていたことになる。

もちろん、実際にそうだったかは確かめようがなく、推測するしかない。そして、私の推測はこうだ。意識の時代になっても〈二分心〉を持ち続けていた人間はすべて、神の側について語るときや神の側から語るときには韻文を使っていたのではないか。古代ギリシアの壮大な叙事詩はもちろん、吟じ手《アオイドス》が詩として聞き、吟じた。メソポタミアやエジプトの古い文章については、発音の仕方が不明なので断言はできないものの、音訳に全幅の信頼を置いてよいなら、それらの文章も声に出して読むときは詩になっていたと考えられる。インド最古の文献『ヴェーダ』は、「リシ（聖仙）」と呼ばれた預言者が霊感を受けて神の言葉を述べたものとされており、これもやはり詩だ。神託者は韻文で神託を告げた。デルポイなどの神託所の巫女の言葉が書き記されることがあったが、ある程度まとまった文章として現代まで残っているものを見ると、一つの例外もなく長短短六歩格の詩になっている。これは、叙事詩と同じ形式だ。ヘブライの預言者たちも、幻聴で聞いたヤハウェの言葉を民に伝えるときは、詩の形をとることが多かった。ただし、その預言を書き写した文書に詩の形式が残っているとはかぎらないが。

〈二分心〉の時代がはるかな昔へと遠ざかっていき、神託が第五段階に差しかかる頃には、例外も現れている。神託者が韻文を用いないケースも見られるようになったのだ。たとえば、一世紀のデルポイでは、巫女が韻文と散文の両方で神託を告げていたらしい。散文の部分は、神殿に仕える詩人が後で韻文に直したという。[1]だが、この時期に散文の神託を長短短六歩格の詩に書き換えずにいられないこと自体が、失われた神性を懐かしむ気持ちの表れではないだろうか。また、韻律を持った詩で神託を語るのが、かつての決まり事だったこともうかがえる。時代がさらに下ってからも、もっぱら長短短六歩格で神託を告げる者はいた。たとえばタキトゥスは西暦一〇〇年頃、クラロスにあるアポロンの神託所を訪ねたときの様子を記している。神託所の神官は神懸かりになり、神託を求める人の問いに耳を傾けた。それから

……神官はほとんど文字も韻律も知らないはずなのに、聖泉の水を一口飲んでから、詩で問いに答える。[2]

だとすると、詩は神から授けられる知識だったことになる。〈二分心〉が崩壊してからは、詩の音と中身で権威を伝えるようになった。散文では尋ねることしかできなくても、韻文なら命じることができる。それはじつに心地良いものだった。ヘブライ人がエジプトを脱出してさまよっていたとき、大勢の民の先頭を切って運ばれていたのは主の契約の箱だったが、人々がいつ出発していつ止まるのか、どこに向かい、どこにとどまるのかを決めたのは、モーセが韻文で語った言葉だった。[3]

韻律を備えた言葉や反復形式を持つ発話を、人知を超えた知識と結びつける考え方は、意識が芽生

えてからもかなりの間、続く。イスラム以前のアラビアでは、詩人は「シャーイル」と呼ばれていた。「知る人」もしくは「精霊から知識を授けられた人」という意味だ。シャーイルの吟じる言葉が韻律を備えているのは、神から与えられた徴《しるし》だった。古代の世界では、聖なる預言者と詩人が長らく同類と考えられており、インド＝ヨーロッパ語系言語のうちには、両者を同じ言葉で言い表すものもあった。脚韻も頭韻も、つねに神々と預言者たちの言語的領分だった(4)。自然発生的な憑依《ひょうい》においても、少なくとも一部の事例では、悪霊が詩文で語った(5)。現代の異言も、前章で見たように、どこの国で行なわれても韻律を備えたものになる傾向にある。とくに、長短短のリズムを持つものが多い。

つまり詩は神々の言葉だったのだ。

詩と歌

ここまではただ文学の伝統を語っただけであって、何かを証明すると言うより、そうであってほしいと願っているにすぎないとの声もあるだろう。別の角度から斬り込んで、詩と〈二分心〉とのつながりをもっと科学的に示すことはできないだろうか。できる、と私は考える。そのために、詩と音楽の関係に注目すればよい。

まず、初期の詩は節をつけて吟じるものだったことを指摘したい。「語る」と「歌う」の違いは、声の高さがなだらかに変化するか、不連続に変化するかだ。普通に話しているとき、私たちはたえず声を上げ下げしていて、たった一つの音節を発音する間にも声の高さを変えることがある。一方、歌うときには、音の高さが不連続に変化し、なだらかに上がり下がりすることはない。話しているときの声の高さは、オクターブの特定範囲（くつろいで話している場合は音程にして五度分）内を自由に動き回っている。歌うときの音符から音符への変化は、厳密な詩脚に基づいているし、音の高低差も大きい。

現代の詩はいわば雑種だ。歌の持つ韻律と、語りに見られるなだらかな高低の変化を兼ね備えている。だが、古代の詩ははるかに歌に近かった。特定の音を際立たせたいときは、英語を発音するときのようにアクセントの強弱で表現するのではなく、音程の高低で示していた[6]。古代ギリシアの例で言うと、詩の中で基準となる音より正確に五音高くすることで強勢を表現する。現代の音符に読み変えるなら、長短短格はたとえば「ソ・ド・ド、ソ・ド・ド」となって、「ソ」をとくに強く発音することはない。加えて、鋭アクセント、曲アクセント、重アクセントという三つの補助的なアクセントがあった。それぞれを／、∧、＼の記号で表すことからもわかるように、鋭アクセントは同じ音節内で音を上げる、曲アクセントは同じ音節内で音を上げてから下げる、重アクセントは同じ音節内で音を下げることを意味する。これらを組み合わせれば、詩はさながらグレゴリオ聖歌のように、様々な音で飾り立てた変化に富む美しい歌となった。

では、以上が〈二分心〉とどう結びつくのだろうか。発話がおもに脳の左半球の機能であることは、以前から知られている。しかし歌は、おもに右半球の働きらしいことが明らかになりつつある。それを裏づける証拠はいろいろな方面からもたらされているが、いずれも一貫している。

✚医師の間ではよく知られているとおり、左半球に脳出血を起こした高齢者の多くは、言葉が話せなくなっても歌を歌うことはできる。

✚患者の言語機能について左右どちらの脳半球が優位かを調べるために、病院でいわゆる「和田テスト」が実施されることがある。和田テストは、アミタールという薬品を左右どちらかの頸動脈に注射して、同じ側の脳半球の働きを著しく抑制しながら、もう一方の側の脳半球は目覚めた機敏な状態に保っておくというものだ。左の頸動脈に注射をし、左半球を抑制して右半球だけを働かせると、患者は話せなくなるのに歌は歌える。右の頸動脈に注射をして左半球だけを働かせると、患者は話せるのに歌うことができない(7)。

✚神経膠腫《こうしゅ》の患者が左半球をすべて取り除く手術を受けると、術後はどんなに頑張っても言葉は二言三言発するのがやっとだが、少なくとも一部の患者は歌を歌える(8)。そうした患者の一人は、言語機能のない右半球しか残っていないのに、『アメリカ』や『峠のわが家』をほとんど一言一句たがわずに、ほぼ完璧な発音で歌えた(9)」

✚右半球の後側頭葉と隣り合った領域、とくに前側頭葉に電気刺激を与えると、しばしば歌や音楽の幻聴を引き起こす。こうした事例については、すでに第一部第五章でいくつか紹介した。幻聴を引き起こすのは、ウェルニッケ野に相当する右半球の領域とほぼ一致する。私が、〈二分心〉の幻聴が形作られていたと考える場所だ。

これらの事実から、歌やメロディは主として右半球の働きによって生まれると言える。古代の詩が、語るというより歌われるものだったのなら、詩もまたおもに右半球の産物であって、第一部第五章で示した〈二分心〉の仮説で説明できるのではないだろうか。もっと正確に言うと、古代の詩には、神々の声を作っていたと思われる右側頭葉の後ろ寄りの部分と、その隣の、今日もなお音楽に関与する領域とがかかわっていたのだ。

まだ納得できない方のために、一つの実験を考えた。これを試してみれば、歌が右半球の働きであることをすぐに身をもって感じられるだろう。まず、二つの話題を思い浮かべてもらいたい。個人的な事柄でも一般的な問題でも、何でもよい。ある程度まとまった量を話すことのできる話題を選ぶ。次に、そばに友人がいるつもりで、一方の話題について声に出して話してみてほしい。それから今度は、やはり友人がいるつもりで、もう一方の話題を歌にして歌ってみてほしい。絶対に途中でやめてはならないと自分に言い聞かせながら、どちらもまるまる一分間続ける。終わったら内観によって比べてみよう。歌うほうがはるかに難しかったのはなぜだろうか。いつのまにか話題とは関係のない決まり文句を口ずさんでしまうのはどうしてだろう。もしくは、気がつくとメロディが消えて一本調子の語りになっていたのはなぜか。歌の途中で、何を話したかったのかわからなくなるのはどうしてだろうか。なんとかしてメロディを呼び戻してそれに話題を乗せようとしているとき、あるいは――こちらのほうが実感ではないかと思うが――なんとか話題を呼び戻してメロディに乗せようとしているとき、頭の中では何が起きているのだろうか。

答えはこうだ。話題は左半球のウェルニッケ野の「中」にあるのに、メロディはウェルニッケ野に相当する右半球の領域の「中」にある。ただしこれは、神経学的に見てけっして厳密な言い方ではないことを急いでつけ加えておきたい。「話題」「メロディ」と言ったのも、それぞれを生み出す脳内の構造を指している。ともあれ、当たらずとも遠からずで、言わんとするところは十分伝わると思う。まるで、自発的な発話が右半球を妬《ねた》んで、人を独占したがっているかのようなのだ。メロディで左半球を妬んで、人が左半球の話題を忘れてしまうことを願っているように思える。あらかじめ決めておいた話題を、即興のメロディに乗せて歌おうとすると、左右の脳半球の間を目まぐるしく行ったり来たりしているような気がする。見方によっては、実際にそうとも言えるだろう。左半球で話す言葉を決めたら、すぐに右半球のメロディのもとに取って返そうとする。のんびりしていると、別の言葉が先に右半球に着いてしまうからだ。現に、実験をしてみるとたいていそうなる。言葉を発してはいても、いつのまにか話題からそれて関係のないことを歌っていたり、内容に前後の脈絡がなくなっていたりする。言葉がまったく出てこない場合もあるだろう。だからけっきょく、歌うのをやめてしまう。

もちろん、練習すればある程度は考えを言葉にして歌えるようになるし、音楽家にはそれができる人が多い。女性も、脳機能がそれほど左右どちらかに偏っていないので、男性ほどの困難を感じない。一日に二回練習して、一か月、一年、一生と続けていけば、必ず上達するはずだ。その際、歌詞の面では、決まり文句や暗記しておいた言葉を絶対に使わないように、メロディの面では一本調子にならないように、心して取り組むことが大切だ。一〇歳の子供であれば難なくそれを身につけて、ゆくゆくは詩人になるのも夢ではない。将来、不幸にして左半球に支障を来しても、考えを歌で表現する練習をしておけば何かの役に立つかもしれない。では、この練習をすると脳の中で何が起きるかと言えば、おそらく、左右の脳半球の間に新しい結びつきができるのだろう。その結びつきは、前章で取り上げた憑依の学習の場合ともけっしてかけ離れてはいないはずだ。

音楽の本質

以上を踏まえた上で、音楽がどのような役割を果たしているかについても少し考えてみたい。というのも、音楽を聞いて味わうときにも人は脳の右半球を使っているからだ。

音楽にかかわる機能が右半球に局在していることは、ごく幼い子供にも見てとれる。たとえば、生後六か月の赤ん坊が母親の膝の上にいるときに、脳波を計ったとする。電極を左半球にあるウェルニッケ野の真上と、ウェルニッケ野に相当する右半球の領域の真上に取りつけて、誰かが話をしているテープをかけると、左半球のほうが活発に働く。ところが、オルゴールのメロディや人の歌声を録音したテープをかけると、今度は右半球が活発になる。この実験を実際に行なったときには、むずかったり泣いたりしていた赤ん坊が、音楽が流れたとたんにおとなしくなっただけでなく、微笑を浮かべ、母親の視線から目をそらしてまっすぐ前を向いた⑽。ちょうど、大人が何かに集中しようとするときと同じ様子を見せたのだ。この発見が持つ意味は計り知れぬほど大きい。人間の脳は生まれながらに、ウェルニッケ野に相当する右半球の領域への刺激、すなわち音楽に「従い」、そこから注意をそらさぬようにできていると考えられるからだ。〈二分心〉時代の人間が、脳神経の配線の仕組みによって、右半球の同じ領域からの幻聴に従わざるをえなかったという私の仮説と一致するではないか。さらには、人間の発達にとって子守歌がきわめて重要であって、もしかしたら子供の将来の創造性を左右しているかもしれないことも、この実験からうかがえる。

音楽が右半球の働きかどうかは、自分でも確かめられる。両耳にイヤホンを差し込んで、左右別々の音楽を同じ音量で聞いてみるとよい。左耳から入った音楽のほうがよく聞き取れるし、よく覚えていられる[11]。左耳で捉えた信号のほうが多く右半球に伝わるからだ。具体的には、おそらく右の前側頭葉に伝わるのだろう。その証拠に、その部分を切除された患者は、メロディの違いをほとんど区別できなくなる。一方、左の側頭葉を取り除く手術をした患者に同じ検査をしても、同様の問題はいっさい起きない[12]。

脳内では、皮質の一箇所が興奮すると、その興奮が隣り合った領域にも広がっていくことがわかっている。音楽を司る右半球の領域で興奮が蓄積していけば、それが隣の、神々の声を生み出していた領域にも広がっていく、あるいはその逆が起きると考えてもおかしくはない。だからこそ、音楽と詩との間、そしてその両者と神々の声との間に密接な関係が生まれた。さらに言うなら、音楽が考え出されたのは、意識を持たぬ時代の人々が物事を決めるために、脳を刺激して神々の声を引き出そうとしたからではないだろうか。

こう考えると、音楽《ミュージック》という言葉が聖なる女神ムーサ（訳注　英語読みでは「ミューズ」）からきているのも、けっして歴史の成り行きで生まれた偶然の産物ではあるまい。音楽もまた、〈二分心〉から始まったのだから。

したがって、古代の詩人が竪琴《たてごと》を用いたのは、神々の言葉を生み出す領域、つまり右側頭葉の後ろ寄りの部分を、すぐ隣の領域から刺激するためだったと言ってもあながち無謀ではないのがわかるだろう。紀元前八世紀から七世紀にかけて、抒情詩やエレゲイア詩に笛の伴奏をつけたのにも同じ狙いがあった。後にはギリシアでも詩に伴奏をつけなくなるが、思うにそれは、もはや詩を脳の右半球から歌わなくなったために、音楽による刺激が用をなさなくなったからかもしれない。代わって詩は、左半球の記憶だけを頼りに暗唱されるものとなり、神託者のような本物の恍惚状態の中で再現されることはなくなった。

こうした伴奏の変化は、詩が様々な文献の中でどう触れられているかとも呼応する。古いものと新しいものが混在する時代が長いので、明確な線引きはしにくいが、古い詩ほど歌うものとして扱われ（『イーリアス』や『神統記』などが良い例）、後年の詩ほど話すもの、物語るものとして描かれることが多い。前者は竪琴を手にした吟じ手《アオイドス》の時代と、後者は紀元前八〜七世紀の、ラブドス（拍子を取るために用いたと思しき細長い杖）を手にした語り手《ラプソドス》の時代とおおまかに対応しているのではないか。さらには、こうした具体的変化の裏に、もっと大きな精神構造の変化があった。〈二分心〉による詩作から意識による暗唱へ、口頭による伝承から文書による伝承へと変わっていったのだ。ところが、もっと時代が下ると、擬古《ぎこ》主義の流行によって、歌い手としての詩人と歌としての詩が比喩的に蘇り、独自の権威を、今や意識を持つようになった詩人に与えた(13)。

詩作と憑依

意識が生まれて広まる過程で詩が性質を変えていったことを検証する第三の道は、詩人自身と、その精神状態に目を向けることだ。具体的に言えば、詩人とムーサたちの関係が、神託者と偉大なる神々との関係と同じだったのかを検討したい。

少なくともプラトンにとって、この問題は自明の理だった。詩とは神が与えた狂気であり、ムーサたちの「カトコーケー（しっかりつかむこと）」によって、つまり神懸かりになることで生まれると彼は考えていた。

……優れた詩人はすべて、叙事詩人であれ抒情詩人であれ、美しき詩を技術によって作るのではない。神気を吹き込まれ、神懸かりになるからこそ詩が生まれる。……詩人は、神気を吹き込まれ、我を忘れた状態になり、知性が体から離れて初めて、詩を作ることができるのである。(14)

だとすれば、紀元前四〇〇年頃の詩人は、同じ時代の神託者と精神状態が同じで、詩作をするときも似たような精神の変容を経ていたことになる。

プラトンの言葉を信じるなら、神懸かりになって詩を作る伝統が叙事詩誕生の頃にまでさかのぼると思いたくなる。だが、残されている文献からは、そこまで範囲を広げられる証拠は得られていない。かの『イーリアス』は、「カトコーケー」という言葉が使われたり、「カトコーケー」が目撃されたりした時代より何世紀も前の作品だが、その内容を見るかぎり、初期の吟じ手《アオイドス》には「我を忘れた状態になって知性が体から離れる」ことなどなかったと思われる。詩人が言葉に詰まって詩が途切れ、ムーサたちに先を続けてくれと頼む羽目になる場面が何か所かあるからだ（第二歌四八三、第一一歌二一八、第一四歌五〇八、第一六歌一一二）。

ちなみに、ここではっきりさせておきたいのだが、ムーサたちはけっして誰かの空想の産物ではなかった。ためしにヘシオドスの『神統記』の始めの数ページをじっくり読んでみるとよい。そこに描かれているのが、おそらくすべて幻覚で見聞きしたものであることに気づくだろう。今日でも、統合失調症の患者やある種の薬物を使用した人が見る世界によく似ている。〈二分心〉を持つ人間は空想などしない。経験するだけだった。美しきムーサたちは「ユリにも似た」声を揃えて歌い、濃い夕靄《もや》の中から踊りながら姿を現すと、孤独なヒツジ飼い（ヘシオドス自身）がうっとりと見惚れる周りで優しくまた力強く足を踏み鳴らす。繊細でありながら傲慢《ごうまん》なこの女神たちは、〈二分心〉時代の末期に生きた人々にとって、記憶を蘇らせる幻覚の源だった。当時の人間は、過去の積み重ねの中に生きてはいなかったし、私たちの言う「一生」の観念も持たない。完全な意識がないので、過ぎし日々を懐かしむこともできない。それなのにこうして神話が書けたのは、ヘリコン山のヒツジ飼いその人がムーサたちに選ばれ、彼女らの語るとおりに言葉を綴ったからだ。ヒツジ飼いは言う。ムーサたちは歌の「倦《う》むことを知らぬ流れ」の中でいつも同じ「phrenes」で声を合わせて歌った、と[15]。ムーサたちは、人に何をすべしと命じるのではなく、もっぱら過去になされた出来事を選ばれし者に教えてくれた。この点で他の神々とは一線を画すムーサたちは、ムネモシュネの娘だった。ムネモシュネ（Mnemosyne）は巨神族ティタンの女神で、その名は後に「記憶（memory）」を意味するようになった。この意味を持つものとしては、世界初の単語だ。

　話は戻るが、先を続けてくれとムーサに頼むという行為は、私たちが何かを思い出しそうで思い出せないときに記憶の扉に向かって呼びかけるのに似ている。このときの詩人の言葉に正気を失っている様子はなく、自分が何をしているかわからないようにも思えない。たとえば『イーリアス』の一場面を見てみよう。言葉に詰まった詩人は、ミューズたちにこう言って請い願う。

オリュンポスにおられるムーサらよ、あなた方は女神でいらっしゃり、いかなる場にもあって、すべてをご存知であるのに、私たちは伝え聞くのみで、何一つ知らない。今こそ私に語りたまえ。ダナオイ（訳注　ギリシア人のこと）勢を率い治める将領たちは誰であったかを（第二歌四八三〜四八七）。

それから詩人は正気を保ったまま懇願を続け、自分はムーサたちが物語を歌って聞かせてくれないかぎり、たとえ「一〇の舌、一〇の口、涸れることのない声」を持っていても、将領たちの名前を挙げることはできないのだ、と語っている。先の引用中の傍点は、ムーサたちが詩人にとって現実の存在だったことを強調するために私が打った。

ヘシオドスが聖なるヘリコン山の山腹でヒツジの番をしていて、初めてムーサたちと出会ったときにも、彼が神懸かりになった様子は見られない。ヘシオドスはこう書いている。ムーサたちは、

……私の中に神の声を吹き込まれたのだ。これから起きる事柄と昔あった事柄をたたえ歌わせるために。とこしえにいます神々の聖なる一族について歌うように。ただし初めと終わりには、いつも彼女たちのことを歌うようにと(16)。

ヘシオドスの同時代人であるヘブライの預言者アモスは、ユダの山地テコアの草原でやはりヒツジの

群れの番をしていたときに、ヤハウェと出会っている。[17] その体験を信じるのなら、ヘシオドスの言葉もまた、人が本当に体験したこととして文字どおり受けとるべきだろう。また、『神統記』にも、ムーサたちの言葉が途切れて（一〇四行）ヘシオドスが先を促すくだりがあるが、このときも神懸かりになった様子はない。彼は、今耳にした神々の長い系譜を詩に表したいと思い、ムーサたちをたたえつつ自分自身の声でこう訴えている。「ムーサたちよ、これらのことを初めから物語りたまえ」（一一四行）

『オデュッセイア』には盲目の吟遊詩人デモドコスが登場するが、彼の格調高く細やかな語りを見ても、この詩人が神懸かりになっていたとは思えない。デモドコスが実在の人物だったとするなら、脳に何らかの障害を負って盲目になった代わりに、ムーサの声を聞く力を与えられ、オデュッセウスが思わずうなだれて涙にむせぶほどの見事な詩（第八歌六三～九二）を吟じられるようになったのかもしれない。オデュッセウス自身もわかっている。目が見えず、トロイア戦争を目の当たりにしたはずのないデモドコスが、その戦いについて歌うことができるのは、ムーサかアポロンに教えてもらっているからにほかならない、と。デモドコスの歌は「ホルメテイス・テウー（神からの霊感を受けた）」、つまり、たえず神からじかに与えられるものだった（第八歌四九九）。

以上の文献資料から、前八世紀かおそらく前七世紀頃までは、後のプラトンの時代のように詩人が正気を失うことはなかったと思われる。むしろ、詩人が詩を創る力は、本書で〈二分心〉と呼ぶものにきわめて近かったのかもしれない。詩人、すなわち女神を崇めるこの伝達者が、ムーサたちが蔑《さげす》みあざけったように「食らうことしか能のない、恥ずべき卑しい者ども」[18] であって、たとえばヒツジ飼いのように人里離れた未開の地で暮らす、技術もない粗野な人間だったことは、彼らが〈二分心〉を残していたという仮説と無理なく馴染む。野に住む「食らうことしか能のない者ども」は、新しい精神構造の影響を受ける機会が少ない。また、人里離れて暮らしていることも、幻覚の誘因となりうる。

しかし、紀元前六世紀に入ってソロンの時代になると、様子が変わってくる。もはや詩人が無条件に詩才を与えられることはなくなり、「ムーサたちの才を身につける」必要が出てきた（断片一三：五二）。紀元前五世紀になると、詩人が詩作のために恍惚となって奇矯《ききょう》な振る舞いをしていたと思わせる記述が初めて現れる。いにしえの吟じ手《アオイドス》、たとえばデモドコスが見せたような、落ちついて威厳にあふれた態度とはなんという違いだろう。デモクリトスは、一種の狂乱状態に陥らなければ偉大な詩人にはなれないと説いている（断片一八）。そして紀元前四世紀には、「我を忘れて」神懸かりとなった狂える詩人についてプラトンが語っているのは、先にも述べたとおりだ。〈二分心〉で神の声を聞いていた神託者が、荒々しいトランスの中で神に憑依される人物へと変わっていったように、詩人もまた様変わりしたのだった。

これほど大きく違ってしまったのは、「集団内で強制力を持つ共通認識」が変化して、ムーサたちが外界に実在すると信じづらくなったからなのか。あるいは、意識の発達に伴って脳の両半球を結ぶ神経回路が再編されたために、詩才を与えられることが不可能になり、意識が脇にのいていなければ詩を生み出せなくなったのか。それとも、ウェルニッケ野に対応する右半球の領域が左半球のブローカ野を働かせているために、正常な意識を（いわば）ショートさせているからか。いや、けっきょくこの三つは同じことを言っているのだろうか（もちろん今のところ私はそう思っているが）。

何が原因だったにせよ、その後の数世紀で詩は衰退の一途をたどる。神託者が、第四段階、第五段階へと進むにつれて徐々に力を失い、ついには神懸かりが不十分で不安定になっていったのと同じように、詩人もまた少しずつ変化して、ついには狂乱状態もムーサたちによる憑依も、不完全で稀になっていったのではないか。やがてムーサたちは口をつぐんで凍りつき、神話の世界へと消えていった。ニンフとヒツジ飼いが踊ることももうない。意識とは魔女のようなものだ。その魔法にかかると、純粋なる霊感は喘いで息絶え、創意工夫へと姿を変える。口頭で伝えられていた内容を、詩人が手ずから書き記すようになる。書き記すのは右手、脳の左半球によって動かされる右手であることを言い添えておきたい。ムーサたちは想像上の存在となり、〈二分心〉を懐かしむ人間がときおり呼びかけても物を言わなくなった。

以上を整理してみると、これまで詩についてとりとめもなく断片を連ねながら伝えようとしてきたことは、私が神託について述べた仮説に似ていると言える。詩は、〈二分心〉の神の側が語る言葉として始まった。〈二分心〉が崩壊すると、まだ神の言葉を聞くことのできる者が預言者として残る。その一部は公認の神託者となって神託を告げ、先々のために決定を下した。また一部は詩人という特別な職業について、神が語る過去の出来事を人々に伝えた。その後、〈二分心〉が持つ有無を言わせぬ力が弱まり、何らかの抑制が右半球にかかってきたのだろうか、詩人は修行を積まなければ神の声が聞こえなくなる。それすら難しくなると、狂乱状態に入らなければ、さらには我を忘れて神懸かりの状態に達しなければ、もう詩は作れなくなった。これも神託の場合と同じだ。前一〇〇〇年紀が終わりに近づき、散文で語られた神託を意識的に韻文に書き換えるようになった頃、とうとう詩にも同じ運命が訪れた。詩才はもはや、ムーサたちの合唱によって与えられるものではなくなる。意識を得た人間は、詩を書いては言葉を削り、あるいは足し、書き直すなどしながら、いにしえの神の声を忠実に再現しようと苦心惨憺《さんたん》するようになった。

神々は天上の世界に引きこもって、ますます人間に物を語らなくなっていく。言語学的な視点から見れば、左半球の監視メカニズムが幻聴を受信できなくなったと言ってもよい。それなのになぜ、神の言葉はきれいさっぱり消えてしまわなかったのだろうか。なぜ詩人は、大神託所の神官や巫女と違って、神懸かりの狂乱に身を任せ続けたのか。答えは明白極まりない。詩が天与の才能から人間の技能へと姿を変えながらも死に絶えなかったのは、絶対性を懐かしむ心の表れだ。神の指示というもはや失われた異質さと、なんとかして結びついていたかったから、やめるわけにはいかなかった。今日でも詩が、架空の存在と見なされているものへの呼びかけや、未知の空想の産物への祈りの形をとることが多いのは、そこに理由がある。本書の冒頭の段落があのような体裁を取ったのにも、同じ理由がある。詩人に意識が芽生えてからは、まだ存在している理想の原型をもとに、詩人のアナログの〈私〉が手を加えるようになった。古代の詩人が霊感に打たれて発した言葉とその真実の重みを手本にして、それを忠実に模倣《ミメーシス》することが詩人の新たな仕事となった。(19) 〈二分心〉の神の声を真似ることから始まった模倣《ミメーシス》は、現実の再現としてのプラトン的な模倣《ミメーシス》へと変わり、ついには苦々しさを噛み締めながら技術によって写し取ることを意味するようになった。

後世の詩人の中には、実際に幻聴を聞いていたとはっきり述べている者たちがいる。ミルトン（訳注　一六〇八〜七四。イギリスの詩人）はこう書いた。「わが守護神たる天の女神は……こちらから何も頼まずとも……自然に流れ出る詩句を教えてくれる」。盲目となったミルトン自身が、自分の娘たちに口述して詩を書き取らせたのとちょうど同じだ。[20] ウィリアム・ブレイク（訳注　一七五七〜一八二七。イギリスの詩人、画家、神秘主義者）が尋常ならざる幻視と幻聴――ときに何日も続き、本人の意思に反して起きる場合もあった――を経験し、それをもとに絵を描き詩を作っていたことはよく知られている。リルケ（訳注　一八七五〜一九三六。プラハ生まれのオーストリアの詩人）は、幻聴で聞いた長いソネットを、熱に浮かされたようになって書き写したと言われる。

だが、私たちのおおかたはもっと凡庸で、現代という時代が体に染み込んでいる。幻聴を通じてじかに詩を聞くことはもうない。その代わり、何かが自分に与えられ、それが育まれて生まれ出るような感覚、自分で詩を作っていながらその詩が向こうからやって来たような感覚を覚える。ハウスマン（訳注　一八五九〜一九三六。イギリスの詩人、古典学者）は、ビールを飲んでから散歩をしているときによく、「不意にわけのわからぬ気持ちが込み上げてきた」かと思うと、詩の断片が「ふつふつと湧き出てきた」という。その後それを「書き留め、残りを頭で完成させなければならなかった」。ゲーテ（訳注　一七四九〜一八三二。ドイツの詩人、劇作家、小説家）は、「歌が私を作ったのであって、私が歌を作ったのではない」と述べた。「私が考えているのではない。私の観念が、私に代わって考えてくれるのだ」と語ったのはラマルティーヌ（訳注　一七九〇〜一八六九。フランスの詩人、政治家）だ。私の敬愛するシェリー（訳注　一七九二〜一八二二。イギリスの詩人）は、ずばりこう記している。

「私は詩を作るつもりだ」とは誰にも言うことはできない。どんなに優れた詩人であってもそう

> だ。創造する精神とは、消えかかった炭火のようなもので、気まぐれな風にも似た、目に見えぬ力にかき立てられて、束の間、赤々と燃え盛る。……そして、私たちの本性を形作っている意識の部分は、その風がいつ現れていつ去るのかを前もって知ることができない。[21]

「消えかかった炭火」を左半球、「気まぐれな風」を右半球と捉えれば、この文章はかつての人と神々の関係の名残りを表していると言えないだろうか。

もちろん、この件に普遍的に当てはまる規則があるわけではない。詩人の神経系は靴のようなもので、最低限の共通する形はあっても、種類やサイズは人それぞれだ。脳の両半球の関係も、人によって違うことがわかっている。それどころか、神経系などなくても詩は書ける。語彙とそれなりの構文法、語彙の組み合わせの適否、さらには韻律の整え方に関するいくつかのルールを、コンピュータに入力してみればよい。超現実的《シュール》な嫌いがあるにせよ、かなり「霊感に打たれたような」詩を吐き出すだろう。だがそれは、すでに私たち人間が二つの脳半球と神経系を使って行なっていることの真似にすぎない。コンピュータにしろ人間にしろ、〈二分心〉の名残りで霊感を感じなくてもきちんと詩は書けるのだが、それは詩を作っているのではなく、より純正な既存の古い詩を模していることになる。詩は、ひとたび人類の中に生まれてしまえば、誰もが同じやり方で作る必要はない。詩はもともと〈二分心〉の神の声として始まった。以後、数限りない模倣《ミメーシス》作品が作られてきたが、今日にあっても、すばらしい詩というものはどんなやり方で作られていようと、聞く者の耳にまったく異質な印象を与える。その言い回しも内容も、その慰めも刺激も、かつて私たちが神々の言葉に感じていたものと変わらない。

タミュリスの教訓

いささかぎこちない論じ方ではあったものの、詩がいかにして成立したかを生物学的な観点から考察してきたが、最後に、むごたらしいタミュリスの悲劇に目を向けて、そこから何が学べるかを考えてみたい。タミュリスは『イーリアス』に登場する詩人だ（第二歌五九四〜六〇〇）。自分の詩才にうぬぼれて、ムーサをも負かしてみせると豪語した。当時、〈二分心〉から意識への移行期にあって、神は一人また一人と消えつつあった。残った神々は、先にも述べたとおり嫉妬深かった。九人のムーサたちもその例に漏れず、タミュリスの途方もない思い上がりに激怒する。女神たちはタミュリスの体の自由を奪った上（たぶん左半身を麻痺させたのだろう）、二度と詩が作れないようにその能力を取り上げた。竪琴の奏で方も忘れさせてしまった。

そもそもタミュリスなる人物が実在したかどうかもわからないし、この物語が具体的に何を伝えたいのかも定かではない。だが、この部分は後世になって『イーリアス』につけ足されたものだと私は思う。そして、つけ足されたこと自体が、〈二分心〉の崩壊とともに左右の脳半球の連携に支障が起き、芸術を表現しにくくなった現実を匂わせていないだろうか。たとえば私たちが霊感に打たれて意識を失い、その後、意識を失ったことに気づくとその霊感を失ってしまうという感覚を、タミュリスの話は物語っているのではないか。意識は神さながらに嫉妬深い意識となり、自分以外の何者にも行動を司らせなくなるのだ。

私が若かった頃、少なくとも二〇代の間は、森や浜辺を散歩したり丘に登ったり、とにかく一人で何かをしていると、不意にこの上なく美しい即興の交響曲が頭に鳴り響いているのに気づくことがよくあった。ところが、それを意識したとたん、悲しいかな一小節も進まぬうちに、音楽は消えうせてしまう。必死で呼び戻そうとするが何も出てこない。頭の中で静けさが深まるばかりだ。交響曲が私の脳の右半球で作られ、何らかの方法で幻聴らしきものとして聞くことができたのに違いない。また、言語化する能力を持った私のアナログの〈私〉は、少なくともこの瞬間はおもに左半球で働いていたのだろう。だとすれば、音楽が聞こえなくなった理由は、タミュリスの話の真相と大枠では似ているのかもしれない。〈私〉は働きすぎたのだ。私の左半身は麻痺していない。だが、もう音楽は聞こえなくなった。たぶん二度と聞くことはないだろう。

現代の詩人も同じように途方に暮れている。かつては、文語体や古風な言い回しを大胆に用いれば、本物の詩にふさわしい異質さと崇高さをなんとか醸し出すことができた。しかし、自然主義という、後戻りのできぬ激しい潮の流れがムーサたちをさらに遠くへ押し流し、右半球の闇の中に運び去った。それでも人は、よるべもないままどうにかして権威を探し求めようとし、シェリーの言葉を借りれば、「いまだ捉えられぬ霊感の秘儀を説く司祭」たるのをやめない。だが、捉えようとすればするほど霊感は逃げていく。ついには、霊感など初めからなかったのではないかと思えてくる。私たちの信じ方が足りないのだ。強制力のある共通認識などもはやどこにもない。歴史はその指で、固くムーサの唇をふさいでいる。〈二分心〉は黙して語らない。そして、なにしろ手を伸ばしても、神は宙に消えていくのだから……

せめて奇蹟の力で思い浮かべよう、私とともに
（おぼろげな贈り物――神々が与えるものはそうあらざるをえない）
そこにあるはずのない何かを
そして、絶望から一つの流儀を学ぶのだ。

第4章　催眠

今、読者のみなさんにこんなお願いをしたとしよう。酢を飲んでシャンパンの味を感じてください。腕にピンを刺しますから快感を覚えてください。暗闇をじっと見詰めながら、光が差していると想像するだけで瞳孔を収縮させてください。ふだんは信じていないことを、何でもよいから進んで心から信じてください。どうだろう、絶対に無理とは言わぬまでも、かなり難しいとお感じになるのではないか。ところが、誘導の手順を経て催眠術にかけられてしまえば、みなさんはこうしたことすべてを言われるままに難なくやってのける。

なぜか。そもそも、過剰なまでに人を従わせるこんな力が、どうして存在しているのだろうか。

馴染み深い詩の世界から、催眠という異質な世界に足を踏み入れると、あまりにも勝手が違うように思うかもしれない。たしかに、心理学が抱える諸問題の中でも、催眠はもてあまし者だ。招かれざる異端者として、研究室やカーニバル、病院や村の公民館をさまよい歩く。まっとうになって、しっかりした科学理論にまとめ上げられようという気はさらさらないらしい。第一、こんな現象がありうること自体が、私たちが実感する、意識による自己制御の在りようを否定しているし、科学的な人格観にも反しているように見える。しかし、言うまでもないが、意識とその起源についてまじめな仮説を立てようと思うなら、この異常な形態の行動制御が突きつける難題から目を背けるわけにはいかない。

冒頭に掲げた問いに私がどう答えるかは明白だろう。そう、催眠が過剰なまでに人を従わせる力を持っているのは、〈二分心〉を可能にする一般的パラダイムを用いて、意識をもってしては成しえない絶対的な制御を行動に加えることができるからだ。

本章ではさらに一歩踏み込んで、今述べた以外の仮説では、この基本的な問題の説明がつかない、とまで言いたい。なぜなら、もし現代人の精神構造が通説どおり遺伝子で決められた不変の特性であって、哺乳類の進化過程で、あるいはそれ以前の段階で生物に備わったものだというなら、催眠一つでこれほど変えられてしまうのはなぜなのか。それも、他人がいささか馬鹿げた指示を出すだけで。進化によって発達したとの見方を捨て、意識は文化の要請に従って学習された能力なのだと考え、その根底には古い時代の有無を言わせぬ行動制御の土台が残っていることを想定して初めて、催眠による著しい心の変容にも納得がいくように思える。

当然ながら、催眠が〈二分心〉を可能にするパラダイムの四要素にいかにうまく当てはまるかを示すことが、本章の中心的なテーマとなる。だがその前に、催眠のそもそもの起源にまつわる重要な特徴を明らかにしておきたい。その特徴とは、第一部第二章と第二部第五章でも私が強調した点、すなわち、比喩には新しい心の働きを生み出す力が備わっている、というものだ。

万有引力の〈投影連想〉

意識と同じように、催眠も過去のある時点で、いくつかの新しい比喩の持つイメージが投影された〈投影連想〉として始まった。一つ目の比喩が誕生するきっかけとなったのは、サー・アイザック・ニュートン（訳注　一六四二〜一七二七。イギリスの哲学者、数学者、物理学者、天文学者）が万有引力の法則を発見し、その法則を使って潮の満ち干と月の引力の関係を説明したことだった。以後、人と人との間に働く互いを惹きつける力や、相手を感化したり操ったりする力は、ニュートンの言う引力の影響になぞらえられるようになった。この比喩が新たな（そして馬鹿げた）仮説を生む。生命のあるなしにかかわらず、万物の間には「動物引力」とも言うべき力が流れていて、ニュートンの万有引力はその特殊な例にすぎない、というのだ。①

こうした考え方は、ニュートンを熱烈に崇拝するアントン・メスメル（訳注　一七三四〜一八一五。ドイツの医学者）の、現実離れして混乱した文章にありありと見てとれる。そして、すべてはこのメスメルから始まった。やがてもう一つの比喩が生まれた。いや、二つと言うべきか。引力が引きつける力は、磁力が引きつける力に似ている。（メスメルの飛躍しがちな頭では）二つのものが別の何かに似ていればその三つはすべて似ているわけだから、動物引力は磁力に似ていることになる。そこで、動物引力という名前を「動物磁気」に改めた。

磁気と考えることで、ようやくこの仮説は科学的に検証できるものとなった。生物の体内や生物どうしの間に、天体間の引力に似た磁気が脈々と流れているのを証明するため、メスメルは何人ものヒステリー患者の体に磁石を当て、事前に鉄を含む薬まで与えて磁気の作用を受けやすくした。するとどうだろう。実際に効果が現れた。結果は当時の知見をもってしても疑いようのないものだった。磁石によって、患者には痙攣の発作が起きた。メスメルの言葉を借りるなら、磁石が体内に「人為的な潮の満ち干」を引き起こし、磁力で「神経系を流れる流体の乱れからくる流体の動きの分布の偏り」を正すことによって、「神経の調和」をもたらしているのだという。人と人との間には、惑星を軌道に縛りつけている引力に劣らぬほど強力な力が流れているのを彼は「証明」した。

もちろん、本物の磁力について何かを証明したわけではない。メスメルが発見したものは、後にサー・ジェイムズ・ブレイド（訳注　一七九五～一八六〇。イギリスの外科医）が「眠り」を〈比喩語〉として命名する「催眠」だった。メスメルの治療に効果があったのは、彼があらかじめ患者に風変わりな持論を絶対的な自信を持って説明していたからだ。磁石によって異様な感覚が生じるのも、激しい発作に襲われるのも、そういった現象が起きるという「強制力を持つ共通認識」のおかげにほかならない。はたして予想どおりの現象が起きれば、そのこと自体が自らの「存在証明」となって、人々に磁石の治療効果をますます信じさせていく。ここで思い出してほしいが、古代アッシリアには偶然という観念がなかったため、籤《くじ》の結果を左右するのは神々に「決まっている」と信じられていた。メスメルが活躍した一八世紀にも、暗示という概念がなかったために、効果を生み出すのは磁石に決まっているとしか考えられなかった。

その後、磁石に限らず、カップやパン、木材、人間、動物であっても、一度磁石に触れていれば所期の効果をもたらすのがわかると（誤った考えは誤った考えを生むものだ）、すべては一足飛びに新たな（四番目の）比喩の領域へと進む。今度引き合いに出されたのは、当時ベンジャミン・フランクリン（訳注　一七〇六～九〇。アメリカの政治家、外交官、科学者）の凧《たこ》などでかなり研究が進んでいた静電気だ。メスメルの考えでは、この世には「磁気物質」なるものがあって、静電気同様、様々な物体に移すことができる。わけても人間は磁気を吸収してため込みやすく、メスメル自身はとくにその能力が高い。炭素棒を毛皮でこすると静電気が起きるのと同じで、患者の体もまたメスメルがさすれば効果が現れる。もはや彼は磁石を使わなくてもよくなり、自分自身の動物磁気だけで事足りた。患者の体が炭素棒であるかのように、メスメルがさすったり撫でたりすると、磁石のときと同じ効果が現れる。つまり、異様な感覚や痙攣を伴う発作が見られ、後にヒステリーと呼ばれる症状が治るのだった。

ここでぜひとも注目し、また理解してほしいのは、このような比喩のせいで医師と患者たちに〈投影連想〉変化とも言うべきものが見られたことだ。〈投影連想〉とは何だったかを思い出してほしい。〈投影連想〉とは、〈比喩語〉の〈比喩連想〉を〈被比喩語〉に投影した結果、つまり、比喩に使った言葉から連想されるイメージを、比喩の対象となる言葉に投影した結果を言う。医師と患者の関係の場合、〈被比喩語〉は患者に対する医師の影響力、〈比喩語〉はその影響力をたとえたもの、すなわち、引力、磁気、電気という厳然たる力だ。それぞれの〈比喩連想〉、つまりそれぞれの言葉から連想されるイメージは、引力の場合は天体間に働く絶対的な強制力であり、磁気の場合は逆らいようのない潮であり、電気の場合は大きなライデン瓶（訳注　一八世紀なかばに発明された初期の蓄電器）からとめどなくあふれ出る流れとなる。こうした〈比喩連想〉がすべて、医師と患者の関係という〈被比喩語〉に投影されて現実にそれを変え、当事者たちの心理状態を変えた。その結果、医師の体から、あるいは医師の力を「吸収した」物体から流れ出る「磁気流体」が、抗い難い制御の海となって彼らを飲み込んだのだった。

メスメルが見出しつつあったものは、通常とは異なる精神状態で、そうした精神状態の人々がしかるべき場所を与えられ、幼児期に特殊な教育を受け、その状態を正当化する信念体系の中に身を置き、世間から隔絶されて暮らしていけば、通常の意識を基盤としない社会として存続できたのではないか。断定はできぬまでも可能性はあるだろう。その社会では、エネルギーや有無を言わせぬ制御といった比喩が、意識の働きの一端を担うのだ。

なぜそんなことが起こりうるのだろうか。すでに述べたように、メスメルが偶然にも探り当てたものは、特定の脳神経の回路を働かせるための新しい方法だったと思う。その回路とはすなわち、私が「〈二分心〉の一般的パラダイム」と呼ぶものだ。この枠組みには四つの要素があったのを思い出してほしい。集団内で強制力を持つ共通認識、誘導、トランス、そして古き権威だ。これらを一つずつ見ていくことにしよう。

催眠の性質の変化

催眠現象が、「集団内で強制力を持つ共通認識」、つまり集団で何が信じられているかに左右されることは、それが時代とともにたえず変化してきた事実を見ればよくわかる。催眠に対する人々の見方が変わると、催眠の性質そのものも変わってきたのだ。メスメルが活躍した時代から数十年たつと、患者はもう異様な感覚を覚えることも、痙攣に身をよじることもなくなる。代わって、トランスのさなかに自分から話をしたり、質問に答えたりし始めた。こんな行動は、それ以前には見られたためしがない。一九世紀初頭には、患者はトランスの間に起きた出来事を自発的に忘れるようになる。[2] これもまた、それまで報告されたことのない現象だ。一八二五年頃には、何が原因かは定かではないが、催眠状態にある人が自分で自分の病気を診断し始めた。一九世紀のなかばには骨相学が大流行したため、催眠術も一時期その中に取り込まれた。骨相学とは、頭蓋の外形を見ればその人の精神機能がわかるとする誤った学説だ。催眠術をかけている間に被験者の頭皮の特定領域を押すと、被験者はその領域が司る機能にふさわしい行動を示した（嘘ではない）。こんな現象が現れたのは、後にも先にもこの時代だけだ。「崇拝」を司るとされていた脳領域の頭皮を押すと、被験者はひざまずいて祈ったというから驚く。[3] こんなことが起きたのも、そういうものだと信じられていたからだった。

それから少しして、当代随一の精神医学者であるジャン・シャルコー（訳注　一八二五～九三。フランスの神経病学者）が、パリのサルペトリエール病院で大勢の専門家を集めて実演して見せたとき、催眠はまたも大きく姿を変える。今度は三つの段階が連続して現れた。すなわち、筋硬直、嗜眠《しみん》（訳注　睡眠状態に入って刺激に無反応になること）、夢遊状態だ。こうした三つの「体の状態」は、被験者の筋肉を動かしたり、様々な箇所を押したり、頭頂部を撫でたりすれば、相互に入れ替えることができた。それだけではない。ブローカ野の外側の頭皮をこすったら、なんと被験者が失語症になったという。やがてアルフレッド・ビネ（訳注　一八五七～一九一一。フランスの心理学者）が、シャルコーの実験を追試するためにサルペトリエール病院にやって来ると、事態はたちまち一段と厄介なものになった。彼はメスメルの磁石を復活させて、被験者からさらに奇妙な行動を引き出したのだ。[4] 催眠術をかけた被験者の体の左右どちらかの側に磁石を当てると、知覚やヒステリー性麻痺、幻覚らしきものや体の動きが、右から左へ、そのまた逆へと瞬時に切り替わった。あたかもそうした現象が無数の鉄屑でできていて、磁石に引かれて右へ左へと移動するかのように。こんな理屈に合わぬ結果が得られたのは、このとき限りだった。

このような現象が現れるのは、施術者だけに原因があるのではない。メスメルであれシャルコーであれ誰であれ、施術者が従順な患者に対して、催眠とはどういうものかを一方的に語ったからではないのだ。むしろ、催眠がどう「捉えられて」いるかについての「強制力を持つ共通認識」が、施術者を取り巻く集団の中で育まれていたことに原因がある。時代とともに性質が移り変わるという事実は、催眠が所定の刺激に対する決まった反応ではなく、時代の期待や先入観に応じて変化することを如実に物語っている。

以上は歴史を振り返れば明らかだが、実験によっても確かめられる。前例のない現象を催眠中に引き出すには、前もって被験者にそうした現象が起こりうると説明しておくだけでよい。つまり、その現象が「集団内で強制力を持つ共通認識」から外れていないことをはっきりさせておく。たとえば、心理学の入門クラスで、催眠に入ると利き手が動かせなくなるものだと何気なく生徒に告げたとしよう。そんな現象は一度も確認されたことがない。真赤な嘘だ。それにもかかわらず、後で生徒たちを催眠状態に導くと、改めて指示や暗示を与えたわけでもないのに、大多数が利き手を動かせなくなる。同様の研究から、催眠には「要求特性」があるという考え方が生まれた。催眠時の被験者は、施術者が自分に何を要求しているかを考えて、その通りの現象を見せる、というものだ[5]。ただ、この表現では個人対個人の問題であるかのような印象を与える。「施術者が何を要求しているかを考える」というより、「被験者本人が催眠をどう考えているか」と言うべきだろう。そういう意味で捉えれば、「要求特性」とは「集団内で強制力を持つ共通認識」にほかならないことに気づくはずだ。

「集団内で強制力を持つ共通認識」がいかに威力を発揮するかは、大人数の中でほどその力が強まるところからもうかがえる。神々を敬い信じる気持ちが、教会で大勢の人とともにいるとき、あるいは群集の詰めかけた神託所にいるときのほうが高まるのと同じで、催眠に寄せる人々の思いも劇場にいるときには強くなる。よく知られていることだが、満員の観客が見守る舞台の上で催眠術を行なうと、催眠に対する共通認識や期待がますます強まるため、研究所や病院で一対一で催眠術をかけるときよりはるかに奇抜な現象が現れやすい。

誘導

二番目の、催眠における「誘導」の役割ははっきりしているので、[6]多くを語る必要はあるまい。今では誘導に多種多様な技法が使われているものの、いずれにも共通しているのは、意識の範囲を狭めていくことだ。第三部で見てきた神託の誘導手順や、降神術における術者から霊媒への働きかけに似ている。被験者は、椅子に座る、立つ、横たわるなど様々な姿勢をとる。施術者に体を撫でられる場合もそうでない場合もあるし、施術者の目を見るときも、そうでないときもある。施術者から見詰めるように言われる対象も、かすかな明かりや炎であったり、宝石や、場合によっては壁の画鋲《がびょう》だったりもする。自分の手を握り締めて、その親指の爪を見るように指示される場合もある。やり方は千差万別と言ってよい。だが、どんな方法を用いるにせよ、施術者は必ず被験者の注意を自分の声だけに向けさせようとする。「あなたには私の声しか聞こえません。そして、あなたはだんだん眠くなります」などと語りかけるのがよくあるパターンで、これを繰り返し聞かせる。ついに被験者が催眠状態に入れば、後は施術者の暗示どおりの現象が起きるわけだ。握り締めた両手が離れなくなると言われればそうなる。だらりと垂らした腕が動かせなくなると言われれば、やはりそうなる。自分の名前が思い出せないと言われれば、ほんとうに思い出せない。こうした単純な暗示は、催眠に入ってすぐの段階で用いられることが多く、被験者が間違いなく催眠に入ったかを確認する役割を果たしている。

誘導の手順を経ても、意識の範囲を狭められない被験者はいる。自分の置かれた状況全般を忘れ去ることができず、たとえば、部屋や、施術者との関係など、別のことを考えながら意識を保ち続けてしまう。言うなれば、アナログの〈私〉がまだ〈物語化〉をしていたり、比喩の〈自分〉が催眠術にかけられているのを「見ていたり」している。こうなると催眠はうまくいかない。しかし、そうした被験者であっても、繰り返し試みるうちに催眠術にかかることが多い。とすると、催眠の「誘導」の段階で意識の範囲を「狭められる」かどうかは、ある程度は学習によると言える。この場合に学習の土台となるのは、私が〈二分心〉の一般的パラダイムと呼ぶ〈性向決定構造〉であることもつけ加えておきたい。すでに見たように、降神術の霊媒は練習をすればするほどトランスに入りやすくなる。催眠も同じだ。初めから催眠術にかかりやすい者であっても、回を重ねるごとに「誘導」に要する時間と手間は大幅に減っていく。

トランスと不合理な盲従

次に、催眠時のトランスは、そのものずばり「催眠トランス」と呼ばれる。トランスとは言っても、ほかの〈二分心〉的現象の名残りに見られるものとは性質が異なるのが普通だ。被験者は、神託者や霊媒のように本物の幻聴を聞くことはない。幻聴が果たす役割は、施術者の声に取って代わられている。だが、正常な意識が薄れ、やがて失われる点は同じだ。〈物語化〉は著しく制限され、アナログの〈私〉はほとんど消し去られる。催眠術にかかった人間は、もはや主観の世界に生きてはいない。いつものように内省することもないし、自分が催眠状態にあることもわからない。ふだんならつねに自分自身に目を光らせているのに、その監視機能も停止している。

昨今ではトランスについて話をするとき、必ずと言ってよいほど水に潜る比喩が使われる。「沈む」とか、「深い」トランス、「浅い」トランスといった言い方をするわけだ。施術者も、被験者に「あなたは深く深く沈んでいく」などと語りかける。実際、水に潜るという〈比喩語〉がなければ、まったく違う現象が起きてもおかしくない。とくに、催眠後健忘（訳注　催眠の後に催眠中の出来事を思い出せない現象）についてはそれが当てはまりそうだ。水面の上と下では、見えるものも触れるものも違う。それを〈比喩連想〉に用いて、いわば二元的な世界を設定すれば、状態依存記憶（訳注　特定の心理的または身体的状態で学習され、類似の状態のときに最もよく想起される情報）に似たものが作り出せる。一九世紀初頭になって、誰に言われるでもなく催眠後に催眠中の出来事を忘れる者が現れたのは、それまでの引力の比喩が水に潜る比喩へと変わったところに原因があったとも考えられる。言い換えるなら、自発的な催眠後健忘は、水に潜る比喩によって生まれた〈投影連想〉だったのかもしれない。（おもしろいことに、自発的に催眠時の出来事を忘れる現象は現在では見られなくなりつつある。もしかすると、催眠はもはや少しも珍しくなくなったために、比喩に頼らずともそれ自体として存在できるようになったからではないか。比喩の土台が使われているうちに擦り減って、〈投影連想〉の威力を減じたのかもしれない。）

被験者が「非常に深い」トランスに入っているときには、とりわけ興味深い現象が引き起こされる。なに心に関してどんな理論を立てるにしろ、こうした現象を説明できるかどうかがきわめて重要だ。なにしろ、暗示を解かれないかぎり、被験者には施術者以外の声がまったく「聞こえなくなる」し、痛みが「遮断」されたり、逆に異常なまでに増したりもする。感覚についても同様だ。感情は言われるがままに大きく揺れ動く。たとえば、あなたはこれからおもしろい冗談を聞きます、と暗示を与えられると、「草は緑」と言われただけで腹を抱えて笑う。普通なら自分で制御するのが難しい反射的な反応であっても、施術者に言われるとなぜかうまく制御できるようになる。自分が何者かという認識もすっかり変えられてしまう。施術者の言葉を受けて、動物にもなれば、老人にも子供にもなる。

もっともこれは、「ほんとうは違う」が抑え込まれて「あたかもそのように」が現れているにすぎない。中には催眠に関して極端な考えを抱く者がいて、被験者が五、六歳に戻ると指示されたら「ほんとうに」その年齢に退行するのだと言い立てる。これはまったくの誤解だ。一つ例を紹介しよう。ある男性はドイツに生まれ、八歳の頃、一家で英語圏の国に移住した。それから英語を覚えて、ドイツ語はほとんど忘れてしまった。施術者が男性を「深い」催眠に導き、あなたは今たったの六歳です、と告げると、男性は子供を思わせるような、ありとあらゆる振る舞いをして、黒板に子供じみた字を書いたりもした。だが、英語がわかるかと英語で尋ねられると、男性は、英語はわからないし話せない、わかるのはドイツ語だけなの、と子供のような英語で答えたのだ。さらには、英語は一言もわからないという文章を、わざわざ黒板に英語で書いてみせた。[7] したがって、ほんとうに退行しているのではなく、役を演じているのに近いと言えるだろう。被験者は、施術者の言葉と期待に何の疑いもなくやみくもに従っている。まるで、神の声に服従していた〈二分心〉時代の人間のようではないか。

もう一つ、催眠に関してよくある誤解に、施術者は本物の幻覚を引き起こせるというものがある。非常に優れた最近の教科書にさえ、そうした記述が見られるほどだ。だが、私自身が行なった未発表の実験では、それを否定する結果が出た。まず、被験者を深い催眠に導いた後、ありもしない花瓶を手渡す仕草をする。そして、テーブルの上の、やはり架空の花を花瓶に一本ずつ生けながら花の色を言っていってほしい、と頼む。被験者にとってこれは造作ない。役を演じることで対応できるからだ。ところが、ありもしない本を手渡し、それを両手に持って一ページ目を開き、中身を読んでほしいと頼んだ場合は話がまったく違う。普通の人間は、どんなに想像力をたくましくしても、この課題を演技でこなせるものではない。被験者は、本を手に持つ動作はたやすくできる。いかにもありそうな冒頭の決まり文句や、場合によっては一文を、つかえながら口にする者もいるだろう。だがその後は、文字がかすれている、難しくて読めない、などといった言い訳を並べる。紙に描かれた（ありもしない）絵を見せて、何が描かれているか説明してほしい、と頼んだ場合も同じだ。被験者はまったく何も説明できないか、何か言えたとしても、口ごもりながらごく短い言葉で答えるのがやっとだ。これが本物の幻視だったら、被験者は紙全体にくまなく目を走らせて、難なく細かな描写をしてみせるだろう。統合失調症の患者が自分の幻視を説明するときは、実際にそうする。もちろん個人差は大きいものの、たいていの被験者の行動からは「あたかもそのように」の役割をためらいながら演じているさまが見てとれる。本物の幻視を見ている人のように、すべての情報を与えられていて何の努力も必要としない様子とは明らかに違う。

被験者の幻視が本物でないことは、別の実験からも確かめられる。被験者に、部屋の端から端まで歩いてほしいと頼む。途中に椅子を一つ置いておくが、被験者には椅子などないと告げておく。さて、どんな行動が見られるだろうか。被験者は、椅子が存在しないという幻を見るわけではない。たんに椅子をよけて歩いていく。このときの被験者は、傍目には椅子に気づいていないように見える。だが、気づいていないはずがない。現によけているのだから。おもしろいことに、正常な被験者に催眠術にかかったふりをしてもらって、同じ動作をさせると、被験者はまっすぐ椅子にぶつかっていく[8]。催眠がほんとうに知覚を変えるという、誤った通説に従おうとした結果だ。

そこで催眠時に特有のこのような行動を説明するものとして、「トランス論理」という重要な概念が唱えられている[9]。単純に言うと、理屈で考えれば矛盾している馬鹿げた物事に対して、それを不思議とも思わずに反応することだ。ただし、「論理」とは言っても実際に何かの論理が働いているわけではない。といって、たんなるトランス現象の一つとして片づけることもできない。私としてはもう少し表現を膨らませて、「言葉によって生み出された現実への不合理な盲従」と呼びたい。なぜ不合理かと言えば、実際とは異なる現実を正しいものとして突きつけられたとき、それに従うために論理の規則を脇へ追いやってしまうからだ（論理とは、私たちの外に存在する真実の基準であって、心の働きによって導かれる結論とは違うことを思い出してほしい)。この種の行動は様々な場面に現れている。現代の教会の連禱《れんとう》(訳注 司祭の唱える祈りに会衆が唱和する形式)もしかり、部族社会における数々の迷信などもしかりだ。だが、そうした行動がここまで顕著に、しかも中心的な特徴として現れるのは、催眠をおいてほかにない。

ないはずの椅子にぶつかる(これが合理的な服従)のではなく、椅子をよけて歩きながらそれを少しもおかしいと思わないのは、不合理な盲従のなせる業《わざ》だ。英語はわからないと英語で答えておいて、どこも変だと感じないのも同じだ。先ほどのドイツ生まれの被験者が、仮に催眠術にかかったふりをしていたとしたら、きっと合理的な服従をして、かろうじて覚えているドイツ語だけで話をするか、黙り込むかしていただろう。

不合理な盲従をする被験者は、一人の人間が同時に二つの場所にいても疑問を抱かない。被験者に催眠術をかけて、その場に居合わせたXさんをYさんだと思い込ませる。すると、被験者はそれなりの振る舞いを始める。そのとき、本物のYさんが部屋に入ってきたらどうなるか。被験者は、Yさんが二人いることにいささかの矛盾も感じない。これと似たような不合理な盲従は、現代に残るもう一つの〈二分心〉の名残り、統合失調症にも見られる。同じ病棟にいる統合失調症の患者二人が、同一の著名人、もしくは同一の聖人になり切っていながら、それが理屈に合わぬという事実に気づかない。[10] 同様の不合理な盲従は、ほかならぬ〈二分心〉時代にもしばしば見られたと言えるのではないか。たとえば、動かない偶像を、生きていて食事をするかのように扱う。一人の神が同時に複数の場所にいるのを、当然のことと受け止める。一人の神格化された王をかたどり、目に宝石をはめ込んだ像が、いくつも並んでピラミッドから見つかるのもそうだ。〈二分心〉を持っていた人間と同じく、催眠状態にある者は自分の行動が奇異だとも支離滅裂だとも思わない。被験者が矛盾を「見て取る」ことができないのは、完全に意識があるときのような内省ができないからだ。

〈二分心〉では時間の感覚が希薄なのはすでに見たとおりだが、催眠トランスでも同じ状態になる。それがとりわけ顕著に現れるのが、催眠後健忘だ。正常なときの人間は、意識内の時間の流れを空間的な連続性に置き換え、それを土台にして連続した記憶を築いている。朝食をとってから今までに何をしたかと尋ねられたら、「時間の標識をつけた」とも言える一連の出来事を物語るのが普通だ。一方、催眠トランスに入っている者は、統合失調症の患者や〈二分心〉を持つ人間と同じで、出来事に時間の標識をつけられるような時間の枠組みを持たない。時間の〈空間化〉ができないので、物事に前後の区別がない。催眠後健忘に陥った被験者がトランス時のことを思い出そうとしても、ぼんやりと浮かんでくる断片から手がかりをつかもうとするのが精一杯で、正常なときのように〈空間化〉された時間に沿って考えられない。そのため、トランス時について何か語れるとしても、「両手を握り締めた、椅子に座った」程度が関の山で、細かい点や時間的な順序は抜け落ちてしまう。私にしてみれば、こういった様子は、ハムラビやアキレウスを彷彿させる。[11] ただし、〈二分心〉とは大きく異なる点もある。施術者に促されれば、被験者の記憶が〈物語化〉されて連続性を保ったまま蘇ることが多々あるのだ。トランスの外にある意識によって、何らかの並列処理がなされているのがうかがえる。

こうした事実が催眠トランスを興味の尽きぬ複雑なものにしている。なにしろ、並列処理が行なわれているというのだ。被験者が一つのことをやったり言ったりしている間に、被験者の脳は少なくとも二通りのやり方で状況に関する情報を処理していることになる。しかも一つのやり方のほうは、扱う範囲が他方より広い。この点をことさら鮮やかに示してみせるのが、最近になって発見された〈隠れた観察者〉という現象だ。被験者に催眠をかけ、「今から、冷水の入ったバケツに一分間手を入れてもらう（そうとうつらいだろうが命にはかかわらない体験だ）が、あなたは何も感じない」という暗示を与えると、被験者は苦しそうなそぶりをいっさい見せずに、何も感じないと答える。ところが、前もって別の暗示も与えておいたとしよう。施術者が肩に手を置いたときだけは、声色を変えてほんとうの気持ちを告げなさい、と。すると、そのとおりのことが起きる。肩に手を置かれた被験者は、往々にして低いしわがれ声で、自分がいかにつらいかを事細かに語り始める。だが、手が肩から離れるや、声は普通になり、再び感覚の麻痺した状態に戻っていく[12]。

右のような結果を見ると、あらためて注目したくなる説がある。すでに退けられた見解ではあるが、二〇世紀初頭に多重人格の研究から生まれた「催眠時の被験者は意識が分離した状態にある」とする考え方だ[13]。いつもはまとまりのある精神や反応性が催眠時にはばらばらになり、並行して走るいくつかの流れとなってそれぞれが独自に機能できるようになるというのが、この説の趣旨だ。それが、第一部で示した意識とその起源に関する仮説とどうつながるのかは、すぐには見えてこないかもしれない。だが、別個に行なわれる情報処理は、たしかに〈二分心〉の構造を思い起こさせるし、第一部第一章で見た無意識下での問題解決とも通じるところがある。

催眠術にかかわる様々な問題の中でも、たぶんほとんど議論されていない事実がある。催眠を見たことがない人たちや催眠の知識が乏しい人たちの間では、トランス時の振る舞いに個人差が現れるのだ。言うまでもないが、現代における催眠トランスとは普通、施術者の言いなりに振る舞う状態を指す。ところが被験者の中には、ぐっすり眠ってしまう者がいる。そうかと思えば、つねになかば意識を保っていながら異様なまでに暗示にかかりやすい被験者もいて、その振る舞いが演技なのか本物なのかが傍《はた》からは見分けがつかない。ほかにも、あまりにも激しく震えるので「目覚め」させなければならなくなった被験者など、じつに多様だ。

こうした個人差が生じるのは、被験者が何を信じているか、つまり「集団内で強制力を持つ共通認識」が人によって異なるためではないか。そう思わせる研究が近年に行なわれた。まず被験者に、催眠術にかかるとどうなると思うかを事前に紙に書かせる。後に実際に催眠を誘導して、その結果と紙の内容を比べてみた。ある女性は、目で見なければできない課題を与えられるたびに、決まってトランスから「覚めた」。彼女が書いていた文章を後で調べてみると、「催眠術にかかるためには目を閉じていなければならない」と記されている。ある男性は、二回目でようやく催眠に入ったのだが、彼の紙には「ほとんどの人は一回では催眠術にかからない」とあった。別の女性は、立っているときには指示どおりに振る舞うことができない。彼女はこう書いていた。「催眠状態になるには、横になるか座るかしなければならない」[14]。しかし、催眠について語れば語るほど——たとえば本章のようにトランス時の振る舞いから——「集団内で強制力を持つ共通認識」のばらつきが少なくなり、ひいてはトランス時の振る舞いからも個人差が減っていく。

権威としての施術者

次に、〈二分心〉を可能にするパラダイムの四つ目の要素、「古き権威」について考えてみたい。催眠の場合、「権威」がきわめて特殊であることも、トランスの在り方を左右する要因となっている。なぜ特殊かと言えば、「権威」となるのが幻聴の神でもなければ憑依《ひょうい》する神でもなく、施術者その人だからだ。施術者は被験者にとって、明らかに権威ある人物なのだ。そうでなければ、被験者は催眠術にかかりにくくなるし、「誘導」にそうとう長い時間をかけるか、そもそも催眠を信じる気持ちが非常に強いか（つまり「集団内で強制力を持つ共通認識」が強いか）しないかぎり催眠トランスに入れない。

これを裏づけるかのように、ほとんどの催眠研究者は、被験者と施術者の間に特別な信頼関係がなければ催眠はうまくいかないと主張する[15]。催眠への入りやすさを調べるために、よく実施されるテストがある。施術者が被験者候補の背後に立って、「後ろ向きに倒れて『身を任せる』感覚を味わってみなさい」と言うのだ。被験者が最後まで倒れ切ることができず、後ろに足を出して体を支えたとすれば、受け止めてもらえるかどうか、どこか確信が持てない証拠だ。そういう人は、必ずと言ってよいほどその施術者の催眠術にかかりにくい[16]。

信頼関係が大切だとすれば、病院と研究室で催眠状態に違いが見られることにも納得がいく。一般に、病院の精神科で催眠をかけるほうが催眠は深くなる。患者にとって、精神科医は神にも等しい存在であって、被験者と研究者の関係とは信頼の度合いが違うのだろう。ある年齢の人間が最も催眠術にかかりやすいのも、そこに理由がありそうだ。催眠術にかかりやすい年齢は、八歳から一〇歳でピークを迎える[17]。子供は大人を全知全能の存在として崇める思いがことのほか強いため、施術者が「古き権威」の役割を果たしやすくなる。被験者にとって施術者が神に近ければ近いほど、〈二分心〉のパラダイムを働かせやすい。

催眠の〈二分心〉起源説を裏づける証拠

被験者と施術者の関係が、〈二分心〉時代における人間と神の声との関係の名残りだとすると、いくつかおもしろい疑問が浮かび上がる。第一部第五章で示した脳神経モデルが大筋として正しいのなら、催眠においても左右の脳半球の活動に違いが見られるのではないだろうか。本書の仮説からすれば、被験者の脳波を調べたとき、左半球より右半球のほうが活発になっているはずだ。ただし、そう単純には割り切れない。施術者の言葉を理解するために、ある程度は左半球が働かざるをえないからだ。それでも、正常な意識を保っているときと比べて、右半球の働く度合いが高まっていることだけは期待してよいだろう。

催眠時の典型的な脳波パターンがどういうものかは、実験結果にばらつきがあって今の時点ではっきりとつかめていない。だが、別の線からいくつかの証拠が得られている。あいにく、因果関係というよりは相関関係を示しているにすぎないし、直接的な証拠とも言えないのだが、以下に紹介していこう。

♠人間は、どちらかというと右半球を多く使う者と、どちらかというと左半球を多く使う者とに分けられる。これを簡単に確かめたければ、誰かと向かい合って質問をし、答えを考える間に相手の目がどちら側に動くかを見てみればよい。（第一部第五章と同様、ここでは右利きの人のみを想定して話を進める。）右に動けば左半球を多く使っており、左に動けば右半球を多く使っている。どちらかの半球で前頭眼野と呼ばれる領域が活性化すると、それぞれの脳半球とは反対の方向に眼球を動かすからだ。最近の報告によると、答えを考えるときに目を左に動かす人、つまり右半球を多く使う人のほうが、格段に催眠術にかかりやすい。[18] したがって、催眠にはきわめて特殊な形で右半球が関与していると考えてよいだろう。催眠術にかかりやすい人間とは、右半球に「耳を傾ける」能力や「頼る」能力が人より高い者と言えそうだ。

♠第一部第五章でも見たように、かつて神の声を生み出していたと本書で考える右半球は、現在、創造性や空間認知力、鮮やかなイメージなどを司っていると見なされている。最近のいくつかの研究により、こうした方面に優れた人物は催眠術にかかりやすいことがわかった。[19] この種の結果は、催眠が右半球の機能に依存しているという仮説と一致する。〈二分心〉の時代に、人が神の指示を頼りにしていたのと同じだ。

♠催眠を〈二分心〉の名残りと呼ぶのが正しいとしたら、催眠術にとくにかかりやすい人は、ほかの〈二分心〉の現象も経験しやすいのではないだろうか。宗教への傾倒ぶりに関しては、そう言ってよさそうだ。幼い頃から欠かさず教会に通っている人は催眠術にかかりやすく、宗教心の薄い人はえてしてかかりにくい。私の知っている催眠研究者の少なくとも何人かは、被験者を神学校で探している。

経験から、彼らが催眠状態に入りやすいのを知っているからだ。

♠幼児期に見られる「空想上の友達」という現象については、今後の著作で詳しく論じるつもりだ。ただ、この現象もまた〈二分心〉の名残りと見なせることだけは指摘しておきたい。私が面談した人の優に半分は、自分の「友達」が話す言葉は、目の前にいる私の声と同じ質感を持って聞こえていた、と答えている。つまり、本物の幻聴だった。「空想上の友達」が現れやすいのは三歳から七歳の間で、子供の意識が完全に確立する直前の時期にあたると私は考えている。思うに、生まれつき、もしくは環境が原因で「空想上の友達」を作りやすい素質を持っていると、〈二分心〉の現象を可能にする脳神経の構造が（比喩を使うなら）働くのではないか。本章で述べた仮説が正しいなら、そういう人は後の人生で〈二分心〉の現象を経験しやすいと言えそうだ。催眠もその一つだろう。事実、幼い頃に「空想上の友達」がいた人は、そうでない人より催眠術にかかりやすい。この点からも、催眠術へのかかりやすさが、ほかの〈二分心〉の現象と関連しているのがわかる。

♠子供に罰を与えるという行為を別の角度から眺めてみよう。すると、権威ある存在との結びつきを強めて、〈二分心〉の名残りをとどめる脳神経の構造を鍛えるための行為とも捉えられる。だとすれば、罰することによって催眠術へのかかりやすさが増してもおかしくない。実際、そうなる。いくつかの綿密な調査によると、しつけの厳しい家庭に育って、幼い頃に重い罰を受けたことのある人ほど、催眠術にかかりやすいという。一方、罰せられた経験がほとんど、もしくはまったくなかった人は、概して催眠術にかかりにくい。

以上のような研究結果は、決定的な証拠とは言えない上、かなり違う解釈もできる。詳しくは、もとの論文を参照してほしい。ただ、こうした結果をひとまとめにしてみると、一つのパターンが浮かび上がってくるのは確かで、そのパターンは、催眠が〈二分心〉の名残りであるという仮説を支持している。このように、人類の歴史という大きな流れの中に位置づけて初めて、催眠現象の輪郭がはっきりと浮き彫りになる。意識がもともと生物に組み込まれたものであって、哺乳類の神経系の進化とともに生まれたとするなら、催眠現象をどう理解しうるのか私にはまったくわからない。意識は、文化の要請に従って学習されたものであり、今は抑圧された古い精神構造の痕跡の上でバランスを保っていることをしっかりと理解すれば、再び文化の要請によって意識を部分的に捨てることも、抑えつけうることもわかるだろう。アナログの〈私〉のように学習によって身につけたものは、しかるべき強制力を持つ共通認識があれば何か別のものに主導権を奪われてもおかしくない。そうした現象の一つが催眠だ。別の何かが主導権を握ったときに、意識の喪失にかかわる「誘導」や「トランス」といった要素が無理なく現れるのは、その主導権が、主観的意識よりも古い精神構造の枠組みを何らかの方法で働かせているからだ。

反論——催眠はほんとうに存在するのか

最後に、本章の仮説以外にどういう解釈があるかを簡単に紹介しておくべきだろう。もっとも、理論と言えるほどのものはなく、せいぜい「見解」程度というのが現状だ。いずれも、その見解の範囲内においては間違っていない。まず、施術者の言葉に意識を集中して、言われたとおりの光景を強く思い浮かべていると、実際に同じ行動を取りやすいという点を重視した考え方がある。[20]そのとおりだ。いや、施術者の言うとおりに振る舞おうと被験者がひたすら努力する状況を作ることが肝心だとの意見もある。[21]もちろん、そういう言い方もできるだろう。要は様々な役を「あたかもそのように」演じる能力があるかないかで決まる、と説く研究者もいる。[22]たしかにそうだ。分離を重視する見方も適切だろう。[23]催眠とは、幼児期のような親との関係への退行だとの指摘もある。[24]この点は催眠に限らず、〈二分心〉の名残りをとどめる現象にはしばしば当てはまる。〈二分心〉というもの自体、その基本は訓戒されるという経験にあるからだ。

しかし、催眠をめぐる最も重要な――そして今なお続く――議論は別のところにあり、それは本章にとってもじつに大きな意味を持っている。催眠は、正常な状態で日々起きていることと本質的には少しも違わないのではないかという議論だ。この見方が最終的に正しいとなれば、本章で展開してきた仮説、つまり催眠を通常とは異なる精神状態と見る説は、まったく見当外れになってしまう。そもそも催眠状態が存在しないのだから、〈二分心〉のような、何か別の精神構造の名残りであろうはずもなくなる。催眠時に見られる特異な出来事の数々は、どれもごく普通の現象にすぎず、ただそれが誇張されただけだというのがこの説の立場だ。反論の内容を具体的に見ていこう。

♣被験者が施術者に盲目的に従うと言うが、誰でも「それが決まり事になっている」状況に置かれれば、何も考えずにそうするものだ。たとえば、相手が教師や交通巡査の場合はもちろん、スクエアダンスのコーラー（訳注　踊り手に次の動作を指示する人）であっても、みな無条件に従っている。

♣催眠時には周りの声が聞こえなくなるというが、人の話を一生懸命に「聴いて」いながら一言も頭に入ってこない経験は誰にもある。そうかと思えば、激しい雷雨をものともせずに眠っている母親が、赤ん坊の泣き声だけは聞きつけて目を覚ますこともある。催眠をかけられた人が、施術者の声以外は耳に入らないのも、これと同じメカニズムではないか。

♣施術者の指示によって、被験者が催眠時の出来事を忘れるという現象は、見る者をことのほか驚かせる。だが、五分前に考えていたことを覚えている人間がいるだろうか。思い出すには、第一部第一章で述べた〈構え〉あるいは〈ストラクション〉を自分自身に与える必要がある。現代の施術者が、水に潜る比喩から生まれる〈投影連想〉を強調したり無効にしたりしながらやっている（あるいはやらないでいる）ことも、これと同じだ。その結果、被験者は思い出すことができたりできなかったりする。

♣施術者の暗示によって、被験者の体が動かなくなるというが、友人と歩きながら話をするうち、しだいに熱が入っていつのまにか二人とも歩みが遅くなり、しまいには立ち止まってしまうという経験は誰にでもあるだろう。一つのことに集中すれば、動きは止まってしまうものだ。

♣様々な催眠現象の中でも、催眠時の感覚麻痺にはとりわけ注目が集まる。だが、けがをした子供も、おもちゃを見せられたら注意がそらされて泣きやみ、痛みを忘れてしまうではないか。事故に遭った人が、傷を負ったことに気づかぬまま血を流している場合もある。鍼《はり》治療が痛くないことも、これと無縁ではないかもしれない。

♣〈隠れた観察者〉について言えば、この手の並列処理なら四六時中、行なわれている。普段の会話をしているときにも、相手の話に耳を傾けながら、次に何を言おうかと考えているものだ。役者を見てみればよい。絶え間なく並列処理を行なって、演じている自分をつねに〈隠れた観察者〉の目で眺めている。スタニスラフスキー（訳注　一八六三～一九三八。ロシアの俳優、演出家。俳優は役と一体化しなければならないと説いた）の主張には反するが、役者はいつも自分の演技を批評できるものなのだ。第一部第一章で取り上げた無意識の思考の多くや、第一部第四章の冒頭に書いた、運転をしながら会話ができるという話も、こうした並列処理の例と言える。

♣〈後催眠暗示〉は驚くほどうまくいく。だが、誰もが、ある出来事が起きたら特定のやり方で反応しようとあらかじめ決めておいて、実際にそのとおりに行動しながら、なぜそうしようと思ったのかを忘れてしまうことはある。何ページか前で説明した、被験者の利き手が動かなくなる「前催眠暗示」と、実際はなんら変わらない。「集団内で強制力を持つ共通認識」をうまく作り上げさえすれば、あとで非常に限定的な反応を示すように仕向けることはできる。

♣同様に、催眠時に見られるその他の驚くべき出来事もすべて、ふだん起きている現象が誇張されたものにすぎない。異常に見えるだけの話だ。催眠トランス時の奇異な振る舞いは、よく言う「学者馬鹿」と同じで、一つのことに強く集中しすぎた結果にほかならない。目覚めている被験者であっても、簡単な暗示を与えるだけで催眠時の行動をすべて再現できるものだ。それを示すための実験が、最近では数多く行なわれている。(25)

私の、そして多くの研究者の答えはこうだ。このような反論は、催眠の説明になっていない。言葉巧みに言い抜けているだけだ。仮に、催眠時の現象が日常生活ですべて再現できるとしても（私はできるとは思わないが）、催眠が他とは一線を画す別個の存在であることは明らかだろう。まず、独自の手順を持っている。特定のタイプの人がかかりやすく、そういう人は、〈二分心〉の名残りであるほかの現象を含む特定の出来事も経験しやすいという特徴がある。さらには、催眠時の現象を再現する際、催眠の誘導手順をとるのととらないのとではやりやすさに格段の違いがある。人間の精神構造が今後どう変化しうるかを考える上で、この最後の点はきわめて重要だ。本章の冒頭であのように書いた理由もそこにある。動物になれ、五歳児に逆戻りしろ、刺されても痛みを感じるな、色盲になれ、体を硬直させろ、景色が回転していると想像して眼球をぐるぐる回せ[26]、酢を飲んでシャンパンの味を感じろ……。どんなに頼まれようと、正常な意識を保ったままでこれらを実行するのは催眠時より途方もなく難しい。信頼できる施術者の暗示なしにこうした離れ業を成し遂げようとすれば、自分自身を必死で説得しながら極限まで集中するという滑稽なまでの努力が要求される。目覚めていて完全な意識を持っている人間は、広大なジャングルの中にいるようなもので、そこには、人の気を散らす様々な物事がひしめいている。そう簡単にジャングルを通り抜けて、集中した状態に飛び込めるものではない。ためしに窓の外に目をやって、赤緑色盲になったふりをし、赤と緑が灰色の濃淡にしか見えなくなるかどうかやってみるとよい[27]。ある程度まではできても、催眠術にかけられているときのほうがずっと簡単だ。あるいは、今すぐ立ち上がって鳥になり切り、両腕をバタバタさせながら奇妙な叫び声を一五分間上げ続けるのはどうだろうか。催眠時であれば造作なくできる。だが、自分しかいないところでこれをやれる読者は、ただの一人もいないはずだ。どんなに頑張ってみても、馬鹿馬鹿しい、くだらない、なんで私が、こんなの、おかしいじゃないかと、いろいろな思いが押し寄せてきて、まるで小心な暴君のように、嫉妬深い神のように、そうした行為に疑いの目を向ける。周囲からの容認と、集団内で強制力を持つ権威と、施術者（または神）の命令がなければ、人はそこまで盲目的に従えるものではない。テーブルに両手を乗せて、片方だけを一目でわかるほど赤くしろというのも同じだ。正気のままでやってやれなくはないが、催眠術にかかっているときのほうがずっとたやすい。両腕を一五分間上にあげたままで痛みを感じないというのも、催眠時ならばわけないのに、正気の状態ではそうとう無理がある。

では、異常なまでに物事を容易にし、普通なら非常に苦労しなければできぬことを私たちに可能にさせる催眠の力とは、いったい何なのか。いや、そもそもそうした行為をしているのは「私たち」なのだろうか。催眠時には、まるで別の誰かが私たちの体を使って行動しているように思える。これはどうしたことか。そして、なぜ催眠状態では物事がたやすく行なえるのか。意識ある自己を失って初めて、ここまで行動が制御できるのであって、「自分の力」ではどだい無理だというのだろうか。

別の視点から言い換えてみよう。私たちが正常な意識のままで自分自身の上に立ち、ほんとうになりたい状態になることを自分に許可できないのはなぜだろうか。催眠時にはアイデンティティも行動も変えられるのに、なぜ正気のときに自分で自分を変えられないのか。施術者が被験者を意のままに操るように、自分のどんな行動も自分が決めたとおりに行なえてよいはずだ。人間の内にあって私たちが「意思」と呼ぶものが、被験者に対する施術者のように絶対の権威をもって自分の行動を制御できてよいはずだ。それなのに、どうしてそうできないのだろう。

答えの一端は、学習で身につけた私たちの意識が、今の一〇〇〇年紀に至ってもなお完全でないことにある。私たちは〈二分心〉の名残りに、つまり行動を制御するための古いやり方に、ある程度は助けてもらわなくてはならない。人間は意識の誕生とともに、〈二分心〉の特徴だった単純で絶対的な制御の方法を捨ててしまった。今の私たちは「なぜ」「何のために」という疑問が飛び交う騒がしい世界に生きている。自分の〈物語化〉にどんな目的や理由を与えようかとあれこれ考えている。いわば、アナログの〈私〉にたどらせる道筋がたくさんあるわけだ。そうしてつねにいくつもの道筋の間を揺れ動くのは、極端に衝動的な行動を防ぐためにほかならない。アナログの〈私〉と比喩の〈自分〉は、数々の「集団内で強制力を持つ共通認識」の合流点にいつもたたずんでいる。自分自身に極端なことを命じるには、私たちはあまりに物を知りすぎてしまったのだ。

一方、世の中には、神学者が「信じる才能」と呼ぶ力によって神への信仰を生活の中心に据えられる者たちがいる。彼らは、「集団内で強制力を持つ共通認識」が私たちとは違う。祈りの力と祈りへの期待によって、〈後催眠暗示〉を受けたときのようにほんとうに自分を変えることができる。信念というのは、政治的なものであれ、宗教的なものであれ、あるいは古い時代の「集団内で強制力を持つ共通認識」を通じてたんに自分自身を信じる心であれ、じつにすばらしい作用を及ぼすものだ。刑務所や強制収容所で苦しんだことのある人なら、きっと知っているだろう。心と体がともに生き延びられるかどうかは、往々にしてそうした実体のないものの手にしっかりと委ねられていることを。

しかし、それほどの信念を持たぬ普通の人間は、意識で理解できる規範と、疑心に根差した道徳に従ってあわただしく日々を送るしかない。結果として自分自身を制御する力が弱まるとしても、仕方がないのだ。私たちは自己不信の何たるかを知り抜いており、自らの過ちに関しては学者顔負けの豊富な知識を持っている。言い訳を探すことと、決意の実行を先延ばしにすることにかけては天才的だ。

断固とした決意を持たぬ自分に慣れすぎて、ついには何一つ試みもしないうちに希望は消え去り死に絶える。全員とは言わぬまでも、これが当てはまる人は少なくないはずだ。知識の雑音に耳を貸さずに、ほんとうに自分を変えるには、〈私〉たちにはない権威が必要となる。

誰もが催眠術にかかるわけではない。そこにはいくつもの理由がある。だが、催眠術にかかりにくい一つの集団について言えば、原因は脳神経にあり、しかもある程度は遺伝によることがわかっている。この人たちの脳では、〈二分心〉の一般的パラダイムの神経構造が、生まれながらに普通の人と若干違っているように思う。彼らには、施術者という外にいる権威がなかなか受け入れられない。まるで、〈二分心〉の「権威」にかかわる脳領域がすでにふさがっているかのようなのだ。事実、私たちの目には、彼らがすでに催眠術にかかっているように映る。それがとくに顕著に現れるのが、彼らが病院に閉じ込められているときだ。実際、彼らの多くはときどき閉じこめられる。理論家の中には、彼らがまさしくたえまない自己催眠状態にあると考える者もいる。しかし、彼らの状態を催眠と見るのは、はなはだしく不適切だと思う。彼らの行動、いや、一般的な呼び方をするなら統合失調症患者の行動を説明するには、別の視点から眺めるべきだ。それが次章のテーマとなる。

第5章　統合失調症

たいていの人は生きている間に、現実の〈二分心〉に近いものにふと戻ってしまうことがある。人によっては思考力がなくなる、あるいは何かの声が聞こえるといった出来事が二、三回起きるだけで済む。しかしドーパミン系の働きが活発すぎる人や、長く続くストレスで生まれる生化学物質を簡単に分解して排出できる形にするための酵素が不足している人は、はるかに悲惨な体験をする――仮にもそれが体験と呼べればの話だが。自分を非難し、何をすべきか命令する、抗い難い力を持った声が聞こえる。それと同時に、自己の境界がなくなるように思われる。時間が崩壊していく。本人はそれを知らずに行動する。〈心の空間〉が消えていく。彼らはパニックに陥るが、パニックは彼らに起きているのではない。彼らはどこにもいないのだ。どこにも拠り所がないのではない。「どこ」自体がないのだ。そしてそのどこでもない場所で、どういうわけか自動人形になり、自分が何をしているのかわからぬまま、自分に聞こえてくる声や他人に操られ、異様でぎょっとするような振る舞いをする。気づいてみれば病院にいて、診断結果は統合失調症だという。だが、じつは彼らは〈二分心〉に逆戻りしているのだ。

本書のこれまでの議論から明らかになった仮説の紹介の仕方としては、おおざっぱすぎるし、おおげさでもあるにせよ、少なくとも刺激的ではあるだろう。なぜなら、ここに示した見解は、あの、最も一般的で治りにくい心の病、統合失調症の新しい概念を提起することがきわめて明白だからだ。その概念とは、これまでの章で論じられた諸現象と同様に、統合失調症も少なくとも部分的には、〈二分心〉の名残りであり、〈二分心〉の部分的再発である、というものだ。本章ではその正否を論じることにする。

歴史上の根拠

手始めに、この病気の最も古い歴史を、ざっと、ほんとうにおおまかにだが、見てみよう。もし本書の仮説が正しければ、第一に、〈二分心〉が崩壊する前は、精神異常者として区別された人がいた形跡はないはずだ。そして事実、そういう形跡はない。ただし、その論拠が間接的なので、主張としてはきわめて弱い。とはいえ〈二分心〉の大文明の彫刻や文学や壁画にも、その他の芸術作品にも、精神異常として一個人を他の人々と区別するような行動についての表現も言及もいっさいない。愚行はあっても狂気はないのだ。[1] たとえば、『イーリアス』に精神異常という観念はない。[2] ここでとくに、病人として区別された人はいなかったという点を強調したい。なぜなら、本書の仮説によると、前二〇〇〇年紀より前は誰もが統合失調症だったからだ。

第二に、前述の仮説をもとにすると、意識が生まれた時代に初めて精神異常に対する言及が行なわれたときには、明らかに〈二分心〉特有の用語で表現されたと推測される。こちらのほうがはるかに強力な根拠となる。プラトンは『パイドロス』の中で、精神異常を「神の贈り物であり、人間に与えられる最高の恵みの源[3]」と言っている。そしてこのくだりを序として、すべての対話篇の中でも最も美しく高邁な一節が続き、その中で四種類の精神異常が挙げられている。アポロンによる預言者の狂気、ディオニュソス（訳注　ギリシア神話の豊饒とぶどう酒と演劇の神）による儀式的狂気、「繊細で清らかな魂をつかんで熱狂させ、叙情詩をはじめあらゆる韻律をひらめかせる、ムーサたちの虜となった人々の」詩人的狂気、そして最後がエロス（訳注　ギリシア神話の愛の神）とアフロディテ（訳注　ギリシア神話の愛と美の女神）による性愛の狂気だ。預言的という意味の「mantike」と、精神病の狂気を表す「manike」という二つの言葉も、若きプラトンにとっては同じ言葉であって、「t」という文字は「近頃の品のない挿入物[4]」でしかなかった。私がここではっきりさせたいのは、いわゆる統合失調症の様々な形と、本書で〈二分心〉と呼ぶことにした現象とが、ずっと昔から関係があったことは間違いないという点だ。

この関係は、精神異常を表す別の古代ギリシア語、「paranoia（パラノイア）」からも明らかだ。「para（パラ）」と「nous（ヌース）」が結びついてできたこの単語の文字どおりの意味は、「自分自身の心と並んでもう一つ別の心を持っている」で、統合失調症で幻覚が起きている状態と、本書で〈二分心〉と呼んできたものの両方に当てはまる。もちろんこれは、この言葉が現在、語源的に間違った使われ方をしていることとは何の関係もない。「迫害妄想」というまったく異なる意味は一九世紀に生まれたものだ。精神異常を意味する古代の一般用語としての「パラノイア」は、前章で述べた他の〈二分心〉の名残りといっしょに長らく使われていたが、二世紀頃、それらの名残りが消えるとともに、言語上の意味は消滅してしまった。

しかし、プラトン自身の時代、つまり戦争と飢饉と疫病の時代に早くも、四つの聖なる狂気は徐々に賢者の詩作と凡人の迷信の領域に移っていった。そして、統合失調症の病気としての様相が表面化してきた。後期の対話の中で初老のプラトンはもっと懐疑的になり、私たちが統合失調症と呼んでいるものについて、「自分は神だと思う者もいれば、自分は飛べると信じる者もいる[5]」ような、たえず夢を見ている状態だとし、そういう状態になっている人たちの家族には彼らを家に監禁させ、従わなければ罰金を科すべきだと言っている[6]。

精神異常は今や忌むべきものとなった。アリストファネス（訳注　紀元前四四八？～三八五？。アテネの喜劇作家）の風変わりな道化芝居にさえ、精神異常者たちを近づけないように、彼らに石が投げつけられる場面がある。

このように、私たちが今日、統合失調症と呼んでいるものは、神々との関係として人類の歴史に登場し、紀元前四〇〇年頃になってようやく、現在知られているような、人の能力を奪う病気と考えられるようになった。この展開を、本書のテーマである精神構造の変化の仮説と切り離して理解するのは難しい。

問題の難しさ

〈二分心〉の観点から現代の症状を見る前に、ごく一般的な類の前置きを二、三述べたいと思う。このテーマについての文献を研究したことがある人ならおわかりのように、今日、統合失調症とは何かについて、かなり漠然とした広範な議論がある。一つの病気なのか、病群なのか、それとも複数の病因が最終的にたどる共通の道なのか。過程と反応性、急性と慢性、急速発症と緩徐発症など、様々な呼び方がある、統合失調症の二つの基本パターンは存在するのだろうか。このように意見が分かれてはっきりしないのは、この分野ではほかの分野と比べても、対照研究が極端に厄介だからだ。様々な要因の影響を受けずに統合失調症の研究をするのは難しい。入院、投薬、以前の治療、文化的期待、奇異な体験に対する種々の学習された反応、入院のトラウマから意思の疎通を恐れている患者の状況が孕《はら》む危機についての正確なデータを手に入れる手法の違いといったものの影響を、どうすれば排除することができるというのか。

ここでどれだけ私が頑張っても、このような難しい問題を克服し、何らかの決定的な見解に到達することはできない。むしろ私としては、広く認められている単純な事柄を楯に、そういう問題は避けて通るつもりでいる。そうした事柄とは、統合失調症と呼べる症候群がたしかに存在すること、少なくとも顕症期であれば診療所で容易にそれとわかること、そしてそれが世界中のすべての文明化社会で見られることだ(7)。そのうえ本章のテーマにとって、私がこの診断を受けたすべての患者を対象にしているかどうかは、さして重要ではない(8)。最初の発症時のことについて論じようが、入院後の進行時のことについて論じようが、それも問題ではない。私の論点はもっと範囲が限定されており、顕症期で服薬していない統合失調症患者に、とりわけ特徴的でよく見られる基本的な症状のいくつかは、これまで述べてきた〈二分心〉の説明と見事に一致している、ということなのだ。

そういう症状のおもなものは、第一部第四章で述べた幻聴があることと、第一部第二章で定義した意識の劣化、すなわちアナログの〈私〉が失われ、〈心の空間〉が蝕まれ、〈物語化〉ができないことだ。これらの症状を順番に見ていこう。

幻覚

ここで再び幻覚の登場だ。私が述べることは、これまでの議論への補足にすぎない。

顕症期で服薬していない統合失調症患者に話を限れば、幻覚がないのは例外的と言える。普通は幻覚が幅を利かせ、しつこく次々と湧き出てくるので、患者は混乱の体を見せる。幻覚がめまぐるしく変化しているときは、とくにそうだ。非常に深刻な症例では、幻聴の声に幻視が伴う。しかしもっと一般的な症例では、患者は一つ、または多数の声を聞く。聖者の声もあれば悪魔の声もある。自分を捕まえ、火あぶりにし、打ち首にしたがっている男たちの声が窓の下に聞こえる。彼らは待ち伏せし、壁を伝って入るぞと脅し、登ってきてベッドの下か頭上の換気孔に隠れる。また、自分を助けたがっている声も聞こえる。神は庇護者のときもあれば、迫害者の一員の場合もある。自分を迫害する声が聞こえると、患者は逃げたり、自己防衛したり、攻撃したりする。助けとなり、慰めを与えてくれる幻の声に対しては、患者は熱心に耳を傾け、その声を祭礼のように楽しみ、天の声を聞いたと涙を流すことさえある。あらゆる種類の幻覚をベッドの中の毛布の下で体験する患者もいれば、這いずり回り、ありとあらゆる種類の、わけのわからぬ身ぶりや動作を示しながら、幻の声に向かって騒々しく、あるいは穏やかに、話しかける患者もいる。会話や読書の最中でさえ、しきりに小声で幻覚に答えたり、ちょくちょく幻の声にささやきかけたりする患者もいる。

さて、こうした症状のうち、〈二分心〉との類似点に関して、とりわけ興味深くて重要なのは次の点だ。幻聴は一般に、患者個人に制御されることはまったくないのに、個人が属している社会的状況全体からの示唆には、それがどんなに些細なものであっても、非常に敏感に反応する。換言すると、幻覚のような統合失調症の症状は、催眠の場合とちょうど同じように、集団内で強制力を持つ共通認識に左右されるのだ。

これをきわめて明確に証明している最近の研究がある。(9) 幻覚のある四五人の男性患者を三つのグループに分ける。一つのグループは、押すとショックを感じるレバーのついた小さな箱をベルトに着ける。そして幻声が聞こえ始めたら必ず、レバーを押して自分にショックを与えるよう指示しておく。二番目のグループにも似たような箱を着けさせ、同じような指示を与えるが、レバーを押してもショックは発生しないようにしておく。三番目のグループには箱は着けさせないが、残りの二つのグループと同じように面接と評価を行なう。ちなみに、その箱にはレバーが押された回数を記録する計数機がついており、実験が行なわれた二週間に押された回数は一九回から二三六二回まで様々だった。だが重要なのは、三グループともさりげなく、幻覚の頻度が減るだろうと期待するよう誘導されたことだ。

学習理論に基づくと、当然、ショックを与えられたグループだけが改善することが予測された。しかし、学習理論は面目丸つぶれだった。声が聞こえる頻度は三グループすべてで、確実に少なくなったのだ。中には、まったく聞こえなくなった者もいた。この点に関してどのグループも似たり寄ったりの結果になり、精神構造のこの面において期待と信念の果たす役割の大きさがはっきり示されたのだった。

これに関連してさらに別の所見もある。〈二分心〉の時代はそうだったと本書で仮定しているとおり、幻覚は子供時代に受けた教育と期待に左右される、というものだ。今でも子供の教育の一環として、やたらに神と個人を結びつける因習のある文化において、統合失調症になる人は他の患者と比べると、厳格で宗教的な幻聴を多く経験する傾向がある。

たとえば、西インド諸島の英領トルトーラ島の子供たちは、神が文字どおり人生の細部まで支配している、と教えられる。神の名は脅しや罰の中で引き合いに出される。教会に行くことは重要な社会活動だ。この島の出身者が、何であれ精神医学の治療を必要とするときに、きまって語る経験として、神とイエス・キリストが命令する声の幻聴、地獄で焼かれている感覚、あるいは、響き渡る祈りや賛美歌や、ときには祈りと冒瀆《ぼうとく》の入り混じった言葉の幻聴が挙げられる(10)。

統合失調症の幻聴は、とくに宗教的な基盤がない場合でも、特定の役割を果たしている。それは本書で〈二分心〉の持っていた役割として考えてきたのと本質的に同じもので、患者の行動を手ほどきし、導く役割だ。病院内においてさえ、その声が権威を持つ存在と認められるときもある。ある女性が聞いたのはもっぱら助けになる声だったので、彼女は公衆衛生局が精神療法のために創り出したものだと信じていた。精神療法がいつもそんなに簡単にうまくいくものだったら、どんなにすばらしいだろう。その声はしょっちゅう彼女に忠告したが、ちなみに、精神科医には声が聞こえることを言わないように勧めてもいた。難しい発音について助言したり、縫い物や料理に関する指示を与えたりもしていた。彼女は次のように説明している。

ケーキを作っていると、彼女は私のことをひどくじれったがるのです。私は自力で解決しようとします。私が洗濯バサミ用ポケットのついたエプロンを作ろうとしていると、彼女がそばにいて、何をすればよいか教えようとします。[11]

精神医学の中でもとくに精神分析学の研究者は、患者が働かせる連想から、そういう声は「どんな場合も……患者の人生の中でかつて重要だった人物、とりわけ両親に源をたどることができる」[12]と推論したがる。患者は、そういう人物をそのまま認めると不安になるため、無意識のうちに歪めて姿を変えさせるのだ、と考えられている。だがどうしてそうしなくてはならないのだろう。ちょうど私が〈二分心〉時代は神々がそうだったと提唱してきたように、幻の声の核になるのは両親（または他の親愛なる権威者）にまつわる患者の経験だというほうが無駄がない。

両親が幻覚に現れることはないと言っているのではない。とくに年齢の低い患者の場合は頻繁に現れる。だが、それ以外の場合は、統合失調症患者が聞く幻の声の主は、姿を変えた両親ではない。声の主は、患者が訓戒を受けた経験や患者の属する文化が期待するものから、神経系が創り出した権威ある人物であり、両親がその訓戒の経験の重要な部分を占めていることは言うまでもない。

幻覚についての非常に興味深い問題の一つに、意識的思考との関係が挙げられる。もし統合失調症がある程度は〈二分心〉への逆戻りだとしたら、そしてそれが通常の意識とは対照的なものだとしたら（もっとも、すべての場合に当てはまる必要はないが）、幻覚は「思考」の代わりと考えてもよさそうだ。

少なくとも一部の患者には、幻覚は最初そういうふうに現れる。患者によっては、幻の声は思考として始まるらしく、それが次にかすかなささやきに変わり、だんだん大きくなり、命令的になっていく。声の始まりを「自分の考えが分かれていくかのように」感じる患者もいる。軽い症例では、意識的な注意力が「思考」と同じように幻の声を制御する場合もある。妄想症状のない患者が次のように語っている。

私はこの病棟に入って二年半になります。ほとんど毎日、毎時間、周りで声がします。風の音から聞こえることもあれば、足音からのことも、ぶつかり合う皿の音、木の葉の鳴る音、通り過ぎる列車や自動車の車輪の音から聞こえる場合もあります。私が注意を向けた場合にだけですが、たしかに聞こえるのです。その声は何かの話を語りかけてきます。まるで私の頭の中の考えではなくて、過去の行動をこまごまと説明しているかのようです――ただし、私がその声のことを考えるときだけですけれど。一日中、私の頭と心の毎日の履歴を、ありのままに語り続けています。(13)

幻覚のほうが患者本人より、たくさんの記憶や知識にアクセスできるように思えることも多く、これはちょうど大昔の神々と同じだ。病気がある段階にきている患者が、自分で考えつく前に声が自分の考えを言ってしまう、と不満を漏らすのは珍しいことではない。自分の考えが先取りされ、声になって聞こえてくる現象は、臨床医学の文献では「考想化声」と呼ばれており、〈二分心〉によく似ている。自分で考える機会がまったくないと言う患者もいる。いつも誰かがやってくれて、考えが与えられるのだ。本を読もうとすると、自分より先に声が読んでしまう。話そうとすると、もう自分の考えが話されているのが聞こえる。担当医にこんなことを言った患者がいる。「思考は彼を傷つける。なぜなら彼は自分で考えることができないからだ。考え始めるたびに、考えがすべて押しつけられる。なんとか考えの流れを変えようとするが、また先回りされてしまう。……教会では、聖歌隊が歌う賛美歌を予想して声が歌うのを耳にすることも少なくない。……通りを歩いていて、たとえば看板が見えると、何が書いてあるにしろ、それを声が読み聞かせる。……遠くに知り合いの姿が見えると、たいてい彼がその人のことを考え始める前に、声が『ほら、誰それがいるぞ』と呼びかけてくる。自分は通りがかりの人に注意を向けるつもりなどまったくないのに、声がその人たちについてあれこれ言うので、どうしても目がいってしまうこともある[14]」

考察するべき重要な点は、多くの統合失調症患者に見られる症候群の中で、このような幻聴がまさに中心的で無類の位置を占めていることだ。幻聴はなぜ起きるのか。なぜ「声を聞く」現象はあらゆる文化に共通なのか。ふだんは抑制されている脳の構造があって、この病気のストレスを受けると活性化するからではないのか。

それに、なぜ統合失調症の幻覚には強力な権威、とくに宗教的な権威が伴うことがこれほど多いのだろう。私が思うに、この問題について有効な仮説を一つでも提供する概念は、〈二分心〉の概念しかないのではないか。それはつまり、これらの幻覚を起こす神経構造が、宗教的な感情を起こす基盤と神経学的に結びついているという概念で、なぜそうかと言えば、信仰や神々そのものの起源が〈二分心〉にあるからだ。

宗教的な幻覚は、いわゆる朦朧《もうろう》状態のときに、とくによく起きる。朦朧状態とは多くの患者に見られる一種の白日夢で、継続時間は数分から数年まで様々だが、ごく一般的には半年ほど続く。そういう状態には宗教的な幻視や、特定の姿勢、儀式、崇拝がつきもので、患者は〈二分心〉状態で生きているのと同じように、幻覚とともに生きている。違うのは、環境そのものも幻覚になっていて、入院している状況が消し去られている可能性がある点だ。患者は天国の聖者たちと接触しているのかもしれない。あるいは、周囲の医師や看護士を医師や看護士として認識してはいるが、姿を変えた神や天使であることがいずれわかると信じているかもしれない。そういう患者たちは、天国の住人と直接話ができて、嬉し涙を流すことさえありうるし、神の声だけでなく、夜の闇から呼びかけてくる星と話を交わすときでも、たえず十字を切ることもある。

偏執病患者はしばしば、人とうまくやっていくのに長い間苦労したあげく、統合失調症的な様相を呈し始め、天使かキリストか、あるいは神に語りかけられ、新しい道を教えられるという宗教的幻覚を体験する場合がある。[15] その結果、自分は宇宙の力と特別な関係があると確信するようになり、周囲の出来事すべてについての病的な自己言及が、妄想へと練り上げられていく。患者がそのことを相談できないまま、妄想が何年も続くこともありうる。

宗教的幻覚が起きる傾向を説明するのにとりわけ役立つのが、有名なシュレーバーの症例だ。[16] シュレーバーは一九世紀末頃の優秀なドイツ人裁判官で、統合失調症を患っていた間の幻覚に関する、きわめて明晰な回想録を残した。この回想録は、古代人と神々の関係との類似性という観点から注目に値する。彼の病気は深刻な不安発作で始まった。発作のとき、彼は自分の家の壁にひびが入るような音を幻聴で聞いた。そしてある晩、その音が突然、複数の声に変わった。彼はすぐにそれが神々の語りかけだと気づき、「それ以来その声を絶え間なく耳にした」。声は「七年間、眠っている間を除いてつねに続いた。他人と話しているときでさえ、しつこく続いた」[17]。彼は「はるか彼方の地平線のどこかから……あるいは太陽か他の遠くの星から、一直線にではなく円か放物線を描くように」、「私の頭に向かってくる、長く引き伸ばされたフィラメント」のような光線を見た[18]。それが神々の声の運び手であり、神々自身の姿をとることもあった。

とりわけ興味深いのは、病気が進行するにつれ、じきに神の声が上位と下位のヒエラルキーを作っていった点だ。〈二分心〉の時代に起きたと考えられることと同じだ。その後、その声は神々からの光線を伝い降りながら、シュレーバーを「抑圧し、最後には理性を奪おうと」しているように思われた。「魂の謀殺」を犯し、だんだんに彼を「去勢」していった。つまり、彼自身の主導権を奪い、アナログの〈私〉を蝕んでいったのだ。後に、闘病中の彼は意識がしっかりしていた時期に、この感覚を肉体が女性化していく妄想に〈物語化〉した。思うに、フロイトは世に知られるシュレーバーの記憶に関する分析の中で、この特殊な〈物語化〉を強調しすぎ、病気全体を、抑制されていた同性愛が無意識からほとばしり出た結果にしてしまっている[19]。だがそのような解釈は、病気を発症させたストレスのもともとの原因に関係している可能性はあるにしても、この症例全体の説明としてはあまり説得力がない。

ここで大胆にも、このような精神病の現象と古代の神々の成り立ちとの類似を想定してもよいだろうか。シュレーバーには「小さな人々」の幻聴や幻視もあったという事実は、きわめて多くの古代文明で見つかっている小像を連想させる。そして彼がゆっくり回復するにつれ、神々が話すテンポが遅くなっていき、やがて声は崩れて不明瞭な音になった[20]という事実は、征服された後のインカの人々に偶像の声がどう聞こえたかを思い起こさせる。

さらに暗示的な類似点は、世界で最も明るい光としての太陽が、〈二分心〉文明の神政政治にとって重要だったのと同じように、服薬していない多くの患者にとって格別な意味を持っている、という事実だ。たとえばシュレーバーは、「上位の神（オルマズド）」の声を何度か聞いた後、とうとうその神を「銀色の光線の海に囲まれた……太陽[21]」と見なすようになった。また、もっと最近の患者は次のように書いている。

> 太陽は私に対して尋常でない影響を持つようになりました。すべての力がみなぎり、たんに神を象徴するのでなく、実際に神であるように思えたのです。「世の光」、「二度と沈まぬ義の太陽」といった言葉がたえず私の頭の中を駆け巡り、太陽を見るだけで、患っていた躁病の興奮が激しくなりました。太陽に向かって「わが神」と呼びかけずにはいられず、だんだん儀式的な太陽崇拝へと駆り立てられました[22]。

私はけっして、神経系に生来の太陽崇拝あるいは生来の神があって、それが精神病による心の再編成で解き放たれると考えているのではない。幻覚がこういう形をとる原因は、人類の身体的特質にも一部あるが、主として教育および、神々や宗教の歴史との馴染み深さに帰することができる。

しかし私は、以下のことを主張したい。

一　脳の中には、このような幻覚の存在そのものを可能にする〈性向決定構造〉がある。

二　その構造は文明社会の中で、そういう幻聴の声に共通の宗教的な性質と権威を決定するように発達する。そして、ことによると、それらの声をヒエラルキーにまとめ上げる。

三　その構造の裏にある枠組みは、人類初期の文明化の時代に、自然淘汰と人間の選択によって徐々に脳の中にでき上がった。

四　その枠組みは通常抑制されているが、多くの統合失調症の症例で、それが異常な生化学作用によって解き放たれ、個別の体験となる。

統合失調症における幻覚というきわめて現実的な現象については、もっとたくさん言うべきことがある。そしてさらに研究を重ねる必要があることは、いくら強調してもおおげさではない。幻覚の発生から消滅までの変化を知りたいし、それが患者の病気の発生から回復までの変化とどう関係しているかも理解したい。これについてはほとんど何もわかっていないのだ。特定の幻覚体験が個人の育ちとどう関係しているかについても、もっと知る必要がある。慈悲深い声を聞く患者もいる一方で、幻の声に容赦なく迫害されるために、声を止めようとして逃げたり、自己防衛したり、他者を攻撃したりする患者もいるのはなぜなのか。さらに、祭礼のように楽しめるほど、うっとりするような宗教的で刺激的な声が聞こえる患者もいるのはなぜだろう。そういう声の言語的特徴はどんなものなのか。患者自身が話すのと同じ構文や語彙が使われているのだろうか。それとも、第三部第三章から推測されるように、もっとパターン化されているのか。これらの問題はすべて実験によって解明することができる。それが実現した日には、〈二分心〉による文明の始まりについて、もっと多くの洞察が得られる可能性が十分ある。

アナログの〈私〉の侵蝕

私たちが比喩化された〈心の空間〉の中に持っている、この自分自身のアナログはなんと重要なことか。これこそ、私たちが個人行動の問題に対する解決策を〈物語化〉し、自分がどこに向かっているのか、自分は何者なのかを理解するために用いるものなのだ。それが統合失調症で小さくなっていき、それを内包する空間が崩れ始めるのは、どれほど恐ろしい経験だろうか。

顕症期の統合失調症患者はみな、多かれ少なかれこの症状を抱えている。

> 病んでいるときの私は、自分がいる場所の感覚がありません。〈私〉は椅子に座ることができると自分では感じるのに、体は猛スピードで私の一メートルほど前方に飛び出して、とんぼ返りをするのです。

他人と会話を続けるのが、ほんとうにとても難しいのです。なにしろ他人がほんとうに話しているのかどうかも、自分がほんとうに返事をしているかどうかも、はっきりわからないのですから。(23)

私自身のどれだけが私の中にあって、どれだけがすでに他人の中にあるのか、だんだん区別できなくなっています。私は毎日新しく作られる寄せ集めであり、怪物なのです。(24)

考え、決断し、やろうと思う能力が、ひとりでに壊れていきます。最終的には追い出され、その日のほかのすべての要素といっしょくたになって、後に残してきたものを裁くのです。自分でやりたいと思うのでなく、物事は何か機械的でぞっとするようなものによってなされます……人の内部にあるべき感情が外にあり、戻りたいと切望しながらも、戻るための力を自ら持ち去ってしまっているのです。(25)

この自我喪失について、ともかくそれを表現できる患者は、様々に表現している。「自分でまた考えられるようになるために」、一度に何時間もじっと座っていなくてはならない患者もいる。「気を失った」かのように感じる患者もいる。前述のとおりシュレーバーは「魂の謀殺」と言っている。ある非常に聡明な患者は、「自分の自我をほんの束の間、取り戻すために」、何時間も猛烈に努力しなくてはならない。あるいは、宇宙の力、悪または善の軍勢、あるいは神自身によって、自己が周囲にあるすべてのものに吸収されていくように感じる。実際、統合失調症（訳注　原語の「Schizophrenia」の「schizo」は「分裂」、「phrenia」は「精神障害」の意）という用語自体、患者が経るこの中心的体験をこの病気を識別する特徴として位置づけるために、ブロイラー（訳注　一八五七～一九三九。スイスの精神医学者）が創り出したものだ。それは「自分の心を失う」感覚であり、自己が「ちぎれて」しまって、しまいに存在しなくなったり、あるいは平常の行動や生活と無関係に思えるようになったりする感覚で、その結果、「情動の欠如」や無為のような、もっと明白で具体的な症状がいろいろと出てくる。

このアナログの〈私〉の侵蝕は、普通の人と比べて統合失調症患者が人物を描くのを苦手とすることにも表れている。もちろん、私たちが紙に人物を描くとき、その絵は、本書でアナログの〈私〉と呼んでいる、自己の無傷で完全な比喩に依存しているとするのは、いくぶん無理がある。しかし絵がうまく描けないという結果が一貫しているからこそ、いわゆる「人物画テスト（DAP）」が考案され、今や統合失調症の診断基準としてごく一般的に行なわれているのだ。(26) すべての統合失調症患者が人物を描くのが難しいわけではない。だが実際に描くと、きわめて特徴的な描き方になる。手や目などの目立つ部分を省く。線は不鮮明でつながっていない。性別を表現しない場合が多い。全体に形が歪んでおり、正体不明のことも多い。

しかし、このように人物を描けないのはアナログの〈私〉が蝕まれていることの表れだという一般論を導き出すには、慎重を期す必要がある。高齢者が統合失調症患者と同じような断片的で稚拙な作画をすることがわかっているし、この結果と本章で検討している仮説にはかなり矛盾があることにも注意しなくてはならない。最初のほうの章で、アナログの〈私〉が生まれたのは前二〇〇〇年紀の終わり頃だったと述べた。人物を描く能力が、描く人にアナログの〈私〉があるかどうかに左右されるのであれば、その時代より前には人間をしっかり描いた絵はないということになる。ところが断じてこれは事実ではない。この矛盾を説明する方法があるのは明らかだが、ここではその矛盾を記すにとどめたい。

アナログの〈私〉の侵蝕を論じるにあたっては、現代文明ではその〈私〉にとてつもない不安が伴うこと、そして、この、内なる自己の最も重要な部分——神聖とさえ言える意識的決定の根源——の恐ろしい喪失を食い止める努力がなされることについて、言及しないわけにはいかない。その努力は成功することもあれば、失敗に終わることもある。実際のところ、〈二分心〉への逆戻りと結びつかない行動の多くは、アナログの〈私〉の喪失と戦う努力だと解釈することができる。

たとえば、「我あり」症状と呼ばれるものが起きる場合がある。自分の行動をある程度は制御し続けようとする患者は、「私はいる」とか「私はあらゆるものの中に存在する」とか「私は体ではない、心だ」などと繰り返し自分に言い聞かせる。「強さ」とか「命」といった単語だけを使って意識の崩壊に対抗し、自分をつなぎ止めようとする患者もいる。[27]

〈心の空間〉の消失

統合失調症患者はアナログの〈私〉だけでなく〈心の空間〉も失っていく〈〈心の空間〉とは、内観するときのために現実の空間を模して創り出された世界とそこに含まれる事物について、私たちの持っている純粋な〈投影連想〉だ）。患者にしてみれば思考力がなくなっていく感じがする。あるいは精神病患者が即座に共感してくれる言葉を使えば、「思考力が剝奪される」感覚だ。この作用はアナログの〈私〉の侵蝕と不可分なほど密接な関係がある。患者は今いる場所にいる自分自身について容易には考えられないので、これから自分に起きるかもしれないことに備えるために情報を活用できない。

これを実験的に観察できる一つの方法が、反応時間の研究だ。どんなタイプの精神病患者もみな、様々な間隔で示される刺激に対して反応する能力は、正常な意識のある人たちにはるかに劣る。アナログの〈私〉が蝕まれ、自分が何かをしているところを思い描くための〈心の空間〉が欠如している統合失調症患者は、反応する「用意」ができず、反応するにしても、課題が要求するように反応の仕方を変えることができない[28]。たとえば、形に基づいてブロックを分類している患者は、異なる方法で分類するように指示されても、色による分類に変えることができないかもしれない。

同様に、アナログの〈私〉とそれを含む〈心の空間〉の喪失によって、「あたかもそのように」振る舞う行動がなくなる。統合失調症患者は通常の意識的なやり方では想像できないので、役を演じたり、見せかけの行動をしたり、架空の出来事について話したりすることが不可能なのだ。たとえば、空のグラスから水を飲むふりをすることはできない。もし医者だったらどうするかと訊いても、自分は医者ではないと答えるだろう。未婚の患者に、結婚していたらどうするかと訊いても、自分は結婚していないという答えが返ってくるだろう。このことから推して、前章の最後に言及した、催眠状態に見られる「あたかもそのように」という行動をとるのは困難と考えられる。

〈心の空間〉の消失の影響は、別の形でも表れる。時間の感覚が失われる現象で、これは統合失調症患者にたいへんよく見られる。私たちは時間を連続した空間として順序立てて並べられるからこそ意識できるわけで、統合失調症では〈心の空間〉が消えてしまうため、それが困難あるいは不可能になる。たとえば、「時間が止まった」とか、すべてが「ゆっくりになる」または「一時停止する」ように思えるとか、もっと単純に「時間に苦労する」などと、患者がこぼすこともある。ある患者は回復した後、次のように回想している。

日中らしく思える日中も、夜らしく思える夜も、長い間ありませんでした。でもこのことはとくに、私の記憶の中ではっきりした形になっていません。食事で時間を判断していたのですが、毎日、現実の昼間に数回の食事――一二時間ごとに朝食、昼食、お茶、夕食など、計六回ほど――が出されていると思っていたので、これはあまり役に立ちませんでした。[29]

一見したところ、これは統合失調症が〈二分心〉への部分的な逆戻りだという仮説と矛盾するように思えるかもしれない。なぜなら〈二分心〉の人間は、一日の時間や一年の季節を間違いなく知っていたからだ。だがそういうものを知っていることと、意識ある私たちがつねに行なっているような、空間的に連続する時間の中での〈物語化〉とは、まったく異なると私は考える。〈二分心〉の人間はとるべき行動を知っていたのであり、起床や就寝、種まきや収穫をするための手がかりに反応していたのだ。そういう手がかりは非常に重要だったため、ストーンヘンジ（訳注　イギリス南部にある先史時代の遺跡。巨石が環状に並んでいる）でそうだったように、崇拝されていただけでなく、おそらくそれ自体が幻覚を起こすものだったのだろう。そういう手がかりに注意を払う代わりに、まったく別物の時間の感覚を持つようになった文明に生まれた者にしてみれば、そういう空間の連続性が失われると、時間とはかなり無縁の世界に置き去りにされることになる。これに関連して興味深いことがある。健常者が催眠の被験者になり、時間は存在しないと暗示をかけられると、統合失調症のような反応をする。[30]

〈物語化〉の能力の減退

アナログの〈私〉とその〈心の空間〉が蝕まれると、〈物語化〉は不可能になる。正常な状態で〈物語化〉されたものがすべて粉々になり、何か全体的なものに従属しているのに、正常な〈物語化〉に見られるような一つにまとまって概念を構成する目的や目標とはいっさい関係のない連想になってしまうかのようだ。行動に論理的な理由づけをすることはできないし、質問に対する口頭の答えは、内なる〈心の空間〉で考え出されるのではなく、単純な連想から、あるいは会話を取り巻く外的状況から生まれる。人は自分の行為を釈明できるという考えは、もはやいっさい起こりえない。人の行為の弁明は、〈二分心〉の時代には紛れもなく神々の役割だった。

アナログの〈私〉とその〈心の空間〉、そして〈物語化〉の能力が失われると、行動は幻覚による命令への反応として起きるか、あるいは習慣によって続くかのどちらかとなる。自己の残骸は操られている自動人形のように感じられ、誰か他の人が体をあちこち動かしているかのように思える。幻覚による命令がなくても、患者は従わざるをえない命令を受けているような気がする場合がある。訪問者と普通に握手をするかもしれないが、そのことについて訊かれると、「私がやっているのではなくて、手が勝手に出るのです」と答える。あるいは話しているとき、誰か他人が自分の口を動かしているのだと感じることもある。とりわけ、糞便にまつわる言葉や猥褻な言葉をほかの言葉の代わりに使う汚言症の患者はそう感じる。統合失調症患者はたとえ初期段階であっても、愉快なものであれ不快なものであれ、記憶や音楽や感情が、どこかかけ離れたところから押しつけられるような感覚を覚え、そのために、〈私〉はそれを抑制できない、と感じる。この症状は非常によく見られ、診断に役立つ。そしてそういう異質な力はしばしば、前に論じた本格的な幻覚へと発達する。

ブロイラーによると、「人格から分離した精神の発露である自動性の行為に、意識のある感情が伴うことはほとんどない。患者は喜びを感じることなく踊ったり笑ったりしうる。憎しみなしで殺人を犯すかもしれない。人生に失望したわけでもないのに自殺しかねない……患者は自分が自分の主人ではないと悟るのだ[31]」

そのような自動症が起きるのを、ただ放っておく患者が多い。しかし、まだかろうじて〈物語化〉ができて、自分の行動に対するそのような外からの支配を阻止する工夫を凝らす患者もいる。神経症患者における拒絶症さえも、そうした防衛措置の一つだと私は考えている。たとえばブロイラーの患者の一人は、心の中で歌うように強制されたとき、なんとかして小さな積み木をつかみ、口が歌うのを止めるために口の中に詰め込んでいた。患者が〈二分心〉に逆戻りしているなら、そのような自動症や内なる命令は、患者に行動を指示するはっきりした幻の声の結果なのだろうが、現時点では必ずしもそうかどうかはわからない。はっきり言って、それを知ることは不可能かもしれない。なぜなら、引き裂かれてもまだ医師に答えている人格の断片が、神経系の他の部分が「聞いている」〈二分心〉の命令を抑え込んでいるかもしれないからだ。

この現象が「指令自動症」と呼ばれる症状として現れる患者が多い。患者は外から与えられるありとあらゆる忠告や命令に従う。他の点では拒絶症を示しているときでさえ、高圧的な短い命令には従わずにいられない。そういう命令は、単純な行動を命じるものでなくてはならず、長く複雑な課題では効き目がない。緊張症患者は従順に人の言いなりになることが知られているが、この症状もこの分類に入るだろう。患者は純粋に医師に従い、どんな姿勢にされてもそのままでいる。もちろんこのような現象がすべて、本書で〈二分心〉と呼んでいるものの特徴を示しているわけではないが、基本的な原理は同じだ。そのような指令自動症の患者には幻聴がなく、外から聞こえる医師の声がその代わりになっているという、興味深い仮説を立てることができる。

そのような仮説と一致するのが、「反響言語」と呼ばれる症状だ。幻覚がないとき、患者は他人の話、叫び声、あるいは表現をおうむ返しに真似る。しかし幻覚があるときは幻覚の反響言語になり、周囲にいる人たちの話ではなく、幻の声が自分に言うことをすべて大声で繰り返さずにはいられない。幻覚の反響言語が起きる精神構造は、旧約聖書の預言者たちや、ホメロスの詩を歌う吟じ手《アオイドス》たちのものとも、本質的に同じと考えられる。

身体イメージ境界の障害

アナログの〈私〉とその〈心の空間〉が蝕まれるために、ロールシャッハ検査による統合失調症研究で「境界喪失」と呼ばれるものも起きる可能性がある。これは、インクの染みの中に見える、不明瞭だったり、ぼやけていたり、境界や縁が存在しなかったりする画像の割合を示す点数だ。ここで本書の観点からとくに興味深いのは、この尺度が、鮮烈な幻覚体験の有無と強い相関関係を持つことだ。境界喪失の点数が高い患者はしばしば、崩壊の感覚を次のように表現している。

溶けていくとき、私には手がない。踏みつけられないように戸口に入る。何もかもが私から飛んでいってしまう。戸口で私は自分の体の断片を寄せ集めることができる。まるで何かが私の中に投げ込まれて、私をばらばらに破裂させたかのようだ。なぜ私は自分を八つ裂きにするのだろう。バランスがとれない感じがして、自分の人格が溶けていき、自我が消えて自分がもう存在しないような気がする。すべてが私を引き裂く……様々な部位をいっしょにしておくことができるのは皮膚だけ。体の様々な部位にはつながりがない……[32]

ある境界喪失の研究では、八〇人の統合失調症患者にロールシャッハ検査が実施された。境界の明確さを示す点数は、年齢と社会・経済的地位が同じ健常者や神経症患者よりもかなり低かった。[33] 統合失調症患者はしばしば、インクの染みの中に、動物にしろ人間にしろ、手足のない体を見ていた。これはアナログの自己、つまり意識の中で自分自身の比喩となるイメージが崩壊していることを反映している。ウースター州立病院で六〇四人の患者を対象に行なわれた別の研究では、アナログの〈私〉の喪失も含まれると考えられる境界喪失が、幻覚を生じる要因であることが明らかになった。他の患者より頻繁に幻覚を経験する患者は、「自己と世界の間の境界」を確立することも他の患者より苦手だったのだ[34]。

同じ考え方で説明がつくのだが、慢性の統合失調症患者は、一人で撮った写真でもグループで撮った写真でも、写真の中の自分を認知できなかったり、違う人物を自分だとしたりすることがある。

統合失調症のメリット

たしかにおかしな見出しだ。これほど恐ろしい病気にメリットがあるなどと、どうして言えるのか。だが私が言いたいのは、全人類の歴史に照らしたときのメリットだ。きわめて明白なことだが、ストレスに対するこの根本的に異質な反応の基礎になっている生化学作用には、遺伝によって受け継がれた土台がある。人間の生殖年齢のごく初期から見られる、このような遺伝的性向については、かつてどんな生物学的メリットがあったのか、と問わねばならない。進化論者の言葉を借りれば、なぜそれは選択されたのか。そして大昔のどの時代のことだったのか。なにしろ、この遺伝的性向は世界中で見られるのだから。

もちろんその答えは、本書で何度も主張してきたテーマに含まれている。そのような遺伝子が選ばれたのは、〈二分心〉という利点があったからだ。〈二分心〉は古代文明時代、何千年の間に自然淘汰と人為的淘汰によって進化を遂げた。そこにかかわる遺伝子は（意識ある人間にとっては酵素不足に該当するものを引き起こすのであろうと、また別のものを引き起こすのであろうと）、預言者や「預言者《ナビイム》の息子たち」、そして彼らより前の〈二分心〉の人間を創り出した遺伝子なのだ。

統合失調症のもう一つのメリットは、疲れを知らぬことだ。これは進化の上でのメリットかもしれない。とくに初期段階では、全身の疲れを訴える統合失調症患者が少しはいるが、ほとんどの患者が疲れたと言わない。それどころか、健常者より疲れを見せずに、とてつもなく忍耐を要することをやってのけられる。何時間も続く検査にも疲れない。昼も夜も動き回り、疲れをまったく見せずにとめどなく働くこともある。緊張症患者は、普通の人が数分以上は続けられないようなぎこちない姿勢を何日間も保つことができる。したがって、疲れの多くは主観的な意識を持った心の産物であり、エジプトのピラミッドやシュメールのジッグラト、テオティワカンの巨大な寺院を手作業だけで造り上げた〈二分心〉の人間は、意識ある内省的な人間より、はるかに楽にそういう仕事に取り組めたのだろう。

さらにもう一つ、統合失調症患者がそうでない人たちより「うまく」できるのは――現代の抽象的で込み入った世界においては明らかにメリットではないが――単純な感覚による認知だ。彼らのほうが視覚刺激に対して鋭い。彼らは意識という緩衝器によってそういう刺激を濾過する必要がないことを考えれば、これは想像に難くないだろう。突然の刺激の後、脳のアルファ波を遮るのが健常者よりすばやかったり、徐々にピントが合っていく投影像を健常者よりかなりうまく認識したりできるところに、それが表れている。(35)じつのところ、統合失調症患者は感覚的な情報の海で溺れそうになっているのだ。〈物語化〉や〈整合化〉ができないため、あらゆる木が見えていながら、けっして森は見えない。より直接的に、より完全に、物理的な環境に没頭しているように思える。環境との一体感が強いのだ。統合失調症患者はあまり過剰補償をしないので、視覚による認知を歪めるプリズム眼鏡をかけられたとき、健常者より楽に順応できるようになるという事実に、少なくともこうした解釈を加えることは可能だろう。[36]

統合失調症の神経学

統合失調症がある程度は〈二分心〉への逆戻りであるのなら、そしてこれまでの分析が少しでも有効なら、第一部第五章に示した神経学的モデルと一致する、何らかの神経学的な変化が見つかるはずだ。第一部第五章で私は、〈二分心〉の幻聴の声は、蓄積された訓戒経験が何らかの形で右側頭葉で整理され、前交連と、ことによれば脳梁をも越えて、優位半球である左半球に伝えられ、混じり合ったものではないかと述べた。

さらに、意識の出現により、右側頭葉皮質で生まれるこれらの幻聴を、抑制する必要が出てきたのではないかとも述べた。しかしこれが神経解剖学的に正確に意味するところは、けっして明快ではない。脳には他を抑制する特定の領域があること、ごく一般的に言えば脳はつねに刺激と抑制の複雑な緊張（または均衡）状態にあるということ、そして抑制はじつに様々な形で起こりうることは、はっきりわかっている。片方の脳半球のある領域が刺激されることで、他方の脳半球のある領域が抑制されるというのも一つの形だ。たとえば、左右の前頭眼野は互いを抑制するので、一方の脳半球の前頭眼野への刺激は他方を抑制する。[37] 前頭眼野をつないでいる脳梁の繊維の一部が、自ら抑制する働きを持っているか、さもなければ反対の脳半球にある抑制の中枢を刺激するかのどちらかと考えられる。どの方向であれ見るという行動は、二つの前頭眼野の相対立する刺激作用の結果生じるベクトルとしてプログラムされている、ということになる。[38] そして脳半球どうしのこの抑制作用が、他にもある多様な両半球の機能を働かせていると考えられる。

しかし、この相互抑制の適用範囲を、一面的な非対称の機能にまで広げるのは、かなり大胆な話だ。たとえば、左半球における心的作用の中には、右半球の異なる機能と組になって相互抑制を行なうものもあるから、いわゆる高度な精神作用も二つの脳半球が対立する結果かもしれない、と考えることができるのだろうか。

いずれにしても、〈二分心〉やその神経学的モデルと統合失調症との関係に関するこれらの考えを、多少なりとも信頼できるものにするための第一歩は、統合失調症患者の脳半球に何らかの左右差を探すことだ。患者の右半球は、そうでない人のそれとは異なる活動をするのだろうか。この仮説についての研究は始まったばかりだが、次に紹介するごく最近の研究は、少なくとも示唆に富んでいる。

★たいていの人の長期間にわたる脳波図を全体として見ると、優位半球である左半球のほうが右半球より多少盛んに活動している。しかし統合失調症患者には逆の傾向がある。つまり右のほうがいくらか多く活動している。[39]

★統合失調症で右半球の活動が盛んになるというこの現象は、数分にわたって感覚を遮断するといちだんと顕著になる。こうした感覚遮断は健常者に幻覚を引き起こすのと同じ状況だ。

★どちらの脳半球のほうが活動的か、数秒ごとに測定するように脳波計をセットすると、たいていの人は一分に一度ぐらいの割合で、左右が交替することがわかる。だがこれまで試験を受けた統合失調症患者は、およそ四分おきにしか切り替わらない。驚くほど長い間隔だ。これは前に触れた「セグメンタル・セット」で説明できるかもしれない。統合失調症患者は一方の脳半球に「はまる」傾向があるため、健常者ほどすばやく情報処理のやり方を別のやり方に変えることができない。その結果、速いテンポで切り替えができる私たちと交流するときは混乱してしまい、支離滅裂な話や行動をすることが多い(40)。

★統合失調症ではこのように切り替えが遅いことを、解剖学的に説明することができる可能性がある。一連の慢性統合失調症患者の死後解剖の結果、驚いたことに、二つの脳半球をつなぐ脳梁が正常な脳より一ミリメートル太いことがわかった。これは統計的に信頼できる結果だ。このような違いは、統合失調症患者の脳半球のほうが、相互抑制が強いことを意味しているのかもしれない(41)。この研究で前交連は測定されていない。

★本書の仮説が正しければ、疾病、循環の変化、あるいはストレスによる神経化学的な変質で、左側頭葉皮質の機能がはなはだしく損なわれると、右側頭葉皮質に正常な抑制が利かなくなるはずだ。左側頭葉（または左と右両方）の損傷によって側頭葉癲癇《てんかん》が起きると、（おそらく）そのように右半球が通常の抑制から解き放たれるため、九割もの患者がかなりの幻聴をともなう妄想型統合失調症にかかる。損傷が右側頭葉だけのときは、同じような症状を示す患者は一割に満たない。じつのところ、後者のグループは躁うつ病にかかる傾向がある。(42)

これらの研究結果には、さらなる裏づけと調査が必要だ。しかし全体としては、統合失調症における著しい脳の左右差の影響を、初めて示していることは疑いない。そしてその影響が示す傾向は、私が〈二分心〉と呼んでいる古代人の脳の構成が、統合失調症に関係しているかもしれないことを、部分的に証明していると解釈することができる。

結論として

統合失調症は、道義的にとくに突出した研究課題の一つだ。心の苦痛は非常に激しく、患者にも、患者を愛する人たちにも広がる。ありがたいことに、ここ数十年でこの病気の治療法は着実に、そして急速に進歩している。だがその進歩は、私の仮説のような、新しく、ときに異彩を放つ理論を標《ひょう》榜《ぼう》して生まれたものではなく、むしろ日常の治療の現場に密着した実際的な面での進歩なのだ。

ありていに言えば、統合失調症の仮説――これがまた、無数にある――は、相容れない様々な視点から好んで語られるために、大部分が自滅の憂き目に遭っている。各研究分野は他の分野の研究結果を、自分の分野の要因に従属するものとして解釈する。社会環境学の研究者は、統合失調症をストレスの多い環境の産物と見る。ストレスの多い環境が影響するのは、患者に異常な生化学作用があるからにすぎない、と主張する。生化学者は、情報処理の観点から話をする人は、この領域の欠陥がストレスと抗ストレス防御に直結するのだと言う。防御機構を研究する心理学者は、情報処理の機能異常は、現実との接触からの自発的な引きこもりだと考える。遺伝学者は家族の病歴データから、遺伝的な解釈をする。しかし同じデータから、統合失調症を誘発する親の影響の役割について解明する学者もいる。例を挙げればきりがない。ある批評家はこう表現した。「メリーゴーラウンドに乗るときのように、誰もが自分の馬を選ぶ。そして自分の馬が先頭に立っているふりをすることはできる。だが時間が来て馬を下りてみると、じつは堂々巡りをしていただけなのがわかる」[43]

したがって、この長大なリストに私がまだもう一つ項目を加えるのは、いくぶん気がひける。しかし、たんに本書の最初のほうの章が示唆するところを補って完全なものとし、明確にする責任だけからにせよ、そうせずにはいられない気持ちなのだ。統合失調症は、一つの病気であろうと、病群であろうと、その顕症期には、〈二分心〉に顕著だったと本書で述べてきた特徴によって、実際的見地から定義できる。幻聴があること、それがしばしば宗教的で、つねに権威的であること、自我あるいはアナログの〈私〉が解体すること、何をなすべきか、どんな時点にあって、どんな行動をしていたかについて、かつて自我が〈物語化〉できる場所だった〈心の空間〉が消失すること、これらは重要な類似点だ。

だが大きな相違点もある。この仮説が少しでも真実を含んでいるのなら、逆戻りは部分的なものにすぎない。主観的な意識を創り出す学習には強い影響力があり、完全に抑制されることはけっしてない。恐怖や激怒、苦悩や絶望もしかり。激変によって生じる不安、人間関係の習慣的構造との不調和、幻の声を支える文化的な基盤や定義の欠如（そのために幻の声は日常生活の案内役に適さなくなる）、周囲の感覚刺激をせきとめるダムが決壊するため、押し寄せてくるあらゆる感覚から身を守る必要性――これらのせいで、統合失調症患者は社会から引きこもってしまうが、それは〈二分心〉社会の完全に社会的な個人の行動とはかけ離れている。意識ある人間は、たえず内観を使って「自己」を見つけ、目的や状況に照らして自分がどこにいるのかを知る。ところが顕症期の統合失調症患者は、この安心の拠り所を失い、〈物語化〉の能力を奪われ、つきまとってくる幻覚は、周囲の人々から現実ではないとして拒絶され、否定される。マルドゥク神のものだった古代バビロニアの労働者や、古代シュメール人の都ウルの偶像の世界とは、正反対の世界にいるのだ。

現代の統合失調症患者は、そういう文明を探し求めている人間だ。しかし普通はある程度主観的な意識も残っていて、それが原始的な〈二分心〉の精神構造に逆らってもがき、幻覚が統制するべき精神構造のまっただなかで、何らかの支配力を確立しようとする。事実上彼らは、環境に対して無防備な心を持って、神が認められぬ世界で神に仕えているのだ。

第6章　科学という占い

第三部では章ごとに様々なテーマを取り上げ、詩作や音楽などの芸術的営みだけでなく、文明社会の特徴、すなわち、神託や宗教といった社会制度、憑依《ひょうい》、催眠、統合失調症などの心理学的現象もすべて、部分的にはずっと昔の人間の精神構造の名残りと解釈できることを、できるだけうまく説明しようとしてきた。古代人の精神構造の投影と考えられなくもない現在の現象は、けっしてこれですべてではない。とりわけ顕著なものをいくつか取り上げたにすぎない。そして、これらの現象と、発達しながらそれらをたえず執拗に締め上げる意識との相互作用を研究することで、初めて見えてくるものがある。

この最終章では、科学そのものに目を向け、科学も、そして本書さえもが、〈二分心〉の崩壊に対する反応と解釈できることを示したい。科学が必死になって自然と格闘しながらこれほど真剣に求める「確実性」なる恵みは、いったいどんな性質のものなのか。なぜ私たちは、森羅万象に正体を明かすよう求めたりするのか。それにこだわる理由は何なのだろう。

たしかに、人を科学に向かわせる衝動の一部は、不可解なものを捉え、目新しいものを見たいという、たんなる好奇心だ。私たちはみな、未知の世界を目前にした子供なのだ。電子顕微鏡で明らかになった新事実やクオーク（訳注　原子核を作る素粒子の構成要素となっている粒子）、それに星間のブラックホールにおける負の重力などに喜々とするのは、大昔の精神構造の喪失に対する反応ではない。科学という風習の第二の原動力で、しかも好奇心以上にこの風習の維持に役立っているのがテクノロジーだ。テクノロジーそのものが歴史の中で抑制の効かぬほど勢いを増し、その科学的基盤を進歩させている。そしてひょっとすると、深いところにある狩猟者としての〈性向決定構造〉、問題を追い詰めようとする〈性向決定構造〉が、人を真実の追究に向かわせるもう一つの動機なのかもしれない。

しかし科学については、これらをはじめとする様々な源の向こう側に、もっと普遍的なもの、この分化・専門化の時代にはあまり語られぬものが潜んでいる。それは、存在の全体性、物事をはっきり定める本質的な現実、宇宙全体とその中の人間の位置といったものの理解にかかわるものだ。それは、最終的な答えを求めて星々の間を暗中模索することであり、無窮の普遍的事実を求めて無限小の世界をさまようことであり、未知の世界の深部へ深部へと行脚《あんぎゃ》することだ。そしてその目的の起点は歴史の靄《もや》の彼方にあって、〈二分心〉の崩壊で失われた命令の声を探すことで、かすかに見えてくる。

そういう探究は前兆に関するアッシリアの文献にはっきり見られる。アッシリアと言えば、第二部第四章で見たように、科学発祥の地だ。そのわずか五〇〇年後、ギリシアのピタゴラスが失われた「命の不変の拠り所」を、神聖な数字とその関係という神学に求めている。こうして数学という科学が始まった。それから二〇〇〇年を経て、同じ動機からガリレオ（訳注　一五六四～一六四二。イタリアの天文学者、数学者）が数学を神の言葉と呼び、パスカル（訳注　一六二三～六二。フランスの数学者、物理学者、哲学者）とライプニッツ（訳注　一六四六～一七一六。ドイツの哲学者、数学者）はそれに共鳴し、数学が持つ恐ろしいまでの正確さの中に、神の声が聞こえると言った。

私たちは、人類に影響を及ぼしてきた二大活動である宗教と科学は、歴史上つねに角を突き合わせ、それぞれまったく違う方向に人々を向かわせようと図ってきたと考えるときがあるばかりか、そう考えたがる傾向さえある。だが、そう特徴づけようとするのは大きな間違いだ。互いに敵意を抱いていたのは、科学と宗教ではなく、科学と教会なのだ。しかもその関係は競争であって反駁ではなく、どちらも信仰に忠実だった。二人の巨人が同じ領域を巡って互いに息巻いているようなもので、両者ともに自分こそ神の啓示につながる唯一の道だと主張していたのだ。

両者の争いが初めてはっきり表面化したのはルネッサンス後期、とりわけ一六三三年のガリレオ投獄のときだった。公にされた表向きの理由は、彼の出版物があらかじめローマ教皇の認可を受けていなかったというものだ。だがほんとうの争点が、そのような些細な表面上の問題でなかったことは間違いない。なにしろ、件の書物はコペルニクス（訳注　一四七三〜一五四三。ポーランドの天文学者）が唱えた太陽を中心とする地動説の理論にすぎず、一世紀前にコペルニクスが出版したときは何の騒ぎにもならなかったのだから。ほんとうの不和はもっと深いところにあり、私が思うに、人類が神の確実性に対して抱いている差し迫った思慕の一部としてしか理解できない。ほんとうに大きな亀裂が入ったのは、教会の政治的権威と、経験による個人的権威の間だったのだ。そして真の問題は、人は失った神の権威を、神の声を聞いた古代の預言者たちからローマ教皇が継承したものを通して見出すか、それとも、今現在の客観的世界において自分自身が経験している天空を聖職者の仲介なしで探すことを通して見出すか、どちらにするべきなのかということだ。周知のとおり、後者はプロテスタント主義となり、その合理主義的側面が「科学革命」と呼ばれるものになった。

科学革命を正確に理解するつもりなら、その最強の起動力は隠された神性の不断の探究だったことを、つねに頭に入れておくべきだ。その意味で、科学革命は〈二分心〉の崩壊に直接由来している。わかりやすい例を挙げれば、物理学と心理学と生物学の基礎を築いたのは、一七世紀末の三人のイギリス人プロテスタントだ。三人とも素人神学者で、非常に信仰心が厚かった。その三人とは、神の言葉を見事な天の万有引力の法則に書き表した、妄想症のアイザック・ニュートン、知るという豊かな経験の中で「最も知る者」の存在を知った、痩せぎすで融通の利かないジョン・ロック、そして、動植物の生命の仕組みの完璧さの中に創造主の言葉を喜々として描写した、垢抜《あか》けない巡回説教師のジョン・レイ（訳注　一六二七〜一七〇五。イングランドの博物学者）だ。こういう宗教的な動機がなかったら、科学は経済的な必要性からのろのろと発展するただのテクノロジーとなっていただろう。

一八世紀は、啓蒙運動の合理主義のおかげで込み入っている。啓蒙運動の原動力についてはすぐ後で説明する。しかし啓蒙運動が投げる大きな影の中で、科学は神という起源を求めるこの呪縛に縛られ続けていた。それがとくにはっきり表れたのが、いわゆる「理神論」、ドイツ語でいう「フェルヌンフトレリジョン」だ。それは、教会の「御言葉」を捨て去り、聖職者たちを軽蔑し、祭壇や聖餐をあざけり、理性と科学を通して神に至ることを熱心に説くものだった。宇宙全体が神の顕現なのだ。神はこの星空の下の自然の中におられ、深遠な理性をもってはっきりと語り合うこともできれば、その言葉を鮮明に聞くこともでき、十字架を掲げた無知という壁の向こうで衣をまとった聖職者がつぶやく曖昧な文句の中にいるのではない、というわけだ。

しかし、そういう科学的理神論者全員の意見が一致していたわけではない。近代動物行動科学の創始者であり、使徒嫌いだったヘルマン・サムエル・ライマルス（訳注　一六九四～一七六八。ドイツの哲学者。聖書の福音書の内容に異議を唱えた）のような者にとっては、動物の「トリーブ（衝動）」は、じつは神の考えであり、その見事な多様性は神の御心そのものだった。一方、数学者のピエール・ルイ・モロー・ド・モーペルテュイ（訳注　一六九八～一七五九。フランスの数学者）らにしてみれば、神はそのような無意味な現象の多様性はほとんど気にかけず、純粋な抽象概念、偉大な自然の普遍的法則にのみ存在した。その法則は、人間の理性が数学を巧みに用いることで、そういう多様性の裏に見出せるものだったのだ。(1) じつのところ、これほど様々な分野の科学が、わずか二世紀前には、古い賛美歌と同様の宗教的努力、つまり、もう一度神と「対面」するための奮闘だったという事実を、今日の現実的な唯物論者の科学者は苦々しく思うだろう。

人類がこの地球上で過去四〇〇〇年にわたって演じてきたこのドラマ、この長大なシナリオは、世界の歴史の中核を成す知的傾向を大局的に見ると明らかになる。前二〇〇〇年紀に、人間は神々の声を聞くのをやめた。前一〇〇〇年紀には、まだ神の声が聞こえた人たち、つまり託宣者や預言者もまた、徐々に消えていった。紀元後の一〇〇〇年紀には、かつて預言者たちが言ったり聞いたりした言葉の記された聖典を通して、人々は自分たちには聞こえぬ神の言いつけを守った。そして二〇〇〇年紀には、そうした聖典は権威を失った。科学革命によって、人々は昔からの言い伝えに背を向け、失った神の権威を自然の中に見出した。この四〇〇〇年の間に私たちは、ゆっくり、容赦なく、人類を俗化してきたのだ。そして二〇〇〇年紀の最後に来て、その過程は完了しつつあるようだ。権威を求め、自然の中に神の言葉を読みとるうちに、私たちはひどく間違っていたのだと思い知らされるとは、地球上でもっとも崇高かつ偉大な努力が生んだ、人間の大いなるアイロニーだ。

今や明白な事実となったこの科学の世俗化は、私が先ほど示唆した、フランスの啓蒙運動に根ざしていることは確かだ。しかしそれが荒々しくも真剣なものになったのは、一八四二年、ドイツで四人の聡明な若き生理学者が有名な宣言書を書いたときだった。彼らはその宣言書に、海賊のように実際に自分たちの血で署名した。ヘーゲル哲学の理想主義と、物質の問題に関するその宗教まがいの解釈にうんざりした彼らは、自分たちの科学的活動においては、普遍的な物理化学の力のほかはどんな力も考慮しない、と怒りもあらわに決意したのだ。霊的存在などない。神聖な存在もない。生命力なるものもない。これほど明晰で辛辣な科学的唯物論の言明は前代未聞だった。そしてその影響力は絶大だった。

五年後、そのうちの一人で著名な物理学者・心理学者のヘルマン・フォン・ヘルムホルツが、エネルギー保存の法則を発表した。ジェイムズ・プレスコット・ジュール（訳注　一八一八〜八九。イギリスの物理学者）はもっと穏やかに、「偉大なる自然の作用物は不滅」であり、海と太陽と石炭と雷と熱と風は永遠不変の一つのエネルギーである、と述べた。だがヘルムホルツはロマン主義者の感傷を忌み嫌った。彼はこの原理を数学的に扱い、エネルギー変換の閉じた世界には外からの力はまったく働いていないという点を冷静に強調した。それ以来、その点がずっと強調されてきた。天に神々の居場所はなく、物質でできたこの閉じた宇宙には、神の影響力が忍び込んでくるような亀裂はいっさいないというわけだ。

この説もすべて、たんなる科学の実用的教義として、遠慮深く引っ込んだままになったかもしれない。だがその直後に、人間にかかわる事柄には聖域があるという考えに対して、さらに呆然とするような冒瀆《ぼうとく》がなされたことで、事態は一変した。その冒瀆がとりわけ驚きだったのは、それがまさしく宗教的な動機を持った科学者の間から出てきたからだった。イギリスでは一七世紀以降、いわゆる「博物学」の研究は一般に、自然の中に慈悲深い創造主の完璧な御業を見つけるという、心和む楽しい学問だった。そういう穏やかな動機や心の慰めにとって、まさにそういう研究をしていた偉大なるアマチュアの博物学者、チャールズ・ダーウィンとアルフレッド・ラッセル・ウォーレスの二人がそれぞれ、あらゆる自然を創造したのは神の知力ではなく進化である、というよく似た説を発表したことほど壊滅的なものはなかっただろう。この説もまた、ダーウィンの祖父であるエラズマス・ダーウィン（訳注　一七三一～一八〇二。イギリスの医師）やジャン・バティスト・ド・モネ・ラマルク（訳注　一七四四～一八二九。フランスの博物学者）、ロバート・チェンバーズ（訳注　一八〇二～七一。スコットランドの出版業者、著述家）らによって、もっと前にもっと穏やかな表現で唱えられていたし、ラルフ・ウォルドー・エマソン（訳注　一八〇三～八二、アメリカの思想家、詩人）やゲーテの作品に対する賞賛の中にさえ見られた。しかし新たに強調された説は、驚くほど強烈で容赦なかった。打算のない冷酷な偶然によって、一部の生物が他の生物よりうまくこの生存競争に勝ち残れるようになり、その結果、新しい世代が次々にたくさん繁殖できるようになった。そうやって盲目的に、そして無慈悲とさえ言えるほどに、人類は物質から、たんなる物質から、創り出されたというのだ。本書の序章で触れた理不尽なまでに破壊的なトマス・ヘンリー・ハクスリーの論文の中でと同様、ドイツの唯物論と結びついた自然淘汰による進化論は、〈二分心〉時代の深遠な無意識にまでまっすぐさかのぼる伝統――人間は神エロヒムの意思によって創られたという、人間を気高きものにしていた伝統――のいっさいの終焉を告げる、くぐもった鐘の音だった。この理論は一言で、外からの権威などないのだと言い放った。見よ！ そこには何もない。私たちがやらねばならぬことは、私たち自身から出てこなくてはならないのだ。エイナンの王はもうヘルモン山を見詰め続ける必要はない。亡き王はようやく久遠の眠りにつくことができる。二〇〇〇年紀の終わりに生きる私たちか弱き人類は、自分自身の権威にならなくてはならないのだ。二〇〇〇年紀が終わって三〇〇〇年紀に入ろうとしている今、私たちはこの問題に取り巻かれている。三〇〇〇年紀がそれを解決してくれるだろう。ゆっくりかもしれないし、たちまちかもしれない。ひょっとすると、私たちの精神構造がさらに変化する可能性さえある。

二〇〇〇年紀の最後に人間の宗教観が蝕まれたのは、やはり〈二分心〉の崩壊の一部だ。それは人生のあらゆる機微、あらゆる領域に、ゆっくりと重大な変化をもたらしている。今日、宗教団体間に繰り広げられている会員数競争で、意識の論理によってもっとも規模が縮小しているのは、〈二分心〉時代の一二使徒から連綿として受け継がれてきた伝統に儀式の執行の面で近い、歴史ある正統派の組織だ。たしかに、第二ヴァティカン公会議（訳注 一九六二～六五。教皇ヨハネ二三世が召集し、教会の現代化が討議された）以来のカトリック教会の変貌は、人類が意識を持ち始めて以来の、この長きにわたる非宗教化という観点から見ることができる。合理主義科学に圧迫されて、集団内で強制力を持つ宗教的な共通認識が衰えたことにより、伝統的な神学上の概念が今なお次から次へと修正され続けており、儀式の裏にある比喩的な意味が維持できずにいる。儀式は行動による比喩、演じられる信仰、前兆となる予言、心の外の思考だ。儀式は、教会生活の核となる壮大な〈物語化〉のための、記憶を助ける道具なのだ。その儀式が自発的な礼拝となって厳粛さを失うとき、そして人の心を動かさぬまま執り行なわれ、無責任な客観性をもって説かれるとき、中心は消え去り、渦が広がり始める。この情報通信時代に、その結果は世界的なものだった。典礼の規範が緩んで略式になり、それにつれて畏怖の念は薄らぎ、人間にアイデンティティを与えていた歴史的定義——自分は何者か、何者たるべきかを教えていた定義——が洗い流された。当惑した聖職者が率先することも多い、こうした時流への悲しい迎合は[2]、大きな歴史の潮流の向きをそらそうという意図に反し、その流れを助長しているにすぎない。言葉で伝達される現実に、論理を超えて追従することはなくなった。私たちは行く手に椅子があったら、よけるのでなくそれに突っ込む。話がわからないと言うより、むしろ押し黙る。単純な位置づけにこだわる。これは、私たちが過去を一掃したいか、それとも未来へと急ぎたいかによって、神の悲劇か、あるいは世俗の喜劇のいずれかになる。

現代における教会の権威の解体で起きていることは、はるか昔、〈二分心〉そのものの崩壊後に起きたことを、いくぶん彷彿させる。現代世界のいたるところに、代わりとなるもの、つまりほかの権威づけの方法があるのだ。一部では古代のものが復活している。たとえば、かつて教会が強い力を持っていた南アメリカで、憑依宗教の人気が高まっている。「霊」を自我の基礎とする極端な宗教絶対主義もあり、これはじつはイエスよりパウロを上位としている。近東で〈二分心〉が崩壊した時代から直接受け継がれてきた占星術も、驚くほど熱心に受け入れられつつある。それには見劣りするが、中国で〈二分心〉崩壊直後の時代から継承されてきた、「易」占いも人気を集めている。様々な瞑想法、感受性訓練グループ、マインド・コントロール、そして集団心理療法なども、大きな営利を生み出し、ときには心理学的にも成功している。不信心という新しい種類の退屈を紛らすためと思われることの多いものもあるが、やはり権威の追求を特徴とする。サイエントロジー（訳注　一九五二年にアメリカで創設された新宗教。至上の存在を否定し、精神修養や心理療法を説く）のような偽科学信仰がその一例だし、宇宙のどこかから権威を持ってきたり、神々はかつて実際にそのような宇宙からの訪問者だったのだと唱えたりするUFO信仰もその仲間だ。超感覚的な知覚にわけもわからぬままいつまでも陶酔し、それが人生の精神的環境の表出だとして、そこから何かしらの権威が生まれうると考える人もいる。〈二分心〉が崩壊したとき大部分のアメリカ大陸先住民の文明でそうだったように、より深遠な現実と接する方法として向精神薬を使う人もいる。第三部第二章で触れたように、制度化された神託が崩壊した結果、誘導による憑依のもっと小規模な崇拝が起きた。それと同じように、組織化された宗教が衰えたために、こういうもっと小さな、もっと個人的な、ありとあらゆる種類の宗教が盛んになりつつある。この歴史的展開は、今世紀の残りを通して続くと予想される。

近代科学そのものも、似たようなパターンを免れていないと言える。現代の知性にまつわる状況にも同じニーズが広がっており、多少体裁を取り繕った形でではあるが、全体をおおまかに見れば、同じような似非《えせ》宗教的な様相を呈している。そういう言わば科学主義は、科学的観念の群れで、その観念が集まると、思いがけず宗教的な教義になる。その宗教教義とはすなわち、現代の科学と宗教の分裂によって残された、痛切な空白を埋める科学神話だ[3]。科学主義は宗教に取って代わろうとしているが、当の宗教が引き起こしたのと同じ反応を誘うという点で、古典的な科学やその一般的議論とは異なる。そして、科学主義の特徴として際立つものには、宗教と共通している点が多い。たとえば、すばらしく合理的にすべてを説明する。ひときわ華やかで、けっして批判を受けないカリスマ的な指導者、あるいは歴代指導者がいる。一連の規範的テキストがあり、それはなぜか通常の科学的評価の俎上には載せられない。観念の意思表示や解釈の儀式が行なわれる。そして信奉者たちは心から帰依することを求められるが、その代わりに、かつて宗教がもっと普遍的に人間に与えていたものを受け取る。それは世界観であり、価値のヒエラルキーであり、自分が何をなし、何を考えるべきかを知ることができる予言の場であり、つまりは人間についての完全な説明だ。そしてこの完全性は、実際にすべてを説明することで得られるのではなく、その行為をすっぽり覆ってしまうこと、つまり、注意を向ける範囲を厳しく絶対的に限定し、説明されないものはいっさい視野に入れないことによって得られるのだ。

私が先に触れた唯物論は、そのような科学主義の先駆けの一つだった。一九世紀なかばの科学者たちは、栄養がいかに人間の心身を変えうるかについての劇的な発見に、ほとんど感覚が麻痺するほど興奮した。そのため、それが医学唯物論と呼ばれる動きになっていき、その動きは貧困や痛みの軽減と同一視され、周囲で崩壊しつつあった宗教の形を部分的に取り込み、その熱情をすべて吸い上げた。そして当時最も異彩を放っていた人々を虜にした。その内容はかすかに聞き覚えがある。祈りではなく教育、聖体拝領ではなく栄養、愛でなく薬、そして説教でなく政治だ。

かすかに聞き覚えがあるのは、なおもゲオルク・ヴィルヘルム・フリードリヒ・ヘーゲル（訳注　一七七〇～一八三一。ドイツの観念論哲学者）の影がつきまとっていた医学唯物論が、カール・マルクス（訳注　一八一八～八三。ドイツの経済学者、哲学者、社会主義者）とフリードリヒ・エンゲルス（訳注　一八二〇～九五。ドイツの社会主義哲学者）において弁証法的唯物論に発達し、周囲のすたれた信仰が持っていた教会の形式を、さらにたくさん取り込んだからだ。その中心となる迷信は、当時も今も階級闘争であり、過去を完全に説明し、人生のあらゆる雑事や不安に対して何をするべきかあらかじめ決める、一種の占いだ。そして民族主義、国家主義、連合主義といった現代人の集団的アイデンティティの目印が、階級闘争の神話的特徴を示したのがはるか昔だったとしても、今日でもマルキシズムは、世界がこれまで見たことのないほど権威主義的な国家を築くための戦いに、大勢の民衆を巻き込んでいる。

思うに、医学の中で最も科学主義が顕著なのは精神分析だろう。その中心となっている迷信は、抑圧された子供時代の性衝動だ。そう解釈できた一握りの昔のヒステリー症例が、すべての人格と芸術、あらゆる文明とその不満を理解するための〈比喩語〉になる。そして精神分析もまた、マルキシズムと同じように、心から帰依し、イニシエーションを行ない、規範となるテキストを崇拝することを求め、その代わり、人生における決断を助け、指針を与える。これは数世紀前には宗教が担っていた役割だ。

私自身の立場にもっと近い例として、行動主義をつけ加えよう。これもまた、一握りのネズミとハトの実験を占いの中心の場に祭り上げ、それらの実験をあらゆる行動と歴史の〈比喩語〉にしている。

行動主義も個々の信奉者に、強化随伴性による制御というお守りを与える。信奉者はそのお守りによって自分の世界を直視し、その気まぐれな変動を理解することになる。その裏にある、生物は強化によってどうにでもなる白紙状態だという極端な環境決定論が疑わしいものとされて久しいが、生物学的に進化した各生体の〈性向決定構造〉があると考えると、やはりこういう原理は信奉者たちに、そのような制御に基づく新しい社会への希望を抱かせるのだ。

もちろん人間に関するこれらの科学主義は、何かしらの真実から始まっている。栄養が心身の健康を増進できるのはほんとうだ。マルクスが研究したとおり、ナポレオン三世時代のフランスでは階級闘争は事実だった。性的な記憶を分析することでヒステリー症状が消えた患者は、おそらく何人かいたのだろう。空腹の動物や不安な人間はたしかに、食べ物や賞賛を求めて道具的学習をするだろう。これらは偽りのない事実だ。だが、生贄《いけにえ》となった動物の肝臓の形も偽りのない事実だ。占星術師の「星位」と「中天」もそうだし、水に浮かぶ油の形もそうだ。全世界の典型として世の中に当てはめると、事実は迷信になる。迷信というのはけっきょく、知りたいという欲求を満たすために、むやみに大きくなった比喩にすぎないのだ。動物の内臓や鳥の飛び方と同じように、そういう科学的迷信も守られ儀式化された場になり、そこに私たちは人間の過去と未来を読みとり、自分たちの行動に権威を与えてくれる答えを聞くのかもしれない。

それならば科学は、どんなに仰々しく事実で飾り立てられようが、突発的に現れて、もっと軽んじられがちな偽宗教とさして変わりはない。宗教的な土台を失いつつある科学はしばしば、占星術の天体図をはじめとする多くの不合理な信念と同じで、「究極の答え」、「無二の真実」、「唯一の源」にノスタルジアを抱く。科学は、実験に挫折したり苦労したりするうちに、ちょうどハビルの難民たちがそうだったように、群らがりたい衝動を感じ、あちらこちらから出発して、乾ききったシナイ半島にも似た無味乾燥の事実を抜け、真実と高揚感にあふれる豊かで壮大な意義を目指す。そしてこれまで述べてきたことはすべて、私の比喩も何もかも、〈二分心〉の崩壊以降に訪れた、この移行期の一部なのだ。

そして本書もその例外ではない。

栄養摂取の欠点がすべて改善されたら、あるいは「国家の消滅」が起きたら、あるいはリビドーが正しい方向に向けられたら、あるいは強化の無秩序状態が正されたら、私たちはどうなるのだろう。不思議なことに、前述のような当世の動きは、いっさい教えてくれない。ほとんどが過去に顔を向けた示唆ばかりで、何が間違っていたのかを明かし、何か普遍的な不面目があったこと、人の潜在能力がずっと前に発達を妨げられたことをほのめかすだけだ。私が思うに、これもまた、教会の確実性が後退したことで生じた虚無の中で、これらの動きが引き継いだ宗教的形式の特徴——想像上の「人間の堕落」の特徴だ。

この不可思議で、私に言わせればまやかしの、失われた純真さという考えは、まさに〈二分心〉が崩壊していく中に、人類最初の偉大な意識的〈物語化〉としての位置を占めている。それは、アッシリア人の祈りの歌であり、ヘブライ人の賛美歌の悲しげな叫びであり、エデンの神話であり、世界の主要宗教の源であり第一前提、すなわち神の恩寵の根本的な喪失だ。この人間の堕落という仮説は、新たに意識を持つようになった人間が、自分たちに起きたこと、つまり、人間が自ら命令を発し、自分本位の秘密を持つようになって混乱するうちに、神の声と確実性が失われたことを、〈物語化〉しようとする苦闘だと私は解釈している。

確実なもの、卓越したものの喪失というこのテーマは、歴史上のあらゆる宗教にはっきり示されているだけでなく、宗教とは無縁の知性の歴史にも繰り返し見られる。新しいものはすべて、じつは失ったもっと良い世界を思い起こしたものだとするプラトンの『対話』の想起論から、文明の人為性によって自然の人間は堕落したというジャン・ジャック・ルソー（訳注　一七一二～七八、フランスの政治哲学者、教育学者、随筆家）の訴えに至るまで、根底にはこの考えが流れている。それはまた、先に触れた現代の科学主義にも見られる。マルクスは初期の文献で、過去のものとなった「人間が完璧な美の中で発展する人類の社会的揺籃期」についてはっきり述べ、金銭によって汚された純潔、取り戻すべき楽園を想定している。フロイト主義者は、文明世界における神経症の根深さを力説し、種族の歴史にも個人の過去にも、恐ろしい原始的行動と欲求が深く根を張っていることを強調した上で、ひどく曖昧な以前の罪のない状態（それがどのような状態かは、いっさい明言せず）に、私たちは精神分析によって戻ると推論している。また、行動主義においては、そこまで明確ではないにしても、無秩序な強化が真の人間性をねじ曲げてしまう前の、（これまた漠然とした）理想の状態に人間を戻すために、そういう無秩序な発達強化と社会的作用を抑制し、管理しなくてはならないという不文の信念がある。

したがって私は、これまでに述べてきたものを含めた、現代の様々な動きは、人類の諸文明という長大な歴史絵巻の中で見ると、古代の人間性の構造が失われたことに関係していると考える。それは、実在しない詩神ムーサたちのもとに戻ろうとする詩人のように、もはや存在しないものへ回帰しようとする試みであり、私たちが生を受けた、この変わり目の数千年間の特徴なのだ。

私は個々の思想家、このページの読者や著者、あるいはガリレオやマルクスが、神という絶対的なものにすがる、あるいは意識が生まれる前の罪のない状態に戻るという、意識的なはっきりした意思を持つほど、卑屈な人間だと言うつもりはない。そういう言い方は、より大きな歴史の文脈から引き離して個人の人生に当てはめても意味がない。何世代もの人々を、何世紀にもわたって眺めてはじめて、パターンがはっきり見えてくるのだ。

私たち一人ひとりは、自分の属する集団内で強制力を持つ共通認識のなすがままだ。庭や政治や子供たちといった、日常的に注意を払っているものの向こう側に、自分の文化の様々な形をぼんやりと見ている。そして私たちの文化は私たちの歴史なのだ。他人と意思疎通をしよう、他人を説得しよう、あるいはたんに他人の気を惹こうとするとき、私たちはいくつもの文化的モデルを使い、それらの間を動き回っているが、その中で好きなモデルを選ぶことはできても、モデル全体の枠からは逃れられない。そしてこの、自分や自分の考えに対する希望や興味、感謝、賞賛を引き出すためのアピールの形という意味で、私たちのコミュニケーションはそういう歴史的なパターン、お決まりの型という形をとる。その形は、コミュニケーションの最中においてさえ、伝えられるものの固有の一部なのだ。そして本書も例外ではない。

まったく例外ではない。本書は、私個人の〈物語化〉の中で、一つの問題の個人的選択と思われるところから始まった。私が生涯のほとんどを真剣に捧げてきたその問題とは、おぼろげな記憶と漠とした夢想の目に見えぬこの領域、鏡に映るどんなものより自分らしいこの内なる宇宙、その本質と起源の問題だ。だが、意識の起源を発見したいというこの衝動は、私が思っていたようなものだったのだろうか。真実という概念そのものが、文化に与えられた指針であり、大昔の確実性に対して誰もが抱く根深いノスタルジアの一部なのだ。原理の永遠の揺るぎなさ、普遍的な安定性なるものがそこにあり、アーサー王の騎士たちが聖杯を捜し求めたように、世界中を巡ってそれを捜し求めることができるという考えそのものが、歴史の全体的な形態の中で見ると、〈二分心〉が衰退した後の二〇〇〇年間、失われた神々を求めてきた直接かつ当然の結果だ。その昔、崩壊した原始の精神構造の残骸の間で何をなすべきか占っていたのが、今では、事実という神話の中に汚れのない確実性を探っているのだ。

後記

この論文が本の体裁をとって初めて出版されてから一〇年以上が過ぎた。そこで、出版社の勧めに従い、後記を付すことにした。ここでは、本書に対する全般的な反応と、万一本書を書き直すとすれば加えるであろう変更について論じてみたい。

本書で私が提示したような広範にわたる仮説に初めて直面したとき、専門家と呼ばれる知識層は、ちょっと引っ張っただけですべてがほどけてしまうような糸のほつれをいそいそと探すものだ。これは研究者としてもっともなことで、科学的考察の心得と言える。人間の性質と歴史の領域を幅広く取り上げ、数知れぬ攻撃的な専門家の手で用心深く守られた領分にずかずかと踏み込む研究には、事実の誤認や（より多いのではないかと思われるが）不適切な表現がつきものだ。だが、そうしたほころび目の糸をぐっと引けばすべてがほどけてしまうようなものとして本書を捉えるのは、科学的に真実を追究した結果得られる事実というよりはむしろ、伝統的主流派の願望に近い。本書は単純な一仮説から成るわけではないからだ。

本書の第一部と第二部では、主要な仮説を四つ提示した。この機会を利用して、それぞれに少し言葉を加えておこう。

一　意識は言語に基づいている——このような見解はもちろん、世間一般の通念と言語の双方に根ざした、私の思うに表面的な通常の意識観に反する。しかし、内観できるものと、それ以外の私たちが認知と呼び習わす無数の神経系の働きとが入念に区別されないかぎり、意識の研究に進歩などありえない。意識と認知は別物で、この二つははっきりと区別されるべきだ。

私がその重大さを十分に強調し切れなかった誤りのうち最も広く見られるのは、意識と知覚の混同だ。先だって催された哲学・心理学学会の会合の席で、ある著名な哲学者が立ち上がって、この点について声高に異議を唱えた。彼はまっすぐに私を見詰めて、こう言った。「今このとき、私はあなたを知覚している。あなたは今このとき、私があなたを意識していないとおっしゃるおつもりか」。彼の集団内で強制力を持つ共通認識が、私を意識していると告げていた。ところが、彼がほんとうに意識していたのは、自身の行なっている修辞的な議論なのだ。彼が私から目をそらしたり、閉じたりしていたならば、もっとよく私を意識できただろう。

いずれにせよ、こうした類の混同は、一九二一年にバートランド・ラッセル（訳注　一八七二〜一九七〇。二〇世紀前半のイギリスを代表する哲学者、論理学者）が助長したものだ。彼いわく、「我々は、何であろうと自らが知覚するものを意識している」[1]。哲学の分野で彼の論理的原子論がもてはやされだすにつれ、異なる見方をするのは困難になっていった。さらに、後年著した本の中で、ラッセルは意識の例として「私はテーブルを見ている」という表現を用いた[2]。しかし、近代的な意識の観念をもたらしたデカルトは、これには絶対に同意しなかっただろう。ワトソンのような徹底した行動主義者にしてもそうで、意識の存在を否定するにあたって、彼らは、けっして感覚器官による知覚を念頭に置いていたわけではない。

先に触れた例とまったく同様に、この場合もラッセルはテーブルを意識していたのではなく、自分が記述している主張を意識していたのだ。この状況を、私は以下のように図式化してみたい。

〈私〉↓（私はテーブルを見ている）

ラッセルは、自分が意識しているのはテーブルだと考えていたが、ほんとうは（私はテーブルを見ている）ということ全体なのだ。彼は比較行動学的にもっと有効に意識の実態を示す、意識が実際に働いている例を引くべきだった。たとえば、「ホワイトヘッド（訳注　ラッセルとともに『数学原理』を著したイギリスの哲学者、数学者）亡き今、私は『数学原理』を改訂しようと考えている」、あるいは「離婚手当を支払う相手がもう一人増えたらお手上げだ」といった例を。そうすれば、別の結論に行き着いただろう。こうしたとき、意識は活動している。「テーブルを見ている」場合とは違う。

知覚とは刺激を感じとり、適切に反応することだ。そしてこれは、車の運転を例に挙げて説明を試みたとおり、無意識のレベルで起こりうる。この問題を違う角度から眺めるには、白血球の働きを思い起こしてみればよい。白血球はたしかにバクテリアを知覚し、それを呑み込むという方法で適切に対処している。このように、意識と知覚を同一視するというのは、私たちは循環系を巡る血液中に、一立方ミリメートルあたり六〇〇〇の意識ある実体を持っていると言うに等しい。これは、あまりにもいきすぎた論理だろう。

意識は言語だけから成るわけではないが、言語によって生成され、言語によってアクセスされる。そして私たちは、言語が意識を生成する過程の細かな網目を解き始めると、理論化が非常に難しい状況に陥る。歴史の中で言語が意識を生み出す際の根本原理については、すでに本文で略述し、第二部第五章では、これがギリシアにおける意識の発展の中でどのように作用したのかを明らかにしようと努めた。やがて、意識は言語に分かち難く組み込まれ、子供にもたやすく学べるようになった。原則として、意識の作用には必ずそれに先行する行動がある。

手短に振り返ってみよう。第一部第一章で挙げた丸と三角の図形列の問題を与えられれば、私たちはこの〈ストラクション〉を解いて、答えが三角形であることを見て取る。もちろん、実際に何かが見えているわけではない。問題の解決法をどう表現するかを見つけ出す〈ストラクション〉の過程で、「見て取る」という実際の行為の比喩が頭に浮かぶのだ。おそらく、意識の持つまた違う質感に結びつく別の〈比喩語〉もあるだろう。[3]しかし西洋文化では、この「見て取る」をはじめ、心の事象をしっかり捉えるために用いる言葉は、間違いなく視覚的だ。そして、この「見て取る」という言葉を使えば、それには〈比喩連想〉、すなわち実際の見て取るという行為にまつわる連想が伴う。

こうして、私たちを取り囲む世界の空間的性質が、問題を解くという心理的な事柄の中に追い込まれていく（ご記憶のように、そこに意識は必要ない）。そして、心理的な事象を記述するのに視覚的な言葉が用いられると、それがたえず繰り返されるうちに、連想からくる空間的性質は私たちの意識の機能的な空間、すなわち〈心の空間〉となる。私はこの〈心の空間〉を、意識の第一の特性だと考えている。そしてこの空間こそ、今この瞬間にも、みなさんがまっさきに「内観」し、「見て」いる空間にほかならない。

しかし、「見て」いるのは誰なのだろうか。いったい誰が「内観」しているのだろう。ここで登場するのが類推《アナロジー》だ。これは、類似点が物や行動ではなくその関係であるという点で、比喩とは異なる。「私」と称される、感覚器官を伴った肉体が物理的に見るのと同じように、「私」から類推されるアナログの〈私〉は〈心の空間〉の中で心の目で「見る」ために自然と発展してきた。アナログの〈私〉は、意識にとって二番目に重要な特性だ。これは自己と混同されてはならない。自己はもっと後になって、意識の対象として生じるものだ。アナログの〈私〉は内容のない、私に言わせればカントの超越論的自我（訳注　認識論を基礎づけるために立てた、実体を知りえぬ思惟主体）のようなものだ。肉体を持つ「私」が物理的な環境の中を動き回り、あれこれ見て歩けるように、アナログの〈私〉も〈心の空間〉を「動き回り」、様々なことに「注意を向け」て集中できるようになる。

意識の働きはどれも、こうした行動の比喩や類推に基づいており、非常に安定した基盤を入念に構築している。そこで私たちは、実際の行動についての類推によるシミュレーションを〈物語化〉する。これは疑う余地のない意識の側面だが、従来の意識の共時性の議論からは漏れてしまったようだ。意識はたえず物事を物語の中にはめ込み、あらゆる出来事に前後の関係を付加している。この特性は、私たちの肉体という自己が物理的な現実の世界を動き回る様子のアナログだ。現実世界の空間的な連続性が投影されて、〈心の空間〉における時間の連続性になる。この結果、「空間化された時間」という意識的な時間の概念が生じ、私たちはその中に様々な事象や自分たちの人生さえも位置づける。空間以外のものになぞらえて時間を意識することは不可能だ。

以上より、意識の基本的な内包的定義は、「アナログの〈私〉が機能的な〈心の空間〉で〈物語化〉を行なうこと」となる。そしてその外延的定義は、デカルトやロック、デイヴィッド・ヒューム（訳注　一七一一～一七七六。スコットランド出身の哲学者）にとってそうだったように、「内観できるもの」だ。

意識の特性は、ここに挙げたものがすべてではなく、ほかにもある。さらに、これらが万国共通の普遍的な側面だと言うつもりもない。昔から今日まで変わらず存在する世界の文化的多様性に鑑みると、意識の特性や重要性がどこでも同じだと考えるのは、不合理ではないだろうか。

こうして考えてくると、私がすでに挙げた特性だけでは不十分だと思われてくる。少なくとも、あと二つの特性が追加されるべきだ。一つは感覚的注意のアナログである〈集中〉(4)、そしてもう一つは、不愉快な考えを意識から締め出す作用である〈抑制〉だ。後者は、反感や嫌悪感にまつわる行動のアナログ、あるいは、たんに物理的な世界で厄介事から目を背けるといった行為のアナログだ。

この機会を利用して、一部の読者を戸惑わせてしまった、本書で〈整合化〉あるいは〈適合化〉と呼ぶものについても触れておこう。いっそうの混乱を招く恐れはあるが、私はこれを〈帰納統合〉と呼び替えたいと思う。この〈帰納統合〉というウィリアム・ヒューウェル（訳注　一七九四～一八六六。イギリスの自然哲学者）の言葉は、私が伝えたかった、物事のつじつまを合わせる心的機能には、よりふさわしい。(5)この働きは、覚醒しているときには目立たないが、夢の中ではきわめて重要な役割を果たす。もともと私は、夢について本書のために二章分書いたのだが、分量が多くなりすぎるので次作に譲るほうが賢明だろうと出版社に忠告された。できれば数年のうちに、次作を発表したいと思う。[6]

心理学者は、定説があるのにわざわざ代わり映えのしない新説を唱えて、それを実像に近づく最初の一歩だと称する習性があるという、ごもっともな非難を受けることがある。これまで略述してきた議論について、そうした指摘が当てはまるかどうかについては意見を差し控えたいが、実像に近づく最初の一歩とだけは呼ばせていただきたい。意識は単純な問題ではないし、そうであるかのように扱われてもならない。また、私は意識による〈物語化〉の様々な形態についても触れていなかった。これには、言葉に関するもの（想像上で会話をする――私にとっては間違いなく最もよくある形態だ）、知覚に関するもの（風景を想像する）、行動に関するもの（何かをするところを想像する）、生理に関するもの（疲れや不快感、食欲を観察する）、音楽に関するもの（音楽を想像する）などがある。これらは一つひとつまったく異なり、独自の属性を持つように思う。それぞれの形態に別々の神経基質が関与するのは明らかで、意識の神経学的な仕組みなるものがあるとすれば、さぞ複雑に違いない。

二　〈二分心〉――二つ目の重要な仮説は、意識に先立って、幻聴に基づいたまったく別の精神構造があったというものだ。これを支持する証拠には事欠かないと言えよう。古代に目を向ければ、文献であれ、遺跡から出土した人工遺物であれ、いたるところにこの仮説を裏づける何らかの証拠がある。もし本書の仮説どおりでないならば、なぜ神々や宗教が存在するのだろうか。またなぜ、古代の文献はみな神々について語り、たいてい神々が語るのを聞いたもののように思われるのだろうか。

そもそも、なぜ人間には幻聴などというものがあるのだろう。この本が出版されるまでは、幻聴は統合失調症の主要症状として以外、あまり注目されていなかった。しかし、その後相次いで発表された研究結果から、幻聴は以前考えられていたよりもはるかに広く起きていることが明らかになった。正常な人間のおよそ三人に一人は、幻の声を聞いた経験がある。子供は想像上の友だち、言ってみれば幻覚が生んだ友だちの声を聞く。生まれてから一度も話したり動いたりしたことがなく、しばしば「植物状態」と見なされるような先天性四肢麻痺の患者も、言葉を完全に理解しているだけでなく、本人が神のものと考える声も聞いていることが、近年明らかになった。(7) これらの研究を総合的に勘案すると、そこには重大な意味が見出せるように思う。すなわち、人間には誰にでもこうした幻覚を起こす遺伝的素地があり、おそらくそれは更新世後期に進化してヒトゲノムに組み込まれ、その後〈二分心〉の礎《いしずえ》となったのだろうことを、はっきり示していると私には思える。

三　時期――三つ目の一般的仮説は、意識は〈二分心〉の崩壊後に初めて習得されたというものだ。私はこの仮説が正しいと信じている。神を失ったために生じた混乱の中で、いかに行動すべきか知りえない苦悩から新たな社会状況が生まれ、古いものに取って代わる新たな精神構造が生み出されたと考えられる。

しかし、その時期については二つの可能性がある。まずは、説得力で劣るほうの説から紹介しよう。この説は、たしかに意識は言語に基づくが、その起源はそう新しくなく、言語の発生と同時期、ことによると文明発祥以前の紀元前一万二〇〇〇年頃、〈二分心〉の精神構造が声を聞き始めた時代にまでさかのぼるとする。それぞれの心の仕組みはともに発展していったが、〈二分心〉が手に余るようになって捨て去られ、意識だけが人間の意思決定の媒体として残ったというのだ。これはきわめて説得力に乏しいと言わざるをえない。というのも、この論理に従えば、たいがいのことはつじつまが合ってしまううえ、反証もほぼ不可能だからだ。

有力な説のほうが興味深い。これは〈二分心〉の概念を紹介した際に述べたとおりだ。この説によれば、意識と呼ばれる、密かな事象から成る非常に私的な世界が生じたのは、思いのほか遅い。その時期は、場所によってわずかに異なるが、〈二分心〉の文明が最初に興った中東では、おおよそ紀元前一〇〇〇年頃だ。

この時期は、メソポタミアに残された証拠から推察できると私は考える。そこには、紀元前一二〇〇年頃に始まった〈二分心〉の崩壊がはっきりと表れている。原因は、秩序を失って解体した社会、人口過剰、そしておそらく幻の声による命令が文書による命令に取って代わられた影響もあるだろう。〈二分心〉が崩壊した結果、今日なら信仰の領域に収まる多くの慣行が生まれた。それは、失われた神々の声を取り戻そうとする努力だった。たとえば祈りや宗教的な礼拝であり、とりわけ目立つものとしては、本文で触れたような様々な占いが挙げられる。これらはどれも、単純な類推によって神の指示に回帰するものと見なされ、新たな意思決定の手段となった。

ここでは第二部第三章でのように、テラ島の火山噴火を大きく取り上げるつもりはない。とはいえ、この噴火によって近東の神政政治が崩壊し、幻覚から解放された精神構造を習得するための条件が整ったとの見方は成り立つだろう。しかし一般的には、神政政治のもとで栄えた農耕文明によって人口が過剰になり、それが政治体制自体の崩壊を招いたという点を強調しておきたい。少なくとも、メソアメリカのいくつかの文明にはこの形跡が見受けられる。この地域では、神殿の放棄を伴う比較的短期間での文明の興亡劇が繰り広げられた。これは、それ以前に他の地域で生じた、一〇〇〇年も続くような文明とは対照的だ。

だが、これは意識なのだろうか、それとも意識という概念なのだろうか。これはよく知られた「使用」と「言及」についての批評であり、本論のみならず、ホッブズをはじめ幾多の理論に向けられてきた。私たちは、意識という概念と意識そのものを混同しているのではないだろうか。これに対する私の答えはこうだ。私たちは二つを融合している。つまり両者は同じものなのだ。先頃この理論に関する考察の中でダニエル・デネット（訳注　一九四二〜。アメリカの認知哲学者）が指摘したように[8]、「言及」と「使用」が同一である例は数多い。野球という概念と野球は、まったく同じものだ。お金や法、正邪の概念もそうだ。そして、本書の概念と本書にも同じことが言える。

四　二つの部分から成る脳——何を論じていても、いや、たんに考えているときでさえ、問題の「所在を突き止める」、あるいは議論の難点の「在りかを明確にする」といった具合に、あらゆる存在が広大な土地さながら目の前に広がっているかのごとく、空間的な言葉を用いることができると、私たちは明瞭に感じるようだ。この偽の明瞭さとでも言うべきものは、意識の空間的な性質による。同様に、脳の様々な領域にそれぞれの機能を見出すと、その機能についての明瞭さはいっそう増すように思われる。それが正しいにしろ、間違っているにしろ、だ。

一九六〇年代に本書のこうした部分を書いていた頃、大脳の右半球はあまり注目されていなかった。一九六四年の時点でさえも、一流の神経科学者のうちには、右半球は何の働きもせず、いわばスペアタイヤのようなものだと言う者がいたほどだ。しかしその後、右半球の機能に関する発見が急増して、これが広く知られるところとなり、遺憾ながら、一九世紀後半[9]や二〇世紀[10]に繰り広げられたのと同じような、大脳半球機能の左右非対称性に関する度を過ごしたかまびすしい議論が、今にも再燃しそうな勢いだ。

しかし、たとえ控えめに見ても、おもだった研究成果は、私たちが〈二分心〉の仮説から右半球に見つかると推察しうることとほぼ一致する。中でも最も目を引くのは、右半球は情報を統合的に処理するという発見だ。多くの研究が重ねられて今ではよく知られるようになったが、積木（コース立方体模様検査）や顔の各部分、和音[11]などを組み合わせる能力は、右半球が左半球にはるかに勝る。そして、このような統合機能こそ、文明をまとめ上げていた訓戒の神の機能にほかならない。

そうであれば、不可欠とも言うべき実験ができることが、読者のみなさんにはもうおわかりだろう。統合失調症患者をはじめとする人々が耳にする幻聴は、〈二分心〉時代の人々が聞いていたものと似ていると考えるのならば、幻聴を聞いている患者を対象に脳の画像撮影の最新技術を用いて、右側頭葉の声を司る領域を調べられないだろうか。この実験は近頃、陽電子断層撮影法により脳のブドウ糖を撮影するという非常に難しい手法を用いて実施された。その結果、患者が幻の声を聞いているときには、右の側頭葉でブドウ糖の摂取量が増える（活動の増加を示す）ことがわかったのだ[12]。

ここで強調しておきたいのは、以上の四つの仮説がそれぞれ別物であるという点だ。たとえば、仮に最後の仮説が（とりわけ、ここに提示した簡略化した形では）誤っていたとしても、ほかの説まで間違っているということにはならない。左右の大脳半球は〈二分心〉ではなく、現在の脳の神経学的モデルだ。いっぽう〈二分心〉は、古代の文献や遺物に示された古い精神構造なのだ。

第三部の最後の言葉は、重々しい最終宣告に聞こえるかもしれない。たしかにそのとおりだ。しかしまた、それは始まりでもある。今私たちが深く知り、感じている人間性の始まりなのだ。なぜなら私たちは、意識を得たがゆえに、あらゆる変化や明確さ、曖昧さまでも含めて、その人間性を知り、感じられるからだ。残された記録からこの出来事を最も明確に確認できるのは、前一〇〇〇年紀前半のギリシアだ。そこには、たしかに変化と呼びうるものがある。

認知力の爆発的向上

意識の登場とともに、時間の空間化の重要性が増し、「chronos」のような空間化にまつわる新たな単語が生じた。いや、これでは控えめすぎる。意識とそれ以外の認知との相互作用によって新たな能力が生み出され、認知力が爆発的に向上したと言うべきだ。〈二分心〉の人間は、物事の成り行きや、自分の居場所を心得ていただけでなく、ほかのあらゆる哺乳類とまったく同じように、行動上の期待や感覚器官による再認の能力も持っていた。これに対し、意識を獲得した人間は、想像上の未来を「のぞき」込み、まるですでに現実であるかのように、将来抱くかもしれない恐怖や喜び、希望、野心を見出すことができるようになった。同様に、過去を振り返って、こうなったらよかったのにと落ち込んでみたり、実際に起きた出来事を味わい直してみたりもできるようになった。過去は空間の〈比喩語〉から姿を現し、私たち人間はその長い影を通して、追憶や回想と称される新しい奇跡のような過程をたどれるのだった。

習慣の保持（あるいは、意味記憶）とはまったく対照的に、回想（ときにエピソード記憶と称される）[13]は意識とともに新たに生じた。この世界に存在する物理的な空間は、つねに振り返ることができるので、私たちは、決着のついていないことの多い恋愛沙汰や、幼い頃の光景や状況、不覚にも激しい愛情や癇癪《かんしゃく》を相手にぶつけてしまった場面などを振り返ったり、実際にはなかった過去の場面を想定して、もののはずみでとってしまった不幸な行動を取り消したりできると、なぜか信じ込んでいる。不合理ではあるが、考えられぬほどの確信を持っている。

こうして私たちは、日常生活や一生といったものを意識し、死へとつながる暗黒の未来をのぞき見ることができるようになった。紀元前六世紀のヘラクレイトスの影響を受けて[14]、人々は「sis」という接尾辞を加えて新たな語を作る（というより、既存の語に変更を施す）ことによって、時間の流れに沿う作用や行為を命名したり、象徴させたりし、それらを意識するようになる。ギリシア語で知ることを意味する「gnosis」、始まりを意味する「genesis」、表示を意味する「emphasis」、ばらばらにすることを意味する「analysis」はその例だ。特筆すべきは「phronesis」で、これは「思惟」「思考」「理解」あるいは「意識」など様々に訳される。

こうした単語やそれが指し示す作用が新たに登場したのは、紀元前六、七世紀のことだった。[15]

自己

この新たな一生という意識とともに、似たような出来事、あるいはその〈抜粋〉――他人から聞いた自分に対する印象や、自分のとった行動についての意識から自らに語れることに基づいて行なう推論――をつなぎ合わせることで、私たち人間は自分自身や他人の中に、たえず自己というものを築き上げ、創り出している。自我という観念には、何ができるか、あるいはできないか、何をすべきか、あるいはすべきでないかを判断する手がかりになるという利点がある。〈二分心〉の人間には安定したアイデンティティ、すなわち名前があり、彼ら自身や周囲の人間はそこに形容辞をつけることができた。しかし、そうした言語によるアイデンティティは、意識的に築き上げられた自己に比べれば、はるかに浮薄な行動様式にすぎない。この自己は一定せず、脆《もろ》く守勢のものながら、様々な選択を伴う意識的な人生という道をふらつきつつも導いてくれる。

自己に関してはとりわけそうだが、心にまつわる用語はみな厄介な問題を抱えている。ほかの場所でも述べたが、私たちは用語の多義性や同音異義、多指示性が引き起こしかねない混乱に注意する必要がある。混乱の原因は、大半の心理用語の成立経緯や個々の単語が持つ意味の変遷にある。単語の指示対象の変化は通常、意識に関連した新たな指示対象が加わることで起き、やがて多指示性を持つに至る。「自己」（self）はその好例だ。おそらく、この単語（あるいは、あらゆる言語のこれに相当する語）はもともと、自営（self-employed）や自制（self-discipline）といった多くの複合語と同じく、たんに自分を示す目印として使われていたのだろう。あるいは、「八エが自分の体をこする」と言うときのように、行為の対象が自分であることを示すために。ところが、時の経過とともに、ことに一二世紀以降、意識がフラクタルのように広がり深まってくると、それまでとはまったく違う「自己」の指示対象が成立する。すなわち、「私とは何者か」という問いの答えだ。「自己」のこの新たな意味について異を唱える社会心理学者はほとんどいない。

たとえば、ジョン・ロックがどこかで述べていたとおり[16]、たとえ指を切り落としたとしても、自己が減じることはない。肉体は自己ではないからだ。本書の出版当初にいただいた批判の中に、鏡がはるか古代から使用されていたという周知の事実に言及し[17]、それゆえに古代の人たちにも意識があったと断じるものがあった。しかし、鏡で自分を見るとは言うものの、それは自己とは違う。見るのは自分の顔だ。顔は自己ではない。

この混乱は非常に重大なうえ、しばしば本書に対する誤解の原因ともなっているので、ここでさらにいくつかの研究例を簡単に紹介しておきたい。鏡を差し出されても、多くの魚や鳥や哺乳類はまったく興味を持たないか、鏡に映った自分の像に向かって社交的、あるいは敵対的な表示行為をしたり、攻撃を仕掛けたりするかのどちらかだ。だが人間とチンパンジーだけは別で、鏡を好む。人間の子供は、鏡像に対して四段階の行動をとる。最初のうちは、ほとんど反応を見せないが、やがて鏡像が別の子供であるかのように笑いかけたり、触れたり、声を出したりする。次に鏡像を熱心に観察して、繰り返し検証する段階を経て、二歳近くになると、鏡像を自分自身だと認識し、大人と同じ反応を見せるようになる。[18] この最終段階に達したことを検証するための実験では、子供の鼻を赤く塗って鏡の前に立たせ、子供が自分の鼻に触るかどうかを観察した。子供は二歳までには、たやすくやってのけた。[19]

しかしこの現象がほんとうに興味を集めだしたのは、同様の結果がチンパンジーを使った実験でも得られることをゴードン・G・ギャラップ（訳注　アメリカの心理学者。ニューヨーク州立大学オルバニー校教授）が実証してからだ。[20] ギャラップはチンパンジーに何度も鏡を使わせたあと、強い麻酔をかけた。その間に、額または耳の上部に目立つ赤い染料で印をつけた。目覚めてすぐは、チンパンジーはその印に何の注意も払わず、印の場所に感知可能な刺激がまったく存在していないことが確認された。ところが鏡が与えられると、その頃までに自分の鏡像にすっかり慣れていたチンパンジーは、ただちに赤い印に手をやって、その色をこすり落としたり、つまんで取ろうとしたりして、鏡像が自分の姿であると認識していることを実証した。鏡を見た経験のないほかのチンパンジーには、このような反応は見られなかった。こうして、チンパンジーには自己と自己の認識があると主張されることとなった。ある動物行動学の重鎮の言葉を借りて言うならば、「この実験結果はチンパンジーの自己認識を示す明確な証拠となる」[21] というわけだ。

この結論は誤っている。自己認識とは通常、時とともに形成されてきた自分のペルソナを意識することを意味する。つまり、他人との比較の中で自分自身を思い描きながら、自分がどんな人間で、何を望み何を恐れているのかを感じとることを指す。鏡像が自己の象徴となる場合はたしかに多いかもしれないが、私たちは意識を持った自己を鏡で見たりはしない。この実験のチンパンジーや先述の二歳の子供が学んだのは、鏡像と肉体の一対一の関連性にすぎない。それはそれですばらしいことではあるが。しかし、鏡を見て気づいた印をこすり落とすというのは、体についた印に鏡なしで気づいてそれをこすり落とすのと、たいした違いはない。チンパンジーが、どこか別のところに自分がいると想像していることも、時空間に広がる人生について考えていることも、内観していることも、この実験からは証明できない。チンパンジーは、これら意識ある自己の兆候を示しているわけではないのだ。

このあまりおもしろみのない、より原始的な解釈は、バーラス・フレデリック・スキナー（注訳〔22〕一九〇四〜一九九〇。アメリカの行動主義心理学者で、行動分析の創始者）の研究室で実施された巧妙な実験によって、いっそう明確になった。基本的には同じ実験パラダイムをハトに用いたのだ。それ以前の実験でチンパンジーや子供が自然に鏡の使用法を身につけたのに対し、ハトには鏡を使った一連の特別な訓練が必要だったが、そうした訓練を一五時間ほど行なって偶発性が慎重に抑制されると、訓練の中でそうするようにはっきりと求められたわけでもないのに、ハトもまた体の直接目にできぬ位置につけられた青い印を、鏡を使って見つけられることがわかった。このような訓練を受けたからといって、ハトが自己概念を持つとは考えられない。

情動から感情へ

出来事や経験を位置づけたり、思い返したり、予想したりできる、空間化された新たな時間は、意識上に自己を築き上げただけでなく、人間の感情にも劇的な変化をもたらした。私たち人間には、ほかの哺乳類と共通するあまり整然としない情動がある。情動の神経基質は、はるか昔に自然淘汰によって脳の深部に位置する大脳辺縁系の中に組み込まれた。ここでは、恐怖、恥、交尾の三つにかかわる情動に言及したいと思う。同時に読者にお断わりしたいのだが、ここでもまた用語が問題となる。この分野ではとりわけ厄介なのだ。まず「情動（affect）」という単語からしてそうだ。私がこの単語を使いたくないのは、「効果（effect）」と混同されることが多い上、専門家以外の人にとっては馴染みがないからだ。心理学において、情動とは特定の解剖学的表出と特定の生化学を伴う、生物学的に体系化された行動を取らせるものを指す。そしてそれは、時間の経過とともに消え去る。しかしそこに意識がかかわると、事情は一変する。

私は過去や未来の情動に対する意識を、「感情（emotion）」と呼びたいと思う。また、「感情」という言葉をそのような意味で用いる。そしてここでは、〈二分心〉の人間やほかの動物とは異なる存在としての現在の人間の感情について、二段構えの理論を提示したい[23]。私たちには哺乳類としての基本的な情動があると同時に、人間特有の感情がある。感情とは情動に対する意識で、過去も未来も含めた一生という枠で捉えられるアイデンティティの内部にある。そして注目すべきは、この感情を抑えるための生物学的な進化に基づくメカニズムがまったくないという点だ。

恐怖から不安へ

恐怖にはある種の刺激がかかわる。それは通常、不意に脅威を与えるようなものであり、これによって動物も人間もそのときしている行為を中断したり、逃げ出したりする。社会性のある哺乳類の多くにおいては特定の身体表現を伴い、その体内ではアドレナリンやノルアドレナリンといったカテコールアミンの血中濃度が上がる。これはよく知られる危機反応であって、恐怖を引き起こした対象や状況が取り除かれると、数分のうちに消える。

しかし、現代人に備わった意識によって、私たちが過去の恐怖を思い出したり、これから起きるかもしれない恐怖を想像したりすると、そこには不安という感情が入り混じる。感情に関するジェイムズ＝ランゲ説（＊訳注）にならって言うとすれば、不安とはさしずめ恐怖の知識ということになろう。クマを目にすれば、私たちは恐れをなして逃げ出し、不安を抱く。だが、実際の恐怖をリハーサルする形で不安を抱くと、わずかではあるかもしれないが、部分的な危機反応を引き起こす。これは心象を意識に上らせるという人間の新たな能力で、危機的状況のアナログを意識に留め置き、持続的な反応を呼ぶ。そして、この反応を生化学的にいかに断ち切るかが、意識を持つ人間にとっては頭の痛い問題だった。思うに、それは今も変わらない。ことに、その結果生じるカテコールアミン濃度の上昇やその長期的な影響についてはそうだ。ここでぜひ、前一〇〇〇年紀の人間がこうした不安を抱いたらどうなるかを考えてみてほしい。不安は自動的にやむ仕組みにはなっておらず、人間も不安を止めるための思考という意識の仕組みはまだ習得していなかった。

この答えは、ヘロドトスの記述に見つかる。彼はアテネで初めて悲劇が上演されたときの有名な出来事を記録している。たった一度しか上演されなかったこの悲劇は、プリュニコス（訳注　紀元前六〜

（五世紀。古代ギリシアの悲劇作家）作の『ミレトスの陥落』だ。この作品には、紀元前四九四年にペルシア人によってこのイオニアの都市が征服されたときの様子が描かれていた。それは作品が書かれた前年に起きた大惨事だった。これに対する観客の反応はすさまじく、アテネ全体が数日間にわたって機能不全に陥ったほどだった。プリュニコスは追放され、その後の消息は知れず、この作品は焼き捨てられた。

恥から罪悪感へ

ここで考察したい第二の生物学的な情動は恥だ。恥は社会の中で喚起される情動なので、動物についても人間についても、実験により検証されることはほとんどなかった。これは複雑な情動であり、その誘因となる刺激は、高度な社会組織を持つ動物ではヒエラルキーの維持にまつわるものが多い。また恥は、ヒエラルキーのある集団から拒絶されたときに見せる服従反応でもある。こうした生物学的な意味での恥が、肉食動物の群れで支配原理として機能しているのは明らかだが、霊長類、ことに人間においては、いっそうはっきりと見てとれる。私たちは恥について話すことも恥ずかしがるようだ。実際、大人になるまでに、私たちは過去の恥によってきっちりと枠にはめられ、社会的に許容される行動の狭い帯域内に閉じ込められてしまうので、恥をかくことはほとんどなくなる。

＊（訳注）　アメリカの哲学者ウィリアム・ジェイムズとデンマークの生理学者カール・ランゲによって提唱された、情緒的感情のメカニズムに関する古典的理論。身体的・生理的変化が感情を触発すると主張し、恐怖が身体的反応を引き起こすという従来の見解に一石を投じた。

だが、子供時代を思い返してみよう。仲間から拒絶されて受けた、胸のうずくようなつらいトラウマ、私的な場所を出てうまく外の世界に入っていけないのではないかという恐怖、またうまくいかなったときの苦悩、とくに、性や排泄の機能にかかわる事柄、周囲の子供たちや自分自身のトイレでの失敗などは深刻だ。そこまでひどくないにしても、ほかの子と同じような格好をしたいとか、同じようにバレンタインの贈り物がほしいとか、みんなと同じよう引き立てられたいとか、経済状況や健康や将来の見込みの点でほかの親に劣らぬ親がほしいとか、殴られたりいじめられたりしたくないなどと考えるもので、ときには非常に学業に秀でた子が普通の成績になりたいと望むことすらある。どれも、絶対に目立たず、周囲に溶け込んでいようとする気持ちの表れだ。こうした経験は、私たちの成長に非常に強く深い影響を与える。ここで心に留めるべきは、成長するにしたがって、自分を取り巻く集団は身近な同輩というよりも、家族の伝統、人種、宗教、社会的つながり、職業などの色合いを強めていくという点だ。

恥や屈辱の生理的な表出には、赤面はもちろん、目を落としてうな垂れるといった姿勢もあり、行動上の表出としては、集団からすっかり身を隠すといった行為が挙げられる。残念ながら、こうした表出の生化学的あるいは神経学的根拠は、まったく解明されていない。

もし純粋な形で恥を感じたいと思ったら、常識の枠から踏み出して、人通りの激しい通りに立ち、五分間（あるいは当局に連れ去られるまで）行き交う人々の頭越しに秒単位で時間を叫んでみればよい。これはたしかに恥だが、罪ではない。というのも、社会的に悪とされるようなことは何もしていないからだ。

では次に、意識的に過去を振り返ったり未来を想像したりすることがこの情動に与える影響について考えてみよう。とくに注目すべきは、倫理上の善悪にかかわる問題だ。倫理上の善悪は、〈二分心〉の崩壊に伴って神々の命令という拠り所を失って以来、行動の指標として発展してきた。私たちは悪、または罪、あるいは、それが知れたら社会から追い出される事柄、追い出されかねない事柄について、過去の中から思い起こしたり、これから起きるのではないかと心配したりすることができる。これが罪悪感と呼ばれるものだ。紀元前一〇〇〇年以前の人々は、けっして罪悪感を抱かなかった。当時、恥は集団や社会をまとめ上げる手段だったというのに、だ。

恥とは対照的に、罪悪感が当時新たに生まれた感情だったことを示す証拠として、たった一つだけ、よく知られた事例を引いてみよう[24]。それはオイディプス王の物語だ。この物語が実話であり、〈二分心〉時代から伝わったものであることを示唆していると思われる言及が、『イーリアス』に二行、『オデュッセイア』に二行ある。物語の主人公はある一人の男で、その男は父を殺し、それと知らずに実の母と結婚してテーバイの王となり、母との間に自分にとって兄弟でもある子供を幾人かもうけるが、あるとき自分のしたことに気づく。近親相姦はいつの時代もタブー視されていたので、当然恥を感じたと思われるが、どうやらその恥からは立ち直ったらしく、その後も母である妻と幸せな生活を送り、後に王として栄誉ある死を迎える。書物になったのは紀元前八〇〇年頃だが、物語自体はその数世紀前から語り継がれていたものだ。

そして、その四〇〇年後になってようやく、この物語を題材にしたソポクレス（訳注　紀元前四九六?～四〇六。古代ギリシアの悲劇詩人）の偉大な三部作が生まれる。この劇の主題は知らずに犯した罪だ。そのあまりの罪深さに町全体が飢饉に見舞われ、その罪のあまりの衝撃に、自分の罪に気づいた王は二度と周りの世界を見るに値しないと感じて、母である妻の胸から飾りピンをつかみ取り、それで自らの目を突いて盲目となる。そして、妹である娘に導かれて町を出て、ついにはコローノス（訳注 アテネ郊外の村。ソポクレスの故郷）で謎めいた死を迎えるのだ。

そして、罪悪感を拭い去る生物学的なメカニズムもまた存在しない。罪悪感をいかに拭い去るかという問題から、やがて経験的に習得された多くの再受容の社会的儀式が発展してきた。たとえば、ヘブライ人が放った贖罪のヤギ（放逐にあたる言葉は、現在では「赦し」と訳されている）や、これに似たギリシア人の「パルマコス」（＊訳注）（ここでもパルマコスを放逐することを指す「aphesis」は、「赦し」を意味するギリシア語となっている）、洗礼や雄牛の供犠（†訳注）、メッカ巡礼、告解、タシュリフ（訳注 通例、ユダヤ教の新年祭の初日に行なわれる禊の儀式）やミサといった多様な「浄化」儀礼、そしてもちろん、全世界の罪を取り除くキリスト教の十字架もそうだ（これらすべてに含まれる比喩や類推にも留意されたい）。神の本質を赦しの父へと変更したのは、その最たるものだ。

さらにここで指摘しておきたいのは、情動は普通それぞれ独立していて、ある特定の状況で喚起され、ある特定の反応を呼ぶのに対して、意識的な感情は独立してはおらず、互いに混じり合い、誘発し合いうるという点だ。先ほど述べたように、私たちは罪悪感に苛《さいな》まれて、この先起こるかもしれない不面目な経験を思い煩うことがある。これはまさに不安であって、このように不安と罪悪感という二つの感情を併せ持つと、はるかに強い感情になる。

交尾から「セックス」へ

ここで考察したい第三の事例は、交尾の情動だ。ほかの情動と似ている点もいくつかあるが、それ以外の部分ではまったく異なっている。動物の研究からわかるように、交尾は一般通念に反して、喉の渇きや空腹感のような自然と高まる動因ではなく（ただし、意識のせいで、そう感じられるが）、非常に特殊な刺激によって誘発されるのを待っている複雑な行動パターンだ。そのため、たいていの動物の交尾は、一年または一日のうちのしかるべき時に限られているだけでなく、相手の行動に見られるものなどの、しかるべき刺激、あるいはフェロモンや光の加減、プライヴァシー、安全などの多くの条件が揃わなくては成り立たない。条件の中には、膨大な種類のきわめて複雑な求愛行動も含まれる。進化上の利点はあまりに少なく、求愛行動が交尾を促進するどころか、それを妨げるのではないかと訝《いぶか》られる動物も数多い。自然淘汰の働きに関する私たちの短絡的な発想からはとても思いつかない事実だ。類人猿では、ほかの霊長類とは異なり、交尾が自然の生息環境で行なわれることは非常に稀だ。そのため、初期の動物行動学者は、この最も人間に近い動物たちがいったいどのように生殖しているのかと、おおいに頭を悩ませた。そしてこれはおそらく、〈二分心〉の人類にしても同じだっただろう。

＊（訳注）アテネおよびイオニア諸市では、国内でとくに醜く貧しい者を選んでパルマコスと称し、浄化儀礼として、共同体全体の罪穢れを一身に背負わせて追放、あるいは殺害したとされる。

†（訳注）古代地中海地方で崇拝された神であるミトラやキュベレの祭祀で行なわれた儀式。新たに信者となる者が雄牛の血で洗礼を受けた。

しかし、人間が自身の交尾行動を意識できるようになり、過去の交尾を回想し、未来のそれを想像できるようになると、まったく違った世界が開けてくる。私たちにはより馴染み深い世界だ。もしセックスについて思い巡らすことができないとしたら、みなさんの「性生活」はどうなるか想像してみればよい。

この変化を示す証拠はないだろうか。古代世界の専門家の方々は同意してくださると思うが、私が〈二分心〉の世界と名づけた時代、すなわち紀元前一〇〇〇年以前の壁画や彫刻はどれも慎み深い。例外がないわけではないが、性的な意味合いを含む描写はほとんど存在しない。現在アテネの国立考古学博物館の二階に展示されている、控えめで無垢な〈二分心〉時代のテラ島の壁画は、その良い例だ。

ところが意識の登場とともに、状況が変わる。はっきりとした証拠が残っているギリシアではとりわけそうで、初期の古代ギリシア社会の遺物は慎み深さとはまるで無縁だ。(25) この頃新たに広まった半神半獣のサテュロスがペニスを勃起させた姿が描かれた、紀元前七世紀の壺絵以降、セックスは大きな関心事となったようだ。私が関心事と言ったのにはわけがある。というのも、当初はたんに性的興奮をあおるためではなかったらしいのだ。たとえば、エーゲ海に浮かぶデロス島には、勃起した巨大な男根を祀った神殿がある。

アッティカ地方一帯に見られた境界石は、ヘルメス柱像と呼ばれる形状をしていた。これは高さ一・二メートルほど石の角柱で、上部にはたいていヘルメス（*訳注）の頭部が彫られており、それ以外の唯一の彫刻として、しかるべき高さの所に勃起したペニスが刻まれている。このヘルメス柱像は、今日の子供たちにとっては笑いの種となるだろうが、当時はそうでなかったばかりか、厳粛で重要なものと見なされていた。その証拠に、プラトンの『饗宴』には、酒に酔った将軍アルキビアデス（訳注　紀元前四五〇？～四〇四？　古代アテネの政治家、将軍）による「ヘルメス柱像の切断」が冒瀆《ぼうとく》行為と見なされたとの記述がある。それによると、どうやら彼はアテネ中の柱像の例の突起を、持っていた剣でたたき落したようだ。

石やその他の素材から成る勃起した男根像は、発掘の過程で数多く見つかっている。男根を模したお守りもあった。ディオニュソスの祭祀で男根像を振って踊る裸の娘たちが描かれた壺絵も発見されている。ある碑文には、男根像の行列を安全に町へ導くために、戦時においてさえも講じるべき方策が記されていた。植民都市は、大ディオニュシア祭のためにアテネへ男根像を送ることを義務づけられた。アリストテレスまでも、男根像を茶化した笑劇やサテュロス劇について言及している。たいていの場合、これらの劇は壮大な悲劇が厳かに上演された後に演じられた。

もしこれだけのことならば、男根崇拝は豊穣多産を祈願する具体的な儀礼にすぎないという、旧来のヴィクトリア朝的な解釈にもうなずけるかもしれない。しかし、意識による空想の出現以後の実際の性行為に関する証拠は、別の事実を語っている。ソロンが創設したとされる売春宿は、紀元前四世紀までには、いたるところで様々な形態をとって見られるようになる。壺絵には、マスターベーションから獣姦や三人でのセックスまで、あらゆる性行為が漏れなく描かれている。そして、ありとあらゆる形の同性愛も、だ。

＊（訳注）古代ギリシアのオリンポス一二神の一人で、通行の神であることから辻々にこの柱像が建てられたと思われる。

実際、同性愛はこの時代になって初めて生まれた。思うにこれは、人間が新たに獲得した空想の力によるところもあるだろう。同性愛はホメロスの詩にはいっさい登場しない。これは、フロイト学派による近年のいくつかの見解、さらにはこの時代（とりわけプラトンが『法律』の中で「physis」、すなわち自然に反するとして同性愛を禁止して以降）に関する古典的な文献の数々にも反する。これらの説はどれも、同性愛の容認をホメロスの著作に求めた。アキレウスとパトロクロス（*訳注）の強い絆に同性愛を投影したのだ。

ここでもう一度、二五〇〇年前の問題を考えてみてほしい。人類が初めて意識を獲得して、セックスについて空想し、安定した社会を実現するためにはどのように性行動を統制すべきかを学んでいた時代のことだ。男性の勃起組織は女性のそれに比べて目立つ存在であり、中途半端な勃起状態がもたらすフィードバックでさえも、性的空想の持続を促す（漸増と呼ばれる作用（†訳注））ことに象徴されるように、これは女性ではなく、男性にとって大きな問題だったと推察される。性行動を制御するために生じた社会慣習は、社会における両性の分離をいっそう拡大し（この現象はプラトンの時代にはきわめて明白になっていた）、男性支配を促進したのかもしれない。この点については、現代のイスラム教正統派社会が参考になる。そこでは、女性が足首や髪を露出すると、法律によって罰せられる。

私の主張を支える証拠がまだまだ不十分であることは、もちろん認めよう。また当然ながら、ここに挙げた以外にも情動は存在する。たとえば、怒りは憎しみへと変化したし、より肯定的な例を挙げれば、興奮は意識の魔法の一撫でで喜びに、親和の情は意識化されて愛になった。その中でも社会的に最も重要なものとして、私は不安、罪悪感、セックスを選んだ。フロイト派の読者は、彼らの理論がここから出発しうることにお気づきだろう。以上のような仮説が、私よりも有能な歴史家の碩学諸賢に、人類史上きわめて重要なこの時代、すなわち現代的な意味での心理や人格と見なされているもののじつに多くが初めて形成された時代を考察する新たな手がかりとして、役立てていただけることを願ってやまない。

やるべきことは尽きない。歴史や理論の湾や入り江が数知れず探索を待っている。古代の精神構造をたどる作業は現在も進行中で、新たな洞察や発見へ向かいつつある。私自身は中国語を知らないので、本書ではその分野の文献を取り上げられなかった。しかし、中国の古代文献に精通した同僚のマイケル・カーが、信頼に足る一連の研究論文によってこの欠落を埋め合わせてくれているのは、喜ばしいかぎりだ。[26] 中国における意識の登場も、ギリシアとほぼ同時期で、一部歴史家はこの時期を「枢軸の時代」と呼ぶに至っている。

また、文学の分野で〈二分心〉仮説の検証に乗り出した学者も数人いる。中でも特筆すべきは、ジュディス・ワイスマンだろう。私がこの後記を書き進めている間にも、『幻視、狂気、そして倫理、詩と〈二分心〉の理論（*Vision, Madness, and Morality, Poetry and the Theory of the Bicameral Mind*）』という仮題を冠した彼女の著作も完成に近づいている。[27] ま

＊（訳注）　二人は親友どうしで、パトロクロスはアキレウスの鎧をまとってトロイア戦争に参加したが、ヘクトルに討たれた。アキレウスは親友の敵を討ち、その死後二人の灰は一つに混ざったという。

†（訳注）　感覚器に繰り返し同強度の刺激を与えると、反応が活発化されることを指す。

た、トマス・ポージーは言葉の幻聴の研究を続け、ロス・マクスウェルもさらなる歴史研究に打ち込んでいる。このような研究者は、D・C・ストーヴ[28]を筆頭にほかにも数多い。こうした方々の支えや励ましにも、ここで御礼申し上げたい。

プリンストン大学にて、一九九〇年

訳者あとがき

ジュリアン・ジェインズは一九二〇年、アメリカのマサチューセッツ州ウェスト・ニュートンの生まれで、ハーヴァード大学を経てマクギル大学卒業後、イェール大学で心理学の修士号と博士号を取得。心理学の教授として、六六年から九〇年までプリンストン大学で教壇に立ちながら、多くの大学の哲学、英語、考古学といった学部で客員講師などを歴任してきた。また、国際的に定評のある科学雑誌『*Behavioral and Brain Sciences*』の共同編集者と『*Journal of Mind and Behavior*』誌の編集委員も務めた。もともと比較心理生物学者として様々な動物の学習や脳機能を通して意識の進化をたどっていたが、その後、研究の幅を広げ、心理学、人類学、歴史、哲学、宗教、文学などの該博な知識を動員して七六年に発表したのが、本書のもととなった『*The Origin of Consciousness in the Breakdown of the Bicameral Mind*』だ。七八年の全米図書賞候補となった同書は、その衝撃的な内容から激しい議論を巻き起こし、哲学者のダニエル・デネットや神経学者のアントニオ・ダマシオら、各分野の第一人者にも大きな影響を与え続けている。これを、九〇年に加筆された「後記」も含めて全訳したのが本書だ。

「意識——いったいその正体は？　そして、それはどこから生まれてきたのか？　そして、なぜ？」序章の冒頭でジェインズはそう問う。意識とは、なんともとらえどころのないテーマだ。自分の意識でさえ、明確に説明するのは難しい。他人の意識ならなおさらだ。ましてや、すでにこの世にない数千年前の人間の意識（あるいはその有無）など、想像も絶するではないか。常人なら頭を抱え、途方に暮れるであろうこの難問に、ジェインズはひるむことなく挑み、大胆な仮説を呈示してくれる。それも、斬新で多面的な視点から、豊富な事例を引き合いに出し、壮大なスケールと周到かつ緻密な論理で。

まず序章で意識の問題の歴史を概観し、近代の諸説の誤りを明らかにした後、第一部では本書の根幹を成す考えを次々に紹介する。意識とは「何でないか」という消去法で外堀を埋め、意識を持たぬ人々の社会の存在を示唆したあと、一転して、比喩という特性を軸に、意識が言語に基づいており、言語発生のはるか後、今からわずか三〇〇〇年ほど前に誕生したという仮説に至る。その視点からホメロスの『イーリアス』を分析し、そこに、神々の声に支配された、現代人のものとは完全に異なる精神構造を見出す。命令を下す「神々」とそれに従う「人間」に二分された心を〈二分心〉と名づけ、意思決定のストレスが神々の声（幻聴）を誘発するという生理的要因を示す。この幻聴は命令の形をとり、行動と不可分で、「聞くことが従うことだった」のだ。続いて、この〈二分心〉の生理学的裏づけとして、大脳の左右両半球に着目し、右半球が「神々」の側、左半球が「人間」の側というモデルを示す。最後に、〈二分心〉の存在理由を問い、〈二分心〉を人類が「小さな狩猟採集集団から、大きな農耕生活共同体へと移行」するのを可能にした社会統制の一形態と位置づけ、「神々とともに、言語進化の最終段階として生まれ」、その「展開の中にこそ、文明の起源がある」と結論する。

意識の考古学とでも呼べる第二部では、〈二分心〉の存在と衰退、意識の台頭を示唆する歴史的証拠を検証する。最初に、〈二分心〉が社会統制の形態であり、それが文明発祥を可能にしたという仮説を裏づけるために、世界各地の文明の揺籃期には必ず〈二分心〉の精神構造が見られた証拠を、神という概念と神政政治の発生、墓や偶像といった遺物を軸に、メソポタミアやエジプト、ペルーなどで掘り起こす。次に、文字の発達や、戦争と大災害と民族移動、もともと内在する脆弱性などにより、〈二分心〉が衰退し、神々が沈黙して幻聴が消え去る過程、それを埋め合わせる形で祈りや占いが現れ、意識や道徳が発達する過程をたどっていく。ここでは、楔《くさび》形文字の粘土板や彫刻、碑文、『イーリアス』『オデュッセイア』をはじめとするギリシアの文学、旧約聖書の比較や分析で精神構造の変化を鮮やかに浮かび上がらせる。

第三部では、「〈二分心〉の時代から現代に通じるいくつかの道筋」を検討する。テーマは多彩だ。〈二分心〉が衰退してできた穴を埋める努力としての神託、偶像の復活、現在まで残る偶像崇拝、憑依《ひょうい》の歴史と現代における憑依、異言。詩や音楽と〈二分心〉の結びつき、神託の衰退をなぞるように弱まる詩人の霊感。意識を超えた制御力の存在を物語る催眠と〈二分心〉の類似。〈二分心〉への逆戻り現象としての統合失調症。これらはすべて「部分的には」〈二分心〉の名残りと見なせる。そして、科学や本書までもが、〈二分心〉崩壊への反応と解釈でき、現代の様々な動きも、「もはや存在しないもの」への回帰の試みであるとし、「真実という概念そのものが、文化に与えられた指針であり、大昔の確実性［〈二分心〉］に対して誰もが抱く根深いノスタルジアの一部なのだ」と結んでいる。

「後記」では、第一部と第二部で述べた主要な仮説の補足説明を行なうとともに、意識の登場のおかげで「認知力が爆発的に向上し」、人間が「自己」を築き上げるようになり、情動から感情が生まれたことを示している。

わずか数千年前まで人間は意識を持たず、社会統制のために〈二分心〉という精神構造に頼って、大脳右半球に由来する神々の声の命令に左半球の人間の側が従っていたが、文字と比喩の発達とともにその構造が衰え、ようやく意識が誕生したという仮説はにわかには信じがたい。

しかし、著者の挙げる多様で圧倒的な数の事例を見ていくうちに、この仮説は、揺るがしがたい事実のように思えてくる。この仮説が正しければ、納得できることがじつに多いのだ。意識は経験の複写ではなく、概念や学習、思考、理性にすら不要で、その邪魔にさえなること（物事は意識するとうまくいかない、問題の答えにどうやって行き着いたのか説明できない、という日常的な経験は、誰にもあるだろう）。意識は言語の比喩を基盤にしていること（現実の空間や時間を何らかの形で比喩化しなければ内観などできない）。大脳の両半球が役割分担していて、幻聴（声）には支配力があること（意識ある人間の言語野が左半球に遍在しており、右半球は一見何の役割も果たしていないのは不自然だし、言語以外の右半球の把握力も著者の主張と合致する。よく統合失調症の人が幻聴に支配されるというのも事実だろうし、日本語でも、「言うことを聞く」というのが「従う」ことを意味するのもおもしろい）。古代の人間が神々の声に支配されていたこと（『イーリアス』の登場人物は神々に従順だ。偶像や神の家などが世界各地の文明で、社会の中心的存在として共通して見られる）。〈二分心〉が数千年前に衰退してしまったこと（石碑の玉座から神が姿を消し、失楽園のエピソードを含む「創世記」から始まる旧約聖書では、途中から神の姿が見えなくなり、預言者も登場しなくなり、十戒や律法という文字や掟による規制が生まれている。ここ数千年来、神や確実性の喪失と、拠り所や真実の探求が人間の歴史の普遍的テーマになっている。占いや神託、宗教、科学の盛衰もこの観点から捉えられる）。

挙げればきりがないが、とにかく腑に落ちることばかりだ。〈二分心〉という発想自体、驚異的なのだが、それをこれほど多くの独創的切り口から丹念に裏づけ、まとめ上げていくジェインズの力量にはひたすら感服する。そのうえ、彼の描き出す人類の歴史の物語には感動すら覚える。人間が文字と意識を得た代わりに神々が沈黙した。文明社会成立の代償として、絶対的な拠り所が失われていった。喪失感に苛《さいな》まれ、確実性への回帰を目指し、苦悩しながら生きる人間の姿は、〈二分心〉の「自動人形」と比べると、それこそ人間らしく、いじらしく、いとおしさまで湧いてくる。不思議と哀れさは感じない。この喪失のドラマは悲劇に終わるようには思えず、むしろ人間のすばらしさが伝わってきて、希望の光が見える気がする。ジェインズの燦然たる知性はその最たるものだろう。それに、彼も言っている。私たちの意識は今もなお完全ではない。かつて〈二分心〉を発達させ、続いて意識を台頭させた人間の精神構造は、限りない可能性を秘めているはずだ。

ところで、ジェインズは、いったいどうやってこの仮説にたどりついたのだろう。八三年にカナダのマクマスター大学で行なわれたシンポジウムで、ジェインズは以下のようなことを言っている。最初は下等な生物に意識の起源を見出そうとしていたが、どうもうまくいかない。そこで方向転換し、心身問題と呼ばれる意識の性質の探求がどうなされてきたか、歴史をたどって調べていった。すると、アリストテレスのものとされる作品やソクラテス以前の作品のいくつかで、この問題が姿を消し始め、『イーリアス』の中で完全に消えてしまった。これはいったいどうしたことかと、長い間、暗中模索を続けた。そして、ある日、ひらめいた。意識は生物学的に進化したのではなく、言語に基づいて学習されるもので、ちょうど『イーリアス』の頃、人類は意識を身につけたのだ。そう悟ると、じつに多くのことが明確になった。意識の比喩的性質に関してそれまでずっと温めてきたほかの考えも一つにまとまり、やがてこの仮説ができ上がった。

このシンポジウムに出席していた、先述の哲学者ダニエル・デネットは、意識の誕生を生物学的進化ではなく学習によるとする、このジェインズの考えを、「すばらしいことこのうえないアイデア」と絶賛し、脳というハードウエアの変化ではなく、脳が新しいソフトウエアを必要とした結果と言い換えている。そして、意識の起源をたどるジェインズの試みを「ソフトウエア考古学」と呼び、遺物や遺跡、化石に頼れる従来の考古学に比べて、直接の証拠に乏しい、はるかに難しい作業であるのだから、ジェインズの仮説が大胆にならざるをえないことを認め、飛躍がありすぎる、信じ難いなどという批判を退けている。また、デネットは、ジェインズが選択や入れ替えが可能な多くの「モジュール」から自分の仮説を構成しているとし、その巧みさをたたえている。個々の「モジュール」つまり推論や事例がたとえ間違っていることが判明しても、その推論を捨てたり、別の推論や事例を採用したりすれば、全体の正しさは覆らないのだ。そして、デネットは、ジェインズのモジュールが仮にすべて間違っていたとしても、それに類することが正しいに決まっているから、よりふさわしいモジュールを探せばよいのだ、と述べて、このシンポジウムでの発言を結んでいる。

それにしても、序文にあるとおり、『意識の帰結』という仮題まで与えて構想していた、本書の続編を世に出さぬまま、九七年にジェインズが亡くなったのは残念だ。その作品でどれほどの知見と洞察を披露してくれただろうかと思うと、惜しまれてならない。それに、存命であったなら、訳者として直接接触し、確認して理解を深めたい点も多々あったのだが。たとえば〈二分心〉という用語だ。原語は「bicameral mind」で、「bi」は「二」、「camera」は「部屋」、「l」は形容詞化語尾、あわせて「二室の」「二院制の」、「mind」は「心」だから、直訳すれば「二室の心」「二院制の心」となる。このままでは日本語としてしっくりこないので、仮に〈二分心〉と訳してみた。第一部第四章冒頭に、「遠い昔、人間の心は、命令を下す『神』と呼ばれる部分と、それに従う『人間』と呼ばれる部分に二分されていた」というくだりがあるので、当たらずとも遠からずなのかもしれない。とはいえ、この用語を選んだ理由や、そこに込めた意味合いを、ご本人の口から聞いてみたかった。

私が本書のことを初めて知ったのは、トール・ノーレットランダーシュ著『ユーザーイリュージョン――意識という幻想』（紀伊國屋書店、二〇〇二年刊）を訳していたときだ（ちなみに、この本も本書に劣らぬ、意識にまつわる大作だ。本書を楽しまれた方は、ぜひご一読を）。この本にジェインズが引用されていたので興味を持ち（後日、受け取った電子メールの中で、ノーレットランダーシュはジェインズの作品を「途方もない重要性と独創性を持った著作」と呼び、『ユーザーイリュージョン』について講演すると、ジェインズの仮説についてしばしば質問を受けたという。「この仮説をなかなか信じられない人も多いが、それはジェインズの独創性の証であり、科学の偉大な仮説はみな、正統的学説になるまでは簡単には信じてもらえないものだ」とのことだ）、版元の方に、こういうおもしろそうな本がありますよ、とご紹介したが、それきりになっていた。その後、一昨年になって『ユーザーイリュージョン』の読者から版元に連絡があった。環境教育の研究がご専門で、駒澤大学ほかで非常勤講師をなさっている北村和夫先生だ。ジェインズの本については以前からご存知だったそうで、先生による原書の提示と翻訳の提案を受けて、版元が版権を取得し、今回の翻訳に至った。本書刊行のきっかけを作り、関連資料を提供してくださった北村先生にこの場を借りて感謝申しあげたい。また、第三部第一～四章の翻訳をじつに丁寧に手伝ってくださった梶山あゆみさんにも厚くお礼申しあげる。さらに、固有名詞の表記などで助言をいただいたアジア・アフリカ図書館館長の矢島文夫先生、訳稿に入念に目を通し、的確な指摘や補足、助言をしてくださった、紀伊國屋書店の水野寛さん、そのほか刊行までにお世話になった多くの方々にも深く感謝する。

二〇〇五年二月

柴田　裕之

(21) Donald R. Griffin, “Prospects for a Cognitive Ethology,” *Behavioral and Brain Sciences*, 1978, 4: 527-538.

(22) Robert Epstein, R. P. Lanza and B. F. Skinner, “‘Self awareness’ in the Pigeon,” *Science*, 1981, 212: 695-696.

(23) Julian Jaynes, “A Two-tiered Theory of Emotions,” *Behavioral and Brain Sciences*, 1982, 5: 434-435、ならびに、“Sensory Pain and Conscious Pain,” *Behavioral and Brain Sciences*, 1985, 8: 61-63.

(24) E. R. Dodds, *The Greeks and the Irrational* (Berkeley: University of California Press, 1951) [邦訳『ギリシア人と非理性』(岩田靖夫、水野一訳、みすず書房)].

(25) ここで言及した情報や事例の多くは、Hans Licht, *Sexual Life in Ancient Greece* (London: Routledge, 1931)、あるいは、G. Rattray Taylor, *Sex in History* (New York: Vanguard Press, 1954) [邦訳『歴史におけるエロス』(岸田秀訳、河出書房新社)]の中に見られる。

(26) *Proceedings of the 31*st *CISHAAN, Tokyo and Kyoto*, 1983, 824-825 に要約が所収されている Michael Carr, “Sidelights on *Xin* ‘Heart, Mind’ in the *Shijing*”、ならびに同著者の“Personation of the Dead in Ancient China,” *Computational Analyses of Asian and African Languages*, 1985, 1-107.

(27) 女史には同名の論文もある。“Vision, Madness, and Morality: Poetry and the Theory of the Bicameral Mind,” *Georgia Review*, 1979, 33: 118-158. また、同著者の “Somewhere in Earshot: Yeats’ Admonitory Gods,” *Pequod*, 1982, 14: 16-31 も参照のこと。

(28) D. C. Stove, “The Oracles and Their Cessation: A Tribute to Julian Jaynes,” *Encounter*, April 1989, pp. 30-38.

(10) S. J. Segalowitz, *Two Sides of the Brain* (Englewood Cliffs, N.J.: Prentice-Hall, 1983).

(11) M. P. Bryden, *Laterality: Functional Asymmetry in the Intact Brain* (New York: Academic Press, 1982).

(12) M. S. Buchsbaum, D. H. Ingvar, R. Kessler, R. N. Waters, J. Cappelletti, D. P. van Kammen, A. C. King, J. L. Johnson, R. G. Manning, R. W. Flynn, L. S. Mann, W. E. Bunney, and L. Sokoloff, "Cerebral Glucography with Positron Tomography: Use in Normal Subjects and in Patients with Schizophrenia," *Archives of General Psychiatry*, 1982, 39: 251-259.

(13) Endel Tulving, *Elements of Episodic Memory* (Oxford: Clarendon Press, 1983)[邦訳『タルヴィングの記憶理論――エピソード記憶の要素』(太田信夫訳、教育出版)].

(14) Howard Jones, "-Sis Nouns in Heraclitus," *Museum Africum*, 1974, 3: 1-13. この問題についての論考に関してはJones教授に感謝する。

(15) この点は、複数の著名な学者も指摘し、重要視している。Bruno Snellも、「知性の新たな局面が開かれた［紀元前］七世紀以前にはありえなかったであろう、新たな『精神的』調和」について言及している。これは、Joseph Russo, "The Inner Man in Archilochus and the Odyssey," *Greek, Roman, and Byzantine Studies*, 1974, 15: 139, n. 1で引用されている。タイトルからもわかるように、Russoはこの転換をより古い時代のものと見なしたいようだ。

(16) *Essay on the Human Understanding*, II: 10-29[邦訳『人間知性論』(大槻春彦訳、岩波書店)]の中で展開された、ロックの非常に近代的な論考は一読に値する。

(17) たしかに、こうした鏡の意義については謎が残る。サウジアラビアの首都リヤドにある考古学博物館を訪ねたとき、そこで鏡を手にした女性をかたどった墓石を目にした。あれは虚栄の品だったのだろうか。それとも、〈二分心〉時代のメソポタミアでは、鏡は手にとって使うありふれた偶像だったのだろうか。ここではマヤ文明の肖像画における鏡の不思議な役割についても触れておく必要があろう。というのも、そこでは通常、鏡は神、あるいは神の光を象徴していたのだ。この件に関しては、Linda Schele and Mary Ellen Miller, *The Blood of Kings* (Fort Worth: Kimbell Art Museum, 1986)を参照のこと。

(18) J. C. Dixon, "Development of Self-recognition," *Journal of Genetic Psychology*, 1957, 91: 251-256.

(19) B. K. Amsterdam, "Mirror Self-image Reactions Before Age Two," *Developmental Psychobiology*, 1972, 5: 297-305.

(20) G. G. Gallup, "Chimpanzees: Self-recognition," *Science*, 1970, 167: 86-87.

（3） George Steiner は1974年の Massey Lectures（訳注　カナダ人初のカナダ総督となったヴィンセント・マッシーをたたえて1961年に始まった講演会。毎年各界の権威が研究の成果を発表している）で「神話」という言葉を使い、この点をもっと詳細に論じた。私は彼の表現をいくつか拝借している。

後記

（1） Bertrand Russell, *Analysis of Mind* (London: Allen and Unwin, 1921)［邦訳『心の分析』（竹尾治一郎訳、勁草書房）］.

（2） Bertrand Russell, *Philosophy* (New York: Norton, 1927).

（3） 私の友人 W. V. Quine は、〈比喩語〉と〈被比喩語〉という私の造語に強く異義を唱えている。それらはラテン語とギリシア語のかけ合せだからだ。それでも私がこの語にこだわったのは、言外に「乗数」と「被乗数」を連想させるからだ。だが、Quine は興味深いことを指摘した。この区別は、精神分析学における〈顕在〉と〈潜在〉の区別に関連があるかもしれないというのだ。夢は比喩なのだろうか。フロイトが無意識と呼んだのは、ほんとうは顕在的な〈比喩語〉の作用を受ける潜在的な〈被比喩語〉なのだろうか。

（4） 正確ですばやい注意を身につける訓練が、気が散る状況下における課題への集中力を高めるかどうかを、実験により検証してみるのもおもしろいだろう。

（5） William Whewell, *Theory of Scientific Method* (1858), ed. R. E. Butts (Pittsburgh: University of Pittsburgh Press, 1968).

（6） この仮説が夢に適用された場合の概要を知りたい読者は、*Canadian Psychology*, 1986, 27:128-182 所収の、Bauer Symposium での私の講演録、とりわけ p. 146と p. 147をご一読いただきたい。

（7） John Hamilton, “Auditory Hallucinations in Nonverbal Quadriplegics,” *Psychiatry*, 1985, 48: 382-392. 幻聴に関する他の研究については、Manfred Spitzer and Brendan H. Maher, eds., *Philosophy and Psychopathology* (New York: Springer Verlag, 1990), pp.157-170 所収の私の小論 “Verbal Hallucinations and Preconscious Mentality” を参照のこと。

（8） Daniel Dennett, “Julian Jaynes’ Software Archeology,” *Canadian Psychology*, 1986, 27:149-154.

（9） Anne Harrington, “Nineteenth Century Ideas on Hemisphere Differences and ‘Duality of Mind,’” *Behavioural and Brain Sciences*, 1985, 8: 517-659、あるいは、同著者のさらに広範で卓抜した研究書 *Medicine, Mind and the Double Brain* (Princeton: Princeton University Press, 1987).

and acute schizophrenics," *Journal of Consulting and Clinical Psychology*, 1969, 33: 200-206 を参照のこと。

(36) E. Ebner, V. Broekma, and B. Ritzler, "Adaptation to awkward visual proprioceptive input in normals and schizophrenics," *Archives of General Psychiatry*, 1971, 24: 367-371 を参照のこと。

(37) A. S. F. Layton and C. S. Sherrington, "Observation on the excitable cortex of chimpanzees, orangutan, and gorilla," *Quarterly Journal of Experimental Physiology*, 1917, II: 135.

(38) この言い回しは、1971年8月にコロラド州ボールダーで行なわれた *Fourth International Symposium on Attention and Performance* で、Marcel Kinsbourne が "The control of attention by interaction between the cerebral hemispheres" の中で使ったもの。

(39) Arthur Sugarman, L. Goldstein, G. Marjerrison, and N. Stoltyfus, "Recent Research in EEG Amplitude Analysis," *Diseases of the Nervous System*, 1973, 34: 162-181.

(40) これは Leonide E. Goldstein, "Time Domain Analysis of the EEG: the Integrated Method," Rutgers Medical School preprint, 1975 で数名の被験者に行なわれた予備研究だ。これらの意見について私と議論してくれたことを、彼に感謝したい。

(41) Randall Rosenthal and L. B. Bigelow, "Quantitative Brain Measurements in Chronic Schizophrenia," *British Journal of Psychiatry*, 1972, 121: 259-364.

(42) P. Flor-Henry, "Schizophrenic-like Reactions and Affective Psychoses Associated with Temporal Lobe Epilepsy: Etiological Factors," *American Journal of Psychiatry*, 1969, 126: 400-404.

(43) R. L. Cromwell, "Strategies for Studying Schizophrenic Behavior" (刊行前の仮刷り), p. 6.

第6章 科学という占い

(1) この点について私は、William Woodward との共同論文 "In the Shadow of the Enlightenment," *Journal of the History of the Behavioral Sciences*, 1974, 10: 3-15, 144-159 でもっと詳しく論じている。

(2) 神学者たちはこれらの問題を十分認識している。彼らの議論を理解するには、まず Harvey Cox の *The Secular City* [邦訳『世俗都市』(塩月賢太郎訳、新教出版社)]、次に Mary Douglas の *Natural Symbols* [邦訳『象徴としての身体』(江河徹ほか訳、紀伊國屋書店)]、そして Charles Davis の "Ghetto or Desert: Liturgy in a Cultural Dilemma," *Worship and Secularization*, ed. Wiebe (Vos, Holland: Bussum, 1970), pp.10-27 所収、その後 James Hitchcock の *The Recovery of the Sacred* (New York: Seabury Press, 1974) を読むとよいかもしれない。

「自伝的に記述されたパラノイア（妄想性痴呆）の一症例に関する精神分析的考察」、フロイト著作集 9（小此木啓吾訳、人文書院）］所収。

(20) Schreber, pp. 226, 332.

(21) 同上、p. 269.

(22) J. Custance, *Wisdom, Madness and Folly* (New York: Pellegrini and Cudahy, 1952), p. 18.

(23) 両方とも、ニュージャージー州プリンストンの the Brain-Bio Center に所属する Dr. C. C. Pheiffer の患者から引用。同センターでは、統合失調症は主として脳に栄養を与えることで治療できる、いくつかの生化学的疾病と考えられている。

(24) H. Werner, *Comparative Psychology of Mental Development* (New York: International Universities Press, 1957)［邦訳『発達心理学入門——精神発達の比較心理学』（鯨岡峻・浜田寿美男訳、ミネルヴァ書房）］, p. 467に引用されている患者。

(25) E. Meyer and L. Covi, "The experience of depersonalization: A written report by a patient," *Psychiatry*, 1960, 23: 215–217 所収より。

(26) ＤＡＰを用いた研究の最初の数年間については、L. W. Jones and C. B. Thomas, "Studies on figure drawings," *Psychiatric Quarterly Supplement*, 1961, 35: 212–216 所収に報告されている。

(27) Carney Landis, *Varieties of Psychopathological Experience* (New York: Holt, Rinehart and Winston, 1964).

(28) これは広く支持されている David Shakow の理論による解釈だ。David Shakow, "Segmental Set," *Archives of General Psychiatry*, 1962, 6: 1–17 所収。

(29) M. Harrison, *Spinners Lake* (London: Lane, 1941), p. 32.

(30) Bernard S. Aaronson, "Hypnosis, responsibility, and the boundaries of self," *American Journal of Clinical Hypnosis*, 1967, 9: 229–246 所収。

(31) Bleuler, p. 204.

(32) P. Schilder, *The Image and Appearance of the Human Body* (London: Kegan Paul, Trench, Trubner, and Co., 1935)［邦訳『身体の心理学——身体のイメージとその現象』（秋本辰雄・秋山俊夫編訳、星和書店）］, p. 159.

(33) S. Fisher and S. E. Cleveland, "The Role of Body Image in Psychosomatic Symptom Choice," *Psychological Monographs*, 1955, 69, No. 17, whole no. 402 所収。

(34) L. Phillips and M. S. Rabinovitch, *Journal of Abnormal and Social Psychology*, 1958, 57: 181.

(35) R. L. Cromwell and J. M. Held, "Alpha blocking latency and reaction time in schizophrenics and normals," *Perceptual and Motor Skills*, 1969, 29: 195–201; E. Ebner and B. Ritzler, "Perceptual recognition in chronic

nia Press, 1968) ［邦訳『ギリシァ人と非理性』（岩田靖夫・水野一訳、みすず書房）］, p. 67を参照のこと。

(3) *Phaedrus* ［邦訳『パイドロス』（藤沢令夫訳、岩波書店）ほか］, 244A

(4) 同上、244C.

(5) *Theaetetus* ［邦訳『テアイテトス』（田中美知太郎訳、岩波書店）］, 158.

(6) *Laws* ［邦訳『法律』（森進一ほか訳、岩波書店）］, 934.

(7) プリンストン神経精神医学研究所の H. Osmond と A. El. Miligi が開発した "The Experiential World Inventory" で様々な国や文化の統合失調症患者を調べて得られた結果は、非常によく似ている。

(8) そういう患者だけを対象にしているかどうかも重要ではない。精神医学界では、特定症状に効果のある薬によって診断のカテゴリーを区分する動きが強まっている。たとえば、統合失調症はフェノチアジン、躁うつ病はリチウムだ。これが正しいのなら、以前は妄想型統合失調症と診断されていた患者の多くは、リチウムにしか反応しないので、じつは躁うつ病ということになる。躁状態のときには、そういう患者のほぼ半数に幻覚が起きる。

(9) Arthur H. Weingaertner, "Self-administered aversive stimulation with hallucinating hospitalized schizophrenics," *Journal of Consulting and Clinical Psychology*, 1971, 36: 422–429 所収。

(10) Edwin A. Weinstein, "Aspects of Hallucinations," *Hallucinations*, L. J. West, ed. (New York: Grune and Stratton, 1962), pp. 233–238 所収。

(11) A. H. Modell, "Hallucinations in schizophrenic patients and their relation to psychic structure," West, pp. 166–173 所収。この引用は p. 169 から。

(12) Modell, West, p.168 所収。

(13) Gustav Störring, *Mental Pathology* (Berlin: Swan Sonnenschein, 1907), p. 27.

(14) 同上、p. 30.

(15) Eugen Bleuler, *Dementia Praecox or The Group of Schizophrenias*, Joseph Zinkin, trans. (New York: International Universities Press, 1950) ［邦訳『早発性痴呆または精神分裂病群』（飯田真訳、医学書院）］, p. 229.

(16) D. P. Schreber, *Memoirs of My Nervous Illness*, I. MacAlpine and R. A. Hunter, trans. and eds. (London: Dawson, 1955) ［邦訳『シュレーバー回想録――ある神経病者の手記』（尾川浩・金関猛訳、平凡社）］.

(17) 同上、p. 225.

(18) 同上、pp. 227–228.

(19) Sigmund Freud, "Psycho-analytic notes on an autobiographical account of a case of paranoia," James Strachey, trans. and ed., *Complete Psychological Works* (London : Hogarth Press, 1958), vol. 12 ［邦訳

Milton Andersonとの共同研究、“Role-Theoretical Analysis of Hypnotic Behavior,” J. E. Gordon所収も参照のこと。

(23) Ernest Hilgard, “A Neodissociation Interpretation.”

(24) 催眠を精神分析の立場から解釈した2通りの説のうちの1つ。Merton M. Gill and Margaret Brenman, *Hypnosis and Related States* (New York: International Universities Press, 1959)なども参照のこと。もう1つの解釈は、催眠における施術者と被験者との関係を性愛的なつながりと見るもので、今ではこの説を真剣に受け止める者はいない。

(25) この立場をとる最も有名で飽くことを知らぬ研究者は、Theodore X. Barberだ。Barberによれば、「催眠」状態は目覚めているときの生活と何ら変わるところはないので、この言葉を書くときはかならず「 」に入れるべきだという。彼は何篇もの論文を発表しているが、代表的なものとして “Experimental Analysis of ‘Hypnotic’ Behavior: Review of Recent Empirical Findings,” *Journal of Abnormal Psychology*, 1965, 70: 132-154所収を参照のこと。

(26) J. P. Brady and E. Levitt, “Nystagmus as a Criterion of Hypnotically Induced Visual Hallucinations,” *Science*, 1964, 146: 85-86所収。ただし、これが本物の幻覚の存在を証明しているというBradyらの意見には賛成できない。

(27) 正常な状態の被験者に石原式色盲検査のカードを示して、まず赤色を見ないように、つぎに緑色を見ないようにして答えなさいと指示すると、何枚かのカードについては、赤色盲や緑色盲の患者と同じ答え方をする。この実験結果は、Theodore X. Barber and D. C. Deeley, “Experimental Evidence for a Theory of Hypnotic Behavior: I. ‘Hypnotic Color-Blindness’ without ‘Hypnosis’,” *International Journal of Clinical and Experimental Hypnosis*, 1961, 9: 79-86所収に報告されている。しかし、催眠状態にあるときのほうが擬似的な色盲状態に達しやすい。Milton Erickson, “The Induction of Color-Blindness by a Technique of Hypnotic Suggestion,” *Journal of General Psychology*, 1939, 20: 61-89を参照のこと。

第5章 統合失調症

(1) 「サムエル記上」第13章に記されている言葉で、統合失調症に初めて言及した例として引き合いに出されることがあるヘブライ語の「halal」でさえも、「大馬鹿者」という意味で「愚かな」と訳すほうが適切だ。

(2) E. R. Doddsが『オデュッセイア』には狂気に言及した箇所が二、三あると示唆しているが、私は彼の主張には説得力がないと考えている。また、彼はホメロスの時代と「おそらくそのずっと前から」精神病の概念は一般的だったと結論づけているが、これはまったく不当な断定だ。E. R. Dodds, *The Greeks and the Irrational* (Berkeley: University of Califor-

は、本書の既出の数章を読んで意見を述べてもらったことを、この場を借りて感謝したい。彼の批評にはおおいに助けられ、また励まされた。

(13) この分野における古典は、Pierre Janet, *The Major Symptoms of Hysteria*, 1907 (2nd ed., New York: Holt, 1920)とMorton Prince, *The Unconscious* (New York: Macmillan, 1914)だ。Ernest Hilgardの素晴らしい考察、"Dissociation Revisited," M. Henle, J. Jaynes, and J. J. Sullivan, eds., *Historical Conceptions of Psychology* (New York: Springer, 1973)所収も参照のこと。

(14) T. R. Sarbin, "Contribution to Role-Taking Theory: I. Hypnotic Behavior," *Psychology Review*, 1943, 57: 255-270所収。

(15) 徹底した行動主義者のClark Hullは、催眠に関して初めて厳密な統制実験を実施し、内観に基づくデータを軽蔑する人物だったが、そのHullでさえ、催眠は「暗示の持つ威光の度合い」が、「おそらくは催眠の手順によって高まった」結果ではないかと考えざるをえなかった。*Hypnosis and Suggestibility: An Experimental Approach* (New York: Appleton-Century-Crofts, 1933), p. 392.

(16) Ernest Hilgard, *Hypnotic Susceptibility* (New York: Harcourt, Brace and World, 1965), p. 101を参照のこと。第3部第2章で取り上げた「異言」の研究者によると、異言を語る人にとっても、カリスマ性のある指導者に信頼感を抱くことが不可欠だという。信頼が薄れると、異言現象も起きなくなる。催眠において信頼がいかに重要かを実証するのは簡単だ。誘導手順を録音したカセットテープを使うことで、暗示が持つ威光の度合いを変え、それでも催眠にかかるかどうかを確かめてみればよい。

(17) Theodore X. Barber and D. S. Calverley, "Hypnotic-Like Suggestibility in Children and Adults," *Journal of Abnormal and Social Psychology*, 1963, 66: 589-597所収のデータより。子供の意識の発達については次の拙著で取り上げる。催眠術に一番かかりやすい年齢は、意識が完全に確立した直後だという仮説をそこで提示したい。

(18) R. C. Gur and R. E. Gur, "Handedness, Sex, and Eyedness as Moderating Variables in the Relation between Hypnotic Susceptibility and Functional Brain Assymetry," *Journal of Abnormal Psychology*, 1974, 83: 635-643所収。

(19) Josephine R. Hilgard, *Personality and Hypnosis* (Chicago: University of Chicago Press, 1970), Ch. 7. 次の3つの段落の根拠となっているデータは、この重要な著書の第5章、第8章、第14章からそれぞれ取った。

(20) Magda Arnold, "On the Mechanism of Suggestion and Hypnosis," *Journal of Abnormal and Social Psychology*, 1946, 41: 107-128所収。

(21) Robert White, "A Preface to the Theory of Hypnotism," *Journal of Abnormal and Social Psychology*, 1941, 36: 477-505所収。

(22) T. R. Sarbin, "Contributions to Role-Taking Theory." もっと最近の

(London: 1903; New York: Julian Press, 1956)に詳しく論じられている。

（4） Alfred Binet and C. Fere, *Le Magnetisme Animale* (Paris: Alcan, 1897)を参照のこと。Theta Wolf によるすばらしい伝記、*Alfred Binet* (Chicago: University of Chicago Press, 1973)［邦訳『ビネの生涯』（宇津木保訳、誠信書房）], pp. 40-78には、ビネが誤った思い込みをする原因を作ったこの研究や、ベルギーの心理者 Delboeuf との論争、より真実に近かったナンシー学派との論争、さらには後年ビネが自らの愚かな誤りを認めたことなどが記されている（訳注　シャルコー、ビネらのサルペトリエール学派は、催眠状態をヒステリーと同じような病的現象と捉え、異常な神経的素質をもった者だけが催眠に誘導されると考えた。一方、ナンシー〔フランス北東部の都市〕の医師らを中心とするナンシー学派や Delboeuf は、言葉による暗示の効果を重視するとともに、催眠はほとんどどんな人にでも誘導できると主張してサルペトリエール学派と対立した）。

（5） これは、催眠研究の歴史の中で重要な位置を占める考え方だ。Martin Orne の論文、とくに "Nature of Hypnosis: Artifact and Essence," *Journal of Abnormal and Social Psychology*, 1959, 58: 277-299 所収を参照のこと。この関連で注目すべき論文、David Rosenhan, "On the Social Psychology of Hypnosis Research," J. E. Gordon, ed., *Handbook of Clinical and Experimental Psychology* 所収を読むと目を開かれる思いがする。

（6） 誘導の手順についての最も優れた解説は、Perry London, "The Induction of Hypnosis," J. E. Gordon, pp. 44-79 所収だろう。催眠全般に関する著作で私の参考になったのは、Ronald Shor の論文で、中でも "Hypnosis and the Concept of the Generalized Reality-Orientation," *American Journal of Psychotherapy*, 1959, 13: 582-602 所収と、"Three Dimensions of Hypnotic Depth," *International Journal of Clinical and Experimental Hypnosis*, 1962, 10: 23-38 所収が有用だった。

（7） この事例を教えてくれた Martin Orne に感謝する。

（8） 催眠状態にある被験者と、催眠術にかかったふりをしている対照被験者を比べる研究の基礎は、Martin Orne によって確立された。ここで紹介した単純かつ巧妙な実験は、Orne が実施したもの。

（9） Martin Orne, "The Nature of Hypnosis: Artifact and Essence."

(10) Milton Rokeach, *The Three Christs of Ypsilanti* (New York: Knopf, 1960)には、こうした事例の1つが詳しく紹介されている。

(11) この点について私と議論してくれたハーヴァード大学の John Kihlstrom に感謝する。催眠時の出来事を覚えている者といない者とで話し方が明確に異なるという点は、近々刊行予定の Kihlstrom の研究に基づいている。

(12) Ernest Hilgard, "A Neodissociation Interpretation of Pain Reduction in Hypnosis," *Psychological Review*, 1973, 80: 396-41 所収。Hilgard に

を使っている。現代では、複数の人が声を合わせているような幻聴があったという話は聞いたことがない。なぜムーサたちが複数なのかは、興味をそそる問題だ。第2部第4章注2を参照のこと。

(16) H. G. Evelyn-White の翻訳による Hesiod, *Theogony*［邦訳『神統記』（廣川洋一訳、岩波書店）], Loeb Classical Library. 私は第2部第5章で、*Works and Day*［邦訳『仕事と日』（松平千秋訳、岩波書店）］を書いたのは Hesiod ではなく弟の Perses ではないかと述べたが、そのもう１つの理由は、この引用箇所の最後の言葉にある。*Works and Day* には、ムーサたちのみを「初めと終りに」歌うという約束が明らかに守られていない。

(17) アモスも神懸かりになってはいなかった。やはり神と対話しているからだ。旧約聖書「アモス書」第7章5〜8節と第8章1〜2節を参照のこと。ここではあえて新約聖書「ルカによる福音書」第2章8〜14節を思い出させるような言葉を使った。

(18) Hesiod, *Theogony*［邦訳『神統記』（廣川洋一訳、岩波書店）], 1. 26.

(19) 「ミメーシス」という単語の歴史については、Eric A. Havelock, *Preface to Plato*（New York: Grosset & Dunlap, 1967）［邦訳『プラトン序説』（村岡晋一訳、新書館）], p. 57, n. 22および Ch. 2を参照。

(20) *Paradise Lost*［邦訳『失楽園』（平井正穂訳、岩波書店）ほか], 9: 21-24.

(21) Percy Bysshe Shelley, "A Defense of Poetry"［邦訳『詩の弁護』（森清訳、研究社出版）], H. E. Hugo, ed., *The Portable Romantic Reader*, (New York: Viking Press, 1957), p. 536 所収。

第４章　催眠

(１) 催眠の詳細な歴史を記した本はまだない。概略については、F. A. Pattie, "Brief History of Hypnotism," J. E. Gordon, ed., *Handbook of Clinical and Experimental Hypnosis*（New York: Macmillan, 1967）所収を参照のこと。また、催眠の実験者として著名な Theodore Sarbin による歴史研究、"Attempts to Understand Hypnotic Phenomena," Leo Postman, ed., *Psychology in the Making*（New York: Knopf, 1964）, pp. 745-784 所収も参照のこと。

(２) A.-M.-J. Chastenet, Marquis de Puysegur の重要な著作集、"*Memoires pour Servir à L'Histoire et à L'Establissement du Magnetism Animale*," 2nd ed.（Paris, 1809）を参照のこと。

(３) サー・ジェイムズ・ブレイドによる公開実験。ブレイドは、このテーマに注意深く取り組んだ研究家第一号となってもおかしくなかったのだが、後年この実験結果に当惑するようになった。彼は1845年以降は、こうした現象についていっさい語らなくなる。たぶん、理解することもなかったのだろう。催眠研究の歴史においてブレイドがいかに重要な役割を果たしたかは、J. M. Bramwell, *Hypnotism: Its History, Practice, and Theory*

(6) 叙事詩体のギリシア語を、本来のやり方で私に初めて朗読してくれた、というより歌ってくれたのは、Thomas Day だ。Day の手による、構文法的に正確な *Iliad* [邦訳『イリアス』(松平千秋訳、岩波書店) ほか] の待望の新訳は、近々刊行の予定だ。ここで取り上げた説については、W. B. Stanford, *The Sound of Greek* (Berkeley: University of California Press, 1967) を参照のこと。同書の付録レコードも聞いてみるとよい。

(7) H. W. Gordon and J. E. Bogen, "Hemispheric Lateralization of Singing after Intracarotid Sodium Amylobarbitone," *Journal of Neurology, Neurosurgery and Psychiatry*, 1974, 37: 727-738 所収。

(8) H. W. Gordon, "Auditory Specialization of Right and Left Hemispheres," M. Kinsbourne and W. Lynn Smith, eds. *Hemispheric Disconnections and Cerebral Function* (Springfield: Thomas, 1974), pp. 126-136 所収。

(9) Charles W. Burklund, "Cerebral Hemisphere Function in the Human," W. L. Smith ed., *Drug, Development and Cerebral Function* (Springfield: Thomas, 1972), p. 22 所収。

(10) ボストン小児病院の Martin Gardiner が最近行なった興味深い研究で、それについては私信によった。この研究をまとめた論文は、S. Harnad, R. Doty, L. Goldstein, J. Jaynes, and G. Krauthammer, eds., *Lateralization in the Nervous System* (New York: Academic Press, 1976) に "EEG Indicators of Lateralization in Human Infants" として収録する予定だ。

(11) ヴィヴァルディの協奏曲を使って Doreen Kimura が行なった実験。"Functional Asymmetry of the Brain in Dichotic Listening," *Cortex*, 1967, 3: 163-178. ただし、訓練を積んで音楽が両方の脳半球に伝わるようになった音楽家の場合には、この結果が当てはまらないことがわかっている。この点を最初に発見したのは R. C. Oldfield で、彼は 1969年9月、プリンストン大学の教育テストサービスセンターで行なった "Handedness and the Nature of Dominance" という講演でそれを報告している。Thomas G. Bever and R. J. Chiarello, "Cerebral Dominance in Musicians and Non-Musicians," *Science* (1974), Vol. 185, pp. 137-139 所収も参照のこと。

(12) D. Shankweiler, "Effects of Temporal-Lobe Damage on Perception of Dichotically Presented Melodies," *Journal of Comparative and Physiological Psychology*, 1966, 62: 115-119 所収。

(13) この件については、T. B. L. Webster, *From Mycenae to Homer* (London: Methuen, 1958), p. 271, 272 を参照のこと。

(14) Plato, *Io* [邦訳「イオン」(『プラトン全集10』(森新一訳、岩波書店) 所収ほか], 534.

(15) Hesiod, *Theogony* [邦訳『神統記』(廣川洋一訳、岩波書店)], line 60 で「声を合わせて歌う」という意味で「ホモフロナス」というギリシア語

(21) これはDr. Goodmanの初期の研究で明らかになった重要な事実だ。*Speaking in Tongues: A Cross-Cultural Study of Glossolalia* (Chicago: University of Chicago Press, 1972).

(22) John P. Kildahlによる緻密な研究の結果を総合すると、そう言える。Kildahlの被験者は26人のアメリカ人で、全員がプロテスタント系の主要宗派に属し、異言を語ることができる。Kildahlの著書 *The Psychology of Speaking in Tongues* (New York: Harper & Row, 1972)を参照のこと。同書には、異言に関する参考資料が網羅されている。

(23) Dr. Goodmanは大脳皮質のことを、「非言語的な深部の構造を覆う表面の構造」という構造主義的な表現で語っている (p. 151-152)。ただし、意識が薄れているときに皮質下の構造から放電があるという考え方は、手厳しく批判されている。その急先鋒が、言語学者のW. J. Samarinで、著書 *Language*, 1974, 50: 207-212の中でGoodmanの批評をしている。Samarinの別の著書 *Tongues of Men and Angels: The Religious Language of Pentecostalism* (New York: Macmillan, 1972)も参照のこと。この件について教えてくれたプリンスエドワード島大学のRonald Bakerに感謝する。

(24) John P. Kildahl, *The Final Progress Report: Glossolalia and Mental Health* (米国立精神衛生研究所向け)。非公式に配布されたもの。

第3章 詩と音楽

(1) Strabo, *Geography* [邦訳『ギリシア・ローマ世界地誌』(飯尾都人訳、龍溪書舎)], 9.3.5、またはH. L. Jones訳のLoeb edition, p. 353. Straboがデルポイの神託を目にしたのは西暦30年だった。Plutarchは2世紀に、巫女が吐き出す預言の言葉は、霊感を受けた解釈者 (プロペテス) によってつねに韻文に変える必要があったと無造作に述べているが、これは、それ以前の文献や、神託所そのものから得られる証拠と食い違っている。Loeb edition, *The Moralia* [邦訳『モラリア5』(戸塚七郎訳、京都大学学術出版会) ほか], Vol. 5所収の *The Oracles of Delphi* 参照。Plutarchの食後の雑談をどこまで真剣に受け止めてよいものかはよくわからない。

(2) Tacitus, *Annals* [邦訳『年代記』(国原吉之助訳、岩波書店) ほか], 2: 54、またはJohn Jackson訳のLoeb edition, p. 471.

(3) 「民数記」第10章35, 36節。この部分のヘブライ語を韻文と見なす考え方は、Alfred Guillaume, *Prophecy and Divination among the Hebrew and Other Semites* (New York: Harper, 1938), p. 244に基づいている。

(4) Guillaume, p. 245.

(5) たとえば、20世紀初頭の中国で悪霊に取り憑かれた女性は、即興の詩を何時間も歌い続けたという。「彼女の言葉にはすべて韻律があって、一定の節に合わせて歌われていた。……あれほど速く、完璧に均質で長く続く発話は、演技で行なうのもあらかじめ考えておくのもとうてい無理に思えた」。J. L. Nevius, *Demon Possession and Allied Themes*, p. 37, 38.

and Allied Themes (Chicago: Revell, 1896)を参照のこと。

(12) こうした比較は適当とは言えないかもしれない。だが、せめて自分の見解だけは明らかにしておきたかった。脳の右半球のウェルニッケ野に相当する領域が、左半球のウェルニッケ野をつねに「見下している」ということはありうるだろうか。ここで参照したのは、それぞれ旧約聖書「出エジプト記」第4章24節と、Hesiod, *Theogony* [邦訳『神統記』(廣川洋一訳、岩波書店) ほか], Line 26だ。

(13) E. Balz, *Ueber Besessenheit* (Leipzig, 1907)からの引用の翻訳。Oesterreich, *Possession*, p. 227 に収録されたもの。立ち会った医師たちは、「キツネ」の頭の回転の速さと、気の利いた皮肉な言い回しに肝をつぶした。女性のふだんの話しぶりとあまりにも違ったからだ。

(14) この病気に関する最新の研究とこれまでの歴史については、A. K. Shapiro, E. Shapiro, H. L. Wayne, J. Clarkin, and R. D. Bruun, "Tourette's Syndrome: summary of data on 34 patients," *Psychosomatic Medicine*, 1973, 35: 419-435 の中の参考資料とデータを参照のこと。

(15) 実際はトゥレット症候群なのに一種の狂気と診断される例が、いつもとは言わぬまでもかなり頻繁に見られるが、この症候群は断じて狂気とは違う。ただし、最近開発された抗精神病薬のハロペリドールによって症状が消えるとわかったのは、幸いでもあり、興味深い点でもある。事実、ここで紹介した患者たちにはハロペリドールが効果を発揮した。この点について話し相手になってくれたDr. Shapiroに感謝する。

(16) ウンバンダに関するこの項全体を通して参考にしたのは、Felicitas Goodman et al., *Trance, Healing, and Hallucination* (New York: Wiley, 1974)所収の、最も確実で情報の充実した研究Esther Pressel, "Umbanda Trance and Possession in São Paulo, Brazil" だ。

(17) 旧約聖書に何度か出てくる「ヤハウェが自らの霊を注ぐ」という表現が、異言を指すとする解釈をときおり目にする。だが、その主張はまったく説得力を欠いていると私は思う。やはり異言は、とくにパウロの文章の中で、もしくはパウロの影響を受けて始まった、キリスト教特有の現象と考えてよいだろう。

(18) 今日、ヴァティカンで聖霊降臨祭を祝うときには、炎のような舌を象徴する赤い衣装を身につける。プロテスタント教会では、聖霊を象徴する白を身につける。そのため英語では聖霊降臨節を、「白い日曜日 (white Sunday) の近く」を意味する「ホイッツンタイド (Whitsuntide)」と呼ぶ。

(19) Felicitas D. Goodman, "Disturbances in the Apostolic Church: A Trance-Based Upheaval in Yucatan." Goodman et al., *Trance, Healing, and Hallucination*, pp. 227-364 所収。

(20) Dr. Goodmanが録音した異言のテープより。語ったのは、ユカタン半島に住むマヤ族の血を引く男性。同上、pp. 262-263.

波書店）所収ほか）], 71E-72A も参照のこと。後者には、「人間誰しも、正気の状態では、霊感を受けて真実を予見することはできない」とある。

（2） Plato, *Phaedrus* [邦訳 『パイドロス』（藤沢令夫訳、岩波書店）ほか], 244B.

（3） Philo, *De Specialibus Legibus*, 4, 343M, Cohn and Wendland, eds. Philo は別の箇所でこうも述べている。「真に霊感を受け、神に満たされた者は、自らが話している内容を知性をもって理解することはできない。心に浮かんだ、あたかも誰かに吹き込まれたかのような言葉を、ただ繰り返しているにすぎない」。222M.

（4） Aristides, *Opera Quae Exstant Omnia*, 213.

（5） Iamblichus, *De Mysteriis*, 3: 8. または Thomas Taylor による英訳 (London: Theosophical Society, 1895), pp. 128-129.

（6） 顔をしかめるのは、それを司る右半球の運動野のせいではなく、右の側頭葉から頭頂葉にかけての領域が異常に活性化するために、大脳基底核から顔面に送られる信号が左右均等でなくなり、表情のバランスが崩れるからである可能性が高い。

（7） Sandra F. Witelson, "Sex and the Single Hemisphere," *Science*, 1976, 193: 425-427. また、Richard A. Harshman and Roger Remington, "Sex, Language, and the Brain, Part I: A Review of the Literature on Adult Sex Differences in Lateralization," author's reprint, 1975 には、このテーマに関する約30件の研究が比較検討されている。Stevan Harnad, "On Gender Differences in Language," *Contemporary Anthropology*, 1976, 17: 327-328 も参照のこと。

（8） この項の論考に関しては、E. R. Dodds, *The Greeks and the Irrational* (Berkeley: University of California Press, 1968), Appendix II, Theurgy [邦訳『ギリシァ人と非理性』（岩田靖夫・水野一訳、みすず書房）、付録二「降神術（テウールギアー）」] の充実した情報を参考にした。同書には、多数の参考資料が紹介されている。

（9） 現代のステージ・マジシャンが見せる離れ業の数々は、神の介入を示すこうした「証拠」を再現することから始まったと言って差し支えないだろう。

（10） さらに言うと、こうした憑依の事例がとくに頻繁に登場するのは、4つの福音書のうちで最も古く、最も信憑性の高い「マルコによる福音書」と「マタイによる福音書」だ。「マルコ」第1章32節、第5章15〜18節。「マタイ」第4章24節、第8章16節、第8章28〜33節、第9章32節、第12章22節。（「マタイ」は、「マルコ」と今は失われたさらに古い福音書を踏まえて書かれたというのが、現在の定説になっている。）

（11） 以下は、文献資料から得た複数の事例を要約したものだ。このテーマに関する詳細な解説と、ほかの事例（それほど完全なものではない）については、Oesterreich, *Possession* および J. L. Nevius, *Demon Possession*

Publishing Co., 1942).
(12) *Odyssey* [邦訳『オデュッセイア』(松平千秋訳、岩波書店) ほか], 14: 327; 19: 296.
(13) Aelius Aristides, *Orationes*, 45: 11.
(14) Pausanias, *Description of Greece* [邦訳『ギリシア案内記』(馬場恵二訳、岩波書店) ほか], 1, 34: 5.
(15) 同上、9, 39: 11.
(16) Plutarch, *De Defectu Oraculorum*, 51, 438C.
(17) Dodds, *Greeks and the Irrational* [邦訳『ギリシァ人と非理性』(岩田靖夫・水野一訳、みすず書房)], p. 72.
(18) John Cohen, "Human Robots and Computer Art," *History Today*, 1970, 8: 562 を参照のこと。
(19) Aristotle, *De Partibus Animalium*, III [邦訳「動物部分論」(『アリストテレス全集 8』(島崎三郎訳、岩波書店) 所収)], 10: 9-12.
(20) 医神アスクレピオスを祀った数々の神殿では、神殿で眠る病人に対して、神像が下したという診断や治療のための指示を満載した記録がいくつも残されている。E. J. and L. Edelstein, *Asclepius: A Collection and Interpretation of the Testimonies*, 2 vols., 1945 には、そうした事例の英訳が収録されている。
(21) Suetonius, *Nero* [邦訳『ローマ皇帝伝 (下)』(国原吉之助訳、岩波書店)], 56.
(22) Apuleius, *Apologia*, 63.
(23) ほかにもいくつかの事例が E. R. Dodds, *Greeks and the Irrational* [邦訳『ギリシァ人と非理性』(岩田靖夫・水野一訳、みすず書房)] に紹介されている。
(24) Callistratus, *Descriptions*, 10, A. Fairbanks, trans. (Leob Classical Library, 1902).
(25) F. Poulsen, "Talking, weeping, and bleeding sculptures." *Acta Archaeologica*, 1945, 16: 178, 179 を参照のこと。
(26) Jonathan Sumption の *Pilgrimage: An Image of Medieval Religion* (Totawa, N. J.: Rowman and Littlefield, 1975), p. 56 を参照のこと。Julia Holloway の近刊 *The Pilgrim* も参照のこと。この件について教えてくれた Holloway に感謝する。
(27) ロラード文書 *Lanterne of Light* からの引用。Sumption, p. 270.
(28) フローベールの美しい短篇 *Un Coeur Simple* [邦訳「純な心」(『三つの物語』(太田浩一訳、福武書店) 所収ほか)] にも描かれているとおりだ。

第2章 預言者と憑依

(1) Plato, *Meno* [邦訳『メノン』(藤沢令夫訳、岩波書店) ほか], 99C. *Timaeus* [邦訳 「ティマイオス」(『プラトン全集12』(種山恭子訳、岩

(8) 「ゼカリヤ書」が成立したのは紀元前520年頃だが、ゼカリヤの言葉とされているこの書の最後の数章は、後に別の出所からつけ加えられたということで学者たちの意見は一致している。加筆が行なわれたのは、おそらく紀元前四世紀か三世紀のことだろう。

第三部 〈二分心〉の名残り

第1章 失われた権威を求めて

(1) Alfred Guillaume, *Prophecy and Divination among the Hebrews and Other Semites* (New York, Harper, 1938), p. 42 以降。
(2) Plutarch, *De Pythiae Oraculis*, 22, 405C.
(3) E. R. Dodds, *The Greeks and the Irrational* (Berkeley: University of California Press, 1968) [邦訳『ギリシァ人と非理性』(岩田靖夫・水野一訳、みすず書房)] を参照のこと。本章では、このテーマに関して同書を手引きとしている。
(4) Plato, *Republic* [邦訳『国家』(藤沢令夫訳、岩波書店) ほか], 4, 427B. ソクラテスもまた、(この後、本文内で説明する) 自らの「古き権威」のいくらかを神託から得ていたことをつけ加えておきたい。*Apology* [邦訳『ソクラテスの弁明』(田中美知太郎訳、中央公論社) ほか], 20E を参照のこと。
(5) A. P. Oppé, "The Chasm at Delphi," *Journal of Hellenic Studies*, 1904, 24: 215, 216.
(6) EveLynn McGuinness には、私の人生の様々な面において、またこのときは私の様子を観察してくれたことに対して、感謝している。ただし、彼女が100パーセント客観的な観察者だったかどうかは疑問が残る。自分でも試してみた上、私を多少なりとも尊敬してくれているからだ。私たちの結果が否定的だったことは、T. K. Oesterreich の実験とも一致する。彼の著書 *Possession, Demoniacal and Other*, English translation, 1930, p. 319, note 3 を参照のこと。
(7) Herodotus, *Historiai* [邦訳『歴史』(松平千秋訳、岩波書店) ほか], 1: 182.
(8) Tacitus, *Annales* [邦訳『年代記』(国原吉之助訳、岩波書店) ほか], 2: 54.
(9) Pausanias, *Description of Greece* [邦訳『ギリシア案内記』(馬場恵二訳、岩波書店) ほか], J. E. Fraser, trans. (London: Macmillan, 1898), 8, 37: 8.
(10) Charles Picard, *Ephese et Claros* (Paris: de Bocard, 1922).
(11) Louis Sechan, *La Dance Greque Antique* (Paris: de Bocard, 1930) および Lincoln Kirstein, *The Book of the Dance* (Garden City: Garden City

bus, Vols. 1 and 2, (London: Heinemann, 1931)による。
(14) 過去の資料を収集した920年頃の *Palatine Anthology* による。Edmonds, *Elegy and Iambus*, 2: 97 を参照のこと。

第6章 ハビルの道徳意識

(1) この情報のほとんどは、Alfred Guillaume による Bampton Lectures をまとめた *Prophecy and Divination among the Hebrews and Other Semites* (New York: Harper, 1938)に収録されている。本章は、これらの問題を取り上げた Guillaume の身の濃い議論に多くを負っている。
(2) ここをはじめとして、この章で取り上げている旧約聖書の成立時期、著者、そのほか解釈上の素材の問題に関しては、いくつかの出典を拠り所としているが、おもに「ブリタニカ大百科事典」の関連項目を参考にさせてもらった。
(3) Alexander Heidel, *The Gilgamesh Epic and Old Testament Parallels,* 2nd ed. (Chicago: University of Chicago Press, 1949), p. 224 以降。
(4) Donald B. Redford, *A Study of the Biblical Story of Joseph, Genesis 37-50*(Leiden: Brill, 1970). もともとは、占いの技法に関してメソポタミア地方に伝わる、宗教とは無縁の物語かもしれない。
(5) 「出エジプト記」第3章14節には、ヤハウェは「わたしはあるという者」を意味するという、言葉の起源が示されているが、ほとんどの学者はこれが民間語源説だと考えている。マンハッタンという地名が、その島で男(マン)が帽子(ハット)を被って(オン)いたことに由来すると言うようなものだ。もっと真剣な学者たちは、「落胆させる者」という意味の通称に由来すると考えている。だが、七十人訳聖書(訳注 ギリシア語訳聖書)やウルガタ聖書(訳注 ラテン語訳聖書)を含む、大多数の意見は、「あるという者」という解釈にもっと近いように思われる。William Gesenius, *Hebrew and English Lexicon of the Old Testament*, E. Robinson, trans., F. Brown, ed. (Oxford: Clarendon Press, 1952), p. 218 を参照のこと。専門家の方々には、「エロヒム」や「ナビ」といったほかの単語はヘブライ語のままで、「あるという者」だけは無理やり翻訳するという、私の一貫性のなさを大目に見ていただきたい。本章の論点を理解していただくには、あえて馴染みのない表現を使うことが欠かせないと考えたまでだ。
(6) この関連で Maimonides, *Guide of the Perplexed,* I: 2 を読むとおもしろい。
(7) ヘブライ語から英語への音訳はいつも一筋縄ではいかない。この場合は、「nbi」あるいは「nvi」のほうが適切かもしれない。当時でさえ、「ナビ」という言葉の意味が曖昧だったことは、「サムエル記上」第9章9節からもうかがえる。John L. McKenzie, *A Theology of the Old Testament* (New York: Doubleday, 1974), p. 85 も参照のこと。

第５章　ギリシアの知的意識

（１） V. R. d'A. Desborough, *The Last Mycenaeans and Their Successors: An Archaeological Survey, c 1200–c 1000 B.C.* (Oxford: Clarendon Press, 1964).

（２） A. D. H. Adkins 教授は、心にまつわる様々な用語がこのように１つにまとまる過程をテーマとして *From the Many to the One* (Ithaca: Cornell University Press, 1970) を著した。

（３） ここで言う吸気とは、息を吸い始めてから息を吐き始めるまでを言う。したがって測定には息を止めている時間も含まれる。これらの測定値は様々な資料から集めた。Robert S. Woodworth, *Experimental Psychology* (New York: Holt, 1938), p. 264 を参照のこと。

（４） Mario Ponzo, "La misura del decorso di processi psichici esequita per mezzo delle grafiche del respiro," *Archives Italiennes de Psicologia*, 1920–21, 1: 214–238 所収。

（５） Ludwig Braun, *Herz und Angst* (Vienna: Deuticke, 1932), p. 38 所収。

（６） Hesiod, *Works and Days*, [邦訳『仕事と日』(松平千秋訳、岩波書店)], p. 593 も参照のこと。

（７） Howard E. Ruggles, "Emotional influence on the gastro-intestinal tract," *California and Western Medicine*, 1928, 29: pp. 221–223 所収。

（８） しかも胃はちょうど心臓のように脈打つので、両者はときどき混同される。たとえば、負傷したライオンの「kradie」で雄々しい「etor」がうめき声を上げる、という用例がある（第20歌169）。

（９） 例外的な用例はこのほかに、宙を駆ける女神ヘレの速さを、かつて訪ねた遠い土地の数々にまた行けたらと「phrenes」の中でめまぐるしく思い巡らす男の「nous」のすばやさにたとえている箇所にも見られる（第15歌80, 81）。ホメロスのこのような表現の特異性については、Water Leaf, *A Companion to the Iliad* (London: Macmillan, 1892), p. 257 を参照のこと。これは明らかに後から割り込ませた箇所だ。

(10) T. B. L. Webster, *From Mycenae to Homer* (London: Methuen, 1958), p. 138 に引用された S. Benton の言葉より。

(11) 私は、一貫して Loeb 版の Hesiod（London: Heinemann, 1936) を使用した。

(12) しかし、「神から授かった正義」という新しい意味の起源は、もしかするとゼウスから遣わされた使者の幻覚なのかもしれないということが示唆されている箇所がある。すなわち、人間が賄賂を受け取るなど悪事を働くと、「Dike」がうめき声を上げ泣きだすくだり（220行、221行）だ。私がここで述べた「dike」の由来は通常のものとは異なる。

(13) J. M. Edmonds 編集 Loeb 版 *Lyra Graeca* (London: Heinemann, 1928) 所収の Fragment 2 より。この項で取り上げた詩句はすべて、この Loeb 版または Loeb 版の姉妹篇で、やはり Edmonds 編集の *Elegy and Iam*-

(16) J. J. Finkelstein, "Mesopotamian historiography," *Proceedings of the American Philosophical Society*, 1963, pp. 461-472 所収を参照のこと。

(17) A. Leo Oppenheim, "Mantic dreams in the Ancient Near East," G. E. von Grunbaum and Roger Caillois, eds., *The Dream and Human Societies* (Berkeley: University of California Press, 1966), pp. 341-350 所収を参照のこと。

(18) D. Kimura, "Functional Asymmetry of the Brain in Dichotic Listening," *Cortex,* 1967, 3: 163 所収。*Quarterly Journal of Experimental Psychology*, 1971, 23: 46.

(19) W. W. Hallo and W. K. Simpson, *Ancient Near East* (New York: Harcourt Brace Jovanovich, 1971), p. 150 に図がある。Oppenheim, p. 100 も参照のこと。

(20) Oppenheim, pp. 208, 212 を参照のこと。

(21) 後の楔形文字文書には水に油を落とす占いの記述が見られないことから、この手法はかなり早い時期にすたれたと思われる。例外としては「創世記」第44章5節に、ヨセフが飲むときや個人的な占いのときに使う高価な銀の杯に関する記述がある。この箇所は紀元前600年頃に書かれたと考えられる。本書第二部第6章の注4を参照のこと。

(22) J. Nougayrol "Présages médicaux de l'haruspicine babylonienne," *Semitica*, 1956, 6, 5-14 所収を参照のこと。

(23) Mary I. Hussey, "Anatomical nomenclature in an Akaadian omen text," *Journal of Cuneiform Studies*, 1948, 2: 21-32 所収を参照のこと。これについては Oppenheim, p. 216 で触れられている。

(24) Robert H. Pfeiffer, *State Letters of Assyria* (New Haven: American Oriental Society, 1935), Letter 335.

(25) 自然発生的占いは、たとえば、1000年頃のベドウィンの預言者たちも広く使っていた。Alfred Guillaume, *Prophecy and Divination Among the Hebrews and Other Semites* (New York: Harper, 1938), p. 127 を参照のこと。それどころか、この手法は日常の思考過程ばかりでなく卓越した知的発見の一要素でもある。

(26) 字訳と翻訳は L. W. King, *Letters and Inscriptions of Hammurabi* (London: Luzac, 1900), Vol. 3, Letter 46, p. 94, 95 より。

(27) 同上、Vol. 3, Letter 2 p. 6, 7.

(28) Pfeiffer, Letter 80.

(29) Pfeiffer, Letters 265, 439, 553.

(30) Pfeiffer, Letter 315.

(31) Saggs, p. 472, 473 を参照のこと。

(32) ここで参照した文献は、すべて Alexander Heidel の翻訳による。

う複数表記が使われている。ここで、ギリシアにおけるムーサたちを、そしておそらくはヒッタイトの銘板のパンクスも思い起こすとよいだろう。幻聴は、当時も現在も、その信頼性が神経学的に弱まるにつれ、合唱のように聞こえるようになるのだろうか。

(3) E. A. Speiser, "In Search of Nimrod," J. J. Finkelstein and Mosh Greenberg, eds., *Oriental and Biblical Studies, Collected Writings of E. A. Speiser*, (Philadelphia: University of Pennsylvania Press, 1967), pp. 41-52 所収。

(4) H. Lewy, "Nitokoris-Naqi'a," *Journal of Near Eastern Studies*, 1952, 11, 264-286 所収。

(5) George A. Barton, *The Royal Inscriptions of Sumer and Akkad* (New Haven: Yale University Press, 1924), p. 113.

(6) 英訳は H. W. F. Saggs, *The Greatness That Was Babylon* (New York: Mentor Books, 1962), p. 312 より。

(7) Saggs, p. 291 の翻訳より。

(8) もし、『エヌマ・エリシュ』という有名な新バビロニア時代につけられた名で知られる創造神話の後世の写本を文字どおりに捉えれば、早くも前2000年紀後半には、主要な神々はこのように天に住み始めた。J. B. Pritchard, ed., *Near Eastern Texts Relating to the Old Testament* (Princeton: Princeton University Press, 1950)所収の E. A. Speiser の訳を参照のこと。神話の題名は巻頭の二語をとったもので、「高みにあるとき……」という意味だ。この神話も、他の多くの書と同じく、紀元前7世紀のアッシュールバニパルの大図書館で発見された。それは写本で、原本の年代は前2000年紀にさかのぼるかもしれない。

(9) Alexander Heidel, *The Gilgamesh Epic and Old Testament Parallels*, 2nd ed. (Chicago: University of Chicago Press, 1949)所収の Gilgamesh, Tablet II, lines 113-114.

(10) 私の「temen」の訳と、その他の訳の可能性に関しては、*Ur Dynasty Tablets* (Leipzig: Hinrichs, 1920), p. 171 所収の James B. Nies の注解を参照のこと。

(11) *Histories*[邦訳『歴史(上・下)』(松平千秋訳、岩波文庫)ほか], 1: 181. 空の玉座は、大英博物館収蔵の石碑91027にも見られ、エサルハドン王がトゥクルティ王とよく似た姿勢をとっている。

(12) これらの例文は、すべて Saggs, pp. 308-309 からとった。

(13) Erle Leichty, "Teratological omens," *La Divination en Mesopotamie Ancienne et dans les Regions Voisines*, pp. 131-139 所収。

(14) J. V. Kinnier Wilson, "Two medical texts from Nimrud," *Iraq*, 1956, 18: 130-46 所収。

(15) J. V. Kinnier Wilson, "The Nimrud catalog of medical and physiognomical omina," *Iraq*, 1962, 24: 52-62 所収。

第３章　意識のもと

（１） Proverb 1: 145, Edmund I. Gordon, *Sumerian Proverbs* (Philadelphia: University Museum,1959), p.113 所収。

（２） *New York Times*, December 20, 1970, p. 53.

（３） Romain F. Butin, "The Sarabit Expedition of 1930: IV, The Protosinaitic Inscriptions." *Harvard Theological Review*, 1932, 25, pp. 130-204 所収。

（４） アッシリアの歴史の全般的な概略を調べるのに、多方面の文献を拠り所としたが、とくに H. W. F. Saggs, *The Greatness That Was Babylon* (New York: Mentor Books, 1962) と William F. Albright の各種論文はたいへん役に立った。

（５） Nimet Osguc, "Assyrian trade colonies in Anatolia," *Archeology*, 1965, 4: 250-255 所収。

（６） Karl Polanyi, *Trade and Market in the Early Empires* (Glencoe: Free Press, 1957).

（７） Jerome J. Pollit, "Atlantis and Minoan Civilization: An archeological nexus" と Robert S. Brumbaugh, "Plato's Atlantis," を参照のこと。どちらも *Yale Alumni Magazine*, 1970, 33, 20-29 所収。

（８） とくに *Critias* [邦訳『クリティアス』(『プラトン全集12』(藤沢令夫編、種山恭子・田之頭安彦訳、岩波書店所収)], 108e-119e などを参照のこと。

（９） S. Marinatos, *Crete and Mycaenae* (New York: Abrams, 1960).

(10) *New York Times*, Sept. 28, 1966, p. 34.

(11) H. W. F. Saggs, *The Greatness That Was Babylon* (New York: Mentor Books, 1962), p. 101.

(12) William Stevenson Smith, *Interconnections in the Ancient Near East* (New Haven: Yale University Press, 1965), pp. 220-221 所収の図版を参照のこと。

(13) 「ゼカリヤ書」第13章３～４節。

第４章　メソポタミアにおける心の変化

（１） この詩をはじめ、本章で取り上げている古代文献の翻訳は W. G. Lambert, *Babylonian Wisdom Literature* (Oxford: Clarendon Press, 1960) による。

（２） １つの魅力的な問題は、なぜこの当時、神々に言及するとき、動詞は単数形を使いながらも主語は複数形になるのかという点だ。この現象は、それ以前の文献なら個人の神を意味する文脈で生じている。そして、『バビロニア神義論』全体を通してだけでなく、「ルドルル」, II: 12, 25, 33にもそれが見られるし、後代では旧約聖書のもとの１つであるエロイスト（訳注　ユダヤの北王国時代に、旧約聖書のもとになった古記録を編集した者たち）の文献でも「elohim 」（訳注　ヘブライ語で「神」の複数形）とい

(7) S. H. Hooke が *Babylonian and Assyrian Religion* (Norman: University of Oklahoma Press, 1963), pp. 118-121 に引用した *The Journal of the Royal Asiatic Society*, January 1925 所収の Sidney Smith の訳文を参照のこと。

(8) Thorkild Jacobsen は、個人の神は「人間の幸運と成功の象徴として現れる」と解した。私は、これは何の根拠もない現代思想の押しつけだと主張する。H. Frankfort et al., eds. *The Intellectual Adventure of Ancient Man* (Chicago: University of Chicago Press, 1946)［邦訳『哲学以前――古代オリエントの神話と思想』(山室静・田中明訳、社会思想社)], p. 203所収の Thorkild Jacobsen, "Mesopotamia" を参照のこと。

(9) Saggs, p. 301, 302.

(10) Frankfort et al., p. 306.

(11) Saggs, p.343, 344.

(12) G. M. Morant, "Study of Egyptian craniology from prehistoric to Roman times," *Biometrika*, 1925, 17 :1-52 所収。

(13) 別の箇所で挙げた文献に加えて、本章のこの箇所について以下の文献を参照した。John A. Wilson, *The Culture of Ancient Egypt* (Chicago: University of Chicago Press, 1951); Cyril Aldred, *Egypt to the End of the Old Kingdom* (New York: McGraw-Hill, 1965); W. W. Hallo and W. K. Simpson, *The Ancient Near East: A History* (New York: Harcourt Brace Jovanovich, 1971).

(14) Henri Frankfort, *Kingship and the Gods* (Chicago: University of Chicago Press, 1948), p. 28.

(15) 同上、p. 61.

(16) 同上、p. 68.

(17) だが、Alan H. Gardiner, *Egyptian Grammar* (Oxford, 1957), p. 172, note 12 を参照のこと。

(18) Frankfort, p. 68; Frankfort, et al., Ch. 4, p. 97 所収の John A. Wilson, "Egypt: the values of life" も参照のこと。

(19) Frankfort の Figure 23で図解されている。

(20) Hans Goedicke, *The Report About the Dispute of a Man with his Ba, Papyrus Berlin 3024* (Baltimore: Johns Hopkins Press, 1970).

(21) Saggs による引用。*Greatness That Was Babylon*, pp. 384-385.

(22) サー・レナード・ウーリーが、パ・サグ神の彫像（彫りがかなり粗雑な石灰岩製の像）との関連で発掘した、楔形文字の粘土板に基づく。C. L. Woolley, *Excavations at Ur : A Record of Twelve Years Work* (London: Benn, 1954), pp. 190-192 を参照のこと。

(23) Robert Francis Harper, *The Code of Hammurabi, King of Babylon* (Chicago: University of Chicago Press, 1904) を英訳書として使用した。

McGraw-Hill) 1965 [邦訳『メソポタミアとイラン』(杉勇訳、創元社)], Ch. 2 を参照のこと。

(35) Mallowan, pp. 43, 45 ほか、一般の多くの書物に写真や図版が紹介されている。

(36) Mallowan, *Early Mesopotamia*, p. 55 を参照のこと。

(37) たとえば、Wheeler, *Civilization of the Indus Valley* の図を参照のこと。

(38) Von Hagen による引用。*World of the Maya*, p. 109.

(39) Von Hagen による Landa の言葉の引用。*World of the Maya*, p. 110.

(40) Von Hagen, *World of the Maya*, p. 32.

(41) ここでの引用はすべて、Landa が16世紀に見聞したことを述べる言葉。J. Eric S. Thompson による引用。*Maya History and Religion*, pp. 189-91.

(42) インカにも神と呼ばれた様々な偶像があった。金や銀で鋳造された等身大のものもあれば、冠を被り衣をつけた石像もあり、それらはすべてインカ帝国僻地の神殿で、スペイン人によって発見された。Von Hagen, *Realm of the Incas*, pp. 134, 152 を参照のこと。

(43) R. H. Pfeiffer, *State Letters of Assyria* (New Haven: American Oriental Society, 1935), p.174.

(44) C. A. Burland, *The Gods of Mexico*, p. 47.

(45) 著者不明 *The Conquest of Peru*、翻訳と注釈は J. H. Sinclair (New York: New York Public Library, 1929), p. 37, 38.

(46) Father Joseph De Acosta, *The Natural and Moral History of the Indies* (London: Hakluyt Society, 1880), 2: p. 325, 326.

第2章　文字を持つ〈二分心〉の神政政治

(1) この文献資料の大半はよく知られており、以下に挙げたものを含めて、数々の優れた著作の中に見られる。H. W. F. Saggs, *The Greatness That Was Babylon* (New York: Mentor Books, 1962); *The Cambridge Ancient History*, Vols. 1-3 (Cambridge: Cambridge University Press); George Roux, *Ancient Iraq* (Baltimore : Penguin Books, 1966); and A. L. Oppenheim, *Ancient Mesopotamia: Portrait of a Dead Civilization* (Chicago: University of Chicago Press, 1964).

(2) George A. Barton, *The Royal Inscriptions of Sumer and Akkad* (New Haven: American Oriental Society, 1929) column II, lines 4-14. 引用文中の傍点は筆者によるもの。以下の引用文でも同様。

(3) 同上、p. 327.

(4) 同上、p. 61. 「Inim-ma」はここでは「呪文」と訳されている。

(5) 同上、p. 47.

(6) 同上、p. 320.

(21) Sir Mortimer Wheeler, *Civilizations of the Indus Valley and Beyond* (New York: McGraw-Hill, 1966) ［邦訳『インダス文明の流れ』（小谷仲男訳、創元社）］. さらに詳しくは *The Cambridge History of India* (Cambridge: Cambridge University Press, 1960) の補遺編で、同著者による *The Indus Civilization*, 2nd ed. ［邦訳『インダス文明』（曽野寿彦訳、みすず書房）］を参照のこと。

(22) William Watson, *Early Civilization in China* (New York: McGraw-Hill, 1966) ［邦訳『中国古代文明』（永田英正訳、創元社）］と Chang Kwang-Chih, *The Archaeology of Ancient China* (New York: Yale University Press, 1963) ［邦訳『考古学よりみた中国古代』（量博満訳、雄山閣出版）］を参照のこと。

(23) 殺した馬や御者までつけた戦車を埋める慣習は、紀元前11世紀の殷王朝の終盤に向けて盛んになり、紀元前8世紀にすたれるまで、周王朝にも受け継がれた。なぜここまでしたのだろう。死んだ王の言葉が依然として聞こえたので、王はまだ生きていて戦車や召使いが必要だと思われていた、と考えるしかないのではないだろうか。

(24) Von Hagen, *World of the Maya*, p. 109.

(25) Von Hagen, *Realm of the Incas*, p. 121.

(26) Heidel, *The Gilgamesh Epic*, pp. 153, 196.

(27) Covarrubias による引用、 p. 123.

(28) Hesiod, *Works and Days*, 120f ［邦訳『仕事と日』（松平千秋訳、岩波書店）］.

(29) *Republic* ［邦訳『国家』（藤沢令夫訳、岩波書店）ほか］, 469A および *Cratylus* ［邦訳『クラテュロス』（『プラトン著作集 1』（村治能就ほか訳、勁草書房）ほか所収）］, 398.

(30) Mellaart, p. 106. Clark and Piggott, p. 204 も参照のこと。

(31) Flinders Petrie, *Prehistoric Egypt* (London: British School of Archaeology in Egypt, 1920), pp. 27, 36 を参照のこと。手で持てる大きさの偶像を使って、神まで表わすこともあった。アナトリアにおける例は Seton Lloyd, *Early Highland Peoples of Anatolia* (New York: McGraw-Hill, 1967), p. 51 を参照のこと。石碑（ステラ）Fの北面に彫られたマヤの例は A. P. Maudslay, *Archaeology in Biologia Centrali-Americana* (New York: Arte Primitivo, 1975), Vol. II, Plate 36 に収録。

(32) 小像に超自然的な力を与える後世の儀式については、H. W. F. Saggs, *The Greatness That Was Babylon* (New York: Mentor Books, 1962), pp. 301-303を参照のこと。

(33) Burland, *The Gods of Mexico*, p. 22. 23.; Bushnell, *The First Americans* ［邦訳『最初のアメリカ人』（増田義郎訳、創元社）］, p. 37, 38 を参照のこと。

(34) M. E. L. Mallowan, *Early Mesopotamia and Iran* (New York:

他の民族はペヨーテを使って幻覚を体験していたが、マヤ族は、絵文字を「読む」こと、すなわち絵文字から幻覚を体験することでそれに代えていたという可能性は考えられないだろうか。

(9) その理由の1つとして、ある地域に〈二分心〉に基づく新しい文明が起こると、それ以前の文明の遺物が一掃されがちだという事実がある。〈二分心〉の神々は嫉妬深かったのだ。

(10) 次に起きたパラカス文化(紀元前400年頃から西暦400年頃まで)は謎めいた例外だ。その建造物の遺跡は残っておらず、パラカス半島の地下深い洞窟に鮮やかな色の服を着たミイラおよそ400体が眠っているだけだ。

(11) 俗称。初期のどの文明もそうだが、各文化の当時の名称は現在ではわからない。

(12) これらの都市の空からの眺めは、〈二分心〉時代のメソポタミアの都市の眺めと非常によく似ている。イカ-ナスカのような他の諸文化も同時代に南部に栄えていた。現在ではほとんどその痕跡はないが、例外として、ナスカの砂漠地帯の谷間に、ものによっては何キロメートルにも及ぶ謎めいた線や図、何万平方メートルにも及ぶ巨大な鳥や昆虫の線画が残っている。それが何だったのかを説明できる者はいない。

(13) この大帝国は過度の拡大がたたったのだろうか(〈二分心〉を基盤とする王国が不安定な理由については第二部第三章を参照のこと)、1300年頃に急速かつ完全に崩壊してしまった。そのため、250年たってヨーロッパ人の侵略を受けた後は、この帝国についての話はまったく聞かれなくなった。

(14) J. H. Rowe, "Inca Culture at the time of the Spanish Conquest," J. H, Steward, *Handbook of South American Indians*, Vol. 2 (Washington, D. C., 1946-50)所収。

(15) 征服者ピサロのいとこにあたるペドロ・ピサロの報告。V. W. von Hagen による引用。*Realm of the Incas*, p. 113.

(16) 最近の読みやすく詳細な解説としては、John Hemming, *The Conquest of the Incas* (New York: Harcourt Brace Jovanovich, 1970)を参照のこと。

(17) クスコには盗賊もいなければ扉もなかった。開いた戸口に棒が渡されていれば、主が留守という印で、誰も中に入ろうとはしなかった。

(18) C. L. Woolley, *Ur Excavations*, Vol. 2 (London and Philadelphia, 1934) を参照のこと。

(19) この情報はラガシュの王ウルカギナによる円錐銘辞に記されたもの。同王は後に埋葬品の量をいくぶん減らしにかかった。Alexander Heidel, *The Gilgamesh Epic and Old Testament Parallels* (Chicago: University of Chicago Press, 1949), p. 151 を参照のこと。

(20) E. R. Dodds, *The Greeks and the Irrational* [邦訳『ギリシァ人と非理性』(岩田靖夫・水野一訳、みすず書房)].

(19) Butzer, p. 464.

(20) K. W. Butzer, "Archaeology and geology in ancient Egypt," *Science*, 1960, 132: 1617-1624 所収を参照のこと。

第二部　歴史の証言

第1章　神、墓、偶像

(1) ここでは、Grahame Clark and Stuart Piggott, *Prehistoric Societies* (London: Hutchinson, 1965)［邦訳『先史時代の社会』(田辺義一・梅原達治訳、法政大学出版局)］; James Mellaart, *Earliest Civilizations of the Near East* (New York: McGraw-Hill, 1965); Grahame Clark, *World Prehistory: A New Outline* (Cambridge: Cambridge University Press, 1969)などを一般資料として参考にした。

(2) ヒッタイトは周囲の民族から〈二分心〉文明を学んだ遊牧民の一例と言えるかもしれない。紀元前二一〇〇年頃のカッパドキア高原の考古学的遺物を見ると、研磨された単色の陶器に混じって突如として鮮やかに装飾された多彩色の陶器が現れたことがわかる。これこそ、ヒッタイトがおそらくロシア南部の大草原地帯から到来したことを示すものと捉えられている。

(3) ヤズルカヤのすばらしい写真が、Seton Lloyd, *Early Highland Peoples of Anatolia* (New York: McGraw-Hill, 1967)の第3章に載っている。また、ヤズルカヤを説明する論考についてはEkron Akurgal, *Ancient Civilizations and Ruins of Turkey* (Istanbul, 1969)を参照のこと。

(4) これに関連しては、C. A. Burland, *The Gods of Mexico* (London: Eyre and Spottiswoode, 1967)とG. H. S. Bushnell, *The First Americans: The Pre-Columbian Civilizations* (New York: McGraw-Hill, 1968)［邦訳『最初のアメリカ人』(増田義郎訳、創元社)］を参照のこと。

(5) このピラミッドは300万トン近くの日干し煉瓦で造られており、その建造には多大な人的労働力を要した。そうした手作業（メソアメリカには車輪がなかった）を理解する一助として、516ページを参照のこと。

(6) S. Linne, *Archaeological Researches at Teotihuacan, Mexico* (Stockholm: Ethnographic Museum of Sweden, 1934)とMiguel Covarrubias, *Indian Art of Mexico and Central America* (New York: Knopf, 1957)を参照のこと。

(7) Victor W. von Hagen, *World of the Maya* (New York: New American Library, 1960)を参照のこと。

(8) J. Erik S. Thompson, *Maya History and Religion* (Norman: University of Oklahoma Press, 1970), p.186. ちなみに、ほとんどのメソアメリカの先住民は、自分たちの〈二分心〉が崩壊しつつあるときにペヨーテを使っていた。その例外であるマヤ族は、文字を使う唯一の先住民族だった。

University of Chicago Press, 1963)［邦訳『マウンテンゴリラ（上・下)』(福屋正修訳、思索社)］.

(6) Glynn L. Isaac, "Traces of Pleistocene Hunters: An East African Example," Richard B. Lee and Irven DeVore, eds., *Man the Hunter* (Chicago: Aldine Press, 1968)所収。

(7) このグループの大きさは、遊牧している現代の狩猟民族の大きさにほぼ等しい。しかし実情は同じではない。Joseph B. Birdsell, "On population structure in generalized hunting and collecting populations," *Evolution*, 1958, 12:189-205 所収を参照のこと。

(8) J. D. Clark, "Human ecology during the Pleistocene and later times in Africa south of the Sahara," *Current Anthropology*, 1960, 1: 307-324 所収を参照のこと。

(9) Karl W. Butzer, *Environment and Archaeology: An Introduction to Pleistocene Geography* (Chicago: Aldine Press, 1964), p. 378 を参照のこと。

(10) Julian Jaynes, "The evolution of language in the Late Pleistocene," *Annals of the New York Academy of Sciences*, Vol. 280, 1976, 312-25 所収。

(11) 更新世中期の周口店や、後にはクラピナのクロアチア人の洞窟にそうした例が見られる。Grahame Clark and Stewart Piggott, *Prehistoric Societies* (London; Hutchinson, 1965), p. 61 を参照のこと。

(12) Grahame Clark, *The Stone Age Hunters* (New York: McGraw-Hill, 1967), p. 105.

(13) R. Pumpelly, *Explorations in Turkestan: Expedition of 1904: Prehistoric Civilizations of Anau* (Washington: Carnegie Institution, 1908), pp. 65-66.

(14) V. G. Childe, *The Most Ancient East*, 4th ed. (London: Routledge and Kegan Paul, 1954)［邦訳『アジアの古代文明』(禰津正志訳、伊藤書店)］.

(15) A. J. Toynbee, *A Study of History* (London: Oxford University Press, 1962) ［邦訳『歴史の研究II』(下島連ほか訳、「歴史の研究」刊行会), Vol. 1, pp. 304-305.

(16) Butzer, p. 416.

(17) J. Perrot, "Excavations at Eynan, 1959 season," *Israel Exploration Journal*, 1961, 10: i 所収; James Mellaart, *Earliest Civilizations of the Near East* (New York; McGraw-Hill, 1965), Ch. 2; Clark and Piggott, p. 150 以降を参照のこと。

(18) R. J. Braidwood, "Levels in pre-history: A model for the consideration of the evidence," *Evolution After Darwin*, S. Tax, ed. (Chicago: University of Chicago Press, 1960), Vol. 2, pp. 143-151 所収を参照のこと。

ムによる。
(18) David Galin and R. E. Ornstein, "Lateral specialization of cognitive mode: an EEG study," *Psychophysiology*, 1972, 9: 412-418 所収。
(19) これらの実験は Jack Shannon が行なった。私たちはともに、批評や提案をしてくれた Stevan Harnad に感謝する。
(20) H. Hecaen and R. Angelergues, "Agnosia for Faces (Prosopagnosia)," *Archives of Neurology* 1962, 7: 92-100 所収; A. L. Benton and M. W. Allen, "Impairment in Facial Recognition in Patients with Cerebral Disease," *Cortex*, 1968, 4: 345-358 所収。
(21) Hughlings Jackson, "Evolution and Dissolution of the Nervous System," *Selected Writings of John Hughlings Jackson*, J. Taylor, ed. (London: Staples Press, 1958), 2: 45-75 所収。
(22) R. Galambos, T. T. Norton, and G. P. Fromer, "Optic tract lesions sparing pattern vision in cats," *Experimental Neurology*, 1967, 18: 18-25 所収。
(23) この問題に関する最近のすばらしい評論 Burton Rosner, "Brain functions," *Annual Review of Psychology*, 1970, 21: 555-594 所収の内容を言い換えたもの。
(24) P. W. Nathan and M. C. Smith, "Normal mentality associated with a maldeveloped Rhinencephalon," *Journal of Neurology, Neurosurgery and Psychiatry*, 1950, 13: 191-197 所収、Rosner に収録。
(25) R. E. Saul and R. W. Sperry, "Absence of commissurotomy symptoms with agenesis of the corpus callosum," *Neurology*, 1968, 18: 307 所収; D. L. Reeves and C. B. Carville, "Complete agenesis of corpus callosum: report of four cases," *Bulletin of Los Angeles Neurological Society*, 1938, 3: 169-181 所収。

第6章　文明の起源

(1) Irven DeVore and K. R. L. Hall, "Baboon Ecology," Ch.2 in *Primate Behavior*, I. DeVore, ed. (New York: Holt, Rinehart and Winston, 1965), pp. 20-52.

(2) K. R. L. Hall, "The sexual, agonistic, and derived social behaviour patterns of the wild chacma baboon, *Papio ursinus*," *Proceedings of the Zoological Society*, London, 1962, 139: 283-327 所収。

(3) Peter Marler, "Communication in monkeys and apes," *Primate Behavior*, Ch. 16 所収。

(4) ある種の鳥類についても同じことが知られている。M. Konishi, "The role of auditory feedback in the vocal behavior of the domestic fowl," *Zeitschrift für Tierpsychologie*, 1963, 20: 349-367 所収を参照のこと。

(5) G. Schaller, *The Mountain Gorilla: Ecology and Behavior* (Chicago:

と。

(6) M. S. Gazzaniga, J. E. Bogen, R. W. Sperry, "Laterality effects in somesthesis following cerebral commissurotomy in man," *Neuropsychologia*, 1: 209-215 所収。Stuart Dimond, *The Double Brain* (Edinburgh and London: Churchill Livingstone, 1972), p. 84の、この問題に関する優れた論考も参照のこと。

(7) Aaron Smith, "Speech and other functions after left (dominant) hemispherectomy," *Journal of Neurology Neurosurgical Psychiatry*, 29: 467-471 所収。

(8) Wilder Penfield and Phanor Perot, "The brain's record of auditory and visual experience: a final summary discussion," *Brain*, 1963, 86: 595-702 所収。

(9) ただし、損傷部分からこれらの部位へ皮質の興奮が広がることにより、癲癇特有の前兆が引き起こされたと考えられる。

(10) これらの患者についての Joseph E. Bogen の文献は今なお増え続けている。彼の古典的な論文、とくに "The other side of brain, II: An appositional mind," *Bulletin of the Los Angels Neurological Society*, 1969, 34(3): 135-162 所収をお薦めする。大脳半球の研究における草分け的存在の一人 R. W. Sperry の論考には、"Hemisphere Deconnection and Unity in Conscious Awareness," *American Psychologist*, 1968, 23: 723-733 所収がある。また、読みやすい報告としては、発明の才を発揮してこれらの患者を検査する様々な方法を考え出した Michael Gazzaniga の *The Bisected Brain* (New York: Appleton-Century-Crofts, 1970) が挙げられる。

(11) M. S. Gazzaniga, J. E. Bogen, and R. W. Sperry, "Observations on visual perception after disconnection of the cerebral hemispheres in man," *Brain*, 1965, 8: 221-236 所収。

(12) M. S. Gazzaniga and R. W. Sperry, "Language after section of the cerebral commissures," *Brain*, 1967, 90: 131-148 所収。

(13) R. W. Sperry, "Hemisphere Deconnection."

(14) H. W. Gordon and R. W. Sperry, "Olfaction following surgical disconnection of the hemisphere in man," *Proceedings of the Psychonomic Society*, 1968 所収。

(15) H. Hecaen, "Clinical Symptomatology in Right and Left Hemispheric Lesions," *Interhemispheric Relations and Cerebral Dominance*, V. B. Mountcastle, ed. (Baltimore: Johns Hopkins Press, 1962) 所収。

(16) Brenda Milner, "Visually guided maze learning in man: effects of bilateral, frontal, and unilateral cerebral lesions," *Neuropsychologia*, 1965, 3: 317-338 所収。

(17) 1971年2月、プリンストン大学で発表された R. W. Sperry の記録フィル

cing gastric ulcers," *Journal of Comparative and Physiological Psychology*, 1956, 49: 269-270 所収。

(12) J. V. Brady, R. W. Porter, D. G. Conrad, and J. W. Mason, "Avoidance behavior and the development of gastro-duodenal ulcers," *Journal of the Experimental Analysis of Behavior*, 1958, 1: 69-72 所収。

(13) J. M. Weiss, "Psychological Factors in Stress and Disease," *Scientific American,* 1972, 226: 106 所収。

(14) Hennell, pp. 181-182.

(15) L. N. Jayson, *Mania* (New York: Funk and Wagnall, 1937), pp.1-3.

(16) Straus, p. 229.

(17) この問題をさらに研究してみたい方は、Edward T. Hall, *The Hidden Dimension* (New York: Doubleday, 1966) ［邦訳『かくれた次元』(日高敏隆・佐藤信行訳、みすず書房)］と Robert Sommer, *Personal Space: The Behavioral Basis of Design* (Englewood Cliffs, New Jersey: Prentice-Hall, 1969) ［邦訳『人間の空間――デザインの行動的研究』(亀山貞登訳、鹿島研究所出版会)］を参照のこと。前者は文化の相違を強調し、後者は空間的な行動を徹底して検証している。

第5章　二つの部分から成る脳

(1) これは故 Wilder Penfield and Lamar Roberts, *Speech and Brain-Mechanisms* (Princeton: Princeton University Press, 1959) ［邦訳『言語と大脳』(上村忠雄・前田利男訳、誠信書房)］に従っている。今日この領域で爆発的に増えている知識からすると時代遅れなところも見られるが、定評ある古典だ。

(2) どこまでがウェルニッケ野に含まれるかについては、確証がないことを Joseph Bogen がいつもながら親切に時間を割いて指摘してくれた。また、かつて私のもとで学んでいた Steven Harnad もこれらの問題の多くについて貴重な話し相手になってくれた。

(3) 〈二分心〉間の伝達だけが前交連の働きだと言うつもりはない。この交連は下方側頭脳回の後方部分の多くを含む、両側頭葉のほとんどを相互に連結している。この領域は後頭葉から下へ伸びる強力な線維の組織とつながっており、視覚認識の機能にとってはとくに重要だ。E. G. Ettlinger, *Functions of the Corpus Callosum* (Boston: Little, Brown, 1965) を参照のこと。

(4) これは一般的な所見だ。そして、私が自ら行なった数々の面談の結果も同様だった。

(5) 和田テストは現在、モントリオール神経学研究所における脳外科手術前の大切な一手順となっている。J. Wada and T. Rasmussen, "Intracarotid Injection of Sodium Amytal for the Lateralization of Cerebral Speech Dominance," *Journal of Neurosurgery*, 1960, 17: 266-282 所収を参照のこ

（7） M. C. F. Ventris and J. Chadwick, *Documents in Mycenaean Greek* (Cambridge: Cambridge University Press, 1973). 銘板の内容のあらましと、考古学的発見物との関係については、T. B. L. Webster, *From Mycenae to Homer* (London: Methuen, 1958)に述べられている。

（8） ここでは Walter Leaf, *A Companion to the Iliad* (London: Macmillan, 1892), pp. 170-173 に依拠した。

（9） Leaf, p. 356 ですら、この二か所は論理的におかしいとしている。

（10） さらに分析が進められて、『イーリアス』の様々な部分（これらの部分は、もととなるずっと短い詩に後世になってつけ足されたと考えている学者もいる）が創作された時期が確定され、新しい部分ほどこうした主観が頻繁に登場することが実証されるかもしれない。

第4章 〈二分心〉

（1） 私はこの例のアイデアを、L. J. West, ed., *Hallucinations* (New York: Grune and Stratton, 1962), pp. 220-232 所収の Erwin W. Straus の洞察力ある論文 “Phenomenology of Hallucinations” から拝借した。

（2） Henry Sidgewick et al., “Report on the census of hallucinations,” *Proceedings of the Society for Psychical Research*, 1894, 34: 25-394 所収。

（3） 何をすべきでないかの例は、D. J. West, “A mass-observation questionnaire on hallucinations,” *Journal of the Society for Psychical Research*, 1948, 34: 187-196 に掲載されている。

（4） P. M. Lewinsohn, “Characteristics of patients with hallucinations,” *Journal of Clinical Psychology,* 1968, 24: 423 所収。

（5） P. E. Nathan, H. F. Simpson, and M. M. Audberg, “A systems analytic model of diagnosis II. The diagnostic validity of abnormal perceptual behavior,” *Journal of Clinical Psychology*, 1969, 25: 115-136 所収。

（6） Eugen Bleuler, *Dementia Praecox or The Group of Schizophrenias*, Joseph Zinkin, trans. (New York: International Universities Press, 1950) ［邦訳『早発性痴呆または精神分裂病群』(飯田真・下坂幸三・保崎秀夫・安永浩訳、医学書院)］. 後の項のほかの情報源としては、私自身の観察と患者との面談、後のページの注にある著作、L. J. West の編書の様々な章、多方面にわたる症例報告などがある。

（7） Bleuler, p. 97, 98.

（8） T. Hennell, *The Witnesses* (London: Davis, 1938), p. 182.

（9） Bleuler, p. 98.

（10） J. D. Rainer, S. Abdullah, and J. C. Altshuler, “Phenomenology of hallucinations in the deaf,” *Origin and Mechanisms of Hallucinations*, Wolfram Keup, ed. (New York: Plenum Press, 1970), pp.449-465 所収。

（11） W. L. Sawrey and J. D. Weisz, “An experimental method of produ-

また Christine Brooke-Rose の用語「固有名詞」ならびに「隠喩」とも異なっている。これら2つの用語は問題をあまりに字義通りに捉えすぎている。彼女の *A Grammar of Metaphor* (London: Secker and Warburg, 1958)を参照のこと。この本の第1章は、比喩の歴史的背景を知る良い手引きだ。

（2） S. Glucksberg, R. M. Krauss, and R. Weisberg, "Referential communication in nursery school children: Method and some preliminary findings," *Journal of Experimental Child Psychology*, 1966, 3: 333-342 所収を参照のこと。

（3） Ashley Montagu, *Touching* (New York: Columbia University Press, 1971)を参照のこと。

（4） Philip Wheelwright, *The Burning Fountain* (Bloomington: Indiana University Press, 1954)の一節を書き換えたもの。

（5） "Mossbawn (for Mary Heaney),"Seumas Heaney, *North* (London: Faber, 1974) ［邦訳『シェイマス・ヒーニー全詩集』(村田辰夫・坂本完春・杉野徹・薬師川虹一訳、国文社)］所収より。

（6） 年齢や健康状態により〈抜粋〉に見られる個人的な違いや変化は、きわめて興味深い研究対象だ。たとえば、落ち込んでいたり、苦しんでいたりすると、意識の中での世界の〈抜粋〉は劇的に変化する。

第3章 『イーリアス』の心

（1） V. R. d'A. Desborough, *The Last Mycenaeans and Their Successors: An Archeological Survey, c. 1200-c. 1000 B. C.* (Oxford: Clarendon Press, 1964).

（2） Bruno Snell, *The Discovery of Mind*, T. G. Rosenmeyer, trans. (Cambridge: Harvard University Press, 1953). ホメロス作品に使われている言葉に関して Snell も研究していたわけだが、この著作を知る以前から、私は本章で述べた考えや題材について、かなり検討を進めていた。しかし、私と彼の結論はまったく違っている。

（3） E. R. Dodds の優れた著作 *The Greeks and the Irrational* (Berkeley: University of California Press, 1951) ［邦訳『ギリシァ人と非理性』(岩田靖夫・水野一訳、みすず書房)］は別だ。

（4） たとえば Maurice Bowra, *Tradition and Design in the Iliad* (Oxford: Clarendon Press, 1930), p. 222.

（5） たとえば、Martin P. Nilsson, *A History of Greek Religion* (New York: Norton, 1964) ［邦訳『ギリシア宗教史』(小山宙丸他訳、創文社)］.

（6） Milman Parry, *Collected Papers* (New York: Oxford University Press, 1971)を参照のこと。こうした点をいくつかいっしょに検討してくれた Randall Warner と Judith Griessman に感謝する。

automatic action of verbal rewards and punishment," *Journal of General Psychology*, 1961, 65: 109-136 所収。

(14) W. Lambert Gardiner, *Psychology: A Story of a Search* (Belmont, California: Brooks/ Cole, 1970), p. 76.

(15) R. F. Hefferline, B. Keenan, R. A. Harford, "Escape and avoidance conditioning in human subjects without their observation of the response," *Science*, 1959, 130: 1338-1339 所収。無意識の解決学習を非常に明快に示した別の研究例として、J. D. Keehn による"Experimental Studies of the Unconscious: operant conditioning of unconscious eye blinking," *Behavior Research and Therapy*, 1967, 5: 95-102 所収がある。

(16) K. Marbe, *Experimentell-Psychologische Untersuchungen über das Urteil, eine Einleitung in die Logik* (Leipzig: Engelmann, 1901).

(17) H. J. Watt, "Experimentelle Beitrage zur einer Theorie des Denkens," *Archiv für geschite der Psychologie*, 1905, 4: 289-436 所収。

(18) 〈構え〉、〈決定傾向〉、〈ストラクション〉という3つの用語は区別する必要がある。〈構え〉は包括的な語で、活動している〈性向決定構造〉を指す。哺乳類では、この〈性向決定構造〉は一般的な準備状態を司る大脳辺縁系から、特定の〈決定傾向〉を司る皮質に伝達される。ヒトにおいては、その最終段階が〈ストラクション〉である場合が多い。

(19) このような事例は、以前から意識されないものとして認識されており、「自動推論」あるいは「常識」と呼ばれてきた。これに関する論考は、ジェイムズ・サリー、ミルをはじめとする19世紀の心理学者の著作に見受けられる。

(20) この引用は、Robert S. Woodworth, *Experimental Psychology* (New York: Holt, 1938), p. 818 から。

(21) この引用は、Jacques Hadamard, *The Psychology of Invention in the Mathematical Field* (Princeton: Princeton University Press, 1945) [邦訳『数学における発明の心理』(伏見康治・大塚益比古・尾崎辰之助訳、みすず書房)], p. 15から。

(22) Henri Poincaré, "Mathematical creation," Henri Poincaré, *The Foundations of Science*, G. Bruce Halsted, trans. (New York: The Science Press, 1913), p. 387 所収。

(23) アリストテレスのものとされる著作が、同一人物の手になるものでないことはきわめて明白なので、このような表現を使用した。

第2章　意識

(1) この区別は、I. A. Richards の「主意」(訳注　隠喩の主語) ならびに「媒体」(訳注　主意の表現形式) と意味の上で同じではない。彼の *Philosophy of Rhetoric* (New York: Oxford University Press, 1936) [邦訳『新修辞学原論』(石橋幸太郎訳、南雲堂)], pp. 96, 120-121を参照のこと。

作の中で、さらに詳述されている。

(4) 私はよく即興でピアノを弾くのだが、新しい主題や展開を創作しながら、自分の動作に意識を働かせず、夢遊病者のように自分の行為を自覚しないで、ただ他人事としてしか自分の演奏を意識していないときに、最高の演奏が生まれる。

(5) これに関連しては、Robert S. Woodworth, *Psychological Issues* (New York: Columbia University Press, 1939), Ch. 7 記載の論考を参照のこと。

(6) Donald Hebb の挑発的な考察、"The mind's eye," *Psychology Today*, 1961, 2 所収から引いた事例。

(7) Max Müller, *The Science of Thought* (London: Longmans Green, 1887), 78-79. Eugenio Rignano も著書 *The Psychology of Reasoning* (New York: Harcourt, Brace, 1923), p. 108, 109 で私と同様の批評を展開している。

(8) 〈性向決定構造 (aptic structures)〉とは、進化に基づく生得の性向枠組みと発達過程での経験の成果とから成る性向の神経学的基盤を指す。この用語は私の未刊行論文の核心を成し、「本能」のような厄介な語に代えるべきものだ。〈性向決定構造〉は脳の仕組みであり、その一部は必ず生得のもので、個体に一定の状況下で一定の行動を取る傾向を持たせる。

(9) G. A. Kimble, "Conditioning as a function of the time between conditioned and unconditioned stimuli," *Journal of Experimental Psychology*, 1947, 37: 1-15 所収。

(10) これらは Gregory Razran による研究で、彼の著書 *Mind in Evolution* (Boston: Houghton Mifflin, 1971), p. 232 で論じられている。非意図的学習の問題全般との関連でこの研究を批判的に論じたものとして、T. A. Ryan, *Intentional Behavior* (New York: Ronald Press, 1970), pp. 235-236 がある。

(11) W. F. Book, *The Psychology of Skill* (New York: Gregg, 1925).

(12) H. L. Waskom, "An experimental analysis of incentive and forced application and their effect upon learning," *Journal of Psychology*, 1936, 2: 393-408 所収。

(13) J. Greenspoon, "The reinforcing effect of two spoken sounds on the frequency of two responses," *American Journal of Psychology*, 1955, 68: 409-416 所収。しかしこの実験を巡っては激しい論争が繰り広げられており、とりわけ、実験後の質問の順序とその問いの文言が問題視されている。ことによると、被験者と実験者の間で暗黙の了解のようなものさえあったのかもしれない。Robert Rosenthal, *Experimenter Effects in Behavioral Research* (New York: Appleton-Century-Crofts, 1966) を参照のこと。この論争に関しては、学習は被験者が強化の随伴性を意識するようになる前に生じ、実際そうでなければ意識は生じないとする Postman の見解に、現在のところ私も賛同している。L. Postman and L. Sassenrath, "The

Modern Materialism and Emergent Evolution (New York: Van Nostrand, 1929)を参照のこと。

(13) 行動主義の起こりに関する、もう少し冷静な説明については、John C. Burnham, "On the origins of behaviorism," *Journal of the History of the Behavioral Sciences*, 1968, 4: 143-151 を参照のこと。また、これに関する優れた議論については、Richard Herrnstein の "Introduction to John B. Watson's Comparative Psychology," *Historical Conceptions of Psychology*, M. Henle, J. Jaynes, and J.J. Sullivan, eds. (New York: Springer, 1974), 98-115 所収を参照のこと。

(14) ワトソンが恐怖を条件づける実験に使った気の毒な被験者（訳注 一九二〇年、ワトソンとレイナーは古典的条件づけが人間にも当てはまるか否かの実験をした。ワトソンらは、安定した性格の生後九か月の男児「リトル・アルバート」に大きな音とシロネズミを繰り返し対呈示した。すると、リトル・アルバートは音がなくてもシロネズミをこわがるようになったという）。

(15) これについて私は、論文 "The Problem of Animate Motion in the Seventeenth Century," *Journal of the History of Ideas*, 1970, 31: 219-234 所収で、より詳しく説明した。

(16) H. W. Magoun, *The Waking Brain* (Springfield, Illinois: Thomas, 1958)［邦訳『脳のはたらき』（時実利彦訳、朝倉書店）］を参照のこと。

第一部　人間の心

第１章　意識についての意識

（１） 盲点を確かめるには、もっと良い方法がある。およそ1センチメートル四方の紙を2枚、体から50センチメートルほど離して持ち、一枚を片目でじっと見詰めながら、もう1枚を、見ている目と同じ側に向かって（右目なら右方向へ、左目なら左方向へ）遠ざけるとよい。すると、同じように消えてしまう。

（２） 盲目の原因が脳にある場合は除く。たとえば、後頭部の左右いずれかの大脳皮質を損傷し、視覚野の大部分が破壊されてしまった兵士は、視界の変化をまったく意識していない。まっすぐ前を向くと、彼らは私やみなさんが見ている世界が自分にも完全に見えているという錯覚を抱く。

（３） W. B. Carpenter は、同様の表現でこの事例を取り上げ、彼の言う「無意識的思考」を説明している。おそらくこれは、19世紀に行なわれたこのテーマに関する最初の重要な記述だろう。「無意識的思考」が初めて言及されたのは、1852年出版の Carpenter の著書 *Human Physiology* 第４版においてだったが、多大な影響を与えた *Principles of Mental Physiology* (London: Kegan Paul, 1874), Book 2, Ch. 13 をはじめとするその後の著

原注

序章　意識の問題

(1)　Diels, Fragment, 45.

(2)　*Confessions*［邦訳『告白』(服部英次郎訳、岩波書店)], 9: 7; 10: 26, 65.

(3)　この趣旨の記述については、G. H. Lewes, *The Physical Basis of Mind* (London: Trübner, 1877), p. 365 を参照のこと。

(4)　それぞれの著者は、ティチェナー派の Margaret Floy Washburn と、Alfred Binet。初期に進化した動物の分野における真に古典的な著作としては、H. S. Jennings, *Behavior of the Lower Organisms* (New York: Macmillan, 1906)が挙げられる。

(5)　ミミズは人の手に触れられた際の触覚刺激だけでも「身もだえ」するので、実験を行なうには、ミミズが固い地面か板の上を這っているときにカミソリの刃で切るのが最善だ。懐疑的な人や、気分が悪いという人が心の痛みを抑えるには、切られた半身はどちらも再生するのだから、これもミミズたちのため（ひいてはコマドリのため）になることを意識すればよい。

(6)　重要だが方法論的には難しい、学習の進化という問題の最新の論考については、M. E. Bitterman のソーンダイク生誕100年記念講演 "The Comparative Analysis of Learning," *Science*, 1975, 188: 699-709 を参照のこと。そのほかに、R. A. Hinde, *Animal Behavior*, 2nd ed. (New York: McGraw-Hill, 1970)、とくに pp. 658-663 を参照のこと。

(7)　このような連続性を証明することが、ダーウィンの二番目に重要な著作 *The Descent of Man*［邦訳『人間の進化と性淘汰』(長谷川眞理子訳、文一総合出版)］の目的だった。

(8)　*Darwinism, an Exposition of the Theory of Natural Selection* (London: Macmillan, 1889), p. 475. ウォーレスの *Contribution to the Theory of Natural Selection*, Ch. 10 も参照のこと。

(9)　Shadworth Hodgson, *The Theory of Practice* (London: Longmans Green, 1870), 1: 416.

(10)　そして意思は脳の状態の「象徴」にすぎない、とある。T. H. Huxley, *Collected Essays* (New York: Appleton, 1896), Vol. 1, p. 244.

(11)　William James, *Principles of Psychology* (New York: Holt, 1890), Vol. 1, Ch. 5. また、William McDougall, *Body and Mind* (London: Methuen, 1911), Chs. 11, 12 も参照のこと。

(12)　この引用は、H. S. Jennings の言葉と、C. Judson Herrick の言葉の言い換えから。創発的進化に対するこうした反応に関しては、F. Mason, *Creation by Evolution* (London: Duckworth, 1928)や W. McDougall,

【ラ行】

【ワ行】

【英文字】

【ハ行】

【ナ行】

【タ行】

【サ行】

【カ行】

事項索引

【ワ行】

【ナ行】

【ハ行】

【マ行】

【ヤ行】

【ラ行】

人名索引

著者紹介

ジュリアン・ジェインズ（Julian Jaynes）

プリンストン大学心理学教授。1920年生まれ。ハーヴァード大学を経てマクギル大学で学士、イェール大学の心理学で修士・博士号取得。1966年から1990年までプリンストン大学心理学で教鞭をとり、大変人気の高い教師だった。研究者としては、初期は鳥の刷り込みやネコ科の婚姻行動などのエソロジーに集中していたが、やがて人間の意識にかかわる研究へとシフト。最初は原生動物から爬虫類、ネコ科に及ぶ動物の意識の進化と学習、脳機能の伝統的な比較心理生物学的アプローチをとっていたが、満足のいく結果が得られず、広く文献学や考古学の研究へと方向転換。1976年に本書を刊行。心理学、人類学、脳科学、歴史、哲学、文学にまたがる他に類をみない壮大な視野に立つ本書は、刊行後すぐに様々な批判と論議を呼ぶ一方で賞賛を集め、「20世紀で最も重要な著作のひとつ」と評された。本書は1978年には全米図書賞候補作に選ばれた。結果的にこれが生涯で「ただ一冊の著書」となった。本書は一度、ペンギン・ブックスに入り、刊行後30年を経た現在はHoughton Mifflin社からペーパー・バック版として廉価で提供されている。また著者は米国内外の多数の大学で哲学や英語学、考古学といった学部で客員講師を歴任。国際的に著名な科学雑誌「*Behavioral and Brain Sciences*」の共同編集者、「*Journal of Mind and Behavior*」誌の編集委員も務めた。

1997年11月21日脳溢血で歿。

訳　者　柴田裕之　1959年生まれ。早稲田大学理工学部建築学科・アーラム大学（米国）心理学科卒業。
おもな訳書：マックス『眠れない一族』、ハンフリー『赤を見る』、クラップ『シバの女王』、ノーレットランダーシュ『ユーザーイリュージョン』、デイヴィス『感染爆発』（共訳）（以上、紀伊國屋書店）、ダイゾン『叛逆としての科学』（みすず書房）、プレストウィッツ『東西逆転』、クレア『血と油』、ベア『裏切りの同盟』、リフキン『水素エコノミー』『ヨーロピアン・ドリーム』（以上、NHK出版）、バーリー『死のコスモロジー』（凱風社）、ウィンチェスター『世界の果てが砕け散る』『クラカトアの大噴火』、ギンガリッチ『誰も読まなかったコペルニクス』（以上、早川書房）

神々の沈黙　**意識の誕生と文明の興亡**

2005年4月6日　第1刷発行
2025年4月24日　第19刷発行

著者……………………………ジュリアン・ジェインズ
訳者……………………………柴田裕之
装幀……………………………芦澤泰偉
発行所…………………………株式会社紀伊國屋書店
東京都新宿区新宿3-17-7
出版部（編集）電話03(6910)0508
ホールセール部（営業）電話03(6910)0519
東京都目黒区下目黒3-7-10
郵便番号　153-8504

索引編集協力………………有限会社プロログ
印刷・製本　文唱堂印刷

ISBN978-4-314-00978-2 C1090
Printed in Japan
定価は外装に表示してあります